高等院校经济学专业"十二五"规划教材

技术经济学

肖　鹏　编著

对外经济贸易大学出版社
中国·北京

图书在版编目（CIP）数据

技术经济学/肖鹏编著．—北京：对外经济贸易大学出版社，2013
高等院校经济学专业“十二五”规划教材
ISBN 978-7-5663-0632-6

Ⅰ．①技… Ⅱ．①肖… Ⅲ．①技术经济学－高等学校－教材 Ⅳ．①F062.4

中国版本图书馆 CIP 数据核字（2013）第 029944 号

技术经济学

肖 鹏 **编著**

责任编辑：朱 洋 史伟明

对 外 经 济 贸 易 大 学 出 版 社
北京市朝阳区惠新东街 10 号 邮政编码：100029
邮购电话：010－64492338 发行部电话：010－64492342
网址：http://www.uibep.com E-mail：uibep@126.com

唐山市润丰印务有限公司印装 新华书店北京发行所发行
成品尺寸：185mm×260mm 20.5 印张 436 千字
2013 年 5 月北京第 1 版 2013 年 5 月第 1 次印刷

ISBN 978-7-5663-0632-6
印数：0 001－3 000 册 定价：37.00 元

目　　录

第一章

绪　论

第一节　技术经济学的涵义

一、技术的含义

据《大不列颠百科全书》的解释，Technology 一词最早由希腊词 Techne（艺术、手工艺器）和 logos（词，言语）组成，意味着既是好的又是可用的。Technology 一词最早出现在英文中是在 17 世纪，仅被用来讨论艺术应用，到 20 世纪其含义迅速扩展。归纳起来，关于技术含义的描述大致有如下几种：

- 18 世纪，法国《百科全书》首先将技术列为专门条目，认为技术是为了达到某一目的所采用的工具与规则的体系。
- 国际工业产权组织对技术的定义为：技术是指制造一种产品或提供一项服务的系统的知识。这种知识可能是一项产品或工艺发明、一项外形设计、一种实用形式，也可能是一种设计管理等的专门技能。
- 美国国家科学基金会在 1983 年的技术创新文集评论中引用斯科恩（Schon）的定义，认为技术是指扩展人类能力的任何工具或技能，包括有形的装备或无形的工作方法。
- 费里拉（J. Friar）等人在 1986 年对技术的定义为，技术是指一种创造出可再现性方法或手段的能力，这些方法或手段能导致产品、工艺过程和服务的改进。
- 《技术经济学》（许晓峰．中国发展出版社，1996.）中归纳了以下关于技术的含义：技术是生产和生活领域内，人们运用自然科学知识制造安装和使用各种劳动工具（包括机械设备等），设计各种工艺方法、程序，正确有效地使用劳动对象和保护资源与环境，对劳动对象进行有目的的加工改造，使之成为人们所需要的使用价值（产品和服务等）；技术泛指人们根据生产实践经验和自然科学原理发展而成的各种操作方法和技能，不仅包括相应的生产工具和其他设备，还包括生产的工艺过程或作业程序方法；技术包括劳动者的劳动技能、劳动工具（包括机械设备）和劳动对象三部分，缺一不可；技术不仅包括生产领域和生活领域的技术，而且还包括管理方法、决策方法、计划方法、组织方法、交换方法、推销方法、流通方法等，即技术存在于所有领域。

我们认为，技术是人类在认识自然和改造自然的实践中，按照科学原理及一定的经验和社会目的需要而发展起来的、用以改造自然的劳动手段、知识、经验和技巧。

二、经济的含义

“经济”一词，在古汉语中具有“经邦济世”、“经国济民”的含义，是指治理国家，拯救庶民的意思。我国现沿用的经济一词是在19世纪后半期，由日本学者从Economy一词翻译为汉字“经济”的。

现在通用的“经济”一词是个多义词，大体有四方面含义：(1) 指人类历史发展到一定阶段的社会经济制度，是政治和思想等上层建筑赖以存在的基础，如恩格斯所说：政治、法律、哲学、宗教、文学、艺术等的发展是以经济发展为基础的（《马克思恩格斯选集》第4卷．人民出版社，1972.）；(2) 指物质资料的生产以及与之相适应的交换、分配、消费等活动；(3) 指一个国家国民经济的组成，如工业经济、农业经济、运输经济等名词中的经济概念；(4) 指节约或节省等。

由于经济是一个多义词，从不同的角度进行考查有不同的理解，所以技术与经济的关系表现在多个层次、不同侧面。

三、技术与经济的关系

技术和经济是人类社会进行物质生产活动中，始终并存的两个方面，二者相互促进又相互制约。经济发展是技术进步的动力和方向，而技术进步是推动经济发展、提高经济效益的重要条件和手段，经济的发展离不开技术的进步。社会物质文化需要的增长、国民经济的发展都必须依靠技术的进步和应用。技术与经济、社会发展之间的关系日益密切和深化。据统计，在20世纪初，劳动生产率的提高主要依靠增加人力和设备，技术进步的作用仅占5% ~20%；而进入21世纪，劳动生产率的提高主要依靠技术进步，其比重约占60% ~80%。

在现代社会中，技术已经广泛渗透到社会生产力的各个要素之中，丰富了它的内涵，改变了它的性质和结构，提高了它的水平，引起了生产力的革命性变革。

（一）技术引起劳动资料的变革

劳动资料是人类劳动经验、技能和科学技术的结晶，劳动资料的水平是技术进步的显示器。随着技术进步，劳动资料的性质、结构、功能等都发生了巨大变革。以往的机器只包括工具机、传动机和动力机三大部分，现在，由于控制论、信息论和微电子学的发展，电子计算机在生产中的广泛应用，使机器系统的结构发生了质变，增加了控制机部分，而且已经发展到了高度自动化的水平。利用电子计算机对工业生产过程可以实现精密控制和自动控制，对全部生产设备可以实现监督控制，这就为实现整个企业和企业体系的生产自动化奠定了基础。工业机器人进一步扩展了人类体力劳动的职能和范围，它可以把人们从繁杂、重复的体力劳动中解放出来，以便有更多的时间从事创造性劳动。计算机辅助设计、计算机辅助制造、计算机辅助检测、计算机辅助工程程序等在生产领域被大力推广，使生产自动化达到了更高水平。

（二）技术引起劳动对象的变革

劳动对象随着技术进步而不断变革。原来，生产主要依赖于自然资源，现在，利用现代科学技术，不仅增加了有用物的品种和数量，开拓了许多新的用途，而且能把一些废料重新投入到物质循环中去加以利用。现代材料科学技术的发展，不仅使人们对自然资源的开发利用更加充分有效，而且研制出了新型人造材料、合成材料和复合材料。由于量子化学、结构化学和固体物理学的发展，人们对材料结构与性能的研究已经深入到了原子、电子等微观层次，为阐明微观结构与宏观性能的关系提供了理论依据。

（三）技术促进了劳动者素质的变革

马克思指出：劳动过程就是“劳动者利用物的机械的、物理的和化学的属性，以便把这些物当做发挥力量的手段，依照自己的目的作用于其他物”的过程。这表明劳动是一种有目的、有意识的活动。在这一活动中，劳动者既要发挥自己的体力，又必须掌握一定的经验和科学知识，发挥自己的智力。而且，人们体力和智力支出的比重，是随着生产技术水平的提高而发生变化的。随着生产过程中科学技术投入的提高，劳动的性质、内容也会发生巨大变化，对劳动者的文化素养、科学技术知识水平提出了越来越高的要求，劳动和知识的结合发展到了新的水平。

（四）技术促进了组织与管理的变革

组织与管理是由分工和协作的发展而创造出来的集体生产力。现代社会化生产有很大的规模、众多的部门、复杂的机器设备，部门之间的专业化分工与协作发展到了很高的水平。因此，组织管理的科学化成了决定生产发展的重要因素。要实现高效、优化的组织管理，就要有科学的管理理论、方法和手段。管理科学的发展为解决这一任务奠定了理论基础。电子计算机应用于组织管理，建立起了管理信息系统，可以对生产活动的诸要素以及组织管理的任务和组织管理的目标等三大类信息进行编码，并进行加工处理，为管理决策提供依据。这就会大大提高管理的自动化水平，减少管理层次，改善管理条件，加快决策速度，节约人、财、物，提高劳动生产率。

技术和经济的关系是辩证的，技术和经济相互融合，才能获得良好的经济效益。任何先进技术的应用必须在显示出经济上的优势后，才能得到推广。但应看到，随着时间的推移，经济条件在不断发展和变化，原先经济效益不好的技术，可以转化为比较好的技术；而原来经济效益比较好的技术，也可能转化为经济效益不好的技术。总之，任何技术的应用都应以提高经济效益为前提，要因地、因时处理好技术和经济之间的关系。

四、技术经济学

由上述技术与经济的涵义及其相互关系，可以认为，技术经济学也有狭义和广义之分。狭义技术经济学是研究对技术方案进行经济评价的理论、方法及其应用的科学。广义的技术经济学是研究技术与经济的相互关系及其彼此协调发展规律的科学。

第二节 技术经济学研究的对象与范围

一、技术经济学研究的对象

（一）研究技术实践的经济效果，寻求提高经济效果的途径与方法

技术在经济实践中的应用，直接涉及生产活动中的各种资源投入（包括各种厂房、设备、原材料、能源等有形要素和具有各种知识、技能的劳动力的消耗和占用）和相应的产出（包括各种产品和劳务）。在一特定时期，可供人类在社会经济活动中使用的资源总是有限的，而人类的需求却是无限的，由此导致了资源无论在数量上还是在品质上都是稀缺的。而且，一特定资源一般都有多种用途，可以生产多种产品；人类的需求也可以通过多种方式、多种渠道得到满足。因此，如何在一定技术水平下，合理地配置各种资源，并加以最充分地利用，以尽可能地满足人类无限的需求，即以较小的投入获得较大的产出，就成为技术经济学必须加以认真研究的基本问题。在技术经济分析中，一般都用投入与产出的货币形态来计算其费用和效益，所以，技术经济学也是研究技术应用的费用与效益的科学。

（二）研究技术和经济的相互关系，探讨技术与经济协调发展的途径

技术与经济之间相互促进又相互制约的密切关系，使得任何技术的发展和应用都不仅是一个技术问题，同时也是一个经济问题。研究技术与经济的关系，探讨如何用技术进步来推动经济发展，在经济发展中推动技术进步，就成为技术经济学的重要研究内容。

在研究技术与经济的相互关系中，一个很重要的问题就是技术选择，也就是在特定的经济环境下，选择什么样的技术以实现预定目标。如果技术选择适当，就可以带来预期经济效果，否则将制约经济效果的改善和提高。技术选择不仅是

企业经营活动的重要决策之一，直接影响着企业的市场竞争能力和经济效益，而且最终将影响到整个国家的经济、技术和社会的发展。尤其是我国作为一个发展中国家，必须从具体国情出发，立足于经济效果，按照既先进适用，又经济合理的原则来选择技术。

（三）研究通过技术创新，推动技术进步与经济增长的途径

经济增长是指生产的产品与劳务的增长，通常用国民收入或国民生产总值（国内生产总值）的增长来表示。经济增长可以通过多种途径实现，既可以通过增加投资、增加劳动力等要素的投入实现经济增长，也可以通过技术进步，提高劳动生产率实现经济增长。显然，靠增加要素投入实现经济增长是有限度的，只有技术进步对经济增长的促进作用才是无限的。

技术进步中最活跃的因素就是技术创新。技术创新就是将科学知识与技术发明应用于生产活动，并在市场上实现其价值的一系列活动，是科学技术转化为现实生产力的过程。技术创新包括：新产品的生产，新技术、新工艺在生产中的应用，新资源、新市场的开发等。技术创新是通过技术开发、生产、流通和消费这四个环节构成的完整系统，以实现其促进经济增长的作用。其中，生产和流通这两个环节是关键，缺少这两个环节，技术创新就没有经济意义。技术经济学的重要研究内容之一，就是从实际出发，研究技术创新的规律及其与经济发展的关系，探讨推动技术创新与经济增长的途径。

二、技术经济学的研究范围

人们在从事任何一项活动时，都是以一定的投入得到一定的产出，都需要讲究经济效果，都有一个所得与所费的比较以及选择最佳方案的问题。因此，技术经济学的研究范围十分广泛，它不仅包括社会再生产中生产、分配、交换与消费的各个环节，而且包括文教、卫生、军事等方面的问题。这些活动都需要消耗或占用一定的社会劳动，也都应当做到经济合理，都有必要进行投入与产出的比较，都要讲求经济效果。所以，在一切领域中都有技术经济问题。由于生产是人类社会生存发展的基础，因此，技术经济学研究的重点是生产领域，尤其是物质资料生产中的经济效果问题是技术经济学最重要、最基本的研究内容。

在物资资料生产领域中，所涉及的技术经济问题也极为广泛。可以从纵向与横向两个方面来考查：

从纵向看，技术经济问题可分为宏观与微观两大类。宏观的技术经济问题是指涉及整个国民经济或其中一个地区、一个部门的带有全局性重大问题的经济效果研究，如产业结构、生产力布局、经济增长方式、经济增长点选择、经济增长速度、投资规模与方向、进出口贸易、环境保护等方面的技术经济分析。这些都是战略性的技术经济问题，研究的难度也较大，只有花大力气进行研究分析，选取最优方案，才能保证国民经济的正常、顺利发展。微观的技术经济问题是指那

些涉及一个企业、一项建设工程、一种新产品开发等一些比较具体的问题，如一项建设方案的确定、建设地点的选择、厂区的平面布置、生产方案、设备选型与配备、原料来源与产品销售等。宏观与微观的技术经济问题并不是绝对的和截然分开的，而是相互渗透、相互影响的。宏观的问题往往包含了微观的问题，对微观的具体问题解决起着决定性的作用。微观的具体问题的解决，又是解决宏观问题的基础。

从横向看，生产领域的各产业、各方面、各层次存在大量的技术经济问题，如工农业生产、基本建设投资、流通服务部门，为了实现资源的合理配置与充分利用，必须进行大量的技术经济分析。宏观决策部门要进行科学决策，保证达到预期的经济效果，必须研究技术经济问题。企业要取得良好的经济效果，就要研究和比较耗费与效果。金融部门在贷款前，必须掌握贷款项目的经济性，也要进行技术经济分析。科研设计部门也要为自己的技术开发、产品设计进行技术经济分析。

三、技术经济学的特点

（一）综合性

技术经济学是一门新兴学科。由于技术经济问题遍布各个领域，因此，所涉及的学科也很多。综合性是指技术经济学既包含自然科学的内容，又包含了社会科学的内容；既包涵了技术科学的内容，又包含了经济科学的内容。技术经济学将技术问题置于客观经济规律和经济理论基础之上进行综合研究，从而进一步揭示技术和经济这对矛盾的运行、变化及发展规律。

（二）实践性

技术经济学研究与国民经济直接相关的技术与经济问题，是实践性很强的应用科学。技术经济学的实践性主要表现在如下几个方面：

1. 技术经济学是为适应生产实践的需要而产生和发展起来的

随着社会生产力的发展、科学技术的进步，人们为了达到某一经济目的，将面临若干个可供选择的技术方案，这就需要进行分析、论证、比较，从中挑选出最为经济合理的方案，这样才产生了技术经济学。因此，技术经济学是一门产生于生产实践的应用科学。

2. 技术经济学研究的基础资料来源于经济实践

大到研究和制定一个地区的综合发展计划，小到确定一项具体技术的应用，都必须依靠经济发展过程中积累的大量技术经济资料和信息。离开了经济发展的实践，任何技术经济问题都无从研究。所以，技术经济学是一门与具体实践紧密结合的应用科学。

3. 技术经济学的研究成果指导和影响着经济实践

无论是重大方针政策的制定还是具体工程项目的决策，都与技术经济研究成果密切相关，任何一项重大工程项目的决策或一项具体技术的应用，也都要经过实践的检验才能得出正确与否的结论。因此，技术经济学是一门解决实际问题的应用科学。

（三）社会性

技术经济学与经济实践关系密切，在不同的国家和地区，由于社会制度、经济体制、经济发展水平、社会经济结构等方面的差异，其经济实践也有所不同。所以，技术经济学必然要受到社会制度和具体国情的影响，技术经济分析的基础、出发点、目的和方法，都必须与具体的国情、区情相适应，不能照搬照抄国外的做法。而且，技术经济学对于一些技术问题研究的结论和成果应用于经济实践必须与一定的条件适应。在不同国家或者在同一国家的不同地区，其经济实践与经济发展的内容和水平不同，资源条件各异，为满足同一经济目标所采用的合理技术方案也不尽相同。因此，我国在发展社会主义市场经济过程中，必须逐步建立起与我国基本国情相适应的，具有中国特色的技术经济学体系。我国幅员辽阔，各地区经济发展水平差异较大，资源条件也各不相同，在进行技术经济分析时，必须因地制宜。由此可见，技术经济学具有明显的社会属性。

（四）未来性

技术经济学所研究并回答的问题，一般都不是目前已经发生的事情，而是未来将要发生的事情及其后果。如一项新的工程项目的上马，一项新技术方案或技术措施的采用，都要经过一段时间后，所研究并采用的方案才能付诸实施，实施方案的效果则需要经过更长的时间才能显现出来。因此，技术经济学不仅要对经济发展的历史经验及其时间进行总结，以验证过去通过技术经济分析作出的决策是否正确，揭示经济发展的规律，进一步完善技术经济学的理论与方法，为今后学科理论与方法的运用，为在经济发展中解决各项具体的技术经济问题提供更为可靠的科学决策依据。而且，更需要对未来社会经济的增长与发展、科学技术的进步以及与之相关的有待解决的问题进行准确可靠的预测。还要对可能导致未来发生变化的不确定因素进行分析和研究，以准确地预示未来可能发生的情况。事先对未来实施的技术方案或技术措施进行经济分析与评价，使得技术经济学带有显著的未来学学科的特点。

（五）边缘性

技术经济学的学科性质既不是自然科学，又不是社会科学，而是介于两者之间的边缘性交叉科学。所研究的问题既涉及具体的自然科学，又涉及有关的社会科学。在研究某一具体工程项目时，技术经济学必然涉及相关的工程技术知识。在工程项目实施前，必须对其经济性进行事先评价，并对未来时期影响该技术方案经济性的各种因素变化趋势进行预测，因此技术经济学又与经济学原理、投资经济学、有关的部门经济学以及预测学等学科关系十分密切。在收集、分析、处理技术经济学研究问题所需资料、信息以及对各类技术方案进行优选的过程中，还要运用数学、数理统计学、概率论、运筹学等学科知识。在对技术方案的经济性进行评价时，还涉及财政、金融、法律、财务、会计等学科的有关理论和方法。技术经济学的这种多学科交叉性、边缘性特点，要求从事技术经济研究工作及实际工作人员必须具备宽广的知识面，掌握多方面的科学知识，否则很难适应工作的需要。

第三节　技术经济学的研究内容与方法

正如对其研究对象存在不同见解一样，人们对于技术经济学的研究内容同样存在不同的观点。长期以来，技术经济学学科的专家学者进行了学术和实践的多方研究，从而明确了技术经济学学科的主要研究内容。20 世纪末我国对学科体系进行了一次调整，将技术经济学学科调整为目前的技术经济及管理学科。技术经济及管理学科是一门新兴学科，同时也是一门交叉学科，其理论体系的构建离不开其他传统学科的支持，在产业经济学、建筑工程学、管理学等领域均有涉猎。

同时应当看到，技术经济及管理学科具有鲜明的特点，其理论体系、技术分析方法、评价指标等成果对于国家经济、社会发展意义重大，并且已经不容怀疑地渗透到其他传统学科，对于促进传统学科的高水平发展具有重要作用。

一、技术经济学的研究内容

（一）科技进步、生产率与经济增长关系的研究

科技进步因素原由科学家和工程技术专家研究，而经济学家把它作为经济增长的“外生变量”不纳入自己的研究领域。直到英籍奥地利经济学家熊彼特的“创新理论”和“经济周期理论”在 20 世纪二三十年代提出以后才逐渐有了变化。按照熊彼特的理论，“创新”就是“建立一种新的生产函数”，即实现生产要素和生产条件的一种新组合，包括引进新产品、引用新的生产方法、开辟新市场、控制原材料的新供应来源、实现企业的新组合等。经济发展就是整个社会不断地实现这种“新组合”。他的“经济周期理论”进一步认为，一种“创新”通过扩散，刺激了大规模的投资，引起了高涨；一旦投资机会消失，便转入了衰退。由于“创新”的引进不是连续平稳的，而是时高时低的，因而就导致了经济波动和经济周期。他把经济周期划分为 3 种，即“长波”（康德拉季耶夫周期），50 年左右；“中波”（尤格拉周期），10 年左右；“短波”（基钦周期），40 个月左右。熊彼特对技术发展所引起的“创新”的重大作用，以及由“创新”引起的社会生产过程、组织方式、管理方式的变化，做了比较充分的论述。他是

较早地把技术进步视作经济发展的最主要因素，并把它放在最重要位置的学者。

以后，丁伯根、索洛、丹尼森、乔根森、罗斯托、贝尔、托夫勒等人对现代科学技术与经济、社会发展的关系及其变化趋势做了许多定性或定量研究，用综合要素生产率计算了科技进步、生产率在经济增长中的作用，把这个问题的研究提高到了一个较高的水平。

（二）项目可行性研究

技术经济及管理是工程技术科学和工程建设实践的有机组成部分，这集中表现在所有工程项目在决策前都必须经过周密的技术经济论证，即必须进行工程项目可行性研究，可行性研究构成了技术经济及管理学科的重要内涵。现有评价的侧重点是，从企业经济和国民经济两个角度评价项目的可行性，其不足之处在于，前述“可行性分析”的立论基础是“前期预测”，评价结论是“可能值”抑或“期望值”，项目投产后，究竟效果如何，则很少得到重视，这方面的研究也相对欠缺。因此，为了确保工程项目的实际可行以及为了积累丰富的评价经验，应将“可行性研究”从贯穿于“投资前、投资中、生产中”三个阶段，扩张到“投资前、投资中、生产中、生产后”四个阶段，实地研究项目建成后的现实经济效益。

（三）其他相关内容

1. 时间因素的研究

资金有时间价值，对该问题的研究已有大量成果，从理论引进（主要从西方、原苏联、东欧引进）到在经济建设中的实际应用，从对这一问题的理论研究到方法计算，比如投资的时间因素对经济效益的影响，动态研究的科学性等都取得了很大进展。这方面的研究，对于计算工程项目的投资收益，正确判断项目的可行性，具有重要意义。

2. 产业结构问题的研究

过去产业发展多是按国家计划，搞棋盘作业式的平行推进，各地区、各产业也均按相同或接近速度发展，形成了各地区的产业结构趋同化和“大而全”、“小而全”的产业发展体系，造成盲目建设、低水平重复、产大于销、产品积压、资源浪费、规模效益差，又切断了各部门、各地区的经济联系，使地区需求同步震荡、产业需求严重颠簸。近几年，技术经济学科针对这种产业发展模式的缺陷，对我国产业发展模式、产业发展序列、产业投资结构、支柱产业选择以及产业技术政策等问题进行了大量的研究。

3. 工程项目技术经济论证

这是计算、分析、评价各种技术方案、建设项目和生产经营决策的经济效益和社会效益的一种科学方法。采用得最普遍的是对工业建设的可行性研究。在这方面，我国技术经济及管理学界做了大量研究工作，提出了项目评价的“方法与参数”，对引进的论证方法根据我国情况做了必要的修正补充，已由国家正式颁布执行。

4. 环境、资源的技术经济研究

随着我国经济的高速发展，环境与资源问题日益突出，各方面都对这个问题日益重视。我国技术经济研究部门较早地用技术经济分析方法开展了对能源、水资源、重要矿产资源和人力资源开发利用潜力的研究。

5. 部门技术经济研究

结合各部门的技术、工程特点，进行各部门的技术引进、技术转让、技术创新以及工程项目评价等方面的研究，得到了很大的发展，如能源技术经济、机械工业技术经济、交通运输技术经济、农业技术经济、化工技术经济、冶金技术经济、邮电技术经济、建筑技术经济、物流技术经济、水利技术经济、纺织技术经济、轻工技术经济、林业技术经济等理论研究方面均有较大发展。

6. 技术经济及管理学科的新增长点

（1）技术进步与经济增长测算

技术进步因素在经济增长中的重要作用，是技术经济及管理学科长期以来致力于研究解决的焦点问题，国内外在该领域均取得了可喜的成就。其中的常用方法是将技术因素理解为：除了资本 K、劳动力 L 以外能够促进经济增长的一切其他因素。

而随着科学技术日新月异的发展，“技术”的内涵不断创新、丰富，不同类型、特点、层次的技术对于经济增长的贡献率显然不可统一概括。因此，应当进一步研究技术进步与经济增长的关系理论，创新技术进步贡献率的测算体系，特别是量化模型的构建与完善。

（2）技术创新与技术扩散

随着知识经济时代的到来，技术创新的巨大功效前所未有地显示于世人面前，如何通过创新，特别是通过合理扩散，将创新成果广泛地运用于生产实践中，实现其最大效益，将成为技术经济及管理学科今后需要深入研究的问题。

（3）技术贸易与技术市场

技术市场是完善的市场经济体系不可或缺的组成部分，在知识经济时代，这种“不可或缺”将更为人们所认同。同样，技术商品的价值量衡量以及技术商品的市场交换，也成为市场交换中日益重要的闪光点。技术经济及管理学科在有关技术贸易手段的研究等领域有其优势，但在全球经济一体化大趋势下，如何促进技术贸易的国际运作以及技术市场的国际融合，将是今后研究的重点。

（4）技术引进与技术选择

技术引进对于迅速缩小发展中国家与发达国家的差距，迅速提高落后国家的技术水平，发挥着重要作用。但是，不同的历史时期条件下，由于国家的总体发展战略调整，技术引进的类型、方式、途径必将作出弹性跟进。因此，应当研究不同条件下技术选择的原则、手段等，从而更大地发挥技术引进的重要作用。

二、技术经济学的研究方法

改革开放以来，技术经济及管理学科在方法与方法论的研究方面有很大进展，使技术经济评价方法日趋完善。50 年代我国曾从国外（主要是原苏联和东欧）引进了技术经济论证方法、投资计算方法，70 年代末期又从西方引进了可行性研究方法、价值分析法、系统分析法等。目前，我国在吸收外国各种方法的同时，建立了适合我国国情的一套评价方法、指标体系，在我国技术经济分析与管理中采用的定量分析方法主要有：

（一）可行性分析法

该内容见后续相关章节知识。

（二）系统分析法

就是以系统为对象，把要分析研究的内容，用概率、统筹、模拟等办法，经过分析、推理、判断、综合，建立系统分析模型，进而以最优化方法求得系统的最佳结果。

（三）效益分析法

主要是分析、评价经济效益的方法。其实质是从多个待选方案中，评选各方案的成本费用和效益价值并加以比较，选择出最佳或较佳的方案。这种分析方法包括历史考查法、差额法、方案比较法、比率法、费用效益法、专家评分法、利润率法、投资回收期法、增量法以及综合法等。

（四）优化规划法

这是将资源按某种方式分配到各项活动，使其以某种数量表示的效果为最优。如在一组线性约束条件下，效果是几个变量的某一线性函数，则优化规划归类为线性规划，涉及多级决策过程的优化规划则属动态规划，包括非线性规划、几何规划、整数规划、大系统优化等。

（五）决策法

这是研究理性的人类和非理性的自然之间的一种理性活动，是人类为达到某一目标而选择自己行动方案的过程，对理性者之间的决策是对策论（博弈论），如自然以不同概率可能出现多种状态，而理性的人有多种可采取的行动策略，其中可能存在一个较满意的方案。寻找这个满意方案就要用决策方法，它包括风险决策、多目标决策等。

（六）投入产出法

这是在一定的经济理论指导下，应用数学和电子计算机，研究经济系统中投入与产出关系的理论和方法。它广泛地应用于国民经济战略规划、计划、产业分析、生产函数、测定资本与能源、原材料、劳动需求量、测定生产率等。

（七）预测法

这是探索重大问题的未来趋向，提供决策者所需信息的一种手段。根据问题的不同，使用不同的预测方法，而有不同层次的预测，目前常用的方法有专家评估法、类推法、趋势外推法、指数平滑法、自回归法、鲍克斯—詹金斯法、回归分析法和各种经济数学模型。

（八）模拟法

这是用计算机对经济活动、经济政策进行模拟，并根据模拟的经济结果调整政策与行为。

（九）统筹法

这是研究工程项目或科研活动中关键路线和计划评审技术等有关问题的科学方法。例如关键路线分析对于一项工程的施工和组织管理是十分有益的，这项分析需要首先确定各项活动的顺序，将实施的成本和时间降到最低限度；其次，要鉴别哪些时间安排对实施每一阶段是关键性的活动，然后采取必要的步骤以保证这些工作能及时完成。

第四节　技术经济学的产生与发展

一、国外技术经济学的产生与发展

技术经济学在国外一般被称为工程经济学，源于 1887 年惠灵顿（Arthur. M. Wellington）的著作——《铁路布局的经济理论》。作为一名建筑工程师，惠灵顿认为资本化的成本分析方法可应用于选择铁路的长度或路线的曲率。他首次将成本分析方法应用于铁路的最佳长度或路线的曲线选择中，开创了工程领域中的经济评价工作。

1911 年，美国的泰勒编写出版了《科学管理原理》一书，提出要用科学的方法来测定和研究解决工厂中的技术经济和管理问题。

1930 年，格兰特（E. L. Grant）在他的《工程经济原理》中指出了古典工程经济的局限性，提出了以复利计算为基础，并讨论了判别因子和短期投资评价的重要性以及资本长期投资的一般比较，他因此被称为“工程经济学之父”。所谓工程经济即指采用某些经济上的比较方法，运用数学技巧，采用合理的步骤，从经济观点出发，衡量为达到某一特定目的而采用的各种不同手段的优劣。格兰特的《工程经济原理》一书初步奠定了技术经济学的学科体系，这是技术经济学从提出概念到初具雏形的第一阶段。

此后，技术经济分析的原理被广泛应用于生产建设中，特别是第二次世界大战期间，由于军工生产和作战的需要，美国科学家首先用数学分析方法和先进的运算技术，解决了雷达的合理分布问题，从而建立和发展了运筹学，其后美国科学家为了研究敌方潜艇的出没概率并加以摧毁，创立了“搜索论”，从而进一步推动和发展了运筹学。运筹学的理论和方法在技术经济分析和决策中的推广及应用，进一步提高了技术经济学的理论水平和技术水平，这是技术经济学发展的第二阶段。

第二次世界大战后，系统论、控制论、信息论等方法论科学的诞生，使技术经济学发展到现代化的新阶段。此时，技术经济学在广泛吸取自然科学、数量经济学等最新研究成果的基础上，运用系统分析、数理统计、投入产出分析和运筹学等现代化方法，建立了经济数学模型，并运用电子计算机对复杂的多目标技术经济问题进行了动态的、定量的分析、计算、模拟和决策，使技术经济学发展到第三阶段。

二、我国技术经济学的产生与发展

（一）萌芽阶段

我国技术经济学的建立可以追溯到20世纪50年代。20世纪50年代初期我国在引进前苏联科学技术的同时，在计划工作、基本建设工作和企业管理中也引进了技术经济分析和论证方法，特别是在规划、设计156项重点建设项目时，都进行了不同程度地技术经济分析、论证，在这些建设项目的设计方案中都有“技术经济分析”一章。现在看来，这些技术经济分析的论证方法是比较粗糙和简单的，但在当时对于实现投资效果和“一五”计划的顺利完成，对于新中国工业基础的建立，起到了非常重要的作用。由于历史和内外部条件的限制，在20世纪50年代还没有也不可能形成具有系统理论和方法的技术经济学，但其重要性已为当时的高层决策者、工程技术人员和管理人员广泛重视。但是，由于1958年开始的“大跃进”，生产上“只算政治账，不算经济账”，技术经济工作全部被取消，刚刚萌芽的技术经济学受到严重摧残。

（二）发展阶段

20世纪60年代初，党中央提出“调整、整顿、充实、提高”八字方针，开始纠正不讲经济效果的错误倾向。通过总结20世纪50年代在经济建设中正反两个方面的经验教训，使大家进一步认识到技术与经济结合的必要性与重要性。随着国民经济调整工作的进行，在经济理论界开展了对社会主义经济效果问题的广泛讨论，截止到“文化大革命”时期，已在各种报刊上发表了近百篇文章，对经济效果的一般概念、实质、范围、评价标准、指标体系以及具体的计量方法等问题进行了认真的探讨。其中，著名的经济学家孙冶方、于光远等发表了极为重要的观点。在党中央制定的《1963—1972年科学技术发展规划》中，把技术经济作为与工农业科学技术、基础科学并列的七项科学技术学科之一，规定了在这

10 年里要特别重视技术经济问题，并把技术与经济必须紧密结合的内容列入了规划。1963 年 10 月，中共中央和国务院批准了这个 10 年科技发展规划。规划文件中明确指出，任何技术工作必须既有技术上的优越性，又有经济上的合理性，并要求结合各项技术的具体内容进行经济效果的计算和分析。这一时期，有的研究单位根据本部门的技术特点，开始研究具有针对性的技术经济分析方法，使技术经济分析方法在工程建设和许多技术领域中得到了广泛应用，显示了它的实用价值，并成为工程建设方案优选和决策不可缺少的一环。通过实践，逐渐形成了它的研究对象，总结了系统的分析方法和方法论基础，但其仍然只是一门方法学，还缺乏坚实的理论基础。由于它着重于研究技术的经济效果，故称它为经济效果学。

（三）停滞阶段

20 世纪 70 年代，由于十年动乱，经济与管理学科都被批判，致使技术经济学的研究队伍拆散，机构瓦解，研究工作完全停顿。

（四）成熟阶段

20 世纪 80 年代是技术经济学茁壮成长的阶段。党的十一届三中全会以后，国家制定的《1978—1985 年科学技术发展规划》中，将“技术经济和管理现代化理论和方法的研究”列入了 108 项重大研究课题之一。为了落实这项重点研究任务，经过广大技术经济工作者近一年的筹备，于 1978 年 11 月召开了全国技术经济和管理现代化科学规划工作会议，制定了《技术经济和管理现代化理论方法的研究规划（1978—1985）》（草案），成立了中国科协直属的中国技术经济研究会。随后，国务院成立了技术经济研究中心（后改为国务院发展研究中心），中国社会科学院建立了技术经济研究所（后改为数量经济与技术经济研究所）。随着经济建设的发展，中央主管部门和许多省、市、自治区、以及一些中等城市、大中型企业，也相继建立了技术经济研究机构（中心、所、室）和技术经济研究会，国家教委设立了技术经济教学指导组，高等学校编写了技术经济学教材并开设了技术经济学课程。随后建立了技术经济专业，培养了一大批从事技术经济分析的专门人才。加上政府的宏观指导与政策规定，使技术经济学的原理与方法不仅系统地在经济建设宏观与微观的相应项目评价中得到了广泛的应用（如技术政策评估、投资决策、产品开发、技术选择等），而且对技术经济学学科的体系、理论与方法、性质与对象的研究都十分活跃，呈现了百家争鸣、生气勃勃的景象，从而推动了技术经济学的发展。直到 90 年代，对问题的讨论越来越广泛和深入。

1987 年，国家计委颁布了我国第一套《建设项目经济评价方法和参数》，又在 1990 年颁布了《建设项目经济评价方法和参数实用手册》。1993 年 4 月，由于财会制度、税收制度、金融制度和外汇制度等的改革，国家计委又颁布了《建设项目经济评价方法和参数（第 1 版）》，随着经济与社会的快速发展，随着改革的进一步深入，2006 年，国家发改委和建设部又联合颁布了《建设项目经济评价方法和参数（第 3 版）》。很显然，随着社会主义市场经济的逐步建立，根据我国国情创立的技术经济学也将在改革中不断发展和完善。

本章小结

技术和经济是人类社会进行物质生产活动中，始终并存的两个方面，两者相互促进又相互制约。技术经济学研究的重点是生产领域，物质资料生产中的经济效果问题是技术经济学最重要、最基本的研究内容。其特点主要有：综合性、实践性、社会性、未来性和边缘性。

技术经济学的研究内容较为宽广，研究方法也多种多样。

关键词

技术经济及管理　Economics & Management of Technology

公共产品　Public Goods

规模经济　Economics of Scale

经济分析　Economics Analysis

经济规模　Economics Scale

思考与练习

1. 技术经济学的理论基础是什么？
2. 技术与经济之间存在什么关系？
3. 技术经济学的研究对象有哪些？
4. 技术经济学主要的研究方法有哪些？
5. 技术经济学的主要研究内容有哪些？你认为技术经济学有哪些新的研究内容？
6. 技术经济学在我国是怎样发展起来的？

第二章 技术经济分析的基本要素与原则

第一节 经济效益

一、经济效益的概念

人们从事任何经济活动都是为了获得一定的成果，要取得成果就必须付出一定代价的物化劳动、活劳动等。我们不能简单地用所取得成果的大小或者劳动消耗的大小来衡量这个活动，而需要将两者综合考虑才能做出科学的判断。成果与代价的比较结果通常被称为效益，由此，也就引出了经济效益的概念。

经济效益（Economic Benefit）是指经济活动过程中取得的劳动成果与劳动消耗的比较，或者产出的经济成果与投入的资源总量（包括人力、物力、财力等资源）之比，简称为“成果与消耗之比”、“投入与产出之比”。

经济效益是评价方案可行与否或者对诸多方案进行优选的依据，是技术经济学的重要研究内容。要正确理解经济效益的概念，应遵循以下三条基本原则：

（1）有效成果原则。有效成果是指对社会有用的产品或劳务，它可用使用价值或价值表示。不符合社会需要的产品或服务，生产越多，消费就越大，经济效益就越差。

（2）全部消耗原则。经济效益概念中的劳动消耗，包括技术方案消耗的全部人力、物力、财力，即包括生产过程中的直接劳动的消耗、劳动占用、间接劳动消耗三部分。直接劳动的消耗指技术方案在生产运行中所消耗的原材料、燃料、动力、生产设备等物化劳动消耗以及劳动力等活劳动消耗。这些单项消耗指标都是产品制造成本的构成部分，因而产品制造成本是衡量劳动消耗的综合性价值指标。劳动占用通常指技术方案或项目为进行正常生产而长期占用的用货币表现的厂房、设备、资金等，通常分为固定资产和流动资金两大部分。投资是衡量劳动占用的综合性指标。间接劳动的消耗是指在技术方案实施过程中社会发生的消耗，比如环境污染就是生产活动的坏效益，或称为负效益。

（3）有效成果与劳动消耗相联系的原则。有效成果和劳动消耗相比较是理解经济效益的本质所在。在进行技术经济分析时，必须将技术方案或项目的成果与消耗、产出与投入结合起来进行比较，而不能单独使用成果或消耗指标。用同样多的劳动消耗取得尽可能多的有效成果，或者用尽可能少的劳动消耗取得同样多的有效成果，是衡量技术方案或项目经济效益高低的标准。

二、经济效益的表达式

经济效益是所得与所费的关系，通常有以下三种表达方式：

（一）差额表示法

这是一种用劳动成果与劳动耗费之差表示经济效益的大小的方法，表达式为

$$经济效益 = 劳动成果 - 劳动耗费 \quad (2-1)$$

采用差额法表示经济效益要求劳动成果与劳动耗费必须是相同的计量单位，其差额大于0是技术方案可行的经济界限。这种表示方法计算简单、概念明确，但不宜采用这种方法比较技术水平和内外部技术条件差别较大的技术方案。

（二）比值表示法

这是一种用劳动成果与劳动耗费之比表示经济效果大小的方法，表达式为

$$经济效益 = \frac{劳动成果}{劳动耗费} \quad (2-2)$$

采用比值法的指标有：劳动生产率、投资收益率和单位产品原材料、燃料、动力消耗水平等。比值表示法的特点是劳动成果与劳动消耗的计量单位可以相同，也可以不同。当计量单位相同时，比值大于0是技术方案可行的经济界限。

（三）差额—比值表示法

这是一种用差额表示法与比值表示法相结合来表示经济效果大小的方法，表达式为

$$经济效益 = \frac{劳动成果 - 劳动耗费}{劳动耗费} \quad (2-3)$$

这一公式表示单位劳动消耗所取得的净收益，如成本利润率、投资利润率等，能较为准确的反映经济活动的效益，其值大于0是技术方案可行的经济界限。

三、经济效益的分类

（一）微观经济效益与宏观经济效益

根据分析与评价角度的不同，可将经济效益分为微观经济效益与宏观经济效益。从企业或项目的角度分析技术方案或项目的实施给企业带来的效益称为微观经济效益。而技术方案或项目为整个国民经济乃至整个社会所带来的效益称为宏观经济效益。从不同角度分析，所得方案或项目的经济效益评价结果可能不一

致。因此，对一个方案既要分析其微观经济效益，同时也要对其宏观经济效益做出评价。

（二）直接经济效益与间接经济效益

根据受益者不同，经济效益又可分为直接经济效益与间接经济效益。直接经济效益反映了技术方案能直接给企业带来的经济效益。间接经济效益指方案的实施给社会所带来的经济效益。直接经济效益直观易测，不容易被忽视；但从全社会可持续发展的角度出发，更应强调间接经济效益。

（三）有形经济效益与无形经济效益

根据可否用货币计量，可将经济效益分为有形经济效益与无形经济效益。有形经济效益指能用货币直接计量的经济效益，如利润等。无形经济效益指难以用货币计量的效益，涉及经济、政治、文化教育等多方面。在技术经济评价的过程中，不仅要重视有形经济效益的评价，也要重视无形经济效益的评价。

四、提高经济效益的途径

从经济效果的表达式可以看出，经济效益与经济活动所取得的劳动成果成正比，与劳动耗费成反比，因此，提高经济效益的基本方式可以有以下五个方面。

（1）保持劳动成果不变，降低劳动耗费。企业通过加强内部费用控制与管理，在保持产出不变的情况下降低成本费用，达到提高经济效益的目的，这是实际工作中提高经济效益最常用的途径。

（2）保持劳动耗费不变，增加劳动成果。企业在保持劳动耗费不变的情况下，通过合理组织生产经营活动，加快生产和流通的周转速度，增加劳动成果，达到提高经济效益的目的。

（3）劳动成果和劳动耗费同时增加。在劳动成果和劳动耗费同时下降的情况下，使劳动成果增加的幅度大于劳动耗费增加的幅度，可以达到提高经济效益的目的。

（4）劳动成果和劳动耗费同时降低。在劳动成果和劳动耗费同时下降的情况下，使劳动耗费下降的幅度大于劳动成果下降的幅度，可以达到提高经济效益的目的。

（5）劳动成果增加，劳动耗费降低。在降低劳动耗费的同时增加劳动成果，可以使企业的经济效益大幅度提高。但一般仅在技术进步情况下才会出现这种情况，这是提高经济效益最理想的途径。

第二节 投 资

一、投资的概念

投资（Investment）有两重含义：一种是指为了未来能获取收益而投入一定资源的经济行为；另一种则是指为了实现生产经营目标而预先投入的资源。所投入的资源可以是资金，也包括以货币形式表现的劳动力、技术、原材料等其他资源。

二、投资构成

在技术经济学中投资是指项目从筹划直至项目全部建成为止整个期间所发生的全部费用的总和以及生产经营阶段所需的流动资金（见图2－1）。

1. 固定资产投资

固定资产（Fixed Assets）是指使用年限在一年以上，单位价值在规定标准以上，并在使用过程中保持原有物质形态的资产。具体来说，企业的固定资产包括使用年限在一年以上的房屋、建筑物、机械、运输设备以及其他与生产经营有关的器具和设备等。另外，不属于生产经营主要设备的物品，但单位价值在2 000元以上，使用年限超过两年的也作为固定资产。固定资产投资主要包括工程费用、预备费用、其他费用、建设期借款利息等构成。

2. 无形资产

无形资产（Intangible Assets）是指不具有独立实体，但为企业长期占有、使用并能为企业带来收益的权利和经济资源。无形资产有以下三个特点：① 不具有独立实体但依托于独立实体；② 具有排他性；③ 无形财产权。无形资产包括技术专利权、商标权、土地使用权等。

3. 递延资产

递延资产（Deferred Assets）是指不能全部计入当年损益，应在以后年度内分期摊销的各项费用，包括开办费、固定资产改良支出以及摊销期限在一年以上的其他待摊费用。

4. 流动资金

流动资金（Circulating Funds）是指在项目投产前预先垫付，在投产后用于购买原材料、燃料和动力、备品备件、支付工资和其他费用以及在制品、半成品即产成品或商品占用的资金，其计算公式如下：

$$流动资金 = 流动资产 - 流动负债 \qquad (2-4)$$

流动资产指可以在一年内或超过一年的一个营业周期内变现或耗用的资产，包括现金、存货、应收及预付账款等；流动负债指偿还期在一年内或超过一年的一个营业周期内的债务，包括短期借款、应交税金等。

- 项目总投资
  - 固定资产投资
    - 工程费用
    - 其他费用
    - 预备费用
    - 固定资产条件税
    - 建设期借款利息等
  - 无形资产
    - 技术专利权
    - 商标权
    - 土地使用权等
  - 递延资产
    - 开办费
    - 固定资产改良支出等
  - 流动资金
    - 现金
    - 存货
    - 应收即预付账款等

图 2－1　项目总投资构成

三、投资估算

无论是基本建设项目，还是设备更新和技术改造项目，投资总额都是决策前进行技术经济分析和评价不可缺少的主要数据，也是投资项目资金筹措的依据。投资估算一般按固定资产和流动资金分别估算，最后将两者加总估算出项目总投资额。

（一）固定资产投资估算

固定资产投资估算要在做出投资决策之前资料不够充分的条件下进行，因而其精度也较低。常用的投资估算方法有以下几种：

1. 单位生产能力投资估算法

单位生产能力投资估算法是根据类似企业的单位生产能力投资额来估算拟建项目投资额的一种方法，其计算公式为：

$$K = Q\frac{K_0}{Q_0}P_f \qquad (2-5)$$

式中　K——拟建项目的投资额；

Q——拟建项目的生产能力；

K_0——同类项目的投资额；

Q_0——拟建项目的生产能力；

P_f——物价修正指数。

单位生产能力投资估算法通常应用于通过增加设备数量提高生产能力的投资项目估算。

2. 生产能力指数法

生产能力指数法又称 0.6 指数法，也是利用已知类似工程的投资额估算拟建项目的投资额的方法。其计算公式如下：

$$K = K_0 \left(\frac{K}{Q_0} \right)^n P_f \quad (2-6)$$

式中 K——拟建项目的投资额；

Q——拟建项目的生产能力；

K_0——同类项目的投资额；

Q_0——拟建项目的生产能力；

P_f——物价修正指数；

n——生产能力指数。

生产能力指数 n 根据不同类型企业的统计资料计算，一般不易确定。当规模的扩大是以提高主要设备的效率、功率而达到时，n 取 0.6～0.7。当规模的扩大是以增加工程项目的机器设备的数量而达到时，n 取 0.8～1.0。用这种方法进行投资估算时，生产规模扩大的幅度应小于 50 倍。生产能力指数法一般应用于石油化工类型的投资项目估算。

3. 概算指标估算法

概算指标估算法是较为详细地估算投资的方法，该法把整个项目依次分解为单项工程、单位工程、分部工程和分项过程。按建筑工程费用、设备及工器具购置费、安装工程费、其他费用、基本预备费五个内容，分别套用有关概预算指标和定额编制投资概算，然后在此基础上在考虑物价上涨、汇率变动等动态投资。

4. 比例估算法

比例估算法是对过去类似工程项目进行调查分析，找出项目主要设备投资或主要生产投资占项目基建总投资的比例，只要估算出拟建项目主要设备投资或主要车间投资就能按比例估算出项目基建总投资。具体又包括设备投资估算和建筑物、构筑物投资估算。

（二）流动资金投资估算

流动资金的估算一般也是参照类似项目的有相关指标进行估算。根据项目需要以及所掌握资料的详略程度采用粗估法，即扩大指标估算法；另一种是分项详细估算法。

1. 扩大指标估算法

扩大指标估算法一般根据类似企业的流动资金与固定资产、销售收入、经营成本的比率或者单位产量占用流动资金的比率计算。该方法比较粗略，如矿山项目流动资金一般按年销售收入的 25% 计算，化工项目一般按基建项目投资的 15%～20% 计算。

2. 分项详细估算法

如项目决策要求有较精确的流动资金投资额，则采用分项详细估算法。这种方法是目前国际上通行的流动资金估算方法，可采用以下公式：

$$流动资金 = 流动资产 - 流动负债 \quad (2-7)$$

$$流动资产 = 应收账款 + 存货 + 现金 \quad (2-8)$$

$$流动负债 = 应付账款 \tag{2-9}$$

流动资产和流动负债各指标的计算公式如下：

(1)
$$应收账款 = \frac{年经营成本}{周转次数} \tag{2-10}$$

$$周转次数 = \frac{360}{最低周转天数} \tag{2-11}$$

各类流动资产的周转天数参照同类企业的平均值并结合项目特点确定，或按部门（行业）规定，适当考虑储存天数、在途天数以及保险系数。

(2)
$$存货 = 外购原材料、燃料 + 在产品 + 产成品 \tag{2-12}$$

式中

$$外购原材料、燃料 = \frac{年外购原材料、燃料费用}{周转次数} \tag{2-13}$$

$$在产品 = \frac{外购原材料 + 年工资及福利费 + 年修理费 + 年其他制造费用}{周转次数} \tag{2-14}$$

$$产成品 = \frac{年经营成本}{周转次数} \tag{2-15}$$

(3)
$$现金 = \frac{年工资及福利费 + 年其他费用}{周转次数} \tag{2-16}$$

(4)
$$应付账款 = \frac{年外购原材料及动力费用}{周转次数} \tag{2-17}$$

第三节 成　本

一、会计成本

会计成本（Accounting Cost）是企业生产经营过程中发生的，由会计人员记录在册的，客观的和有形的支出，包括原材料等劳动对象的耗费、机器设备等劳动手段的耗费、人工等劳动力的耗费以及其他有关的各项费用。按经济用途分类，会计成本可划分为生产成本和期间费用。

1. 生产成本

生产成本（Cost of Production）由生产过程中消耗的直接材料、直接工资、其他直接支出和制造费用构成，副产品回收可抵扣部分生产成本。

（1）直接费用。直接费用包括直接材料、直接人工和其他直接费用。直接材料是指在生产中用来形成产品主要部分的材料；直接工资是指在生产过程中直接对材料进行加工使之变成产品的人员的工资、奖金、津贴和补贴等；其他直接费用指除直接材料和直接人工以外的与产品生产和劳务提供有直接关系的费用，包括职工福利费等。

(2) 制造费用。制造费用是指与产品生产和劳务提供有关的各项间接费用，包括生产单位（车间等）管理人员和技术人员的工资、生产单位房屋、机器设备等的折旧费、租赁费（不包括融资租赁费）、维检费、水电费、物料消耗、劳动保护费等。

2. 期间费用

期间费用（Period Cost）由管理费用、财务费用以及销售费用构成。

(1) 管理费用。管理费用是指企业为组织和管理生产经营活动而发生的各项费用，包括行政管理人员的工资和福利费、差旅费、工会经费、职工教育经费、劳动保护费等。

(2) 财务费用。财务费用指企业为筹集资金而发生的费用，包括利息支出、汇兑损失、调剂外汇手续费、金融机构手续费等。

(3) 销售费用。销售费用指企业在销售产品、自制半成品、提供劳务等过程中发生的各项费用以及专设销售机构的各项费用，包括应由企业负担的运输费、装卸费、包装费、差旅费、广告费以及专设销售机构的人员工资与福利等。

二、机会成本

机会成本（Opportunity Cost）指企业将一种具有多用途的有限资源置于特定用途时所放弃的其他各种用途的收益。当一种有限资源具有多种用途时，可能会有许多获取相应收益的机会，如果将这种资源置于某种特定用途，必须要放弃其他资源投入机会，同时也放弃了相应的收益，在所放弃的机会中最佳的机会可能带来的收益，就是将这种资源置于特定用途的机会成本。机会成本并不是实际发生的成本，而是一种观念上的成本。例如，某人辞职开了一家面包店，年末结算发现盈利了 20 000 元。若此人选择继续留在公司，则一年中将获得 30 000 元的薪资收入。表面看面包店是盈利了，但从机会成本的角度考虑，实则是亏损的，所以此人应选择继续在公司任职。对于机会成本的分析，有助于合理配置有限的资源，创造出最大的收益。

三、经济成本

如果考虑机会成本，我们就会发现企业除发生可见的显性成本（诸如企业购买原材料、设备、劳动力、支付借款利息）外，还有存在一定的隐性成本。隐性成本是指企业将自有资源投入生产经营但形式上并未支付报酬的那部分成本。显性成本与隐性成本之和即是经济成本（Economic Cost）。例如，某人利用自己的地产和建筑物开了一家企业，那么此人放弃了向别的厂商出租土地和房子的租金收入，也放弃了受雇于别的企业而可赚的工资，这些隐性成本并没有列入企业的账册，导致经营利润偏高。而事实上，这种以自己拥有的资源投入，存在着自由要素的机会成本，应该被看做是实际生产成本的一部分。因此，在决策时应应用经济成本概念。

四、沉没成本

沉没成本（Sunk Cost）是指过去已经发生与当前决策无关的成本。管理决策只能针对未来，所以决策时一般不考虑沉没成本，当前决策所要考虑的是未来可能发生的费用以及所能带来的收益。例如考虑某台旧设备是否需要更新这一问题时，该设备几年前的购置费就是一向沉没成本。设备更新与否只能在购置新设备和继续使用旧设备两者所需费用之间比较做出决定。

五、经营成本

经营成本（Cost of Operating）是技术经济学中特有的成本，是编制项目计算期内的现金流量表和方案比较选优时采用的非常重要的分析评价指标。经营成本是指项目建成投产后为生产产品或提供劳务所发生的经常性的现金支出，即会计成本扣除折旧费、摊销费、维检费和财务费之后的成本费用。其计算公式如下：

经营成本 = 总成本费用 - 折旧费 - 摊销费 - 维检费 - 财务费（借款利息）　　（2-18）

经营成本中不包括折旧费、摊销费、维检费和财务费的原因如下：

首先，现金流量反映的是项目在计算期内逐年发生的现金流入和现金流出。技术经济分析中，现金收支何时发生就何时计算，与会计核算方法有所区别。由于投资已在其发生的时点作为一次性支出计入现金流出，所以不能再以折旧费和摊销费的方式计为现金流出，否则会重复计算。

其次，借款利息是企业使用资金所要付出的代价，从企业的角度是现实的现金流出。但在评价项目全部投资的经济效益时，并不考虑资金的来源问题。为了计算与分析方便，通常把净经营成本作为一个单独的现金流出项。如果分析中需要考虑借款利息，则另列一个现金流出项。

六、固定成本与变动成本

产品成本费用按其与产量的关系可分为固定成本（Fixed Cost）和变动成本（Variable Cost）。固定成本是指在一定范围内不随产量的变动而变动的成本费用，如折旧费、管理费用、财务费用等。固定成本虽然在一定的生产规模之内总额保持不变，但是分摊到单位产品的单位固定成本却是变动的，产量增加则单位产品固定成本减少；反之亦然。变动成本指总成本费用中随产量的变动而成比例变动的成本费用，如原材料费、燃料费、直接工人工资、包装费等。与固定成本正好相反，变动成本的总额是变动的，但是分摊到单位产品的单位变动成本是不变的。产量增加，则变动成本成比俐增加；反之亦然。

七、平均成本与边际成本

平均成本（Average Cost）是指产品总成本与总产量之比，即单位产品分摊的总成本费用。实际工作中，常取平均成本作为单位产品成本。

边际成本（Marginal Cost）是经济分析中的一个重要概念，指每增加单位产品产量所增加的成本费用。例如，生产三台拖拉机的成本是10万元，而生产四台拖拉机的成本是12万元，则生产第四台拖拉机的边际成本是2万元。当边际成本等于平均成本时，平均成本最低。

第四节　销售收入、利润和税金

一、销售收入

销售是企业经营活动的一项重要环节，产品销售过程是产品价值的实现过程。销售收入（Sales Revenue）是企业向社会出售商品或提供劳务的货币收入，是现金流入的重要部分。企业的销售收入包括产品销售收入和其他销售收入。产品销售收入包括销售产成品、自制半成品及工业性劳务取得的收入；其他销售收入包括材料销售、技术转让、包装物出租、外购商品销售及承担运输等非工业性劳务所取得的收入。销售收入的估算公式如下：

$$销售收入 = 产品销量 \times 产品单价 \tag{2-19}$$

销售收入与总产值是有区别的。总产值（Gross Output）是企业生产的成品、半成品和处于加工过程中的在制品的价值总和，可按当前市场价格或不变价格计算；销售收入是指出售商品的货币收入，是按其出售是的市场价格计算的。企业生产的产品只有在市场上出售，才能成为给企业带来收益的有用劳动成果。因此，销售收入才是反映工业项目真实收益的经济参数。

二、利润

利润（Profit）是技术方案在一定时期内全部生产经营活动的最终成果，是生产经营活动创造的收入与所发生的成本费用之间的差额。利润是劳动者创造的新的社会财富，是企业扩大再生产的基本来源，同时也是国家税收的重要来源。从利润的构成来看，其即可由生产经营活动获得，也可由投资活动获得，还包括那些与生产经营活动无直接关的事项所引起的盈亏。项目投产后的利润可分为销售利润、利润总额及税后利润三个层次，计算公式如下：

$$销售利润 = 产品销售收入 - 生产成本 - 期间费用 - 销售税金及附加 \tag{2-20}$$

$$利润总额 = 销售利润 + 投资净收益 + 营业外收支净额 \tag{2-21}$$

$$税后利润 = 利润总额 - 所得税 \tag{2-22}$$

此外，由于技术方案或项目在决策阶段一般不考虑其他销售、对外投资以及营业外收支，所以技术经济分析中的利润总额计算公式可简化如下：

$$利润总额 = 产品销售收入 - 生产成本 - 期间费用 - 销售税金及附加 \tag{2-23}$$

企业的税后利润按国家《企业财务通则》规定，一般采用下列方式进行分配：① 弥补以前年度亏损；② 提取法定公积金，用于弥补企业亏损及按照国家规定转增资本金；③ 提取公益金，主要用于职工福利设施支出；④ 向投资者分配利润。

三、税金

税金（Tax）是国家按照法律规定的程序与标准对有纳税义务的单位和个人征收的财政资金。国家为满足公共需要而采用的这种筹集财政资金的方式就叫做税收。税收既是国家筹集财政资金的手段，又是国家凭借政治权利参与国民收入分配和再分配的一种形式，具有强制性、无偿性和固定性三大特性。

1994 年税制改革以后，我国的税种不断缩减，由最初的 37 个减少到目前的 20 个，目前由税务部门征收的只有 16 个。按照课税对象的不同性质，可将税收划分为流转税、所得税、资源税、行为税和财产税五大类，下面介绍与项目经济评价有关的主要税种。

（一）流转税

1. 增值税

增值税（Value Added Tax）是对在我国境内销售或提供加工、修理修配劳务以及进口货物的单位和个人，就其取得的货物或应税劳务销售额，以及进口货物金额计算税额，并实行税款抵扣制的一种流转税。增值税的优点是避免了重复计税。为了严格增值税的征收管理和对某些经营规模小的纳税人简化计算办法，按经营规模与会计核算及安全与否，增值税的纳税人分为一般纳税人和小规模纳税人。对于一般纳税人，在具体计算增值税时采用“价外税、价内扣”的方法，其计算公式如下：

$$\text{应纳税额} = \text{销项税额} - \text{进项税额} \tag{2-24}$$

$$\text{销项税额} = \text{销售额} \times \text{销项税率} \tag{2-25}$$

销项税额是指纳税人销售货物或者提供应税劳务而向购买方收取除销项税额以外的全部价款和价外费用。增值税采用两档税率，基本税率为 17%，低税率为 13%。若纳税人出口货物则适用零税率。

对于小规模纳税人，实行简易办法计算应纳税额，对其销售收入按 6% 的税率征收增值税。

2. 营业税

营业税（Sales Tax）是对我国境内从事交通运输、建筑业、金融保险、邮政电信、文化体育业、娱乐业、服务业、转让无形资产或销售不动产等业务的单位和个人，就其营业收入或转让收入征收的一种税。不同行业采用不同税率，娱乐业适用 5% ~20% 的税率，金融保险、服务、转让无形资产、销售不动产的税率为 5%，其余均适用 3% 的税率，计算公式为：

$$\text{应纳税额} = \text{营业额} \times \text{税率} \tag{2-26}$$

3. 消费税

消费税（Consumption Tax）是为了调节产品结构，引导消费方向，保证国家财政收入而征收的一种税，其纳税人为在我国境内生产、委托加工和进口国家规定的应税消费品（共11类）的单位和个人。消费税的计税依据为销售收入，实行从价定率或从量定额的方法计算应纳税额。其计算公式如下：

（1）从价定率法

$$应纳税额 = 应税商品销售额 \times 税率 \tag{2-27}$$

（2）从量定额法

$$应纳税额 = 应税商品销售量 \times 单位税额 \tag{2-28}$$

4. 关税

关税（Customs Duty）是国家授权由海关对进出国境或关境的货物和物品征收的一种税。关税的征税基础是关税完税价格。进口货物以海关审定的成交价值为基础的到岸价格为关税完税价格；出口货物以海关审查确定的价格为完税价格。我国的关税为保护性关税，对进出口商品划分类别，适用不同税率。关税应纳税额的计算公式如下：

$$应纳税额 = 进（出）口应税货物数量 \times 单位完税价格 \times 税率 \tag{2-29}$$

（二）所得税

1. 企业所得税

企业所得税（Business Income Tax）是对我国境内企业和其他取得收入的组织（以下统称企业），就其生产、经营所得和其他所得征收的一种税。应纳税所得额是计算所得税的依据，纳税人每一纳税年度的利润总额减去准予扣除项目后的余额为应纳税所得额。应纳所得税额的计算公式为：

$$应纳所得税额 = 应纳税所得额 \times 适用税率 - 减免税额 - 允许抵免税额 \tag{2-30}$$

$$应纳税所得额 = 利润总额 \pm 税收调整项目金额 \tag{2-31}$$

其中，税收调整项目金额是指将会计利润转换为应纳税所得额时按照税法规定应当调整的项目。企业所得税税率一般为25%。

2. 个人所得税

个人所得税（Individual Income Tax）的征收对象是个人的应税所得，包括工资薪金、个体商户的生产经营所得、劳务费报酬所得、稿酬所得、利息股息所得、财产租赁所得及其他所得。个人所得税按超额累进税率和比例税率两种计税方式，实行源泉扣缴和自行申报两种征收方式。

（三）资源税类

1. 资源税

资源税（Resources Tax）是对在我国境内开采原油、天然气、煤炭、其他非金属原矿、黑色金属矿原矿、有色金属矿原矿及生产盐的单位和个人征收的一种税。资源税的应纳税额根据应税产品的课税数量以及规定的该产品的相应单位税额计算，其计算公式为：

$$应纳税额 = 课税数量 \times 单位税额 \tag{2-32}$$

经国务院批准，新疆率先试点资源税改革，于 2010 年 6 月 1 日起对原油和天然气实行按产品销售额的 5% 征收资源税。

2. 城镇土地使用税

城镇土地使用税是以城镇土地为征收对象，对拥有土地使用权的单位和个人征收的一种税，其目的是为了加强对城镇土地使用的管理，合理利用城镇土地，调节级差收入。考虑到起我国各地区存在着悬殊的土地级差收益，同一地区内不同地段的市政建设情况和经济繁荣程度也有较大区别，因此，将土地使用税额定为幅度税额，拉开档次。城镇土地使用税的单位税额具体标准如下：① 大城市 1.5 ~ 30 元；② 中等城市 1.2 ~ 24 元；③ 小城市 0.9 ~ 18 元；④ 县城、建制镇、工矿区 0.6 ~ 12 元。

（四）财产、行为税类

财产税（Property Tax）是指企业和个人拥有及转移财产的价值或增值额为征收对象的各类税种，包括房产税、车船税、土地增值税等。

行为税（Act Tax）是国家规定以某一特定行为作为课税对象索证的税类，包括固定资产投资方向调节税、印花税等。固定资产投资方向调节税是这类税中的主要税种，但从 2000 年 1 月 1 日起已暂停征收。

第五节 技术经济分析的基本原则

一、效益最佳原则

由于各种形式的技术经济活动的时间、空间不同，效益主体各异，使经济效益的评价有不同的视角，效益主体间也存在一定的矛盾。因而在以经济效益为中心进行技术经济分析时，按照效益最佳化原则，正确处理以下各种关系。

一是正确处理宏观与微观的关系。宏观经济效益是微观经济效益的前提和保证；微观经济效益是宏观经济效益的基础，没有微观经济效益的提高，宏观经济效益的提高也难以实现。各微观经济部门（其主体是企业）应该树立全局观念，自觉地接受国家的宏观调控和监督，在努力提高本部门经济效益的同时，也要使本单位的技术技术经济活动有助于宏观经济效益的提高。

二是正确处理当前和长远的关系。应当合理适度地利用资源，重视保护自然环境，维护生态平衡，从而达到可持续发展的目标。此外，对于技术效益的滞后性和潜在性，也应正确的分析评价，不因追求短期回报而放弃对先进技术的应用、消化和创新。

三是正确处理直接经济效益与间接经济效益之间的关系。国民经济是个有机统一体，各部门之间相互联系、相互制约。在评价一个部门、一个建设项目、一个产品的经济效益时，既要考虑其直接效益，也要考查其间接效益，得出全面正确的结论。

四是正确处理经济效益和社会效益的关系。在评价项目的效益时，既要考虑经济效益，也要考虑政治和社会方面的效益。

二、方案可比原则

有比较才会有鉴别，有鉴别才能选优去劣。因而在对多个技术方案进行技术经济分析时，必须满足下述的可比性：

（一）满足需要上的可比性

满足需要上的可比性，是指各比较方案能共同满足社会某种需要的质和量，而不是指某个技术方案（企业）的额定产量或工作量。具有目标相同、满足需要一致的方案，才可进行比较。例如，生产合成氨，可用煤炭做原料，也可用天然气做原料，到底使用哪一种原料比较经济合理呢？这就需要对使用煤炭做原料的方案和使用天然气做原料的方案相互进行比较。虽然煤炭和天然气在化学组成和物理性质方面有很大的差别，但对合成氨原料来说，它们都能满足要求，因而是可比的。

为了对能满足相同需要的不同技术方案进行比较，需要对其产品数量、质量、品种的不可比因素进行修正计算。有的技术方案属于综合利用方案，可以满足多方面需要，如把这一方案直接同满足某一方面需要的技术方案进行比较，就不可比。例如，城市煤气化建设方案可以生产煤气、焦炭、化工产品等，这种方案就不能直接同城市居民烧煤方案进行比较。如果把城市煤气化建设方案中的焦炭和化工产品等费用扣除后，所剩下的煤气生产供应方案就和居民烧煤方案有了可比性。

还有一些技术方案，除直接生产产品外，还间接地影响其他部门产量的增减。在这种情况下，必须把横向的所有费用和效益综合考虑，进行比较分析。

有一些技术方案的生产规模不同，如果其他条件相同，可以用倍增到同规模的方案进行分析。

（二）消耗费用上的可比性

不同的方案在劳动消耗和劳动占用上是不相同的。为了使各个方案能正确地进行比较，必须采用统一的费用计算原则、方法和范围。

（三）价格上的可比性

不同的技术方案，所使用的价格应当可比。费用及效益的计算，都应采用同一时点的价格及统一的价格指数。不能一个方案采用现行价格，一个方案采用远景价格；也不能在价格指数变化时，取不同的指数。当使用不同货币时，要取统一的汇率换算计价。现实生活中，有的产品价格和价值相背离，这时要考虑影响因素对现行价格进行调整后，再进行方案比较分析。

（四）时间上的可比性

时间上的可比性对于不同技术方案的经济分析具有重要意义。不同技术方案的经济分析应采用相等的计算期作基础，即要考虑生产何时开始，生产年限有多长，消耗的年限有多长等。因为同样数量的产品和消耗费用，早生产和迟生产，早消耗和迟消耗，其经济效益都不相同；生产年限的长短和消耗年限的长短，直接影响经济效益。而且，资金运动的时期、时点不同，会有不同的资金时间价值，不同时间的两笔资金或一系列资金，要按某一利率换算至某一相同时点使之“等值”，才能进行科学的动态技术经济分析。

三、系统分析原则

技术经济系统或一个工程项目是一个多因素、多层次的复合系统，技术方案的决策与实施受到经济、政治、科技、市场、法律、环境生态等多因素的综合影响和制约，因而在技术经济分析中必须运用系统理论与方法。

（一）用系统思想确立技术经济分析的导向

系统思想强调：① 整体性观点，即整体大于部分的总和；② 相关性观点，即系统、要素、环境的相互联系，相互依存；③ 结构性观点，即系统的有序结构是系统保持总体性并具有功能的基础；④ 层次性观点，即系统由不同层次的要素组成，系统本身又是更大一层系统组成的要素；⑤ 动态性观点，即系统是作为过程而展开的动态系统，具有时序性；⑥ 目的性观点，即首先确立系统应该达到的目标，然后通过反馈作用，调节控制系统，使其顺利地导向目标。以上系统论的观念也就是技术经济分析应遵循的指导思想，对于做好技术经济分析工作具有重要意义。

（二）用系统分析确立技术经济分析的内涵

系统分析是指对系统的各个方面进行全面分析评价，以求得系统总体的优化目标的方法体系。它包括功能分析、要素分析、结构分析、可行性分析和评价分析。而上述系统分析的内涵，正是技术经济分析应包括的内容和应遵循的逻辑程序。

（三）用系统方法作为技术经济分析的方法

按照系统方法论，在技术经济分析中，要注重研究事物的总体性、综合性、定量化及最优化。做到定性分析与定量分析、静态分析与动态分析、总体分析与层次分析、宏观效益分析与微观效益分析、价值量分析与实物量分析、预测分析与统计分析相结合。

本章小结

经济效益是指经济活动过程中取得的劳动成果与劳动消耗的比较，或者产出的经济成果与投入的资源总量（包括人力、物力、财力等资源）之比，简称为“成果与消耗之比”、“投入与产出之比”。经济效益是进行一切技术经济活动的出发点与最终目的，是评价方案可行与否或者对多方案进行优选的依据，是技术经济学的重要研究内容。

技术经济分析的基本要素包括投资、成本、销售收入、利润和税金，它们有各自的特征与核算方法。

技术经济分析要遵循三个基本原则：效益最佳原则、方案可比原则、系统分析原则。

关 键 词

经济效益　Economic Benefit
投资　Investment
固定资产　Fixed Assets
无形资产　Intangible Assets
递延资产　Deferred Assets
流动资金　Circulating Funds
会计成本　Accounting Cost
生产成本　Cost of Production
期间费用　Period Cost
机会成本　Opportunity Cost
沉没成本　Sunk Cost
经济成本　Economic Cost
经营成本　Cost of Operating

固定成本　Fixed Cost

变动成本　Variable Cost

平均成本　Average Cost

边际成本　Marginal Cost

销售收入　Sales Revenue

利润　Profit

税金　Tax

企业所得税　Business Income Tax

个人所得税　Individual Income Tax

增值税　Value Added Tax

营业税　Sales Tax

消费税　Consumption Tax

资源税　Resources Tax

财产税　Property Tax

行为税　Act Tax

思考与练习

1. 什么是经济效益？经济效益有哪些表示方式？提高经济效益的途径有哪些？
2. 什么是固定资产？什么是流动资产？两者之间有何区别？
3. 固定资产投资有哪些估算方法？
4. 什么是机会成本、经济成本、沉没成本？试举例说明。
5. 什么是税金？税收有哪些种类？
6. 技术经济分析应遵循哪些原则？

第三章

资金的时间价值

第一节　资金的时间价值及意义

一、资金时间价值的概念

资金的时间价值（Time Value of Money）是客观存在的经济范围，同时也是技术经济动态分析的基础。它是指资金在投入到生产和流通的过程中随着时间的推移而产生的资金增值。资金的时间价值的实质是资金作为生产的基本要素投入到生产活动中，由劳动所创造的剩余价值，资金并不会自动增值。一笔资金如果作为储藏手段保存起来，数年之后，仍是等量的资金。但是，同样一笔资金投入到生产经营活动中，经过一定时间，由于利润的产生，带来较原有资金更多的资金，即令资金得到增值。今天的100元可以用来投资或者存入银行，一年后会带来利润或者利息。然而，一年后的100元，并不能在今天用作投资产生收益，所以即使不考虑通货膨胀因素，今天的100元也比一年后的100元的实际价值要高。这表明不同时点的同等数量的资金，它们之间的价值是不同的。

资金的时间价值可以从两个方面理解：首先，从投资者的角度，资金在运动的过程（流通—生产—流通）中可获得一定的净收益，即资金有了一定的增值。其次，从消费者的角度，如果资金用于投资或者存入银行，就不能用于现时的消费，在未来就必须得到更多的消费以作为牺牲当前消费的补偿。

二、资金时间价值的意义

（一）促使资金得到合理有效利用

长期以来，我国基本建设一直实行财政拨款、固定资产和流动资金无常使用的办法。这种管理资金的办法，助长了各部门、各地区、各企业盲目争投资、争项目的倾向。由于基本战线过长，造成施工项目工期拖延。在生产中也存在某些长线产品大量积压等现象。这些问题都会造成资金长期占用，而不能带来增值。决策者认识到资金具有时间价值，就会重视合理有效地利用资金，努力节约使用资金，并根据资金的增值程度来检验自己利用资金的效果。

(二) 有利于做出正确的投资决策

任何一个技术方案、技术措施的实施，都必须消耗人力、物力，这些消耗都要以资金的形式表现出来。同时，任何一个技术方案、技术措施从规划到完成都要经过一段时间。尤其是大的工程项目，不仅投资数目大，而且施工周期通常也较长。所以，在进行投资决策时，不能不考虑资金的时间价值。

第二节　利息与利率

一、利息

利息 (Interest) 作为衡量资金时间价值的绝对尺度，有狭义与广义之分。狭义的利息指使用资金所付出的代价或放弃使用资金所得到的补偿。广义的利息指资金投入到生产和流通的过程中所产生的增值部分。它包括狭义的利息以及生产或建设活动所带来的净收益 (或利润)。技术经济分析中一般采用广义的利息概念。

二、利率

利率 (Interest Rate) 是衡量资金时间价值的相对尺度，指资金在单位时间 (年、月等) 内所产生的资金增值部分 (利息或利润) 与投入资金额 (本金) 的比值，通常用百分数表示。它不仅反映了资金的增值速度，同时也表示单位资金在单位时间内所产生的利息。

三、计息周期

计息周期是计算利息的时间单位。计息周期一般有年、月、日等。利率据计息周期的不同可分为年利率、月利率、日利率等。技术经济学中大多数情况下都是以年为计息周期。

四、利息的计算方法

利息的计算有两种方法，即单利法与复利法。

(一) 单利法

单利法 (Simple Interest) 指仅对本金计算利息，利息不再产生利息。单利计息法计息时，每期的利息数额相等，所以单利法的本利和与计息期数呈线性关系。设 P 为本金，i 为利率，n 为计息期数，F 为 n 期期末的本利和，I 为 n 期的利息总额。则：

$$I = Pin \tag{3-1}$$

$$F = P(1+in) \tag{3-2}$$

【例3-1】 某人将10 000元现金存入银行，年利率为8%，以单利法计息，问5年后将得到多少利息？本利和又是多少？

解： 根据公式（3-1）和（3-2）有

五年后的利息总额 $I = Pin = 10\,000 \times 8\% \times 5 = 4\,000$（元）

五年后的本利和 $F = P(1+in) = 10\,000 \times (1+8\% \times 5) = 14\,000$（元）

在我国银行储蓄存款和国库券主要采用单利法计算利息，计息周期为“年”。单利发虽然考虑了资金的时间价值，但前期产生的利息并不算入下期的本金计算利息，不考虑利息再投入到生产和流通中，这不符合资金的运动规律，所以不能完全反映资金的时间价值。

（二）复利法

复利法（Compound Interest）是将本金和前期累计利息总额作为下期的基数计算利息，即不仅本金要产生利息，而且前期利息也要作为下期本金的一部分计算利息，即所谓的“利滚利”。复利法的计算公式为：

$$F = P(1+i)^n \tag{3-3}$$

$$I = P(1+i)^n - P \tag{3-4}$$

推导过程见表3-1。

表3-1　　复利计息公式推导过程表

计息期数	期初本金	当期利息	期末累计本利和
1	P	Pi	$P + Pi = P(1+i)$
2	$P(1+i)$	$P(1+i)i$	$P(1+i) + P(1+i)i = P(1+i)^2$
3	$P(1+i)^2$	$P(1+i)^2 i$	$P(1+i)^2 + P(1+i)^2 i = P(1+i)^3$
⋮	⋮	⋮	⋮
n	$P(1+i)^n$	$P(1+i)^n i$	$P(1+i)^{n-1} + P(1+i)^{n-1} i = P(1+i)^n$

【例3-2】 试用复利法计算**【例3-1】**。

解： 根据公式（3-3）和（3-4）有

$$F = P(1+i)^n = 10\,000 \times (1+8\%)^5 = 14\,693.28 \text{（元）}$$

$$I = P(1+i)^n - P = 14\,693.28 - 10\,000 = 4\,693.28 \text{（元）}$$

由上述计算结果可以看出复利法求得的利息要大于单利法所求利息，真实反映了资金的时间价值，所以在技术经济分析中，不做明确规定的情况下，一般采用复利法。

五、名义利率与实际利率

技术经济分析中一般采用年利率作为计息利率，并以年为计息周期。但在实际经济活动中，计息周期可能是年、半年、季、月、周、日等，致使计息周期与利率周期（年）不等，因而就产生了名义利率与实际利率的概念。

名义利率（Nominal Interest Rate）（r）是指计息周期利率与一年内计息次数的乘积。实际利率（Effective Interest Rate）（i）是指一年内按复利法计息所得的累计利息与本金的比值。名义利率是单利下计算所得的利率，而实际利率则考虑了计息期内的利息增值因素。假设计息期利率为1%，一年计息12次，通过计算可求得名义利率为12%，实际利率为12.68%，并不相等。两者的关系可表示为：

$$i=\left(1+\frac{r}{m}\right)^{m}-1 \tag{3-5}$$

m 为一年中计息的次数。

当 m 等于1（一年中只计息1次）时，$i=r$，即实际利率等于名义利率。

当 m 大于1（一年中多次计息）时，$i>r$，即实际利率大于名义利率，且实际利率 r 随着计息次数 m 的增加而不断增大。

如果一年中的计息次数无限增大，即 m 趋近于无穷大时，则将此时得到的实际利率称为连续复利率：

$$i=\lim_{m\to\infty}\left(1+\frac{r}{m}\right)^{m}-1=\lim_{m\to\infty}\left[\left(1+\frac{r}{m}\right)^{\frac{m}{r}}\right]^{r}-1=e^{r}-1 \tag{3-6}$$

实际利率增大的幅度还是很有限的，只要计息期利率不是很大，一年计息365次与无限次计息所求得的实际利率之间的差异是微不足道的。

第三节　现金流量图与资金等值

一、现金流量

任何一个技术方案的实施或者建设项目的施工运行都有一个时间过程，而且总是伴随着一定的物质流和货币流。从物质形态来看，技术经济活动表现为人们使用各种工具和设备，消耗一定量的资源，将各种原材料加工转化成社会所需要的产品；从货币形态来看，技术经济活动都需要投入一定量的资金，花费一定的成本，并通过销售产品取得货币收入。技术经济分析中，通常将所要评价的对象（可以是一个技术方案、一个建设项目、一个企业，也可以是一个部门、一个地区或者一个国家）看作一个独立的经济系统。对于这个特定的经济系统，投入的资金、花费的成本以及取得的收益都可以看成是以货币形式体现的资金流入和资金流出。这些在不同时点发生的以货币形式的体现的资金流入和资金流出统称为该系统的现金流量（Cash Flow），简称现金流。另外，为了对流入和流出系统的资金加以区分，现金流量又分为现金流入（Cash Inflow）和现金流出（Cash Outflow）。现金流入指流入系统的货币，通常用 *CI* 表示，如企业销售商品、提供劳务、出售资产或通过向银行借贷等方式取得的资金；现金流出指流出系统的货币，通常用 *CO* 表示，如企业购买原材料、建设厂房、偿还银行贷款等流出系统的资金。现金流入与现金流出的差额称为净现金流量（Net Cash Flow），用 *NC* 表示。

现金流量反映了技术经济评价对象在其寿命周期内资金运动的全过程，其基本要素主要包括营业收入、投资、经营成本、税金、利润等。现金流量作为项目经济评价的主要对象，是进行项目财务评价和国民经济评价的基础，对评价结果正确与否以及能否做出科学的投资决策起着关键作用。准确计算一个系统的现金流量，必须明确资金流动的方向、时点、数额。还需要注意的是，技术经济中的现金是一个货币概念，不仅包括现金，还包括现金等价物，与会计学中的概念有所区别。

二、现金流量图

对于一个特定的经济系统，在其寿命周期内现金流量的方向、数额以及发生的时点都不尽相同，为了形象、直观、方便地反映系统在寿命周期内的现金流量，做出准确的经济评价，通常采用现金流量图来表示。所谓现金流量图即将系统的现金流量根据发生时点与金额用箭线表示的二维坐标图（见图 3-1）。其做法如下：

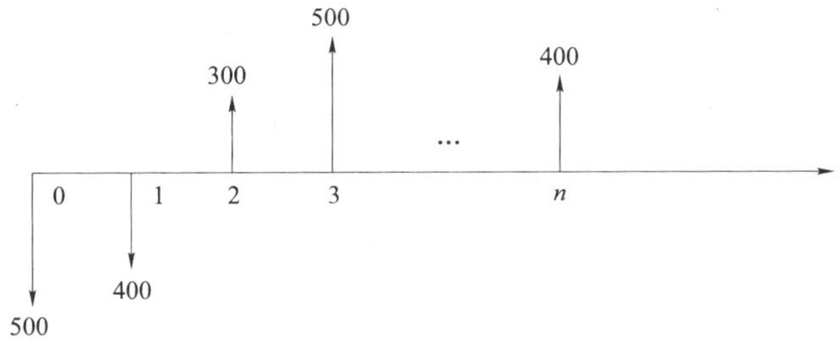

图 3-1　现金流量图

（1）以横轴作为时间轴，从零开始自左向右延伸表示时间的延续。其中每个坐标刻度代表一个时间单位，可以是年、季、月、日等。0 表示时间序列的起点，通常以现时为 0 点；1 代表第一个计息期的期末，同时也是第 2 期的期初。在技术经济分析中，如不做明确规定，一般情况下都是以年为时间单位。

（2）现金流量是一个矢量，具有方向性，在现金流量图中，以垂直于时间轴的箭线表示。箭头向上表示现金流入，向下表示现金流出。长度表示现金流量的绝对值，与金额大小成正比（不做严格要求），并注明每笔现金流量的金额。如给出利率，应将利率标于图中。

（3）假定现金流量只发生在时点上，两点之间无现金流动。为了分析方便，通常规定投资都发生在期初，而收入、经营费用、固定资产残值回收等都发生在期末。

此外，现金流量图的绘制必须站在固定的立场上，从不同的立场绘制的现金流量图可能不同。例如，企业向银行贷款，同样一笔现金，对企业来说是现金流入，而对银行来说却是现金流出，反映在现金流量图中正好相反。

三、资金等值

资金等值（Capital Equivalence）是指在考虑资金时间价值因素后，不同时点上绝对数额不等的若干资金，在一定利率条件下具有同等的经济价值。资金等值的实质是一种等价折算，在技术经济分析中资金等值是一个很重要的概念，它为我们对不同方案或项目进行分析、比较、优选提供了可能性。例如，今天的100元与一年后的110元数额不等，但是在利率为10%的情况下，这两笔资金却具有同样的价值。如果两笔资金，某一时点等值，则它们在各个时点都等值。

影响资金等值的因素有三个：资金数额、利率、资金发生的时间。

在技术经济评价的过程中，由于资金时间价值的作用，各评价对象在不同时点发生的现金流量无法直接比较，因而要利用资金等值的概念，将各评价对象在不同时点发生的现金流量转换到同一时点进行比较。这个按一定利率将某个时点上一定金额的资金转换成另一时点的等值资金称为资金的等值计算。为了根据现金流量图，通过等值计算比较不同评价对象的经济效果，还需要了解以下几个概念：

（一）现值

发生在时间序列起点处的资金值称为资金的现值（Present Value）。时间序列的起点常是经济评价时刻的起点，即现金流量图的零点，用 P 表示。

（二）终值

终值（Future Value）是和现值相对应的一个概念，指现值在未来时点上的等值资金，也称资金的未来值或将来值，用 F 表示。

（三）年金

年金（Annual Value）又称等年值，是指连续分期等额收支的资金，例如设备的折旧费、租金、每年等额的原材料支出等，用 A 表示。年金有多种支付方式，技术经济学中主要用普通年金，即年金的收支发生在每期的期末。

第四节 资金等值计算公式

技术经济分析中，为了考查技术方案的经济效益，必须对方案寿命周期内不同时点发生的全部现金流量进行计算与分析。在资金时间价值的作用下，不同时点上发生的现金流入与现金流出，其数值不能直接相加或相减，通过资金等值计算将其换算到同一时点进行分析。由于单利法未能完全反映资金的时间价值，所以通常采用间断复利计息方法，下面仅介绍复利法的几种常见类型。

一、一次支付终值公式

一次支付终值公式也称为一次支付复利公式，即前面复利法求本利和的公式，它是普通复利计算的基本公式。已知现值为 P，利率为 i，求第 n 期期末的终值 F。其现金流量图见图 3-2。

其计算公式为：

$$F = P(1+i)^n = P(F/P, i, n) \tag{3-7}$$

式中 $(1+i)^n$ 称为一次支付终值系数，记为 $(F/P, i, n)$，其中斜线 P、i 以及 n 为已知条件，而斜线上的 F 为所求未知量，可通过查复利系数表获得。

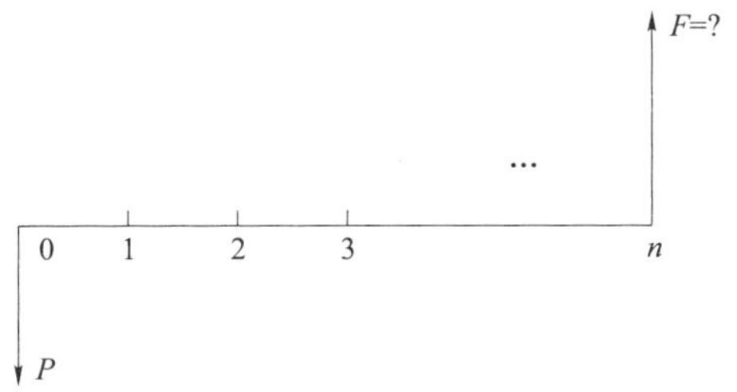

图 3-2 一次支付终值现金流量图

【例 3-3】 某企业为了扩建厂房，向银行贷款 100 万元，年利率为 10%，偿还期限为 5 年，到期一次支付，问该企业到时应向银行偿还的本金和利息是多少？

解：

$$F = P(1+i)^n = 100 \times (1+10\%)^5 = 100 \times (F/P, 10\%, 5)$$
$$= 100 \times 1.610\,51 = 161.05 \text{（万元）}$$

二、一次支付现值公式

一次支付现值公式是一次支付终值公式的逆运算，即已知 F，求 P。它的现金流量图见图 3-3。

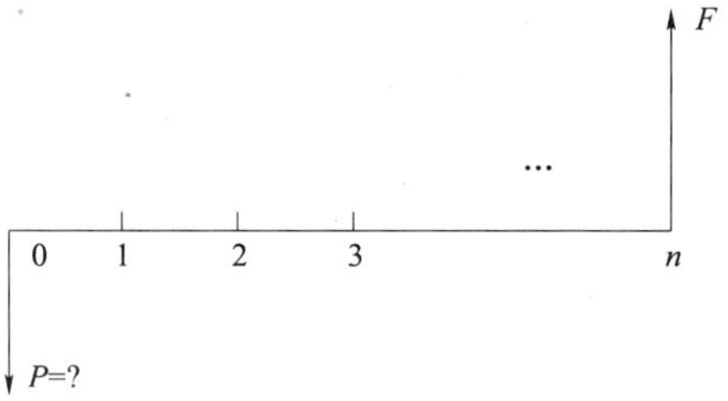

图 3－3　一次支付现值现金流量图

其计算公式为：

$$P = F\frac{1}{(1+i)^n} = F(P/F,i,n) \tag{3-8}$$

其中 $(1+i)^{-n}$ 称为一次支付现值系数，简称折现系数，记为（P/F，i，n）。

【例 3－4】 某人希望 3 年后有一笔 100 万元的存款，假如年利率为 8%，问此人现时应向银行存入现金多少元？

解：

$$P = F\frac{1}{(1+i)^n} = 100 \times \frac{1}{(1+8\%)^3} = F(P/F,i,n)$$

$$= 100 \times 0.793\ 83 = 79.38 \text{（万元）}$$

三、等额分付终值公式

技术经济分析中，经常要计算一系列在每期期末等额支付的资金在一定时间后的累计资金总额，这就需要用到等额分付终值公式。即已知每期期末等额支付的资金为 A，利率为 i，求 n 期期末的累计资金总额 F，其现金流量见图 3－4。

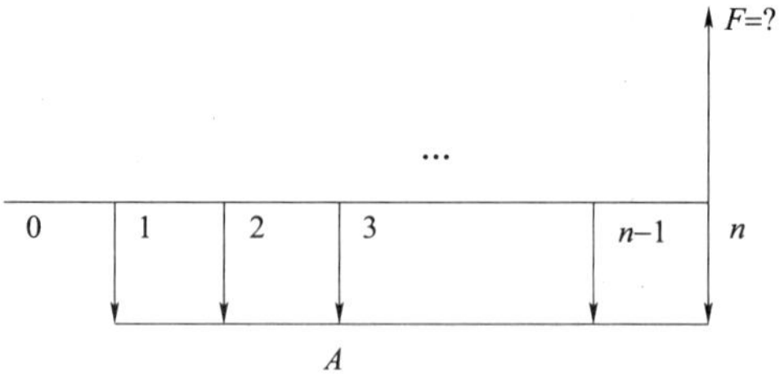

图 3－4　等额分付终值现金流量图

由图 6－4 看出，第 n 年年末的累计资金总额 F 等于每期支付的资金 A 的终值总和，即

$$F = A(1+i)^{n-1} + A(1+i)^{n-2} + \cdots + A(1+i) + A$$

$$= A[1 + (1+i) + (1+i)^2 + \cdots + (1+i)^{n-1}]$$

由于 $[1 + (1+i) + (1+i)^2 + \cdots + (1+i)^{n-1}]$ 是一个等比序列，公比为

$(1+i)$，根据等比序列公式可求得其和为$\frac{(1+i)^n-1}{i}$，因此上式可以简写为

$$F=A\left[\frac{(1+i)^n-1}{i}\right]=A(F/A,i,n) \tag{3-9}$$

其中，$\left[\frac{(1+i)^n-1}{i}\right]$称为资金等额支付终值系数，亦可用（$F/A$，$i$，$n$）表示。

【例 3－5】 某人从现在开始每年从工资中拿出 5 万元存入银行，连续存 10 年，利率为 8%，10 年后此人账户上将有多少存款？

解：

$$F=A\left[\frac{(1+i)^n-1}{i}\right]=5\left[\frac{(1+8\%)-1}{8\%}\right]=A(F/A,i,n)$$
$$=5(F/A,8\%,10)=5\times14.48656=72.43\text{（万元）}$$

四、等额分付偿债基金公式

该公式是等额分付终值公式的逆运算，也称资金储存公式，即为了在第 n 期期期末能得到数额为 F 的一笔资金，在利率为 i 的条件下，求每期必须存储的资金 A，现金流量图见图 3－5。

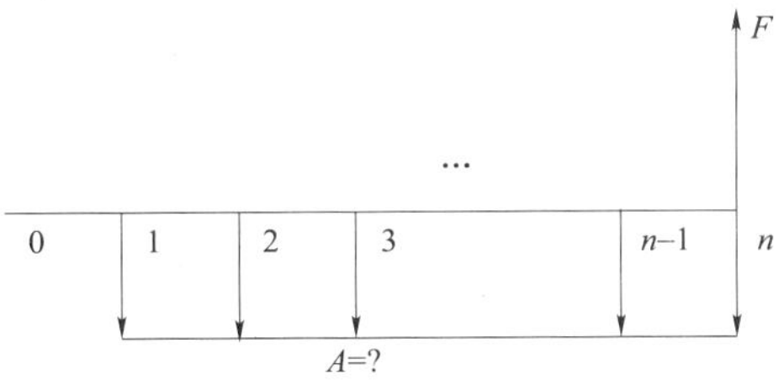

图 3－5　等额分付偿债基金现金流量图

其计算公式为：

$$A=F\left[\frac{i}{(1+i)^n-1}\right]=F(A/F,i,n) \tag{3-10}$$

式中，$\left[\frac{i}{(1+i)^n-1}\right]$称为等额分付偿债基金系数，可用（$A/F$，$i$，$n$）表示。

【例 3－6】 某公司打算积累一笔 300 万元的资金，用于 5 年后建设职工宿舍，假设利率为 12%，问企业每年应当向银行等额存入多少钱？

解：

$$A=F\left[\frac{i}{(1+i)^n-1}\right]=300\times\left[\frac{12\%}{(1+12\%)^5-1}\right]=F(A/F,i,n)$$
$$=300(A/F,12\%,5)=300\times0.15741=47.22\text{（万元）}$$

五、等额分付现值公式

现实生活中，经常会遇到这样的情形，为了建立一个能保证在以后的每年末

都能取得一定量等额资金的基金，求现在必须投入多少资金？即年金为 A，利率为 i，求现值 P，其现金流量图见图 3－6。

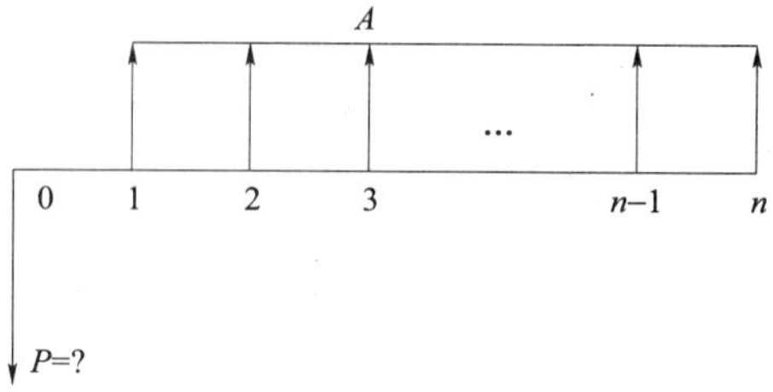

图 3－6 等额分付现值现金流量图

由公式其计算公式为：

$$P=A\left[\frac{(1+i)^n-1}{i(1+i)^n}\right]=A(P/A,i,n) \qquad (3-11)$$

式中，$\left[\frac{(1+i)^n-1}{i\ (1+i)^n}\right]$称为等额分付现值系数，可用（$P/A$，$i$，$n$）表示。

【例 3－7】 某公司计划投资一项基金，预计每年可获得 100 万元，在年利率为 8% 的情况下，5 年要求连本带利收回，问该投资需投入多少钱？

解：

$$P=A\left[\frac{(1+i)^n-1}{i\ (1+i)^n}\right]=100\times\left[\frac{(1+8\%)^5}{8\%\ (1+8\%)^5}\right]=A\ (P/A,\ i,\ n)$$

$$=100\times 3.992\ 71=399.27\ (万元)$$

六、等额分付资金回收公式

该公式是等额分付现值公式的逆运算，经济含义是指现在投资的资金 P，按复利计算，希望分 n 期，每期期末等额收回，那么每期应该收回多少，即求 A。其现金流量图见图 3－7。

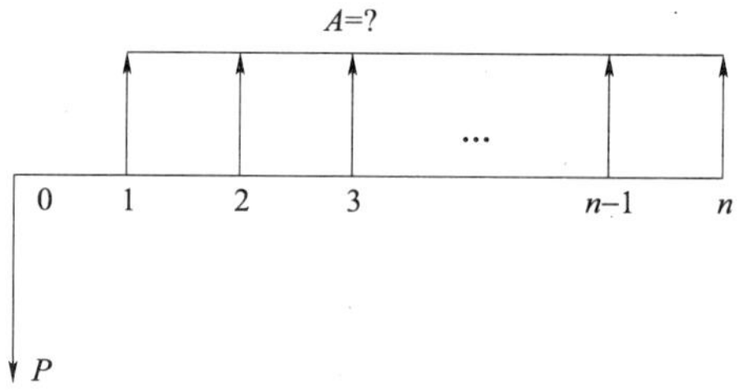

图 3－7 等额分付现值现金流量图

由公式（3－11）可推导出其计算公式为：

$$A=P\left[\frac{i(1+i)^n}{(1+i)^n-1}\right]=P(A/P,i,n) \qquad (3-12)$$

【例 3－8】 某工程项目需初始投资 1 500 万元，预计每年的投资收益率为

6%，问每年末至少应该收回多少资金，才能在 10 年内将投入资金全部收回？

解：

$$A=P\left[\frac{i(1+i)^{n}}{(1+i)^{n}-1}\right]=1\ 500\left[\frac{6\%(1+6\%)^{10}}{(1+6\%)^{10}-1}\right]=P(A/P,i,n)$$

$$=1\ 500\times 0.135\ 87=203.81\ (万元)$$

七、等差分付复利公式

等差分付复利公式是为了对每年以一个稳定的常数递增或递减的现金流量序列进行资金时间价值的计算。假定一个现金流量见图 3－8。

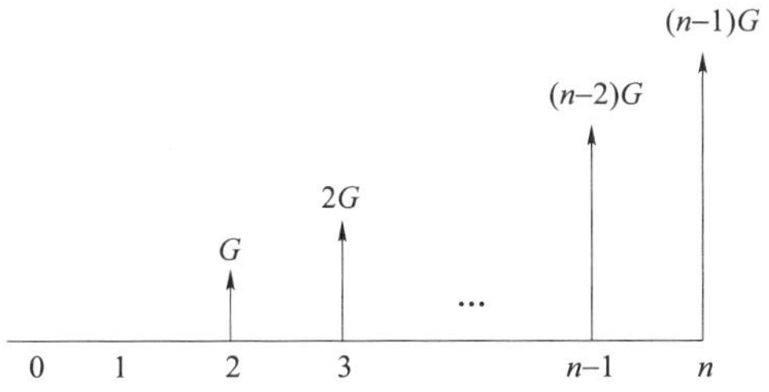

图 3－8　等差分付现金流量图

由图 3－8 所示现金流量，可以得出：

$$F=G(1+i)^{n-2}+2G(1+i)^{n-3}+\cdots+(n-2)G(1+i)+(n-1)G$$

$$=G[(1+i)^{n-2}+2(1+i)^{n-3}+\cdots+(n-2)(1+i)+(n-1)]$$

上式乘以 $(1+i)$ 得

$$F(1+i)=G[(1+i)^{n-1}+2(1+i)^{n-2}+\cdots+(n-2)(1+i)^{2}+(n-1)(1+i)]$$

两式相减得

$$Fi=G[(1+i)^{n-1}+(1+i)^{n-2}+\cdots+(1+i)^{2}+(1+i)+1-n]$$

$$=G\left[\frac{1-(1+i)^{n}}{1-(1+i)}\right]-nG$$

$$=G\left[\frac{(1+i)^{n}-1}{i}-n\right]$$

所以

$$F=\frac{G}{i}\left[\frac{(1+i)^{n}-1}{i}-n\right]=G(F/G,i,n)\qquad(3-13)$$

式中 $\frac{1}{i}\left[\frac{(1+i)^{n}-1}{i}-n\right]$ 称为等差分付终值系数，可用 $(F/G,\ i,\ n)$ 表示。

此外，根据前面的公式又可以推出等差分付年值系数和等差分付现值系数，分别为 $\frac{1}{i}\left[1-\frac{in}{(1+i)^{n}-1}\right]$ 和 $\frac{1}{i^{2}}\left[1-\frac{1+in}{(1+i)^{n}}\right]$，可用 $(A/G,\ i,\ n)$ 和 $(P/G,\ i,\ n)$ 表示。

本章小结

资金的时间价值是技术经济分析的基础。任何一个方案或项目的实施，都必须消耗一定资源，并以货币的形式表现出来。资金的时间价值是指资金在投入到生产和流通的过程中随着时间的推移而产生的资金增值。

利息和利率分别是衡量资金时间价值的绝对尺度和相对尺度。利息是资金投入到生产和流通的过程中所产生的增值部分。利率指资金在单位时间（年、月等）内所产生的资金增值部分（利息或利润）与投入资金额（本金）的比值，通常用百分数表示。利息的计算方法有单利法与复利法两种。由于计息周期与利率周期不同又产生了名义利率与实际利率的概念。

为了方便分析、计算，通常将系统在寿命周期内的全部现金流量形象、直观地反映在现金流量图上。

资金等值是指在考虑资金时间价值因素后，不同时点上绝对数额不等的若干资金，在一定利率条件下具有同等的经济价值。影响资金等额变换的因素有三个：资金数额、利率、资金发生的时间。

由于资金时间价值的作用，不同时点上发生的现金流量不能直接相加减，要分析不同方案的经济效果就必须将资金等值变换到同一时点进行比较，这个过程称为资金的等值计算，一般采用复利法。

关键词

资金时间价值　Time Value of Money

利息　Interest

利率　Interest Rate

单利法　Simple Interest

复利法　Compound Interest

名义利率　Nominal Interest Rate

实际利率　Effective Interest Rate

现金流量　Cash Flow

现金流入　Cash Inflow

现金流出　Cash Outflow

净现金流量　Net Cash Flow

资金等值　Capital Equivalence

现值　Present Value

终值　Future Value

年金　Annual Value

思考与练习

1. 什么是资金的时间价值？如何理解资金时间价值的本质？了解资金的时间价值有哪些重要意义？

2. 单利法与复利法以及名义利率与实际利率之间有何区别？

3. 什么是资金等值？影响资金等值变换的因素有哪些？

4. 资金等值的计算方法有哪些？

5. 某人向银行贷款10万元，利率为10%，3年后一次还本付息，分别用单利法和复利法计算此人到期时应向银行还款多少钱？

6. 试用复利系数表达式分析：

(1) 如果P在第1年年初，F在第n年年初，换算为F；

(2) 如果P在第1年年末，F在第n年年末，换算为F；

(3) 如果P在第1年年末，F在第n年年初，换算为F；

(4) 如果P在第1年年初，A在每一年的年年初，换算为P；

(5) 如果P在第1年年末，A在每一年的年年初，换算为P；

(6) 如果P在第1年年末，A在每一年的年年末，换算为P；

(7) 如果F在第n年年末，A在每一年的年年初，换算为F；

(8) 如果F在第n年年初，A在每一年的年年末，换算为F。

7. 某公司打算购买一种设备，售价为200万元，有以下几种付款方式。若年利率为12%，问：

(1) 第一次付给100万元后，其余资金分5年年末等额偿付，每年偿付多少？

(2) 第一次偿付后，其余在5年每年末等额偿付30万元，第一次应偿付多少？

(3) 第一次偿付100万元，其后5年中年末等额偿付，第5年年末再付20万元，每年等额偿付多少？

8. 某市拟投资50亿元建设一个太阳能发电项目，寿命周期为20年，问该项目至少每年能带来多少经济效益才应投资建设？

9. 某企业欲建立一笔基金，用于对退休员工发放福利，每年发放金额为300万元。若要保证该基金能无限期对员工发放福利，利率为8%，问该企业现在应向银行一次性存入多少钱？

10. 某企业为满足生产需要购入新设备一台，价格为1 000万元，且厂家提供两种付款方式。一种是一次付清账款；另一种是交付设备时付款400万元，其后3年每年年末付款300万元。利率为15%，试对两方案的现值进行比较。

11. 某人欲每年从工资中拿出2万元存入银行，利率为8%，问10年后此人将有多少存款？

第四章

技术经济分析的基本方法

第一节 现 值 法

一、净现值法

净现值（Net Present Value，NPV）是指方案在寿命周期内各年的净现金流量按照一定的收益率折现到期初时的现值总额，或方案在寿命周期内收益的现值总额与费用的现值总额之间的差额。其实质是方案在寿命周期内扣除按照一定收益率计算的机会成本后获得的报酬。净现值是技术经济分析中的一个重要指标，用该指标来分析方案的经济效益的方法就称为净现值法。净现值的计算公式为

$$NPV = \sum_{t=0}^{n}(CI_t - CO_t)(1+i_0)^{-t} = \sum_{t=0}^{n} NC_t(1+i_0)^{-t} = PCI - PCO \qquad (4-1)$$

式中 CI_t——第 t 年的现金流入；

CO_t——第 t 年的现金流出；

NC_t——第 t 年的净现金流量；

n——该方案的计算期或寿命周期；

i_0——标准收益率。

（1）净现值法评价单方案的准则为：若 $NPV>0$，则表明方案不仅能达到要求的标准收益率 i_0，而且还能获得一定的超额收益，方案可行；若 $NPV=0$，则表明该方案刚好达到标准收益率 i_0，方案可行；若 $NPV<0$，则表示该方案不能达到预期目标，方案不可行。

（2）用净现值法对多方案进行选优时，若各方案寿命周期相同，且投资者追求纯经济效益最大化，则净现值最大的方案最优；若各方案的寿命周期不等，为了满足时间上的可比性，则必须采用一些假设，使各方案具有相同的研究周期，以保证方案的可比性。

对于研究周期的确定，一般采用以下两种方法：

① 重复设想法。重复设想法是以不同方案寿命周期的最小公倍数作为共同的研究周期，或者假设各方案的寿命周期无限的长，且认为各方案在重复过程中的现金流量与其在第一个寿命周期内的现金流量相同。

② 研究期法。在实际投资中，重复设想法所得结果往往不尽合理，而且随着技术进步，一个完全相同的方案在较长的时期内多次重复的可能性不大，如自然储量有限的不可再生资源开采问题、遭无形磨损设备的更新换代问题等。对于这些寿命不同或者其最小公倍数较大的多方案比选，可以根据实际需要来确定适宜的研究周期，即采用“研究期法”来确定其研究周期。

研究期的确定要综合考虑各种因素，主要有三种具体方法：取最大寿命期为共同的分析计算期；取最小寿命期为共同的分析计算期；取规定年限作为共同的分析计算期。假如现有三个备选方案，其寿命期分别为 25 年、50 年、75 年，它们的最小公倍数为 150 年，如果按照 150 年的研究周期来进行重复投资既复杂又不切实际，因而可以最大寿命周期法，确定 75 年作为其分析研究周期。研究期法有一个严重的缺陷，即很难对资产的残值进行精确的估算。例如，若采用最小寿命周期法，较长寿命的方案要提前终止使用，那么未被使用的几年存在一个资产残值的估价问题；若采用最大寿命期法，较短寿命的方案则需要重复实施，重置后的几年若不使用，同样也存在重估残值的问题。对这些残值的处理不能简单按各种折旧方法计算其账面价值，而应采用该期的市场价值。

【例 4－1】某公司打算购入价值 50 000 元的新设备以更换原有旧设备，该设备能为公司带来 15 000 元的年收益，年运营成本为 4 000 元，5 年后报废，残值为 2 000 元，标准收益率为 12%，问该公司是否应该购入该设备？

解：用净现值法进行分析

$$NPV = \sum_{t=0}^{n} NC_t(1+i_0)^{-t} = (15\,000 - 4\,000)(P/A,12\%,5) + 2\,000 \times (F/P,12\%,5) - 50\,000 = -9\,212.56\text{元}$$

由于 $NPV<0$，则此投资方案在经济上不合理，故该公司应该放弃该方案。

【例 4－2】有 A、B 两个投资方案，有关数据见表 4－1。标准收益率为 10%，试用净年值比较两方案的优劣。

表 4－1　　投资方案有关数据

方案	投资（万元）	年收入（万元）	年经营成本（万元）	残值（万元）	寿命（年）
A	2 000	2 700	1 150	300	2
B	3 000	3 500	1 890	500	3

解：因为 A、B 两个方案的寿命周期分别为 5 年、10 年，为了满足时间上的可比性原则，需要采用重复设想的办法，取两方案寿命周期的最小公倍数 6 年作

为研究周期。因此两方案的现金流量图见图 4－1 和 4－2。

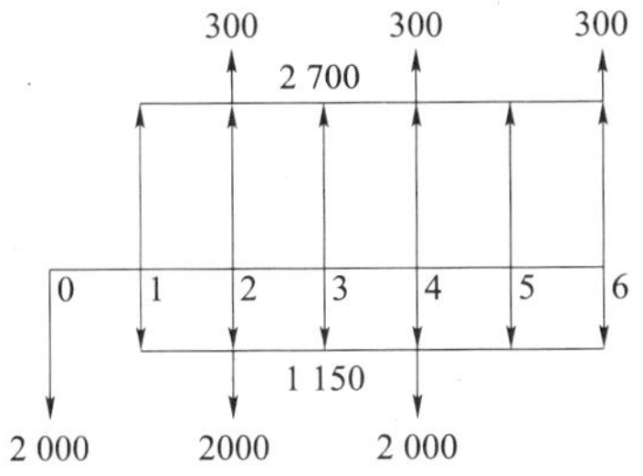

图 4－1　A 方案现金流量图

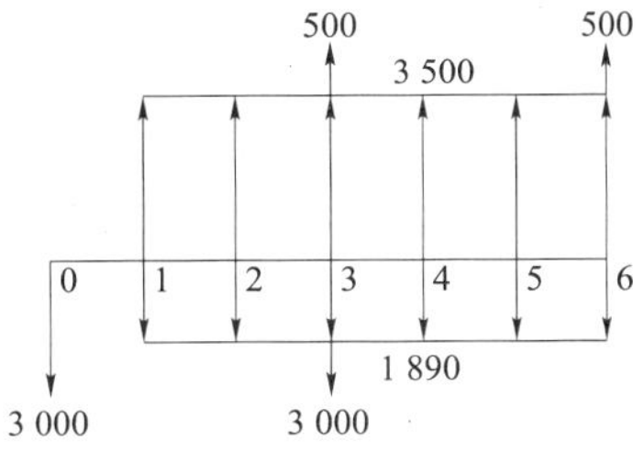

图 4－2　A 方案现金流量图

A、B 两方案的净现值分别为：

$$NPV_A = \sum_{t=0}^{n} NC_t(1+i_0)^{-t} = (2\ 700 - 1\ 150)(P/A,10\%,6) + 300(F/P,10\%,2)$$
$$+300(P/F,10\%,4) + 300(P/F,10\%,6) - 2\ 000 - 2\ 000(P/F,10\%,2)$$
$$-2\ 000(P/F,10\%,4) = 2\ 353.91（万元）$$

$$NPV_B = \sum_{t=0}^{n} NC_t(1+i_0)^{-t} = (3\ 500 - 1\ 890)(P/A,10\%,6) + 500(P/F,10\%,3)$$
$$+500(P/F,10\%,6) - 3\ 000 - 3\ 000(P/F,10\%,6)$$
$$= 2\ 415.93（万元）$$

分析结果表明，NPV_A 和 NPV_B 均大于 0，方案 A、B 除了能达到 10% 的收益率外，还分别能获得 2 353.91 万元和 2 415.93 万元的超额收益，说明两方案在经济上都合理，但 B 方案的净现值大于 A 方案的净现值，故 B 方案较优。

净现值的经济含义可以这样理解：NPV 表示在保证标准收益率 i_0 水平的基础上，方案或者项目在整个寿命周期内所能达到的超额收益。若方案的 $NPV=0$，表明该方案的投资收益率等于标准收益率，即方案正好能达到该行业或部门规定的标准水平，没有超额收益；若方案的 $NPV>0$，表明该方案的投资收益率高于该行业或部门规定的标准水平，除了达到标准收益率水平外，还有超额的收益；若 $NPV<0$，则表明方案的投资收益不能达到该行业或部门规定的标准水平。可见，NPV 的大小与标准收益率 i_0 有很大关系。一般情况下同一净现金流量的净现值随着标准收益率 i_0 的增大而减少，故标准收益率定的越高，能被接受的方案越少。

净现值法被广泛应用于方案的经济评价中，其优点是不仅考虑了资金时间价值和方案在整个寿命周期内的现金流量，而且直接以金额表示方案投资收益的大小，比较直观。计算净现值时，要注意以下两点：首先，要准确预测方案在寿命周期内的现金流量；其次，选取合适的标准收益率。

二、现值成本法

当多个方案的产出都能满足同样的需要，即产量、收益相同，或者其产出无法用货币计算时，只需要比较技术方案的投资和费用，这时可用现值成本法进行评价。

现值成本或者费用现值（Present Cost，PC）是净现值的特例，指将方案在寿命周期内的投资和各成本费用折现后的代数和。利用现值成本来分析备选方案优劣的方法称为现值成本法。计算公式如下：

$$PC = \sum_{t=0}^{n} CO_t (1 + i_0)^{-t} \tag{4-2}$$

运用现值成本法需要注意以下几点：

首先，个比较方案除费用类指标外，其他指标和有关因素应基本相同，在评价、比较方案时，那些不引起方案间经济效益差异的因素处于无关地位，方案的评价与比较实质上是对引起效益差异的因素的比较。现值成本法就是在对比方案各项指标基本相同的前提下，仅就其费用类指标进行比较的方法。所谓各项指标基本相同首先是各方案的销售收入相同，由于影响销售收入的指标包括生产能力、产量、品种和质量等，所以实际上也常常要求各方案的这些指标基本相同。此外，如果要求备选方案应满足特定的技术要求或社会要求时，则各备选方案还应在相关的技术、安全、环保、劳动条件等因素上保持一致。离开这些前提条件，仅比较方案的现值成本，则无法做出正确的选择。

其次，被比较方案中现值成本最小的方案应该是能够达到盈利目标的方案，否则采用现值成本法进行比较的结果就不能作为方案取舍的依据。这是因为现值成本法只能反映方案费用的大小，不能反映方案的盈亏情况，不能用来判断方案是否可行。

【例 4－3】某公司打算购入一台车床，现有 A、B、C 三种不同型号可供选择，均能满足生产需要，但每种车床的投资与年运营费用不等（见表 4－2）。假定该公司的标准收益率为 12%，寿命期末残值均为 0，试问应选择何种方案？

表 4－2　　三种方案的投资及运营成本数据表

方案	期初投资 单位（万元）	年运营成本 单位（万元）	寿命周期 单位（年）
A	900	320	8
B	1 120	240	8
C	1 350	210	8

解：各种型号的车床的现值成本计算如下：

$$PC_A = 900 + 320(P/A, 12\%, 8) = 2\ 489.65\text{（万元）}$$

$$PC_B = 1\ 120 + 240(P/A, 12\%, 8) = 2\ 312.23\text{（万元）}$$

$$PC_C = 1\ 350 + 210(P/A, 12\%, 8) = 2\ 393.20\text{（万元）}$$

通过计算表明，B 方案的现值成本最小，故应该选择 B 方案。

三、净现值率法

净现值率（Net Present Value Ratio，*NPVR*）是指方案的净现值与全部投资现值的比值。*NPVR* 意味着投资方案单位投资所获得的超额净收益的大小，反映了资金的利用效率。净现值率的计算公式为：

$$NPVR = \frac{NPV}{\sum_{t=0}^{n} K_t (1 + i_0)^t} \tag{4-3}$$

式中 K_t——第 t 年的投资额。

利用净现值率进行方案比较时，当 $NPVR > 0$ 时，表明方案不仅能实现预期的收益率而且可以获取一定的超额收益，方案可行；$NPVR = 0$，说明方案刚好实现预期的收益率目标，方案可行；$NPVR < 0$，说明方案不能实现预期的收益率目标，方案不可行。

多方案比较时，净现值率较大的方案资金利用效率较高。*NPVR* 在技术经济分析中通常作为辅助分析指标。

【例 4-4】 试用净现值率法比较例 3-2 中 A、B 两方案的优劣。

解： 已知 $NPV_A = 2\ 353.91$（万元），$NPV_B = 2\ 415.93$（万元）

$$NPVR_A = \frac{2\ 353.91}{2\ 000 + 2\ 000(P/F,10\%,2) + 2\ 000(P/F,10\%,4)} = 0.469\ 0$$

$$NPVR_B = \frac{2\ 415.93}{3\ 000 + 3\ 000(P/F,10\%,3)} = 0.459\ 8$$

由于 $NPVR_A > NPVR_B$，所以从经济效率的角度分析，B 方案要优于 A 方案。

第二节 年 值 法

一、净年值法

净年值（Net Annual Value，*NAV*）是指方案在寿命周期内各年的净现金流量，按照一定的收益率，通过资金等值换算，分摊到方案寿命周期内各年的等额年值。或者是方案在寿命周期内收入的等额年值与支出的等额年值之间的差额。其计算公式为：

$$\begin{aligned} NAV &= \left[\sum_{t=0}^{n} (CI_t - CO_t)(1 + i_0)^{-t}\right](A/P, i_0, n) \\ &= ACI - ACO = NPV(A/P, i_0, n) \end{aligned} \tag{4-4}$$

运用净年值法评价单一方案时，$NAV \geqslant 0$，则该方案在经济上合理，方案可行；$NAV < 0$，则该方案在经济上不合理，方案不可行。多方案选优时，*NAV* 最大的方案纯经济效益最大，为最优方案（净年值最大准则）。

【例 4-5】某公司欲购入一台新设备，市场有两种设备可供选择，各项数据见表 4-3。标准收益率为 15%，试用净年值法分析哪种设备比较合理。

表 4-3　两种不同设备的各项数据

方案	投资（元）	年收入（元）	年经营成本（元）	残值（元）	寿命（年）
设备 A	40 000	16 000	3 500	2 000	5
设备 B	75 000	22 000	5 000	1 000	10

解：两方案的净年值分别为：

$$NAV_A = 16\ 000 + 2\ 000(A/F, 15\%, 5) - 3\ 500 - 40\ 000(A/P, 15\%, 5)$$
$$= 16\ 000 + 2\ 000 \times 0.148\ 32 - 3\ 500 - 40\ 000 \times 0.298\ 32$$
$$= 863.84\ (元)$$

$$NAV_B = 22\ 000 + 1\ 000(A/F, 15\%, 10) - 5\ 000 - 75\ 000(A/P, 15\%, 10)$$
$$= 22\ 000 + 1\ 000 \times 0.049\ 25 - 5\ 000 - 75\ 000 \times 0.199\ 25$$
$$= 2\ 105.50\ (元)$$

计算结果表明 A、B 两种设备均在经济上合理，但 $NAV_B > NAV_A$，所以购买 B 设备更合理。

用净年值法比较寿命周期不等的方案时，只需计算一个寿命周期的净年值，因为只要各周期现金流量不变，则所求净年值与第一个寿命周期相同。所以第一个寿命周期的净年值代表该方案永远的年值。这就是年值法用于方案比较时不受相同寿命周期这个限制条件影响的理由（实际上净年值法隐含了完全重复设想）。

二、年值成本法

年值成本（Annual Cost, AC）是将不同方案计算期内不同时点发生的所有费用支出，按一定的收益率折算成与其等值的等额支付序列年值费用。其计算公式为：

$$AC = \sum_{t=0}^{n} CO_t (1 + i_0)^{-t} (A/P, i_0, n) \tag{4-5}$$

现值成本和年值成本是等价指标，运用年值成本法时要注意的问题与现值成本法类似。在对多个方案进行比较时，若各方案产出价值相同，可以通过对各方案年值成本的比较进行选择。费用年值越小，则其方案的经济效益越好。

实质上，年值法与现值法是等效的评价方法。净现值法是将方案在不同时点上的现金流量折算到投资初期，加总后进行比较。NPV 给出的是方案或项目在整个寿命期内获取的超出最低期望盈利的超额收益现值，年值法是将投资过程中发生的资金在寿命期内“平均”，NAV 给出的是在寿命期内每年的等额超额收益。因此，年值法更适用于寿命期不等的方案比较，因为它排除了寿命期对方案经济性的影响，且计算较为简便。

第三节　投资内部收益率法

一、内部收益率法

内部收益率（Internal Rate of Return，*IRR*）又称为内部报酬率，是指方案在寿命周期内收入的现值总额（或等额年值）等于支出的现值总额（或等额年值），即项目寿命期末净现值为零时的收益率。它是方案在整个寿命周期内为收回投资的收益率，反映方案的纯经济效益，可视为方案在整个寿命期内所投入资金的“平均盈利能力”，即动态投资收益率。用内部收益率作为选择方案指标的评价方法称为内部收益率法。内部收益率的计算公式为：

$$NPV = \sum_{t=0}^{n} NC_t(1 + IRR)^{-t} = 0 \qquad (4-6)$$

对于独立方案而言，若方案的 $IRR \geqslant i_0$，则该方案在经济上合理，方案可行；反之，若 $IRR < i_0$，则方案在经济上不合理，方案不可行。多方案比较时，内部收益率最大方案的经济效益最大，为最优方案。

由于公式（4－6）是一个高次方程式，直接求 *IRR* 的值比较复杂，不容易求解，因此，在实际应用中通常采用直线插值法求内部收益的近似解，其图解见图4－3，具体步骤如下：

第一步：通过（查表）计算，找出两个收益率 i_1 和 i_2，使得：

$$NPV_1 = \sum_{t=0}^{n} NC_t(1 + i_1)^{-t} > 0$$

$$NPV_2 = \sum_{t=0}^{n} NC_t(1 + i_2)^{-t} < 0$$

$$0 < i_2 - i_1 \leqslant \delta(\text{精度要求})$$

第二步：用直线插值法计算 *IRR* 的近似值，计算公式如下：

$$IRR = i_1 + \frac{NPV_1}{NPV_1 - NPV_2}(i_2 - i_1) \qquad (4-7)$$

净现值法虽然简单易行，但必须给定一个标准收益率，而且采用该法时只知技术方案能否达到或者超过标准收益率，并没有求得项目实际达到的效率。相反，内部收益率法求出的是项目实际能达到的投资效率（即内部收益率）。所以，在所有的经济评价指标中，内部收益率是最重要的评价指标之一。

【例4－6】某项目期初投资为1 500万元，投产时需流动资金500万元。该项目从第1年就开始运行，每年需经费700万元，每年可获取收益1 200万元，寿命周期为5年，期末残值为0，标准收益率为10%，试求该项目的内部收益率。

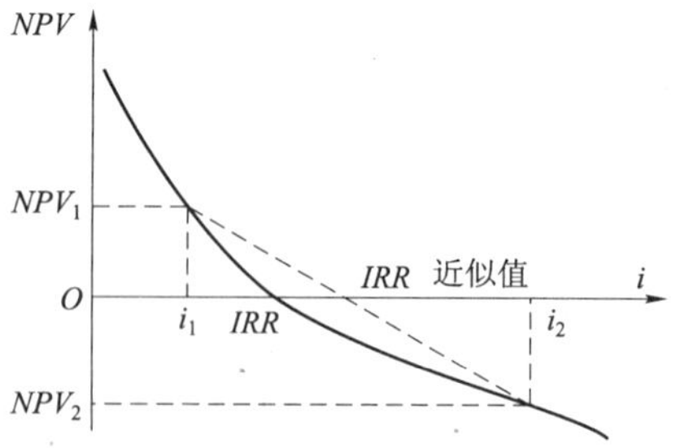

图 4－3　净现值与收益率的关系

解：

$$NPV = 500(P/A,10\%,5) + 500(P/F,10\%,5) - 500 - 1\,500$$
$$= 205.86\ （万元）$$

由上面结果可知，在标准收益率下，$NPV > 0$，说明该项目的内部收益率大于 10%，用直线插值法求内部收益率则需要提高收益率以使 $NPV < 0$。

$i_1 = 12\%$ 时，

$$NPV_1 = 500(P/A,12\%,5) + 500(P/F,12\%,5) - 500 - 1\,500$$
$$= 86.16\ （万元）$$

$i_2 = 15\%$ 时，

$$NPV_2 = 500(P/A,15\%,5) + 500(P/F,15\%,5) - 500 - 1\,500$$
$$= -75.33\ （万元）$$

所以，该项目的内部收益率为：

$$IRR = 12\% + \frac{86.16}{86.16 + 75.33}(15\% - 12\%) = 13.60\%$$

由于 $IRR > 10\%$，所以该方案可接受。

需要指出的是，内部收益率法主要适用于常规投资项目，否则可能会出现多个内部收益率，造成投资决策困难。所谓常规投资项目是指项目在寿命期内，除建设期或者投产初期的净现金流量为负值外，其余年份的净现金流量均为正值，即方案在寿命期内净现金流量的正负号从“负”到“正”仅变化一次，并且所有负现金流量都出现在正现金流量之前。

此外，还要注意以下问题：

在内部收益率的计算公式中，如果令 $x = (1 + IRR)^{-1}$，则可得到如下形式的 n 阶多项式：

$$NPV = NC_0 + NC_1 x + NC_2 x^2 + \cdots + NC_n x^n = 0$$

从数学上来看，一个 n 阶多项式组成的方程可能有 n 个解，而 x 的正实根的数目就是有意义的内部收益率解的数目。因此，内部收益率并不是所有情况下的惟一解。在鉴别内部收益率解的数目时，可借助于狄斯卡兹法则（Descartes' Rule of Signs）：一个具有系数的 n 阶多项式，其正实根的数目不会多于它的系数 NC_0，NC_1，NC_2，…，NC_n 序列中系数符号变动的次数（零系数可视为无符号）。

（1）方案的净现金流量符合 $NC_0<0$，NC_t（$t=0$，1，2，…，n）符号仅变动一次，且 $\sum_{t=0}^{n} NC_t>0$（常规投资项目），必有惟一的内部收益率解。

（2）方案的净现值流量符合 $NC_0<0$，NC_t（$t=0$，1，2，…，n）符号仅变动一次，且 $\sum_{t=0}^{n} NC_t>0$（常规投资项目），必有惟一的负内部收益率，此方案必被淘汰。

（3）方案的净现金流量 NC_t（$t=0$，1，2，…，n）不改变符号，内部收益率不存在，且不能用内部收益率来进行评价。

（4）方案的净现金流量 $NC_0<0$，NC_t（$t=0$，1，2，…，n）改变符号多次时，其内部收益率解的数目不超过 NC_t 符号改变的次数。在该情况下仍有存在惟一内部收益率解的可能。

二、增量内部收益率法

增量内部收益率（Incremental Internal Rate of Return，ΔIRR），又称为追加内部投资收益率，是指两方案比较时，被比较方案 k（投资较多或规模较大的方案）相对于基准方案 j（投资较少或规模较小的方案）所增加（或追加）投资的内部收益率。它代表所增加投资的盈利能力，其计算公式为：

$$\Delta NPV = NPV_k - NPV_j = \sum_{t=0}^{n}(NC_{kt}-NC_{jt})(1+\Delta IRR)^{-t}=0 \quad (4-8)$$

式中　ΔNPV——增量现金流量

NC_{kt}——k 方案第 t 年的净现金流量

NC_{jt}——j 方案第 t 年的净现金流量

ΔIRR 的求解方法与 IRR 相同，也采用直线插值法计算。若 $\Delta IRR \geqslant i_0$，说明增量投资在经济上可行，追加投资合理，因此，投资较大的方案较优。若 $\Delta IRR<i_0$，说明增量投资在经济上不可行，追加投资不合理，因此，投资小的方案较优。

增量投资法主要适用于由增量净现金流量构成的常规投资项目。

第四节　投资回收期法

一、投资回收期法

投资回收期（Payback Period，PBP）是指从项目每年的净收益补偿项目投资所需要的时间。投资回收期从项目开始投入之日算起，包括建设期，单位通常用年表示。这个指标反映了投资的回收速度，同时也能部分反映方案的风险，投资回收期越短，投资回收速度越快，方案的风险越小。根据是否考虑资金的时间价值，可将投资回收期分为静态投资回收期和动态投资回收期。

（一）静态投资回收期

静态投资回收期（Conventional-payback Period，PBP_c）是指不考虑资金时间价值的条件下，以项目的净收益补偿项目全部投资所需要的时间。其计算公式为：

$$\sum_{t=0}^{PBP_c} NC_t = 0 \tag{4-9}$$

或

$$PBP_c = m' - 1 + \frac{\left|\sum_{t=0}^{m'-1} NC_t\right|}{NC_{m'}} \tag{4-10}$$

式中　m'——累计净现金流量开始出现正值的年份数。

如果投资发生在起始点，且项目投产后每年的净收益均相等，即投资总额为 K，$NC_t = R - C$，则静态投资回收期的公式可简化为：

$$PBP_c = K/(R - C) \tag{4-11}$$

采用投资回收期评价项目时，需要将计算所得的投资回收期与同类项目的历史数据和投资者意愿确定的基准投资回收期相比较。设标准投资回收期为 T_0，则判断准则为：（1）对于单一方案，若 $PBP_c \leqslant T_0$，则项目可行；若 $PBP_c > T_0$，则项目不可行。对于多方案的必选，以 PBP_c 较小者为优。

（二）动态投资回收期

动态投资回收期（Discount-payback Period，PBP_d）是指在考虑资金时间价值的条件下，方案净现金流量现值累计为零的时间。其计算公式为：

$$\sum_{t=0}^{PBP_d} NC_t(1 + i_0)^{-t} = 0 \tag{4-12}$$

或

$$PBP_d = m'' - 1 + \frac{\left|\sum_{t=0}^{m''-1} NC_t(1 + i_0)^{-t}\right|}{NC_{m''}(1 + i_0)^{-m''}} \tag{4-13}$$

式中　m''——累计净现金流量现值开始出现正值的年份数。

如果投资发生在起始点，且每年的净收益均相等，则动态投资回收期的公式可简化为：

$$PBP_d = \frac{-\lg\left[1 - \frac{Ki_0}{R - C}\right]}{lg(1 + i_0)} \tag{4-14}$$

采用动态投资回收期评价项目时，其判断准则与静态投资回收期相同。

【例 4-7】 有两个技术方案，其投资与年净现金流量见表 4-4，标准收益率为 10%，试分别用静态与动态投资回收期法比较两方案。

表 4－4　　　　　　　　两个技术方案的有关数据　　　　　　　　单位：万元

年　份	方案 A			
	投资	年净收益	投资	年净收益
0	4 000		4 000	
1		1 300		1 500
2		1 500		1 700
3		1 800		2 000
4		1 400		1 200
5		1 300		1 000

解：根据表 4－4 中数据，可求得 A 方案的投资期回收期为：

$$PBP_{cA} = 3 - 1 + \frac{|-1\ 200|}{1\ 800} = 2.7\ （年）$$

$$PBP_{dA} = 4 - 1 + \frac{|-226|}{956} = 3.2\ （年）$$

B 方案的投资回收期为：

$$PBP_{cB} = 3 - 1 + \frac{|-800|}{2\ 000} = 2.4\ （年）$$

$$PBP_{dB} = 3 - 1 + \frac{|-1\ 231|}{1\ 502} = 2.8\ （年）$$

根据上面所求结果，$PBP_{cA} > PBP_{cB}$，$PBP_{dA} > PBP_{dB}$，则无论是静态投资回收期还是动态投资回收期，A 方案都优于 B 方案。

（三）投资回收期法的局限性

（1）投资回收期是以投资回收速度作为方案取舍的标准，它只把回收期内的净收益与投资进行比较，而没有考虑回收期以后的盈利情况。因此它不能全面反映方案的经济效益。

（2）投资回收期在评价技术方案的风险方面虽然可以发挥一定的作用，但这种作用是有限的。投资存在风险，时间越长，不确定因素越多，风险越大，从这个意义上说，回收期可以作为一种度量风险的工具，投资回收越快，意味着蒙受亏本的可能性越小。但是，投资的主要目的不是为了回收资金，而是为了充分发挥投资的效益并获得盈利。投资的风险不仅表现在能否回收资金，更表现在能否实现预期的盈利上。由于回收期的计算不包括投资回收以后方案的收支与盈利，所以它不能反映投资的全部风险。

（四）投资回收期的适用范围

投资回收期法虽然不宜作为评价经济效益的主要方法，但由于具有简单易用的优点和一定的评价风险的作用，所以在下列情况下，仍然有一定的使用价值。

(1) 资金来源困难的企业，期待尽早回收资金。采用投资回收期法，把投资回收速度作为评选方案的标准，对加速资金回收有一定的意义。

(2) 缺乏预测能力的企业或投资风险较大的方案，为避免蒙受损失，少担风险，采用回收期法也有一定价值。

(3) 当企业投资的目标是以盈利为主，兼顾资金的回收速度时，可以同时采用两种方法进行评价，即 *NPV* 或 *NAV* 为主度量投资的盈利水平，以回收期法为辅测定资金的回收速度，做到二者兼顾。

二、追加投资回收期法

追加投资回收期（Incremental Payback Period，ΔPBP）是指两个方案比较时，某一方案 k 比另一方案 j 多支出的投资（即追加投资），通过其多获得的净收益（盈利的增加或成本的节约）来补偿追加投资（或多支出投资）所需要的时间。

投资回收期反映的是单一方案的绝对经济效益，但在考虑投资活动时却往往需要对多个互斥方案之间的相对经济效益进行比较，这样就需要采用追加投资回收期法。在一般情况下，在满足相同需要的条件下，投资额相对较大的方案，其生产成本相对较低；而投资额较小的方案，其生产成本相对高一些。因此，追加投资回收期可以通过比较备选方案的成本和投资来获取。

若投资发生在起始点，且备选方案 k 和方案 j 各年的收入相等，则追加投资回收期 ΔPBP 的公式为：

$$\Delta PBP = PBP_{k-j} = \frac{K_k - K_j}{C_j - C_k} \tag{4-14}$$

式中 K_k、K_j——分别为 k、j 两方案的投资额

C_k、C_j——分别为 k、j 两方案的年经营成本

若 $\Delta PBP \leqslant T_0$，则说明追加（或增加）投资经济效益好，追加投资经济上可行。同时也表明投资较大的方案 k 的经济效益优于投资较小的方案 j。若 $\Delta PBP > T_0$，则说明追加投资的经济效益不好，追加投资不可行，即表明投资较大的方案 k 的经济效益差于投资小的方案 j。

第五节 投资收益率法与收益费用比率法

一、投资收益率法

投资收益率（Return on Investment，*ROI*）又称为投资效果系数，指项目在正常生产年份的净收益与投资总额之间的比值，表示每单位投资每年获得的净收

益，其计算公式为：

$$ROI=\frac{NB}{K} \tag{4-15}$$

式中 NB——年净收益，可以是等额年净收益或年平均净收益

K——投资额，可以是初始投资额或投资总额

利用投资收益率对方案的经济性进行评价，其准则为：（1）若方案的投资收益率 $ROI \geqslant E_0$（标准投资效果系数），则方案可行；（2）若 $ROI < E_0$，则方案不可行。

标准投资效果系数与标准投资回收期一样，它们都是衡量方案经济效益的重要指标，且互为倒数，即 $E_0=1/T_0$。

应特别指出的是，在计算投资效果系数时，一定要注意年净收益和投资的计算口径的一致性，计算口径不一，计算结果就属于不同的经济效益指标。如：

$$\frac{\text{年利润额}}{\text{建设投资}+\text{流动资金}}=\text{投资利润率}$$

$$\frac{\text{年利税总额}}{\text{建设投资}+\text{流动资金}}=\text{投资利税率}$$

$$\frac{\text{年利润额}}{\text{建设投资}}=\text{建设投资利润率}$$

另外，西方国家在计算投资收益率时，往往将折旧列入净收益。

总之，在进行方案比较时，必须遵循可比性原则，在同国内外同类企业的投资收益率进行比较时，必须采用相同的指标，如计算口径不一，则应进行修正计算，否则将会得出错误的评价结论。

二、追加投资收益率法

追加投资收益率（ΔROI）也称为增量投资效果系数，是指两方案比较时，年收益增量除以投资增量，表示单位投资的增长额可获得的净收益增量，即投资的边际效益。若投资发生在起始点，各年净收益的增量均相等，则追加投资效果系数与静态追加投资回收期互为倒数，即：

$$\Delta ROI=\frac{1}{\Delta PBP'}=ROI_{k-j}=\frac{\Delta NB}{\Delta K}=\frac{NB_k-NB_j}{K_k-K_j} \tag{4-16}$$

若 $\Delta ROI \geqslant E_0$，则说明追加（增加）投资的效益良好，追加投资可行。同时，也表明投资较多方案的纯经济效益不劣于投资较少方案；反之，则相反。

三、收益费用比率法

收益费用比率（Benefit-Cost Ratio，BCR）是指项目在寿命周期内收益的现值总额（或等额年值）与费用的现值总额（或等额年值）之比，其计算公式为：

$$BCR=\frac{PCI}{PCO} \quad \text{或} \quad BCR=\frac{ACI}{ACO} \tag{4-17}$$

对项目进行经济评价时，若 $BCR \geqslant 1$，则项目在经济上可行；反之，则项目

在经济上不可行。

虽然在实践中，倘若其他条件相同时，通常认为收益费用比率较高的项目更为可取，但按收益费用比率评定项目优劣可能导致错误的选择。收益费用比率法往往排斥总收益和运营费用相对较高的项目，尽管这些项目与其他收益费用比率相对较高的项目比起来具有更大创造财富的能力。

收益费用比率是第一个为人们所熟悉的评价项目的动态指标。尽管它被美国广泛地应用于水利项目的经济评价，但正在日益为种种形式的价值指标所取代；在发展中国家，收益费用比率法并未得到普遍使用。

本章小结

本章介绍了技术经济分析的一些基本方法，并讨论了运用这些方法对方案进行经济评价时应注意的问题，如现值法、年值法、内部收益率法、投资回收期法、投资收益率法等。按是否考虑资金的时间价值，可以将这些方法分为静态评价法与动态评价法。此外，这些分析方法的指标可以划分为价值型、时间型和比率型。价值型指标包括净现值、净年值、费用现值、费用年值等；时间型指标包括投资回收期等；比率行指标包括净现值率、内部收益率、投资收益率等。

关 键 词

净现值　Net Present Value
现值成本　Present Cost
净现值率　Net Present Value Ratio
净年值　Net Annual Value
年值成本　Annual Cost
内部收益率　Internal Rate of Return
投资回收期　Payback Period
投资收益率　Return on Investment
增量内部收益率　Incremental Internal Rate of Return
静态投资回收期　Conventional-payback Period
动态投资回收期　Discount-payback Period
追加投资回收期　Incremental Payback Period
收益费用比率　Benefit-Cost Ratio

思考与练习

1. 什么是 NPV？其本质是什么？

2. 现值法与年值法之间有何区别与联系？

3. 什么是内部收益率？运用内部收益率法要注意哪些问题？

4. 某企业拟开发一种新产品，该产品的行销期估计为 5 年。其他有关数据预测如下：研制费用 20 万元，购置设备需 45 万元，厂房投资 40 万元，设备 5 年后残值 8 万元，需流动资金 70 万元，新产品每年的销售收入 90 万元，年经营成本 45 万元。假定该企业的标准收益率为 15%，是分别用净现值法和内部收益率法分析新产品开发的可行性。

5. 某企业为满足生产需要而更新现有生产设备，现有两种型号的产品供其选择。A 设备的价格为 2 500 万元，年经营成本为 800 万元，维修费用为每年 100 万元，7 年后残值为 100 万元。B 设备的价格为 3 500 万元，年经营成本为 650 万元，年维修费用为 70 万元，7 年后残值为 120 万元。若标准收益率为 10%，问该企业选择哪个方案更合理。

6. 某新产品开发方案，投资发生在起始点，各年的净收益均相等，若静态投资回收期为 4 年，投资收益率为 12%。试求动态投资回收期。

7. 有两个技术引进方案，方案 A 投资 15 万元，年收入 10 万元，年经营成本 6 万元，寿命 10 年，残值 5 万元；方案 B 投资 10 万元，年收入 8 万元，年经营成本 5 万元，寿命 10 年，残值为零，若标准收益率为 10%，试用适当的方法比较方案优劣。

8. 某技术方案的初始投资为 K，等额年净收益为 NB，寿命为 n，标准投资效果系数为 E_0，标准收益率为 i_0，试分析：

（1）投资效果系数与内部收益率的关系；

（2）当满足什么条件时，内部收益率等于投资效果系数。

9. 某厂原为人工搬运，每年花费 82 000 元，现拟采用运输带，设备购买及安装费用 150 000 元，运转后每年支出人工费 33 000 元，电力费 45 000 元，保养费 10 000 元，该运输带可使用 10 年，期末无残值。若标准收益率为 10%，问该厂是否应该采用运输带运输？

第五章

风险与不确定性分析

第一节　风险评价的概述

一、风险与不确定性的含义及类别

(一) 风险的含义

风险一词在日常生活中经常被谈论，但对这一基本概念，在经济学家、统计学家、决策理论家和保险学者中，尚无一个适用于各领域的公认的定义。对风险含义的理解，从不同的角度可以作出不同的陈述和定义，以下是几种有代表性的观点：

(1) 美国著名的风险问题研究专家 A. H. 威雷特认为：风险是关于不愿意发生的事情发生的不确定性的客观体现。

(2) 美国经济学家 F. H. 奈特认为：风险是可测定的不确定性。

(3) 美国学者韦氏给出的定义是：风险是遭受损失的一种可能性。

(4) 日本学者武井勋认为：风险是在特定环境中和特定期间内自然存在的导致经济损失的变化。

由此可见，一般认为，风险是指某一事件出现的实际情况与预期情况（即实际值与期望值）相背离，从而产生的一种损失。这种损失有时表现为实际值的绝对减少，有时表现为相对值的减少，有时表现为机会的损失，或兼而有之。另外，这种损失的出现与否是一种随机现象，对其不能做出确定性判断，但是可以用概率来表示出现的可能性。假定用 C 表示出现的结果（损失），用 P 表示损失出现的概率，用 R 表示风险的大小，则可以用下列函数式表达他们之间的关系。

$$R=f(C,P) \tag{5-1}$$

(二) 项目风险与不确定性的含义及分类

各种项目专项和综合评价方法都是建立在一定的假设前提至上，都是按照假定的数据资料进行评价的。由于由于客观条件及有关因素的变动和主观预测能力的局限，一个项目的实施结果（投资效果和经济效果等）不一定符合原来所作的某种确定的预测和估计，这种现象称为技术方案或投资项目的不确定性和风险。从理论上讲，风险与不确定性是有区别的，风险是指由于随机原因所引起的项目总体实际值与预期值之间的差异，其结果可用概率分布来描述，而不确定性则是指缺少足够信息来估计其变化的因素对项目实际值与预期值所造成的偏差，其结果无法用概率分布规律来描述。然而，从投资项目评价的实用性角度看，区别风险与不确定性没有多大实际意义。因此，多数人认为二者涵义相同，可以相互通用。

为了深入、全面地认识项目风险，并有针对性地进行分类管理，有必要对项目风险进行分类。根据不同的需要，从不同的角度，可以按照不同的标准进行分类（见图 5－1）。

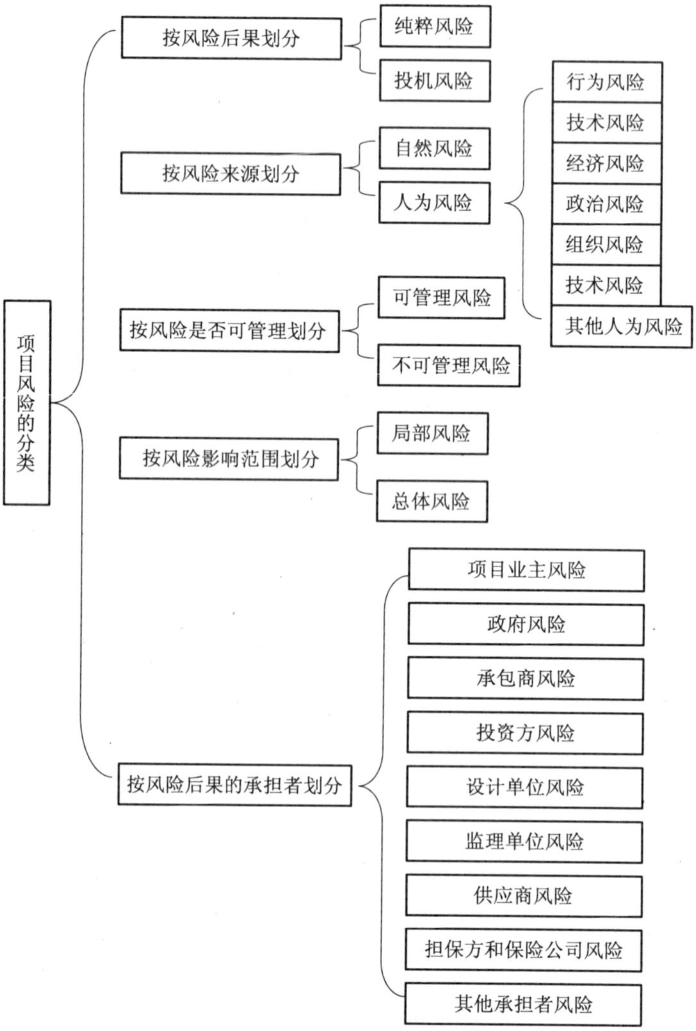

图 5－1　项目风险的分类汇总图

（三）项目风险与不确定性的来源

项目产生风险与不确定性的原因很多，主要来源于投资方案本身和项目所处环境两个方面，具体包括：

（1）项目的投入物、产出物的价格发生变化。

（2）项目生产能力发生变化。

（3）项目的投资费用、经营费用发生变化。

（4）项目的建设期、试产期、达产期或计算期发生变化。

（5）科技进步导致新产品、新工艺、新设备和新材料的出现对项目的影响。

（6）政治经济形势的变化导致对项目的影响。

（7）政策调整，如价格体系改革导致的消耗费用变动。

二、风险管理的内容与程序

（一）风险管理的含义与内容

风险管理从20世纪30年代兴起以来，在50年代得到了推广并受到了普遍重视，70年代迅速发展并形成了系统化的管理科学。德国早在20世纪初第一次世界大战结束后就为重建提出了风险管理，强调风险的控制、分散、补偿、转嫁、预防、回避与抵消等。1931年，美国管理协会保险部首先提出风险管理概念，20世纪50年代风险管理发展成为一门学科，随着学科发展，70年代以后逐渐掀起了全球性的风险管理运动。

风险管理是各经济、社会单位在对其生产、生活中的风险进行识别、预测、评价的基础上，优化组合各种风险管理技术，对风险实施有效控制，妥善处理风险所致的结果，以最小的成本达到最大的安全保障的过程。

风险管理的基本目标是以最小的经济成本获得最大的安全保障效益，即风险管理就是以最少的费用支出达到最大限度地分散、转移、消除风险，以实现保障人们经济利益和社会稳定的基本目的。这又可以分为以下三种情形：第一，损失发生前的风险管理目标——避免或减少风险事故发生的机会；第二，损失发生中的风险管理目标——控制风险事故的扩大和蔓延，尽可能减少损失；第三，损失发生后的风险管理目标——努力使损失的标的恢复到损失前的状态。

风险管理的基本手段有：回避风险、预防风险、自留风险和转移风险等。

1. 回避风险

回避风险是指主动避开损失发生的可能性。如考虑到游泳有溺水的危险，就不去游泳。虽然回避风险能从根本上消除隐患，但这种方法明显具有很大的局限性，因为并不是所有的风险都可以回避或应该进行回避。如人身意外伤害、自然灾害，无论如何小心翼翼，这类风险总是无法彻底消除。再如，因害怕出车祸就拒绝乘车，车祸这类风险虽可由此而完全避免，但将给日常生活带来极大的不便，实际上是不可行的。

2. 预防风险

预防风险是指采取预防措施，以减小损失发生的可能性及损失程度。兴修水利、建造防护林就是典型的例子。预防风险涉及一个现时成本与潜在损失比较的问题：若潜在损失远大于采取预防措施所支出的成本，就应采用预防风险手段。以兴修堤坝为例，虽然施工成本很高，但与洪水泛滥造成的巨大灾害相比，就显得微不足道。

3. 自留风险

自留风险是指自己非理性或理性地主动承担风险。“非理性”自留风险是指对损失发生存在侥幸心理或对潜在的损失程度估计不足从而暴露于风险中；“理性”自留风险是指经正确分析，认为潜在损失在承受范围之内，而且自己承担全部或部分风险比购买保险要经济合算。自留风险一般适用于对付发生概率小，且损失程度低的风险。

4. 转移风险

转移风险是指通过某种安排，把自己面临的风险全部或部分转移给另一方。通过转移风险而得到保障，是应用范围最广、最有效的风险管理手段，保险就是其中之一。

（二）项目风险管理的内容和程序

1. 定义

项目风险管理是指通过风险识别、风险分析和风险评价去认识项目的风险，并以此为基础合理地使用各种风险应对措施、管理方法和技术手段，对项目的风险实行有效的控制，妥善的处理风险事件造成的不利后果，以最少的成本保证项目总体目标实现的管理工作。

2. 内容

项目风险管理是指对项目风险从识别到分析乃至采取应对措施等一系列过程，它包括使积极因素所产生的影响最大化和使消极因素产生的影响最小化两方面内容。

3. 程序

项目风险管理的基本程序主要包括三大阶段，在此过程中，风险管理各环节可以交互进行（见图 5－2）。

（1）第一阶段：风险的潜伏阶段

风险尚未显现，但其可能性存在于各种征兆之中。这个阶段的风险管理重在预防：

① 识别潜在的风险。这是预防风险的第一要务，不能识别就无法预防。识别风险的一个重要手段是量化，量化的好处是可以通过对比来鉴别风险征兆，可以设置临界点作为预警指标。例如，我们识别出高血压是引发心脏病的重大风险，为此我们设置出一套检测血压的量化指标，把预警临界值设置在 90/140。这样，我们就可以通过与正常指标的对比来监测高血压的风险了。

② 规避和转移风险。是预防潜在风险的另一个有效办法。当你识别出某件事情可能会有风险时，只要放弃做这件事，或者换一种较稳妥的方式去做它，就可以避免风险发生。转移风险最常用的办法之一是买保险。

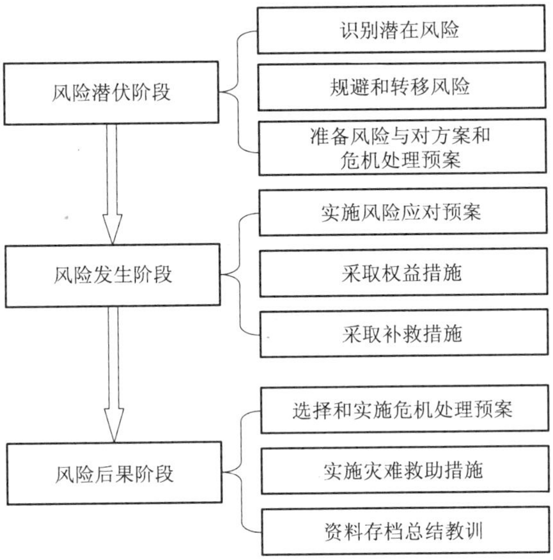

图 5－2　项目风险管理的流程图

③ 准备风险应对方案和危机处理预案，是预防风险的核心内容。一旦风险和危机来临，有应对预案就可以有效地降低风险的损失和危机的灾难。如把常用的药物分放在家里和办公室容易拿到的地方，把医院的电话号码输入电话机，预先嘱咐身边的人如何处理，这就是风险预案。一旦心脏病突发，这些事先准备好的预案就足以挽救许多生命。也许有些风险预案永远也用不上，但是这并不说明它们是多余的。

（2）第二阶段：风险的发生阶段

风险已经来临，风险将带来的损失已经不难预料，这个阶段的风险管理重在应对：

① 选择和实施风险应对预案。事先准备的预案可以大大提高风险应对的决策效率，把决策简化到抉择。例如，当飞行故障发生时，油料往往只够飞半个小时，没有时间决策，只能在预先准备的预案中选择实施。

② 采取权宜措施缓解风险。有些时候实施风险预案需要时间和条件，权宜措施就是为了争取时间和创造条件。在很多情况下，权宜措施也是构成风险预案的组成部分，但是当风险预案没有料到的情况发生时，应急的权宜措施最能考验一个管理者的应变能力。

③ 采取补救措施抵消损失。当风险造成的损失不可避免的时候，可以堤外损失堤内补救。例如出口产品如果在进口国因质量问题退货，则“出口转内销”，挽回部分损失；如果客户无力偿还债务，可以用汽车及电脑之类的资产抵扣部分损失等。

（3）第三阶段：风险的后果阶段

风险造成的损失已经成为事实，形势危急，这个阶段的风险管理重在应急和善后：

① 选择和实施危机处理预案。当风险已经产生，那么就会带来一定的损失，如果实施危机处理预案，就能发挥其作用，挽回一定的风险损失。

② 实施灾难救助措施。危机往往伴随着灾难性的后果，损失已经铸成事实，形势无法逆转，因此需要考虑善后措施，如抢救生命、抚恤家属、挽回信誉、收拾残局、另寻替代方案等。

③ 资料存档总结教训。所有的风险和灾难留下的记录都能为后人识别风险提供宝贵的线索和资料。

三、项目风险评价的内容与方法

项目风险评价就是经济单位和个人对风险发生可能导致的经济后果进行综合分析，并对项目风险进行分级排序的过程。它是在风险识别和风险估测的基础上，从风险发生频率、发生后所致损失的程度和自身的经济情况入手，分析自己的风险承受能力，为正确选择风险的处理方法提供依据。项目风险评价的内容和程序包括以下几个方面：

（1）系统研究项目风险的各类信息资料；

（2）确定风险评价的标准；

（3）使用风险评价方法确定项目整体风险水平；

（4）使用风险评价工具找出个风险之间的因果关系，确定关键因素；

（5）做出项目风险的综合评价。

项目风险评价的方法一般可分为定性方法和定量方法，在实际应用中，常常是二者相结合使用。对项目风险进行评价的方法很多，常用的有：专家打分法、主观打分法、风险矩阵评价法、盈亏平衡分析、敏感性分析、概率分析、蒙特卡罗模拟法、决策树法、效用函数法、瓦尔特（最大最小）准则法、逆瓦尔特准则法、拉普拉斯准则法、赫维兹准则法及萨维奇准则（遗憾准则）法等。

其中盈亏平衡分析、敏感性分析和概率分析最为常用，盈亏平衡分析更多用于财务评价，敏感性分析和概率分析可同时用于财务评价和国民经济评价。

第二节 盈亏平衡分析

盈亏平衡是指企业销售产品所获得的销售收入，同其所发生的成本费用保持相等，企业正好处于不亏不盈状况（即净收益为零）。在投资分析中，最常见的盈亏平衡分析是通过分析产品产量、成本和盈利之间的关系，找出方案盈利和亏损在产量、单价、成本等方面的临界点，据此判断投资项目风险的大小及对风险的承受能力，为投资决策提供依据。这个临界点称为盈亏平衡点（Break-Even

Point，BEP）。BEP越低，说明投资项目适应市场变化的能力越大，抗风险能力越强。

盈亏平衡分析有不同的分类，根据产品数量的多少可以分为：单一品种盈亏平衡分析和多品种盈亏平衡分析。根据各因素之间的函数关系可分为：线性盈亏平衡分析和非线性盈亏平衡分析。根据是否考虑资金的时间价值可分为：静态盈亏平衡分析和动态盈亏平衡分析。下面主要介绍几种常用的方法。

一、单一产品的盈亏平衡分析

（一）单一产品线性盈亏平衡分析的假设

1. 假设产量等于销量

有时也称之为产销量，用Q表示。既产品无积压，方案所生产的产品能全部销售出去。在企业以销定产的情况下，有一定的可行性。

2. 假设销售收入是产销量的线性函数

即在一定时期和一定的产量范围内，产品售价（P）是不变的，产品销售收入与销售量成正比例关系。若用R表示售销售收入，则有下列关系式：

$$R = PQ \quad (5-2)$$

3. 假设总生产成本费用是产量的线性函数

总生产成本费用按照其经济性质可划分为：外购材料、外购燃料和动力、工资、提取的职工福利费、修理费、折旧费、摊销费、税金（指计入费用的各种税金，如车船税、印花税）、利息支付、其他支出（如办公费、差旅费、广告费、研发费）等。为了能正确揭示产量、成本和利润之间的关系，必须对上述成本项目进行重新分类，既根据成本与产量的关系分为变动成本和固定成本。固定成本是指在一定时期（或一定产量范围内），成本总额不随产量变化而变化的成本，如企业厂房与建筑物折旧费、管理人员工资等。变动成本是指在一定时期（或一定产量范围内），成本总额随产量的增减而成正比例变化的成本，如直接材料费、直接人工费等。

根据上面对成本的分类，如果用C表示总成本，C_f表示固定成本总额，C_v表示单位固定成本，Q表示产品销量或产量，则有下列关系式：

$$C = C_f + C_v Q \quad (5-3)$$

（二）单一产品线性盈亏平衡分析的模型及应用

1. 盈亏平衡分析的基本模型

盈亏平衡的含义是销售收入同其发生的销售成本相等。当经济评价指标利润为零时，达到盈亏平衡。则有：

税前盈亏平衡式：$$P_t = PQ - C_v Q - C_f = 0 \quad (5-4)$$

税后盈亏平衡式：$$P_t = PQ(1 - r_t) - C_v Q - C_f = 0 \quad (5-5)$$

式中 P_t——销售利润；

r_t——销售税金的税率，简称销售税率。

2. 盈亏平衡点产销量的计算

分别求解式（5－3）和式（5－4），即可得盈亏平衡点的产销量，即企业保持不盈不亏时必须达到的最低产销量。

税前盈亏平衡点产销量：　　$Q_e = C_f/(P - C_v)$　　（5－6）

税后盈亏平衡点产销量：　$Q_e' = C_f/[P(1 - r_t) - C_v)]$　　（5－7）

3. 盈亏平衡点的其他形式

利用盈亏平衡分析的基本模型，可以得到盈亏平衡点的其他表达形式。下面以税前盈亏平衡分析为例。

（1）盈亏平衡点的单价（P_e）。即在企业固定成本和单位变动成本保持不变，产销量达到所期望的数值时，若企业保持不盈不亏，此时，产品的单价最低可以为多少。它可以为企业制定价格策略提供一定的依据，特别是新产品的定价。其计算公式为：

$$P_e = C_v + C_f/Q \tag{5-8}$$

（2）盈亏平衡点的单位变动成本（C_{ve}）。即在企业固定成本和单价保持不变，产销量达到所期望的数值时，若企业保持不盈不亏，此时，产品的单位变动成本最高不能超过多少。其计算公式为：

$$C_{ve} = P - C_f/Q \tag{5-9}$$

（3）盈亏平衡点的固定成本（C_{fe}）。即在企业单位变动成本和单价保持不变，产销量达到所期望的数值时，若企业保持不盈不亏，此时，产品的固定成本最高不能超过多少。其计算公式为：

$$C_{fe} = PQ - C_eQ \tag{5-10}$$

（4）盈亏平衡点生产能力利用率（BEP）。既把盈亏平衡点的产销量与其设计生产能力比较，也称之为保本点开工率，以税前盈亏平衡分析为例，其计算公式为：

$$BEP = Q_e/Q_o = C_f/[Q(P - C_v)] \tag{5-11}$$

式中　Q_o——设计生产能力

（5）盈亏平衡分析的其他几个概念

边际贡献。它是指产品的销售收入扣除变动成本后的余额。它首先用于补偿固定成本，若补偿之后还有余额，才能为企业提供利润。有三种表达式：

边际贡献总额＝销售收入－变动成本　　（5－12）

单位边际贡献＝单价－单位变动成本　　（5－13）

边际贡献率＝边际贡献总额/销售收入＝单位边际贡献/单价×100%

（5－14）

安全边际。它是指盈亏平衡点以上的产销量，也就是超过盈亏平衡点产销量的差额。有以下指标：

以实物单位计量的计算公式：

安全边际量＝实际或预计销售量－盈亏平衡点产销量　　（5－15）

以价值量单位计量的计算公式：

$$安全边际额 = 实际或预计销售额 - 盈亏平衡点产销额 \quad (5-16)$$

以相对数计量的计算公式：

$$安全边际率 = 安全边际额/实际或预计销售额 \times 100\% \quad (5-17)$$

4. 盈亏平衡分析对风险状况的判断标准

盈亏平衡点生产能力利用率（保本点开工率）是反映投资项目抗风险能力和企业经营状况的重要指标，它与安全边际率（经营安全率）互补，即：

$$保本点开工率 + 安全边际率 = 1 \quad (5-18)$$

安全边际率越大，盈亏平衡点生产能力利用率越小，说明亏损的危险越小。表 5 - 1 的经验数字可粗略估算投资项目的抗风险能力和企业经营状态。

表 5 - 1　　安全边际率、保本点开工率以及抗风险能力的关系

安全边际率	10% 以上	10% ~20%	20% ~30%	30% ~40%	40% 以上
保本点开工率	90% 以上	90% ~80%	80% ~70%	70% ~60%	60% 以下
经营状态	危险	一般	比较安全	安全	很安全
抗风险能力	弱	一般	较强	强	很强

（三）单一产品线性盈亏平衡分析的图解法

将成本与产量的关系以及销售收入与产量的关系画在同一坐标系中，便可得到盈亏平衡图（见图 5 - 3）。

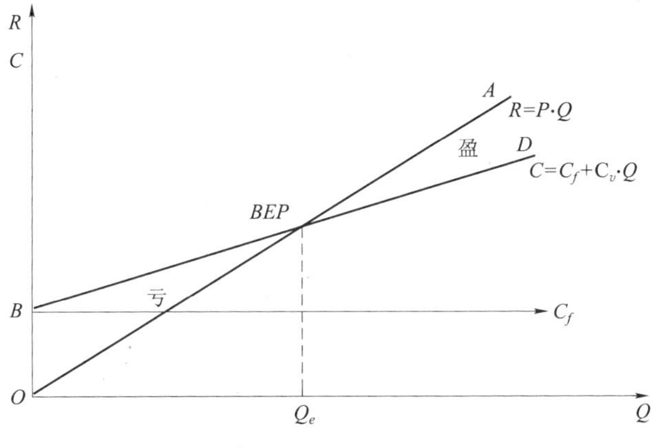

图 5 - 3　单一产品线性盈亏平衡图

在盈亏平衡图中，横轴表示产销量，纵轴表示销售收入、总成本、利润。直线 *OA* 是销售收入线，即 $R = P \cdot Q$，直线 *BD* 是总成本线，它等于固定成本总额与变动成本总额之和，即 $C = Cv \cdot Q + Cf$，销售收入线与总成本线相交点即为 *BEP*，*BEP* 将两条直线所夹的范围分为两个区域，*BEP* 右边总成本线高于销售收入线，为亏损区；*BEP* 右边销售收入线高于总成本线，为盈利区。*BEP* 在横轴上所对应的产销量 Q_e，称为盈亏平衡点产销量，产销量大于此值时，有盈利；

产销量小于此值时，为亏损。

【例5－1】 某投资项目设计生产能力为10万件/年，单位产品售价30元/件。其成本估算如下：固定成本总额110万元，单位变动成本10元/件。销售税率10%，所得税率33%。试分析该投资项目的经济效益和风险状态。

解：根据题意 $C_f=110$ 万元，$C_v=10$ 元/件

当年销售量为10万件时的销售利润为：

$$P_t = P \cdot Q - P \cdot Q \cdot r_t - C_v \cdot Q - C_f$$
$$= 30 \times 10(1-10\%) - 10 \times 10 - 110 = 60 \text{（万元）}$$

纯利润为：

$$NP_t = \text{销售利润}(1-\text{所得税率}) = 60(1-33\%) = 40.2 \text{（万元）}$$

盈亏平衡点产销量：

$$Q_e = C_f/[P(1-r_t) - C_v)] = 110 \div [30(1-10\%) - 10] = 6.47 \text{（万件）}$$

盈亏平衡点生产能力利用率：

$$Q_e/Q_0 = 6.47/10 = 64.7\%$$

安全边际率：$1 - Q_e/Q_0 = 35.3\%$

从以上计算结果分析，企业开发该产品能获得比较好的经济效益、经营状态安全，抗风险能力强。

二、多品种的盈亏平衡分析

（一）综合计算法

综合计算法是以综合性的加权平均边际贡献率和边际贡献总额为基础来进行平衡点分析的方法。加权平均边际贡献率（或称综合边际贡献率）可采用计划总额法或比重法计算，即：

$$\overline{r_m} = \frac{\sum_{i=1}^{n} M_i}{\sum_{i=1}^{n} R_i} = \sum_{i=1}^{n} r_{mi} d_i \tag{5-19}$$

式中 $\overline{r_m}$——加权平均边际贡献率，表示平均单位销售额可获得的边际贡献；

M_i——第 i 种产品的边际贡献，等于对应产品的销售收入减去销售税金和变动成本，即 $M_i = R_i(1-r_{ti}) - C_{vi}Q_i = [P_i(1-r_{ti}) - C_{vi}] * Q_i$；

r_{mi}——第 i 种产品的边际贡献率，等于其边际贡献除以销售收入或单位边际贡献除以价格，即 $r_{mi} = M_i/R_i = [P_i(1-r_{ti}) - C_{vi}]/P_i$；

d_i——第 i 种产品的销售额占全部产品销售总额的比重；

i——产品序号，共有 n 种产品。

因此，盈亏平衡点收入和保本点开工率分别为：

$$\text{销售额} = R_e = C_f/\overline{r_m} \tag{5-20}$$

$$\text{开工率} = R_e/\sum_{i=1}^{n} R_i = C_f/\sum_{i=1}^{n} M_i \tag{5-21}$$

【例题5-2】某企业在计划期内的固定成本总额为45 800万元，企业以销定产，同时生产和销售A、B两种产品。各产品的产销量、单价和成本数据见表5-2。试计算两种产品盈亏平衡点的产销量。

表5-2　　A、B产品的基本数据

项　　目	A产品	B产品	合　　计
产销量（万件）	4 000	8 000	
单价（元）	100	30	
单位变动成本（元）	80	18	
固定成本总额（元）			45 800
单位边际贡献（元）	20	12	
边际贡献率（%）	20	40	
销售收入（万元）	400 000	240 000	640 000

解：首先，计算各产品销售收入占销售收入总额的比重，则：

A产品　　$400\ 000 \div 640\ 000 = 62.5\%$

B产品　　$240\ 000 \div 640\ 000 = 37.5\%$

然后，计算A、B产品的加权平均边际贡献率，则：

$$20\% \times 62.5\% + 40\% \times 37.5\% = 12.5\% + 15\% = 27.5\%$$

再次，计算企业综合盈亏平衡点的产销量，即：

$$458\ 000 \div 27.5\% = 166\ 545.45(\text{万元})$$

最后，分别计算A、B两种产品盈亏平衡点的销售额和产销量。

A产品　销售额 $= 166\ 545.45 \times 62.5\% = 104\ 090.91$（万元）

　　　　销售量 $= 104\ 090.91 \div 100 = 1\ 040.91$（万件）

B产品　销售额 $= 166\ 545.45 \times 37.5\% = 62\ 454.54$（万元）

　　　　销售量 $= 62\ 454.54 \div 30 = 2\ 081.8$（万件）

（二）分算法

分算法是一种将多种产品的盈亏平衡点分析转化为单一产品来进行研究的方法，即先将固定成本分配给各种产品，然后对每种产品分别进行单一产品的盈亏平衡点分析。分配固定成本时，专门用于某种产品而发生的专属固定成本自然应该分配给该种产品，与各种产品都有关的联合固定成本则应按适当标准（如工时比重、销售额比重等）分配给各种产品。

显然，分算法和综合计算法所得结果不尽相同。分算法在分配固定成本时，所选标准不同，也会有不同的结果。

三、非线性盈亏平衡分析

在实际生产经营过程中，投资项目的产品价格与成本不一定是常数。例如，当项目的产量在市场中占有较大的比例时，其产量的高低可能明显地影响市场供求关系，使市场价格随产量的变化而变化，此时销售收入与产量的关系是非线性关系。同样，变动成本在不同的生产规模下也不一定是保持不变的，如原材料价格可能与采购量有关，一些辅助性生产成本随产量变化而呈梯形分布，这些成本通常称为半变动成本。因此，总成本函数与产量的关系也可能是非线性关系。当销售收入与成本函数都是非线性函数时，此时的盈亏平衡分析称之为非线性盈亏平衡分析（见图 5－4）。

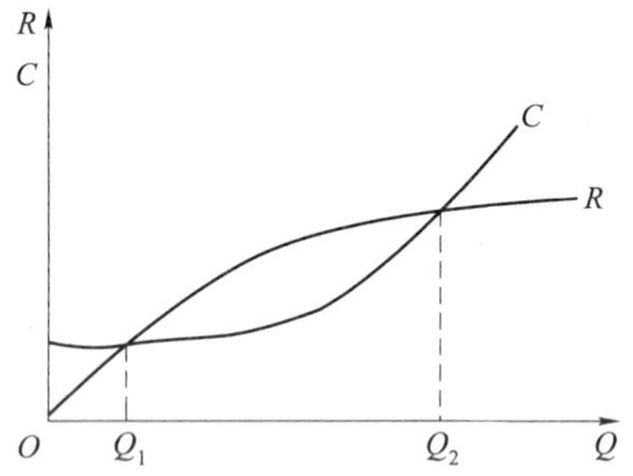

图 5－4　非线性盈亏平衡图

在图中，当产量小于 Q_1，或大于 Q_2时，项目都处于亏损状态；当 $Q_1 < Q < Q_2$时，项目处于盈利状态。由于利润 $P_t = R - C$，所以利润最大时的产量可由下式给出：

$$dP_t/dQ = dR/dQ - dC/dQ = 0 \tag{5-22}$$

【例题 5－3】预计某公司生产的一种新产品年销售收入 $R = -0.5Q^2 + 4\ 500Q$，年总成本 $C = -0.1Q^2 + 500Q + 5\ 100\ 000$，试确定其盈亏平衡点。

解：当达到盈亏平衡点时，$R = C$，则：

$$-0.5Q^2 + 45\ 000Q = -0.1Q^2 + 500Q + 5\ 100\ 000$$

$$0.4Q^2 - 4\ 000Q + 5\ 100\ 000 = 0$$

解方程：$Q_1 = 1\ 500$（件）　$Q_2 = 8\ 500$（件）

当产量处于 1 500 件 $< Q <$ 8 500 件范围内时，该项目可实现盈利，利润最大时的产量由（5－22）式可得出，即 $Q = 5\ 000$ 件。

第三节　敏感性分析

敏感性分析则是分析各种不确定性因素变化一定幅度（或者变化到何种幅度）时，对方案经济效果的影响程度（或者改变对方案的选择），而把不确定性因素当中对方案经济效果影响程度较大的因素，称之为敏感性因素。不确定性因素变动的范围越小，而造成的经济效果变动范围越大，则敏感性越强。敏感性分析的主要任务是确定方案的敏感性因素，计算各因素的敏感程度，分析方案所能承受的风险，为提高方案预测的可靠性和决策的准确性提供依据。

敏感性分析按敏感因素每次变动数目的不同，可分为单因素敏感性分析和多因素敏感性分析。

一、敏感性分析的步骤及主要内容

敏感性分析的步骤见图 5－5，其主要内容包括：

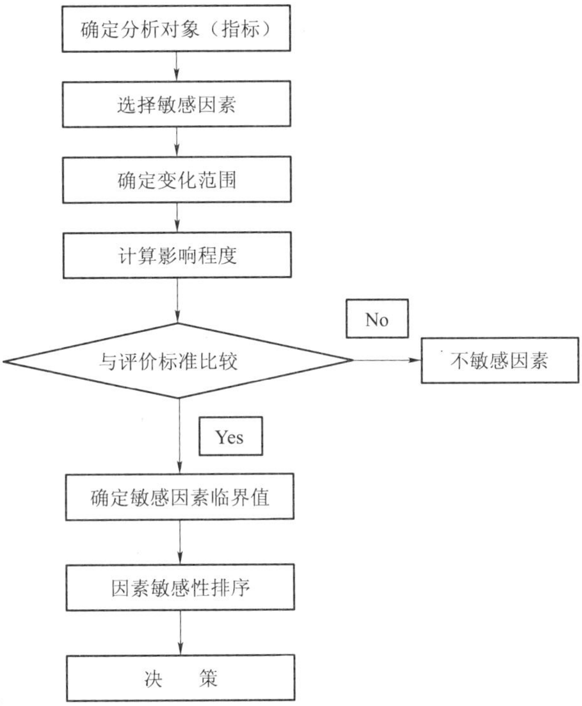

图 5－5　敏感性分析步骤

（一）确定分析对象（指标）

由于投资效果可用多种指标来表示，在进行敏感性分析时，首先必须确定分析指标。当投资者所关心的目标不同时，所侧重的经济指标也不尽相同：如果主要分析方案状态和参数变化影响方案投资回收的快慢，则可选用投资回收期作为分析指标；如果主要分析产品价格波动影响方案的超额净收益，则可选用净现值作为分析指标；如果主要分析投资大小影响方案的资金回收能力，则可选用内部收益率等。当方案评价所处的阶段和深度要求不同，选用的经济评价指标亦有区别：如果在方案机会研究阶段，深度要求不高，可选用静态的评价指标；如果在详细可行性研究阶段，则选用动态指标评价。

（二）选择敏感因素

从理论上讲任何一个因素的变化都会对投资效果产生影响，但在实际分析中并没有必要对所有可能变化的因素都进行敏感性分析。选择敏感性分析的主要不确定性因素，主要考虑：（1）这些因素在可能的变化范围内，对投资效果影响较大；（2）这些因素发生变化的可能性较大，通常包括：项目总投资、项目寿命期、产品价格、销售量、经营成本、基准贴现率等。

（三）确定变化范围

敏感因素的变化范围可用相对数或绝对数表示，通常使用相对数。相对数是指每个敏感因素都在原来取值的基础上向上或向下浮动一定的百分比，如 ±10%、±20% 等。具体的取值范围可根据项目实际情况确定。

（四）计算影响程度

根据敏感因素的变化范围，当计算某特定因素变化所产生的影响时，假设其他因素保持不变。将该因素按一定幅度变化，计算相应的评价指标的变动结果，将计算结果列表或作图，以便于测定敏感因素。

（五）确定敏感因素和临界值

测定某特定因素敏感与否，可采用两种方式进行。第一种方式：假定需分析的因素均从基准值开始变动，且各因素每次变动幅度相同，通过计算并比较每次变动对经济指标的影响效果，就可以判别出各因素的敏感程度。第二种方式：假定某特定因素向降低投资效果的方向变动，并设该因素达到可能的"最坏"值，然后计算在此条件下的经济指标，看是否已达到使项目在经济上不可取的程度，如果项目已不能接受，那么该因素就是敏感性因素。

（六）因素敏感性排序

根据敏感性分析的结果，对因素敏感性进行初步排序，也可根据项目的实际情况进行适当的调整。

二、单参数敏感性分析

每次只变动一个不确定性因素，而其他参数保持不变时所进行的敏感性分析，叫做单参数敏感性分析。

【例题 5-4】某投资方案预计总投资为 1 000 万元，年产量为 10 万台，产品价格为 30 元/台，经营成本为 100 万元，方案经济寿命期为 12 年，届时设备残值为 85 万元，基准贴现率为 10%。试对总投资额、产品价格及贴现率进行敏感分析。

解：本题以净现值作为经济评价指标，设总投资额、产品价格、贴现率三个不确定性因素分别为 T、P、i。

$$NPV = -T + (P \times 10 - 100)(P/A, i, 12) + 85(P/F, i, 12)$$

其中，基准方案的净现值为：

$$NPV_0 = -1\,000 + (10 \times 30 - 100)(P/A, 10\%, 12) + 85(P/F, 10\%, 12) = 389.2\ (万元)$$

对 T、P、i 逐一按在基准值基础上变化 ±10%、±20%、±30% 取值，所对应的方案净现值结果见表 5－3 和图 5－6。

表 5－3　单参数的敏感性计算　　单位：万元

不确定性因素 \ 净现值 \ 变动率	－30%	－20%	－10%	0	10%	20%	30%
T	639.2	539.2	489.2	389.2	289.2	189.2	89.2
P	－223.7	－19.4	184.9	389.2	593.5	797.8	1 002.1
i	626.3	540.9	462.4	389.2	322.9	260.6	203.1

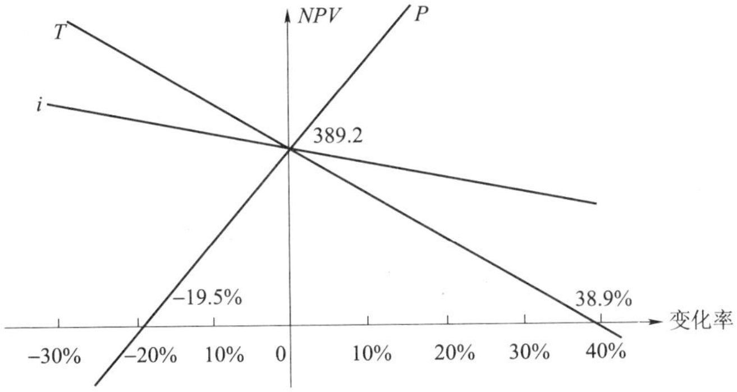

图 5－6　敏感性分析图

从表 5－3 和图 5－6 可以看出，在同样的变动率下，产品价格的变动对方案的净现值影响最大，其次是投资额的变动，贴现率变动的影响最小。计算结果表明，当实际投资额超出预计投资额的 38.9%，或者当产品价格下降率比预计价格低 19.5%，或者贴现率上升率比预计贴现率高 52.5% 时，$NPV<0$，方案变得不可接受。

对于本方案来说，产品价格是敏感因素。如果未来产品价格变动的可能性较大，则意味着这一投资方案的风险亦较大。

三、多参数敏感性分析

单参数敏感性分析是假设某一参数变动而其他参数不变时对投资项目经济效益的影响，但实际上各不确定性因素变化对项目经济效益的影响是交叉地、综合地发生的，若要考虑这种情况，则必须进行多参数的敏感性分析。

（一）双参数敏感性分析

每次同时变动两个不确定性因素，并且变动幅度是相同的敏感性分析，叫做双参数敏感性分析。

【例题 5－5】 沿用例 5－4 数据，假定总投资额和价格是关键因素，对这两个因素进行双参数敏感性分析。

解： 设 x 表示总投资额 T 变化的百分比，y 表示产品价格 P 变化的百分比，则：

$$NPV = -1\,000(1+x) + [30(1+y)\times 10 - 100](P/A,10\%,12) + 85(P/F,10\%,12)$$
$$= 389.2 - 1\,000x + 2\,043y$$

当 $NPV \geqslant 0$ 时，方案可行，故有 $y \geqslant 0.49x - 0.19$，将该不等式绘成一空间平面，就可得到双参数敏感性分析图。其中，$y = 0.49x - 0.19$ 为投资方案盈亏平衡线，它把 $X-Y$ 平面分为两个区域，盈利区和亏损区。从图 5－7 中可以看出，该投资方案对产品价格最敏感。

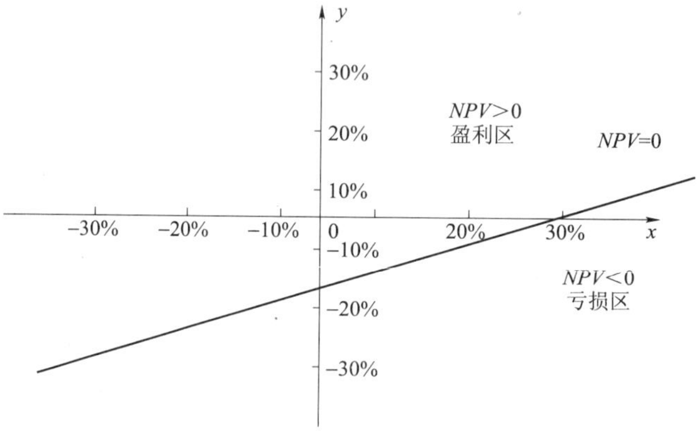

图 5－7　双参数敏感性分析图

（二）三参数敏感性分析

每次同时变动三个不确定性因素的敏感性分析，叫做三参数敏感性分析。

【例题 5－6】 仍沿用例 5－4 数据，假定总投资额、产品价格和年经营成本为关键因素，对这三个因素进行三参数敏感性分析。

解： 设 x 表示总投资额变化的百分比，y 表示产品价格 P 变化的百分比，z 表示年经营成本变化的百分比，则：

$$NPV = -1\,000(1+x) + 30(1+y)\times 10(P/A,10\%,12) - 100(1+z)$$
$$(P/A,10\%,12) + 85(P/F,10\%,12)$$
$$= 389.2 - 1\,000x + 2\,043y - 681z$$

当 $NPV \geqslant 0$ 时，方案可行，即 $-1\,000x + 2\,043y - 681z + 389.2 \geqslant 0$，将该不等式绘成一空间平面，就可得三参数敏感性分析图，此空间平面将三维空间分成两部分：包括原点的空间 $NPV > 0$（见图 5－8）。从图中可以看出，该投资方案对产品价格最敏感，其次是总投资额，再次为年经营成本。

对于多于三个参数的敏感性分析，作图显然不方便，可用偏导数方法解析求之。

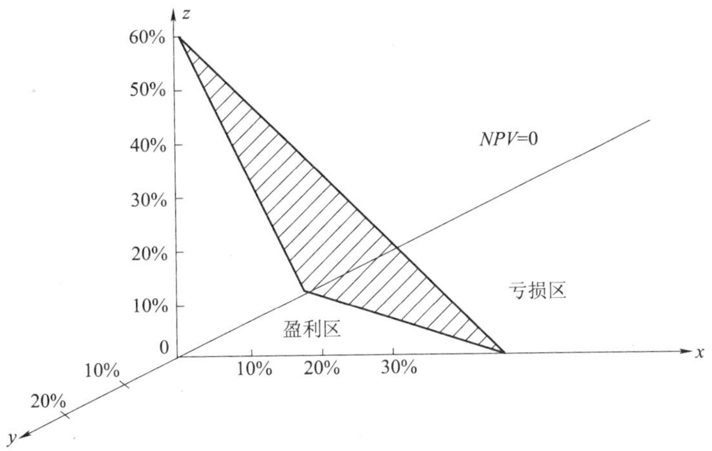

图 5－8　三参数敏感性分析图

（三）敏感性分析的思考

敏感性分析在一定程度上描述了不确定性因素的变化对投资效果的影响，有助于决策者了解影响投资效果的关键因素。但是在敏感性分析中“各因素在未来的变动概率相等”这一假设并不完全符合实际。因此，对不确定性因素进行分析时，还必须考虑因素变化的可能性大小，对它们进行概率分析。

第四节　概率分析

概率分析法是对不确定性因素发生变动的可能性及其对方案经济效益的影响进行评价的方法。其基本原理是：假设不确定性因素是服从某种概率分布的随机变量，因而方案的经济效益作为不确定性因素的函数必然是一个随机变量。通过研究和分析这些不确定性因素的变化规律及其与方案经济效益的关系，可以全面地了解技术方案的不确定性和风险，从而为决策者提供更可靠的依据。概率分析主要包括经济效果的期望值分析，标准差分析以及方案的经济效益达到某种标准或要求的可能性分析。

一、经济效益的期望值分析

投资方案经济效益的期望值是指参数在一定概率分布条件下，投资效果所能达到的概率平均值。其一般表达式为：

$$E(x) = \sum_{i=1}^{n} x_i p_i \tag{5-23}$$

式中　$E(x)$——变量的期望值；

x_i——变量 x 的第 i 个值（$i=1, 2, \cdots, n$）；

P_i——变量 x_i 的概率。

当方案经济效益指标的期望值达到某种标准时，如 $E(NPV) \geqslant 0$ 或 $E(IRR) \geqslant i_0$，则方案可行，多方案比较时，效益类正指标的期望值越大越好，逆指标的期望值越小越好。

【例5-7】 在某企业投资项目中，投资额度为1 000万元，拟订的方案有A和B两个，其预计年收益额以及预计收益可能出现市场状况的概率分布见表5-4。试比较分析两个方案的收益期望值。

表5-4　　A和B方案的收益和市场概率数据

市场状况预计	A方案年收益（万元）	B方案年收益（万元）	市场状况发生的概率
好	500	600	0.20
一般	200	200	0.60
差	0	-400	0.20

解： 利用公式（5-23），分别计算两方案的收益期望值：

$$E(x)_A = 500 \times 0.2 + 200 \times 0.6 + 0 \times 0.2 = 220 \text{（万元）}$$

$$E(x)_B = 600 \times 0.2 + 200 \times 0.6 + (-400) \times 0.2 = 160 \text{（万元）}$$

显然，A方案要优于B方案。

二、经济效益的标准差（或均方差）分析

方案的风险程度与经济效益的概率分布有着密切的关系。概率分布越集中，经济效益期望值实现的可能性越大，风险程度就越小。所以在分析方案的风险时，必须考查方案经济效益概率的离散程度。标准差就是反映一个随机变量实际值与其期望值偏离程度的指标。这种偏离程度可作为度量方案风险与不确定性的一种尺度，均方差越大，表示随机变量可能变动的范围越大，不确定性与风险也越大。在两个期望值相同的方案中，均方差大意味着经济效益存在的风险大。标准差的一般计算公式为：

$$\sigma = \sqrt{\sum_{i=1}^{n} P_i [X_i - E(x)]^2} \tag{5-24}$$

式中　σ——变量 x 的标准差。

【例5-8】 试计算表5-5中A和B两个方案的标准差和期望值，分析两个方案的风险程度。

表5-5　　A和B方案的收益和市场概率数据

市场状况预计	A方案年收益（万元）	B方案年收益（万元）	市场状况发生的概率
好	400	700	0.20

续上表

市场状况预计	A 方案年收益（万元）		
一般	200	200	0.60
差	0	-300	0.20

解：利用公式（5-24），计算两个方案的收益期望值和标准差如下：

$$E(x)_A = 400 \times 0.2 + 200 \times 0.6 + 0 \times 0.2 = 200 \text{（万元）}$$

$$E(x)_B = 700 \times 0.2 + 200 \times 0.6 + (-300) \times 0.2 = 200 \text{（万元）}$$

$$\sigma_A = \sqrt{(400-200)^2 \times 0.2 + (200-200)^2 \times 0.6 + (0-200)^2 \times 0.2}$$
$$= 126.5 \text{（万元）}$$

$$\sigma_B = \sqrt{(700-200)^2 \times 0.2 + (200-200)^2 \times 0.6 + (-300-200)^2 \times 0.2}$$
$$= 316.2 \text{（万元）}$$

计算结果表明，虽然 A 和 B 两个方案的收益期望值相等，但是 A 方案预期收益的标准差比 B 方案小，即接近期望值的可能性比 B 方案大，因而相对来讲，A 方案的风险比 B 方案要小。

三、经济效果的离散系数分析

标准差虽然可以反映随机变量的离散程度，但它是一个绝对量，其大小与变量的数值及期望值大小有关。当需要对不同方案的风险程度进行比较时，标准差往往不能够准确反映风险程度的差异。为此引入另一个指标——离散系数 V，它的表达式为：

$$V = \sigma(x)/E(x) \tag{5-25}$$

离散系数是一个相对数，能更好地反映投资方案的风险程度。当对两个投资方案进行比较时，如果期望值相同，那么标准差小的方案风险较低；如果两个方案的期望值与标准差均不相同，那么离散系数小的方案风险较低。

【例 5-9】 以例 5-8 的资料，计算 A 和 B 两个方案的离散系数，进一步分析两个方案的风险程度。

解：利用公式（5-25），分别计算两个方案的离散系数如下：

$$V_A = \sigma(x)/E(x) = 126.5 \div 200 = 0.632\,5$$

$$V_B = \sigma(x)/E(x) = 316.2 \div 200 = 1.581$$

由此可见，由于 A 方案的离散系数小于 B 方案的离散系数，相对来说，A 方案的风险要小于 B 方案。

四、经济效益达到某种标准的可能性分析

若随机变量 x 服从正态分布，则可将该随机变量转化为标准正态分布，并查表计算出经济效益达到某种标准的可能性，即：

$$P(x < x_o) = P\left(Z < \frac{x_0 - E(x)}{\sigma(x)}\right) \tag{5-26}$$

【例 5－10】 已知某方案的净现值出现的概率呈正态分布，净现值的期望值为 30 万元，标准差为 12 万元，试确定：

（1）净现值大于或等于 0 的概率；

（2）净现值超过 50 万元的概率；

（3）净现值在 10 万元到 45 万元之间的概率。

解：由题意可知：$E(x) = 30$（万元），$\sigma(x) = 12$（万元），根据公式（5－26）可得：

（1）$P(NPV \geqslant 0) = 1 - P(NPV < 0)$

$= 1 - P(Z < -2.5) = 1 - 0.006\,2$（查标准正态分布表可得）

$= 0.993\,8$

（2）$P(NPV \geqslant 50) = 1 - P(NPV < 50)$

$= 1 - P(Z < 1.666\,7) = 1 - 0.952\,2$（查标准正态分布表可得）

$= 0.047\,8$

（3）$P(10 \leqslant NPV < 45) = P(NPV < 45) - P(NPV < 10) = 0.846\,6$

本章小结

1. 对于风险，在经济学家、统计学家、决策理论家和保险学家中尚无一个适用于各领域的公认定义。一般认为，风险是指某一事件出现的实际状况与预期状况相背离，从而产生的一种损失。风险管理是各经济、社会单位在对其生产、生活中的风险进行识别、预测、评价的基础上，优化组合各种风险管理技术，对风险实施有效控制，妥善处理风险所致的结果，以最小的成本达到最大的安全保障的过程。风险管理的基本手段有：回避风险、预防风险、自留风险和转移风险等。

2. 项目风险管理是项目管理的重要内容，通过项目风险的识别、估测、评价，运用各种风险管理技术，对项目风险实施有效的控制和妥善处理风险所导致损失的后果，期望以最小的项目成本实现最大的项目目标。项目风险管理的基本程序包括：风险识别、风险估测、风险评价、选择处理风险的方法、风险控制等。

3. 项目风险评价就是经济单位和个人对风险发生可能导致的经济后果进行综合分析，并对项目风险进行分级排序的过程。它是在风险识别和风险估测的基础上，从风险发生频率、发生后所致损失的程度和自身的经济情况入手，分析自身的风险承受力，为正确选择风险的处理方法提供依据。

4. 盈亏平衡分析是指通过分析产品产量、成本和盈利之间的关系，找出方案盈利和亏损在产量、单价、成本等方面的临界点，据此判断项目风险的大小及对风险的承受能力。它根据需要分析产品的数量，分为单一产品的盈亏平衡分析和多品种的盈亏平衡分析；根据销售收入与成本函数的类型分为线性盈亏平衡分析和非线性盈亏平衡分析。

5. 敏感性分析是分析各种不确定性因素变化一定幅度时对方案经济效果的影响程度，找出影响程度大的因素，即敏感性因素。它根据每次变动不确定性因素的数目，分为单参数敏感性分析，双参数敏感性分析和多参数敏感性分析。

6. 概率分析是对不确定性因素发生变动的可能性及其对方案经济效益的影响进行分析。主要包括经济效果的期望值分析，标准差分析以及方案的经济效益达到某种标准或要求的可能性分析。

关 键 词

风险管理　Risk Management
风险回避　Risk Avoidance
风险评价　Risk Evaluation
风险因素　Risk Factors
决策树分析法　Decision Tree Analysis
蒙特卡洛模拟法　Monte Carlo Simulation
不确定性因素　Uncertainty Factors
不确定性分析　Uncertainty Analysis
盈亏平衡分析　Break-Even Point Analysis
敏感性分析　Sensitivity Analysis
概率分析　Probability Analysis
量本利分析　Volume-cost-profit Analysis

思考与练习

1. 什么是不确定性？什么是风险？两者有何关系？
2. 为什么技术经济分析要考虑不确定性因素的影响？
3. 什么是平衡点？如何根据平衡点进行不确定性分析？
4. 什么是变动成本、单位变动成本、固定成本、单位固定成本？它们与产量的关系如何？

5. 什么是安全边际率、保本点开工率？两者有何联系？如何根据这两个指标分析企业的经营状态和估算技术方案的风险能力？

6. 多品种的平衡点分析有哪两种方法？它们的结论是否一致？当满足什么条件时两种方法所得结论一致？

7. 什么是敏感性分析？如何进行单因素的敏感性分析？它存在哪些不足之处？

8. 什么是概率分析？它与其他不确定性分析相比有什么特点？如何进行概率分析？

9. 如何对高效益和高风险进行综合评价？

10. 如何提高概率估计的可靠性？

11. 某企业生产某产品，预计今年的生产销售情况如下：销售价格为500元/件，固定成本总额为800万元，单位产品变动成本为300元/件，销售量为10万件，该厂通过市场调查和预测，发现明年该产品销量有继续上升的趋势，现有生产能力不能满足市场需求，因此准备扩大生产规模。由于需要购进专用设备而使固定成本总额上升到1 000万元，单位产品变动成本下降5%，若销量上升到15万件，试分析是否应扩大生产规模。

12. 某产品售价为750元/件，单位产品变动成本为500元/件，固定成本总额为10万元，按销售收入征税的税率为20%，试分析：(1) 盈亏平衡点；(2) 年利润为5万元时的产量及经营安全率；(3) 售价降低10%时的盈亏平衡点；(4) 若所得税税率为33%，计算以上 (1)~(3)。

13. 某项目的总投资为450万元，年经营成本为36万元，年销售收入为98万元，项目寿命周期为10年，基准折现率为13%。(1) 试找出敏感性因素；(2) 试就投资与销售收入同时变动进行敏感性分析。

14. 有三个技术方案：(A) 从国外引进设备，固定成本800万元，单位变动成本10元/件；(B) 采用一般国产自动化装置，固定成本500万元，单位变动成本12元/件；(C) 采用自动化程度较低的国产设备，固定成本300万元，单位变动成本15元/件。试对这三个技术方案进行经济分析。

15. 某方案投资1万元，年收入5 000元，年经营费用2 200元，寿命5年，残值2 000元。若标准收益率为8%，试对经济效益指标净年值进行以下敏感性分析：(1) 投资和产品价格双因素敏感性分析；(2) 投资、产品价格以及寿命三因素敏感性分析。

16. 某厂生产某产品，售价20元，单位产品变动成本15元，固定成本总额24万元，目前生产能力为6万件，求：

(1) 盈亏平衡点产量和销售量6万件的利润额。

(2) 该厂通过市场调查后发现该产品需求量将超过目前的生产能力，因此准备扩大生产规模，扩大生产规模后，当产量不超过10万件时，固定成本将增加8万元，单位产品变动成本将下降到14.5万元，求此时的盈亏平衡点并作图比较。

(3) 又根据市场调查，预测销售量为7万件的概率为0.2，销售量为8万件的概率为0.3，销售量为9万件的概率为0.3，销售量为10万件的概率为0.2。试计算利润期望值并分析是否应扩大生产规模（作出决策树）。若应扩大生产规模，试计算盈利的概率。

17. 某优化产品结构方案不需增加投资费用，年收入期望值为2.4万元，其标准差为0.4万元；年支出的期望值为2万元，其均方差为0.3万元。寿命期3年，标准收益率20%，设年收入与年支出均相互独立并服从正态分布。试分析 *NPV* 的期望值与标准差以及 *NPV* 大于零的概率。

第六章

多方案的比较与选择

第一节　多方案组合类型

一、互斥型方案

互斥型方案的特点是项目或方案之间具有互不相容性（相互排斥性），在多方案中能够任选一个并且只能选一个，一旦选中任意一个方案，其他方案必须放弃。互斥型关系的数学表达式为：

$$\sum_{j=1}^{n} X_j \leqslant 1 \tag{6-1}$$

式中　$X_j = \begin{cases} 1 & \text{（代表选择第} j \text{个方案）} \\ 0 & \text{（代表没有选择第} j \text{个方案）} \end{cases}$；

$j=1，2，\cdots，n$，代表共有 n 个方案构成方案群。

二、独立型方案

独立型方案的特点是项目之间具有相容性，只要条件允许，就可任意选择项目群中的有利项目（如选所有 $NPV(i_c)\geqslant 0$ 的项目）。这些项目可以共存，而且投资经营成本与收益都具有可比性。如公司打算购置一批办公用品，包括电脑、复印机、打印机、电话等，购买其中一种办公用品并不影响购买其他办公用品，这就是独立方案。

独立型方案必选的表达式为

$$\sum_{i=1}^{n} X_j \leqslant n \quad \sum_{i=1}^{n} I_j \leqslant I_{总}$$

$$\sum_{i=1}^{n} C_j \leqslant C_{总} \quad \sum_{i=1}^{n} R_j \leqslant R_{总} \tag{6-2}$$

式中　$X_j = \begin{cases} 1 & \text{（代表选择第} j \text{个方案）} \\ 0 & \text{（代表没有选择第} j \text{个方案）} \end{cases}$；

I_j——第 j 个方案的投资额；

C_j——第 j 个方案的经营成本；

R_j——第 j 个方案的收益。

三、层混型方案

在一组方案中，方案之间有些具有互斥关系，有些具有独立关系，则称这一组方案为层混型方案。层混型方案的特点是项目群内项目有2个层次，在结构上可组织成两种形式：

1. 在一组独立方案中，每个独立方案下又有若干个互斥方案

例如，某大型零售业公司欲在两个相距较远的A城和B城投资各建一座大型仓储式超市，显然A、B是独立的，目前在A城有3个可行地点A_1、A_2、A_3可供选择，在B城有两个地点B_1、B_2可供选择，则A_1、A_2、A_3是互斥型关系，B_1、B_2也是互斥型关系。这组方案的层次结构见图6-1。

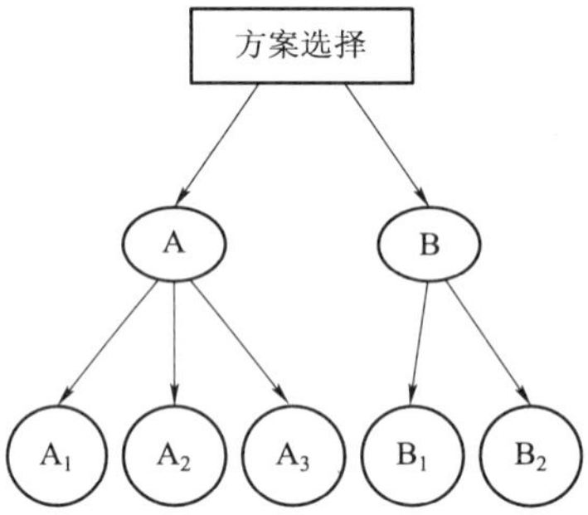

图6-1　第一种类型混合方案结构图

2. 在一组互斥多方案中，每个互斥方案下又有若干个独立方案

例如某房地产开发商在某市取得一块土地的使用权，按当地城市规划的规定，该地只能建居住物业（C方案）或商业物业（D方案），不能建商居混合物业或工业物业，但对商业物业和居住物业的具体类型没有严格的规定。如建居住物业可建成豪华套型（C_1）、高档套型（C_2）、普通套型（C_3）或混合套型。如建商业物业可建成餐饮酒楼（D_1）、写字楼（D_2）、商场（D_3）、娱乐休闲服务（D_4）。显然，C、D是互斥方案，C_1、C_2、C_3是一组独立方案，D_1、D_2、D_3、D_4也是一组独立方案。这组方案的层次结构图见图6-2。

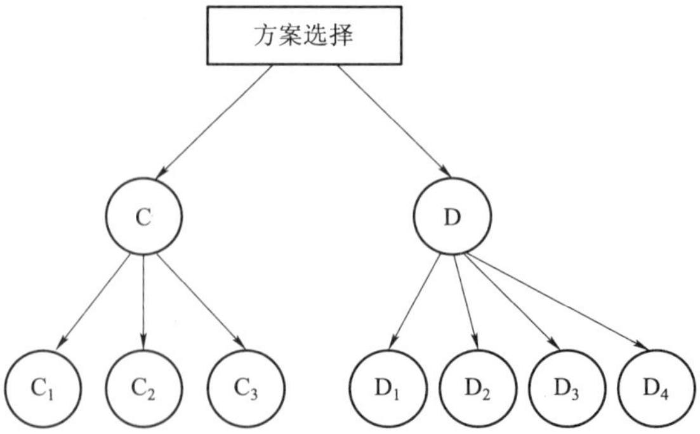

图6-2　第二中类型混合方案结构图

一般来说，工程技术人员遇到的问题多为互斥型方案的选择；计划部门遇到的问题多为独立型项目（方案）的选择。不论项目群中的项目是何种关系，项目经济评价的宗旨只有一个：最有效地分配有限的资金，以获得最好的经济效益，即有限投资的总体净现值或净年值最大。更重要的是，根据不同项目关系类型，正确选择和使用简单的评价方法。

第二节　互斥型方案的比选

一、互斥型方案比选的原则

利用货币单位统一度量互斥型各方案的产出和费用，可以利用下述 4 条原则进行比较。

（1）现金流量的差额评价原则，即评价互斥型方案时，首先计算两个方案的现金流量之差，然后在考虑某一方案比另一方案增加的支出在经济上是否合算。

（2）比较基准原则，即相对于某一给定的标准收益率而言，看投资大的方案比投资小的方案所增加的投资是否值得，即衡量差额投资所增加的收益率是否在标准收益率之上。

（3）环比原则，即互斥型方案的选择，必须将各方案投资从小到大排序，依次比较，而不能将各方案投资与投资最小的方案比较。

（4）时间可比原则，即比选互斥型投资方案时，各方案的寿命应该相等，否则必须利用某些方法，如前一章介绍的最小公倍数法、净年值法、研究期法等进行方案寿命上的变换，以保证各方案具有相同的比较时间。

二、互斥型方案的比选方法

互斥型方案的比选可分为两大步骤：首先考查各个方案自身的经济性，即进行绝对经济效果的检验；其次是要对备选方案进行优劣排序，即相对经济效果检验用 *NPV*、*IRR* 等动态指标判断方案是否可行，进而在各可行方案之间进行相对效果的检验，以确定最优选择。两种检验的作用和目的不同通常缺一不可。

对互斥方案经济效果的比选时，比选方案应具有可比性，在对各现金流量进行经济性的判断、比较时，可采用指标法或增量法。所谓指标法，是指用各种动态评价方法分别对各方案的现金流量进行评价，在评价基础上择优；增量法即研究两方案的差额现金流量的经济效益，即研究增量投资的经济效益。在现实生活中，当对两个规模不同的互斥方案择优时，常用增量法进行决策。

（一）指标法

利用绝对经济效果分析指标，评选互斥型方案可采用前述介绍的 *NPV*、

NAW、AC 等经济评价指标，如用 NPV 法对互斥方案进行评价与选择。

【例 6-1】某公司为扩大生产，现有三种可供选择的设备购买方案，其具体数据见表 6-1，假定标准收益率为 10%，问该企业应选哪个方案？

表 6-1　各方案设备购置基本情况表

方　案	投资（万元）	收益（万元）	寿命（年）	残值（万元）
A	150	25	10	0
B	310	50	10	0
C	500	80	10	100

解： A、B、C 三个方案为互斥方案，可采用 NPV 指标对其进行比较与选择。

$$NPV_A=25(P/A,10\%,10)-150=3.61\text{（万元）}>0$$

$$NPV_B=50\times(P/A,10\%,10)-310=-2.77\text{（万元）}<0$$

$$NPV_C=80(P/A,10\%,10)+100(P/F,10\%,10)-500=30.12\text{（万元）}>0$$

从上面计算结果可以看出，A、C 方案可行，B 方案的 $NPV<0$，所以不可行。在可行的 A、C 方案中，$NPV_A<NPV_C$，所以 C 方案最优，故该公司应选择 C 方案。

由此例可以看出，用 NPV 法进行互斥方案的决策时，并不需要多次的横向比较，只需要将各方案与基准收益率比较即可得到最后结论。因为这种方法给出了绝对值，可以直接按这个绝对值的大小进行项目的比选。

（二）增量法

互斥方案的相对经济效果分析，主要体现在其增量投资的经济合理性，即增量投资带来的增量经济效果如何。显然，若增量投资能够带来满意的增量收益，则投资额大的方案要优于投资额小者；反之，则以投资额小的方案为较优方案。因此，相对经济效果的分析方法都可采用上章所述的增量效果分析方法，如增量净现值、追加内部收益率、追加投资回收期等方法和指标。以 IRR（Inner Rate of Return）方法为例，其对互斥方案的比选的基本步骤和方法如下：

（1）根据方案各自的净现金流，计算每个方案的 IRR，对方案进行绝对经济效果检验，选择经济可行者。

（2）将保留下来的方案，按投资额从小到大的顺序进行排列，采用环比法进行比较，其过程见图 6-3。

值得注意的是，ΔIRR 只能反映增量现金流的经济性，不能反映方案自身的经济性。因此，利用 ΔIRR 方法，对多个方案进行评价和比选时，其前提是每个方案评价后都是可行的，或者至少排在前面的投资最少方案是可行的，比较到最后所保留的方案即是最优的、可行的方案。

【例 6-2】试用 ΔIRR 方法对这三个方案进行比选。

解：$NPV_A>0$，所以 A 方案可行，则可将另外两方案与 A 方案进行比较。

$$NPV_B - NPV_A = 50(P/A, IRR_{B-A}, 10) - 310 - 25(P/A, IRR_{B-A}, 10) + 150 = 0$$

利用插值法求得 $IRR_{B-A} = 9.08\% < 10\%$，则 B 方案的增量现金流不具有经济性，所以 A 方案优于 B 方案，仍将 A 方案作为临时最优方案与 C 方案进行比较。

仍然利用插值法可求得 C 方案相比 A 方案的增量内部收益率 $IRR_{C-A} = 11.58\% > 10\%$，则 C 方案的增量投资额在经济上合理，故 C 方案优于 A 方案。所以，C 方案是最优方案，该公司应选择 C 方案。

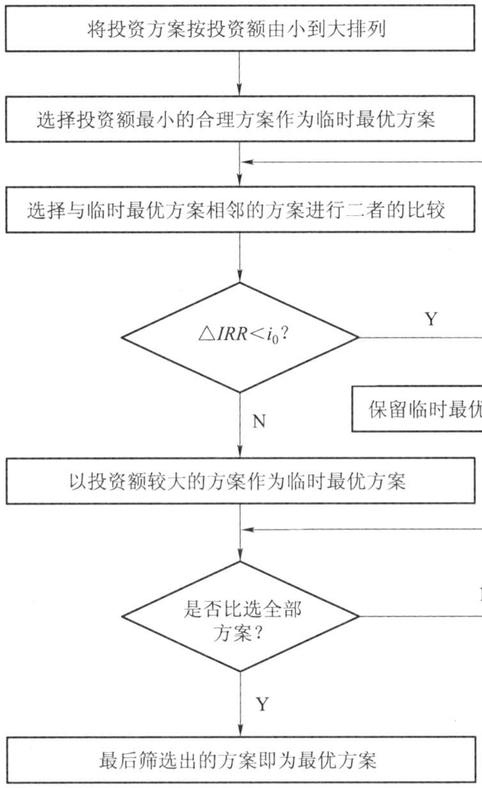

图 6-3　环比法比选互斥型方案

（三）经济性工程学的解法

前面两种方法属于西方工程经济学的传统解法。由日本学者千住镇雄、伏见多美雄、中村善太郎于 20 世纪 50 年代开创的经济性工学系统，简化了工程经济学的传统解法。在互斥型方案的比选中，他们提出了“无资格方案”的概念，给出增量比率指标排序的图解法，既简化了比选过程，又简单易懂，便于应用。

所谓无资格方案，是指在投资递增的 n 个方案中，若按投资额排序 1，2，…，$j-1$，j，$j+1$，…，n，第 j 个方案对第 $j-1$ 个方案的投资收益率低于第 $j+1$ 个方案对第 j 个方案的增量投资收益率，则第 j 个方案即为无资格方案。若用横坐标表示投资 I，纵坐标表示纯收益 R，连接各方案位于 $R-I$ 坐标平面上的点，则各折线的斜率即为增量投资收益率。投资额依次递增时，各折线必须是上凸的，下凹点对应的方案即为无资格方案，应予以淘汰。图 6－4 中的 A_3 即为无资格方案，应舍去。为此，只要将 A_2 与 A_4 直接连接，这样新组成的 OA_1、A_2A_4 折线组是上凸的，各方案均为有资格方案。

经济性工程学解法的步骤如下：

（1）按投资额由小到大排序后，根据静态数据淘汰无资格方案，以减少比选方案。淘汰无资格方案也可用计算方法进行。

（2）从剩余方案中比选最优方案。如果方案仅剩两三个，也可用 NPV 或其他增量指标；如果方案个数较多或标准收益率是个变量，则用增量效率指标较为简便。

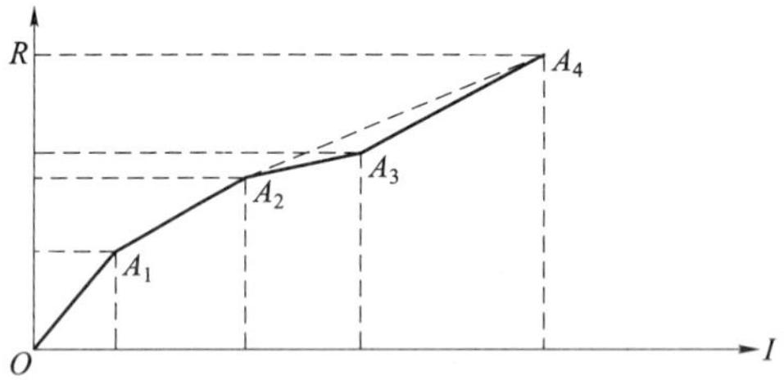

图 6－4　淘汰无资格方案的图解法

【**例 6－3**】有 A、B、C、四个互斥方案，寿命周期为 7 年，现金流量见表 6－2。试求 i_0 在什么范围时，B 方案不仅可行而且最优。

表 6－2　　四个方案的现金流量　　单位：万元

方　案	A	B	C	D
初始投资	2 000	3 000	4 000	5 000
年净收益	500	900	1 100	1 380

解：淘汰无资格方案，为此可得表 6－3。

表 6－3　　淘汰无资格方案的计算表

方案	投资 I	年净收益 R	$\Delta R/\Delta I$	无资格方案	重算 $\Delta R/\Delta I$	无资格方案	重算 $\Delta R/\Delta I$
A	2 000	500	500/200 =0.25	A		—	
B	3 000	900	(900－500)/(3 000－2 000) =0.4		900/3 000 =0.3	—	900/3 000 =0.3

续上表

方案	投资 I	年净收益 R	$\Delta R/\Delta I$	无资格方案	重算 $\Delta R/\Delta I$	无资格方案	重算 $\Delta R/\Delta I$
C	4 000	1 100			(1 100 - 900)/(4 000 - 3 000) = 0.2	C	
D	5 000	1 380			(1 380 - 1 100)/(5 000 - 4 000) = 0.28		(1 380 - 900)/(5 000 - 3 000) = 0.24

故方案 A、C 均为无资格方案。

从剩余方案 B、D 中比选最优方案。方案 B 不仅可行并且最优，则应满足：

$$\begin{cases} IRR_B \geqslant i_0 \\ IRR_{D-B} < i_0 \end{cases}, \text{又有} \begin{cases} -3\ 000 + 900(P/A, IRR_B, 7) = 0 \\ -2\ 000 + 480(P/A, IRR_{B-D}, 7) = 0 \end{cases}$$

求解得出 $IRR_{D-B} = 14.96\% < i_0$，$IRR_B = 23.06\% \geqslant i_0$

所以有：i_0 应满足 $14.96\% < i_0 \leqslant 23.06\%$，才能使 B 方案可行且最优。

经济性工程学解法在淘汰无资格方案的基础上比选最优方案，虽然可以减少比选方案，简化比选的过程，但是增量投资收益率的计算增加了计算量。因此，这种解法适用于多个互斥型方案的比选，不适于较少方案的比选。

第三节　独立型方案的比选

一、无资源限制条件下独立型方案的比选

独立方案的评价在不考虑投资额的限制时，仅取决于方案本身的经济性。主要用第四章介绍的各种评价方法，如现值法、年值法、内部收益率法、投资回收期法等方法中的任何一种来决定方案是否可行，而且只需考虑方案是否可行，无需进行方案间的横向比较。

一般除投资回收期法外，其他所有方法均可导致相同的结论。

【例 6 - 4】 现有 A、B、C、D 四个独立方案，具体数据见表 6 - 4。若标准收益率为 15%，应选哪些方案？分别用 *NPV* 法和 *NAW* 法评价。

解： 用 *NPV* 法和 *NAW* 法的分析和评价的结果见表 6 - 5。

从表 6 - 5 中可以看出，方案 B、D 的 *NPV* 和 *NAW* 均为正数，表明这两个方案除能满足 15% 的收益率以外，还能获得一定的净现值和净年值收益，方案 B、D 可行，应接受这两个方案。

表 6－4　四个方案的具体数据表

方　案	A	B	C	D
投资（元）	25 000	10 000	50 000	80 000
寿命（年）	5	5	10	5
残值（元）	5 000	0	5 000	10 000
年净收益（元）	6 500	3 000	7 000	25 000

表 6－5　两种方法的评价结果

方　案	*NPV*	*NAW*	决　策
A	－725.06	－216.40	不可选
B	56.48	16.80	可选
C	－13 632.71	－2 716.25	不可选
D	8 775.80	2 617.60	可选

二、有资源约束条件下独立型方案的比选

（一）独立项目互斥法

独立项目的互斥法就是在资金约束条件下，将各个独立项目进行组合，其中每一个组合方案代表着一个相互排斥的方案，这样就可以利用前面介绍的互斥方案的评选方法来选择最优的方案组合。

因为每个项目都有两种可能——选择或拒绝，故 n 个独立项目可以构成 2^n 个互斥型方案。如果以 1 代表项目被接受，0 代表方案被拒绝，则三个独立项目可以借助于互斥项目组合表构成 8 个互斥方案。

【例 6－5】某企业现有三个独立的投资方案 A、B、C，寿命周期均为 5 年，有关数据见表 6－6，假定标准收益率为 10%，该企业最多能筹集到 6 000 万元的资金，试问该企业应如何选择方案？

表 6－6　三个独立方案的有关数据　单位：万元

方　案	投资额	年净收益	净现值
A	2 000	650	464.01
B	3 000	900	411.71
C	4 000	1 100	169.87

解：首先计算出三个方案的净现值，见表 6－6 右栏，然后建立所以互斥的方案组合（见表 6－7）。

表 6-7　三个独立方案的所有互斥组合

序号	方案组合	累计投资	年净收益	净现值
1	0	0	0	0
2	A	2 000	650	464.01
3	B	3 000	900	411.71
4	C	4 000	1 100	169.87
5	A，B	5 000	1 550	875.72
6	A，C	6 000	1 750	633.88
7	B，C	7 000	2 000	581.58
8	A，B，C	9 000	2 650	1 045.59

根据表 6-7，方案组合 7、8 的投资总额超出资金限制，因此不予考虑。对满足条件的前 6 个方案，方案 5 的净现值最大，故应选择方案 5，即（A，B）组合。

当项目较少时这种方法简便实用，而且能保证得到已知条件下的最优解。但当独立项目数增加时，其组合方案数成倍增加，使用这种方法则会相当麻烦。所以这种方法主要适用于方案数目较少的情况。

（二）0-1 整数规划法

0-1 整数规划法也称为万加特纳解（Weingartner）整数规划法，是由万加特纳于 1963 年提出的项目群优化方法，下面通过一个实例来加以说明。

【例 6-6】 某企业各车间分别提出了四个技术改造方案，有关数据见表 6-8。

表 6-8　各技术改造方案有关数据　单位：万元

项　目	方案 A	方案 B	方案 C	方案 D
初始投资 K_j	20	15	12	13
净现值 NPV_j	12.00	5.70	4.5	2.86

试问在资金预算限额是 46 万元的情况下，如何选择方案，使获得的纯经济效益最大（即使所选方案组的 NPV 之和达到最大）。

解： 设 x_j（$j=1, 2, 3, 4$）代表方案的决策变量，且

$$x_j = \begin{cases} 1 & \text{（代表选择第 } j \text{ 个方案）} \\ 0 & \text{（代表没有选择第 } j \text{ 个方案）} \end{cases}$$

目标是：

$$\max Z = \sum_{j=1}^{4} NPV_j \cdot x_j$$

即 $\max Z = 12x_1 + 5.70x_2 + 4.5x_3 + 2.86x_4$

投资预算限额约束条件：

$$\sum_{j=1}^{4} K_j \cdot x_j \leqslant 46$$

即 $20x_1 + 15x_2 + 12x_3 + 13x_4 \leqslant 46$

解上面的 0－1 整数规划，其步骤是：

第一步，为了能较早地发现最优解，应重新排列 x_j 的顺序使目标函数中 x_j 的系数是递增的，即：

$$\max Z = 2.86x_4 + 4.5x_3 + 5.70x_2 + 12x_1$$

约束条件：

$$13x_4 + 12x_3 + 15x_2 + 20x_1 \leqslant 46 \quad ①$$

第二步，通过试探的方法找一个可行解，容易看出 $(x_4, x_3, x_2, x_1) = (0, 0, 0, 1)$ 能满足约束条件，算出相应的目标函数值 $Z = 12$。

我们求最优解，对于极大化问题，当然希望 $Z \geqslant 12$，于是增加一个约束条件：

$$2.86x_4 + 4.5x_3 + 5.70x_2 + 12x_1 \geqslant 12 \quad ②$$

后加的约束条件称为过滤条件。

第三步，将约束条件按②、①顺序排好（见表 6－9）。对每个解，依次代入约束条件的左侧，求出数值，看是否符合不等式的条件，如某一条件不适合，同行以下条件就不必再检查（这样可以减少运算次数）。另外，在计算过程中，若遇到 Z 值已超过条件②右边的值，应该改变条件②，使右边为最大者，然后继续进行。这种对过滤条件的改进，更可以减少计算量。本例计算过程见表 6－9。

表 6－9　　0～1 整数规划计算表

解点 (x_4, x_3, x_2, x_1)	条件		是否满足条件	Z 值
	②（≥12）	①（≤46）		
(0, 0, 0, 1)	12	20		
(0, 0, 1, 0)	5.70		×	
(0, 0, 1, 1)	17.70	35	√	17.0

改进过滤条件，即：

$$2.86x_4 + 4.5x_3 + 5.70x_2 + 12x_1 \geqslant 17.70 \quad ③$$

继续进行，见表 6－10。

表 6－10　　0～1 整数规划计算表

解点 (x_4, x_3, x_2, x_1)	条件		是否满足条件	Z 值
	②（≥17.7）	①（≤46）		
(0, 1, 0, 0)	4.50		×	

续上表

解点 (x_4, x_3, x_2, x_1)	条件		是否满足条件	Z 值
	②（≥17.7）	①（≤46）		
(0, 1, 0, 1)	16.5		×	
(0, 1, 1, 0)	10.2		×	
(0, 1, 1, 1)	22.2	47	×	
(1, 0, 0, 0)	2.86		×	
(1, 0, 0, 1)	14.86		×	
(1, 0, 1, 0)	8.56		×	
(1, 0, 1, 1)	20.56	48	×	
(1, 1, 0, 0)	7.36		×	
(1, 1, 0, 1)	19.36	45	√	19.36

改进过滤条件，即：

$$2.86x_4 + 4.5x_3 + 5.70x_2 + 12x_1 \geq 19.36$$

继续进行，见表 6－11。

表 6－11　　0～1 整数规划计算表

解点 (x_4, x_3, x_2, x_1)	条件		是否满足条件	Z 值
	②（≥19.36）	①（≤46）		
(1, 1, 1, 0)	13.06		×	
(1, 1, 1, 1)	25.06	60	×	

至此，Z 值已不能改进，即得到最优**解**：$x_1=1$，$x_2=0$，$x_3=1$，$x_4=1$，$Z_{max}=19.36$，也就是说，应该选择方案 A、C 和 D，使 *NPV* 之和达到最大值 19.36 万元。

（三）双向排序均衡法

双向排序均衡法是经济性工程学的方法，其原理是：首先根据资源效率指标的大小确定独立项目的有限顺序，然后根据资源约束条件确定最优项目组合。有两种方法，分别是排序法和内部收益率法。

1. *NPV* 与 *NPVR* 排序法

传统理论认为，资金限额下的独立项目优化组合的排序法可以用 *NPV* 指标或 *NPVR*（Net Present Value Ratio）指标，同时认为，当多项目投资额相差较大时，宜将 *NPV* 指标和 *NPVR* 指标结合使用，以保证正确地确定项目的优化组合。

这种排序法是以各投资项目的 *NPV* 或 *NPVR* 为基准，在一定的资金限制下，选择能使项目组合的 $\sum NPV$ 或 $\sum NPVR$ 最大的方案。

计算步骤如下：

（1）根据 i_0 分别计算各项目的 NPV_j。如果各项目的使用寿命不同，为保证可比性，一般以使用寿命最长的项目的寿命周期为研究期。为简化计算，可分两步：

首先，分别计算各项目自身的 NAW，即

$$NAW_j = \left[\sum_{t=0}^{n_j}(CI_{jt} - CO_{jt})(1+i_0)^{-t}\right](A/P, i_0, n_j)\ (j = 1, 2, \cdots, m) \tag{6-3}$$

然后，可重复假设下，计算各项目在研究期 N 内的 NPV，即

$$NPV_j = NAW_j(P/A, i_0, N) \tag{6-4}$$

（2）按各方案的 NPV 由大到小降序排列（排序时剔除 $NPV<0$ 的项目），如用 $NPVR$ 排序，则进一步计算各项目的 $NPVR_j$，再排序。

（3）在资金限制条件下，按各项的 NPV 或 $NPVR$ 的大小（选择项目组合），计算出各组合的累计投资，直至累计投资额等于或略小于资金限额为止，这时的项目组合即为应选择的项目优化组合。

【例 6－7】某企业有 6 个相互独立的投资方案，相关数据见表 6－12。若该企业只能筹集到 44 万元的投资资金，且 $i_0=12\%$。试问该企业应选择哪些投资项目加以组合？

表 6－12　　投资项目数据　　单位：万元

独立方案	期初投资	寿命（年）	年净收益
A	10	6	2.5
B	15	8	3
C	21	3	10
D	17	10	3.6
E	6	5	2.6
F	8	5	2.7

解：根据上面所述步骤，若用 NPV 排序，则见表 6－13，选择 C、E、D 三个方案；若用 $NPVR$ 排序，则如表 6－14 所示，选择 E、C、F 三个方案。从本例可以看出用 $NPVR$ 排序并不一定能得到使 $\sum NPV$ 最大的方案组合。

表 6－13　　用 NPV 排序求解　　单位：万元

方案	NPV 排序求解			
	NPV	排序	投资额	累计投资额
C	7.10	1	21	21

续上表

方案	NPV 排序求解			
	NPV	排序	投资额	累计投资额
E	5.29	2	6	27
D	3.34	3	17	44（用尽）
F	2.72	4	8	
A	0.38	5	10	
B	-0.11	舍弃	15	

表 6-14　　用 *NPVR* 排序求解　　单位：万元

项目	NPV 排序求解			
	NPVR	排序	投资额	累计投资额
E	0.88	1	6	6
C	0.34	2	21	27
F	0.34	3	8	35
D	0.20	4	17	超出
A	0.04	5	10	
B	-0.01	舍弃	15	

2. 内部收益率法

所谓内部收益率法，又称右下右上法。其一般程序如下：

（1）计算各方案的内部收益率。

（2）将各方案按内部收益率从大到小的顺序排列，并以直方图的形式绘制在以投资为横坐标、内部收益率为纵坐标的坐标图上，标明标准收益率和投资限额。

（3）排除 i_0 线以下和投资限额线右边的方案。

【例 6-8】某公司面临的 6 个投资机会的相关数据见表 6-15，假定标准收益率为 10%，投资限额为 300 万元，试问用内部收益率法应选择何种方案组合？

表 6-15　　各方案有关数据

独立方案	A	B	C	D	E	F
投资（万元）	100	60	120	70	50	110
内部收益率	25%	15%	30%	35%	8%	5%

解：根据上述程序，可得到图 6－5。从图中可以看出该公司应选择 D、C、A 三个方案的组合。

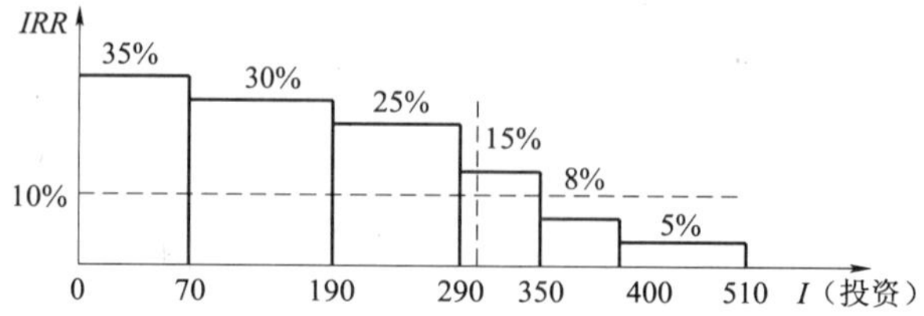

图 6－5　方案优劣排序直方图

（四）加权内部收益率法

所谓加权内部收益率法，是以项目的内部收益率为基准，在资金约束条件之内，选择能使加权内部收益率最高的项目组合的方法。其一般程序如下：

（1）计算各项目的内部收益率 IRR_j。

（2）按 IRR 降序排列，并剔除 $IRR < i_0$ 的项目。

（3）根据资金约束条件，选择加权内部收益率 IRR^* 最高的项目组合为最佳的项目组合方案。IRR^* 的计算公式如下：

$$IRR^* = [\sum I_{0j} \cdot IRR_j + (I_{max} - \sum I_{0j}) i_0] / I_{max} \qquad (6-5)$$

式中　I_{max}——投资约束条件；

I_{0j}——第 j 个项目的期初投资额。

由公式可知，IRR^* 是以各项目投资额为权数（剩余资金额为 i_0 的权数）的加权平均值，IRR^* 在某些书中称为平均内部收益率或整体内部收益率。

第四节　混层型方案的比选

一、混层项目的互斥化法

混层型项目也可组合成互斥型方案求解。例如某工厂的 A、B 两个车间各自提出互斥型方案 A_1 与 A_2、B_1 与 B_2，该投资项目可组合成表 6－16 所示的 9 个互斥型方案。

表 6－16　　层混型项目的互斥组合表

方案＼项目	A_1	A_2	B_1	B_2
1	0	0	0	0
2	0	0	0	1

续上表

方案＼项目	A_1	A_2	B_1	B_2
3	0	0	1	0
4	0	1	0	0
5	1	0	0	0
6	0	1	1	0
7	0	1	0	1
8	1	0	0	1
9	1	0	1	0

如果 M 代表相互独立的项目数，n_j 代表第 j 个独立项目中相互排斥的方案个数，则可以组成相互排斥的方案数为：

$$n = \prod_{j=1}^{M}(n_j + 1) = (n_1 + 1)(n_2 + 1)\cdots(n_M + 1) \qquad (6-6)$$

例如有 10 个独立项目，每个项目有 2 个互斥方案，则可能组成的互斥方案共有 $(2+1)^{10}=59\ 409$ 个，显然这是一个非常复杂的计算问题。这种方法同样也能保证得到已知条件下的最优项目组合。

二、净现值排序法

所谓净现值排序法是在计算各方案的净现值指标基础上，找出各独立方案在资金限制条件下的较优互斥组合，从中选择最优者。所谓较优互斥组合，是指至少保证某一互斥关系中的最优方案得以入选的互斥组合。

【例 6－9】 某公司下属 A、B、C 三个分厂分别提出表 6－17 所示的技术方案。各分厂之间相互独立，而各分厂内部的技术改造方案互斥。若各方案寿命均为 5 年，标准收益率为 10%，试问当投资限额为 5 000 万元时，该企业应如何选择？

表 6－17　三个分厂技术方案有关数据　　单位：万元

分厂	投资方案	期初投资	年净收益	净现值
A	A_1	1 000	300	137.24
	A_2	2 200	650	264.01
B	B_1	1 000	250	－52.30
	B_2	1 500	450	205.85
	B_3	2 000	600	274.47

续上表

分厂	投资方案	期初投资	年净收益	净现值
C	C_1	1 700	510	233.30
	C_2	2 500	700	153.55
	C_3	3 000	900	411.71

解： 计算各分厂互斥方案的净现值排序，并剔除不合格方案。计算结果如表6－17右栏所示，其中 B_1 方案的净现值小于0，应予以剔除。

以 A_0、B_0、C_0 为基础方案，即不投资方案。资金限额为5 000万元，则较优组合有（A_2，B_3，C_0）、（A_2，B_0，C_1）、（A_0，B_3，C_3）、（A_1，B_3，C_1）。经计算各组合方案的净现值和累计投资见表6－18。

表6－18　四个组合方案的累计投资和净现值

项目组合	累计投资额	净　现　值
A_2，B_3，C_0	4 200	538.48
A_1，B_0，C_3	4 000	548.95
A_0，B_3，C_3	5 000	686.18
A_1，B_3，C_1	4 700	645.01

从表中结果可以看出，组合（A_0，B_3，C_3）为最佳组合。

三、差量效率指标排序法

差量效率指标排序法，是将差量效率指标按大小排序，根据指标的大小来选择满足资源约束条件的最佳方案组合的方法。其过程如图6－5所示。

【例6－10】 某化工企业下属A、B、C三个分厂分别提出表6－19所示的技术方案。各分厂之间相互独立，而各分厂内部的技术改造方案互斥。若各方案寿命均为5年，标准收益率为10%，试问当投资限额为5 000万元时，该企业应如何选择？

解： 首先计算得出方案 B_1 为无资格方案，予以淘汰；然后计算有资格方案的增量内部收益率ΔIRR，结果见表6－19右栏。

表6－19　三个分厂改造方案有关数据　　单位：万元

分厂	投资方案	期初投资	年净收益	Δ*IRR*	排序
A	A_1	1 000	410	30%	2
	A_2	2 200	856	25%	3

续上表

分厂	投资方案	期初投资	年净收益	ΔIRR	排序
B	B_1	1 000	250	8%	—
	B_2	1 500	447	15%	5
	B_3	2 000	589	13%	6
C	C_1	1 700	835	40%	1
	C_2	2 500	1 102	20%	4
	C_3	3 000	1 210	8%	7

按上述优先顺序绘图（见图 6－6）。资金限额为 5 000 万元，从图 6－7 中可以得出应选择方案组合（A_2，B_0，C_1），此时的投资额为 4 700 万元。

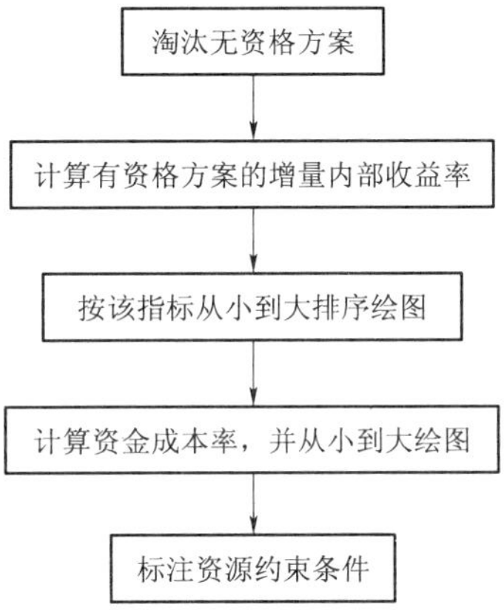

图 6－6　混层型方案比选过程

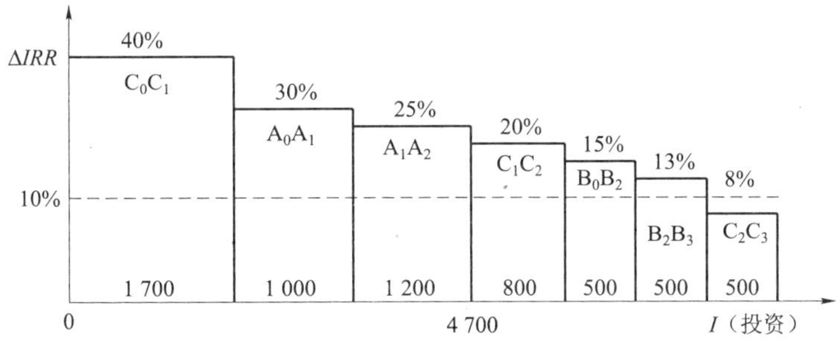

图 6－7　混合方案的排序

四、存在必须上的混层项目的选优

在实际经济工作中，所研究的问题有时不是单纯的经济问题，应该考虑其他非经济因素，如环境保护、援助性投资，即使这些项目本身的经济效益很低也要排在优先位置。这部分投资通常称为“必须上的费用”。下面通过例 6－11 来介绍这类问题的处理方法。

【例 6-11】某企业计划三项投资，A 为节能改造项目，B 为扩建项目，C 为废液处理项目。这三个项目各自又有三种方案，其投资额与成本节约额见表 6-20。

表 6-20　　三个项目有关数据　　单位：万元

方　案	投　资	改造后年节约额
A_1	100	40
A_2	200	70
A_3	300	75
B_1	100	5
B_2	200	40
B_3	300	54
C_1	100	50
C_2	200	75
C_3	300	90

假设：(1) 各方案寿命无限长，废液处理项目必须上，企业只有 400 万元资金，标准收益率为 10%，应该如何选择方案？

(2) 若 B 项目必须投资，其他条件同上，又应该如何决策？

解：(1) 这是一个层混型投资决策问题。三个项目 A、B、C 之间是相互独立的，项目内部的各方案则是相互排斥的，首先要求出各项目内部各方案之间的增量内部收益率，然后排序，根据资源约束条件求解。因为废液处理设施是必须投资的，至少要投资 C_1，即将 100 万元投资于 C_1，这是不可避免的，故其他方案的选择只能在 300 万元的投资限额内进行。

对于本题，各方案寿命均为无限长，分别求出增量内部收益率并排序如下：

$IRR_{B_1}=5\% < i_0$，为无资格方案。

$IRR_{A_1}=40\%$ ①；$IRR_{A_2-A_1}=30\%$ ②；$IRR_{A_3-A_2}=5\%$ ⑦；$IRR_{B_2}=20\%$ ④；$IRR_{B_3-B_2}=14\%$ ⑥；$IRR_{C_2-C_1}=25\%$ ③；$IRR_{C_3-C_2}=15\%$ ⑤。

根据上述结果和资源约束可做出图 6-8。

根据图 6-7，在 400 万元资金约束条件下，只能投资于（A_2，B_0，C_2）方案组合，即投资 200 万元进行节能改造，投资 200 万元进行废液处理。

(2) 因为 B 项目也必须投资，在上述约束条件下，B_1 方案不再是无资格方案，因其 $IRR_{B_1}=5\%$，故 $IRR_{B_2-B_1}=35\%$。这样一来，扣除方案 C_1、B_1 的投资后，仅剩 200 万元资金可用于其他方案的增量投资，重新排序后得出图 6-9。

根据图 6-8 可知，应选择项目方案组合（A_1，B_2，C_1），即投资 100 万元进行节能改造，投资 200 万元进行扩建，投资 100 万元进行废液处理。

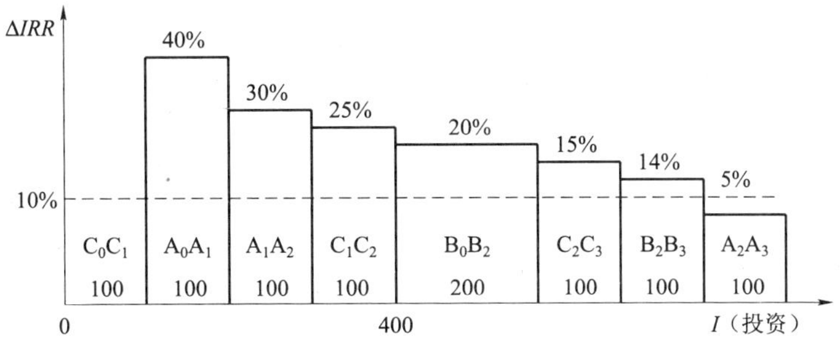

图 6－8　存在必须上的项目方案排序

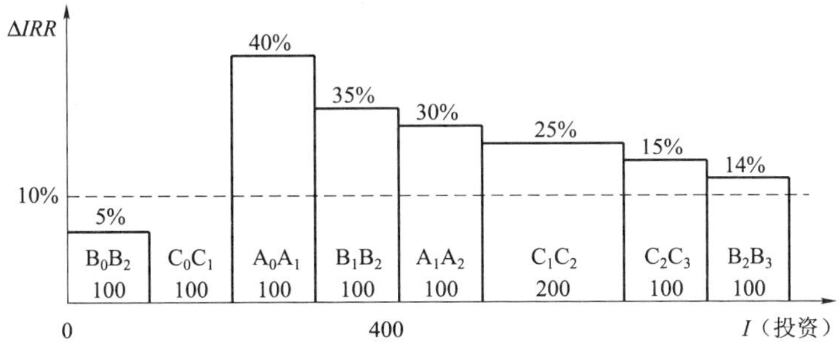

图 6－9　存在不可避免方案的重新排序

本章小结

任何技术方案都涉及投资活动。按方案之间是否有资源约束，多方案可分为有资源约束的结构类型和无资源约束的结构类型。另外，从方案之间的关系看，可分为互斥型、独立型、混合型等类型。对于多方案的比选应根据方案自身情况从多种方法中选择合适的比选方法。

关　键　词

互斥型方案　Mutually Exclusive Project

独立型方案　Independent Project

混合型方案　Mixed Scheme

思考与练习

1. 投资方案分为哪几类?

2. 互斥型方案的比选有哪些原则?

3. 什么是经济性工程学解法?

4. 混合方案的比选有哪些方法?

5. 某企业为降低产品成本，拟定出三个互斥的技术方案，各方案的服务寿命周期均为10年，它们的现金流量见表6-21，试在标准收益率为15%的条件下选择经济上最有利的方案。

表6-21 三个互斥方案的现金流量 单位：元

方 案	初始投资	年净收益
A	5 000	1 400
B	8 000	1 900
C	10 000	2 500

6. 某化工企业下属六个部门分别提出了六个独立的技术改造方案，有关数据见表6-22。各方案寿命均为10年，标准收益率为10%。

(1) 无资金限制时，该企业应如何选择方案?

(2) 若该企业只能筹集到7 500万元时，又该如何选择方案?

表6-22 六个技术改造方案的有关数据 单位：万元

方 案	初始投资	等额年收入	等额年经营成本
A	500	300	230
B	1 000	810	500
C	1 600	1 300	700
D	2 300	1 500	850
E	3 200	1 850	1 000
F	4 500	2 135	1 275

7. 某企业下属的A、B、C三个分厂提出了表6-23中所示的技术改造方案。各分厂之间是相互独立的，而各分厂内部的技术改造方案是互斥的。若各方案的寿命期为8年（不考虑建设期），标准收益率为15%。试问：

(1) 若资金供应没有限制，如何选择方案?

(2) 当企业的投资额在600万元以内时，从整个企业角度出发，最有利的选择是什么？

(3) 若资金限额为 800 万元或为 400 万元时，又将怎样？

表 6-23 **各方案有关数据** 单位：万元

分厂	投资方案	初始投资	年净收益
A	A_1	100	40
	A_2	200	70
	A_3	300	90
B	B_1	100	20
	B_2	200	55
	B_3	300	75
	B_4	400	95
C	C_1	200	85
	C_2	300	100
	C_3	400	138

第七章

技术改造与设备更新

技术改造是企业在现有基础上，用先进的技术、工艺和装备替代落后的技术、工艺和装备，以改变企业落后的生产技术状况。

设备是现代工业生产的重要物质和技术基础。各种机器设备的质量和技术水平是衡量一个国家工业化水平的重要标志，是判断一个企业技术能力、开发能力和创新能力的重要标准，也是影响企业和国民经济各项经济技术指标的重要因素。

企业购置设备之后，从投入使用到最后报废，设备会逐渐磨损，当设备因物理损坏或因陈旧落后不能继续使用或不宜继续使用时，就需要进行更新。为了促进技术进步和提高经济效益，企业需要对设备整个运行期间的技术经济状况进行分析和研究，以作出正确的决策。

第一节　设备的磨损与经济寿命

设备在使用（或闲置）过程中会逐渐发生磨损。磨损分有形磨损和无形磨损两种形式。

一、设备的磨损

（一）有形磨损

1. 设备有形磨损的概念和成因

机器设备在使用（或闲置）过程中所发生的实体的磨损称为有形磨损，亦称为物质磨损。

引起设备有形磨损的主要原因是在生产过程中对设备的使用。运转中的机器设备，在外力的作用下，其零部件会发生摩擦、振动和疲劳，以致机器设备的实体发生磨损。这种磨损叫做第Ⅰ种有形磨损。它通常表现为：

（1）机器设备零部件的原始尺寸发生改变，甚至形状也会发生变化；

（2）公差配合性质发生改变，精度降低；

（3）零部件损坏。

第Ⅰ种有形磨损可使设备精度降低，劳动生产率下降。当这种有形磨损达到一定程度时，整个机器的功能就会下降，发生故障，导致设备使用费用剧增，甚至难以继续正常工作，失去工作能力，丧失使用价值。

自然力的作用是造成有形磨损的另一个原因，因此而产生的磨损，称为第Ⅱ种有形磨损。这种磨损与生产过程中的使用无关，甚至在一定程度上还同使用程度成反比。因此设备闲置或封存不用同样也会产生有形磨损，如金属件生锈，腐蚀，橡胶件老化等。设备闲置时间长了，会自然丧失精度和工作能力，失去使用价值。机器设备使用价值的降低或丧失，会使设备的原始价值贬值或基本丧失。要消除设备的有形磨损，使之局部恢复或完全恢复使用价值，必须支出相应的补偿费用，以抵偿相应贬值的部分。

2. 设备有形磨损的度量

度量设备的有形磨损程度，借用的是经济指标。整机的平均磨损程度 α_p 是在综合单个零件磨损程度的基础上确定的。即：

$$\alpha_p = \frac{\sum_{i=1}^{n} \alpha_i k_i}{\sum_{i=1}^{n} k_i} \tag{7-1}$$

式中　α_p——设备有形磨损程度；

k_i——零件 i 价值；

n——设备零件总数；

α_i——零件 i 的实体磨损程度。

也可用下式表示：

$$\alpha_p = \frac{R}{k_i} \tag{7-2}$$

式中　R——修复全部磨损零件所用的修理费用；

k_i——在确定磨损时该种设备的再生产价值。

（二）无形磨损

1. 设备无形磨损的概念和成因

机器设备除遭受有形磨损之外，还遭受无形磨损（亦称经济磨损）。无形磨损不是由于在生产过程中的使用或自然力的作用造成的，所以它不表现为设备实体的变化，而表现为设备原始价值的贬值。

无形磨损按形成原因也可分为两种。第Ⅰ种无形磨损是由于设备制造工艺不断改进，成本不断降低，劳动生产率不断提高，生产同种机器设备所需的社会必要劳动减少了，因而机器设备的市场价格降低了，这样就使原来购买的设备相应贬值了。

这种无形磨损的后果只是现有设备的原始价值部分贬值，设备本身的技术特性和功能即使用价值并未发生变化，故不会影响现有设备的使用。

第Ⅱ种无形磨损是由于技术进步，社会上出现了结构更先进，技术更完善、生产效率更高、耗费原材料和能源更少的新型设备，而使原有机器设备在技术上显得陈旧落后造成的。它的后果不仅是使原有设备价值降低，而且会使原有设备局部或全部丧失其使用价值。这是因为，虽然原有设备的使用期还未达到其物理寿命，能够正常工作，但由于技术上更先进的新设备的发明和应用，使原有设备的生产效率大大低于社会平均生产效率，如果继续使用，就会使产品成本大大高于社会平均成本。在这种情况下，由于使用新设备比使用旧设备在经济上更合算，所以原有设备应该被淘汰。

第Ⅱ种无形磨损导致原有设备使用价值降低的程度与技术进步的具体形式有关。例如：当技术进步表现为不断出现性能更完善、效率更高的新设备，但加工方法没有原则性变化时，将使原有设备的使用价值大幅度降低。如果这种技术进步的速度很快，则继续使用旧设备就可能是不经济的；当技术进步表现为采用新的加工对象如新材料时，则加工旧材料的设备必然要被淘汰；当技术进步表现为改变原有生产工艺，采用新的加工方法时，则为旧工艺服务的原有设备将失去使用价值。当技术进步表现为产品的换代时，不能适用于新产品生产的原有设备也将被淘汰。

2. 设备无形磨损的度量

设备的无形磨损程度可用下式表示：

(7－3)

式中 α_I——设备无形磨损程度；

K_0——设备的原始价值；

K_1——等效设备的再生产价值。

在计算无形磨损程度时，K_1 必须反映技术进步的两个方面：一是相同设备再生产价值的降低，二是具有较好功能和更高效率的新设备的出现对现有设备的影响。K_1 可用下式表示：

$$K_1 = K_n \left(\frac{q_0}{q_n}\right)^{\alpha} \left(\frac{C_n}{C_0}\right)^{\beta} \tag{7-4}$$

式中 K_n——新设备的价值；

q_0、q_n——使用原有设备与对应新设备的年生产率；

C_0、C_n——使用原有设备与对应新设备的单位产品耗费；

α、β——设备生产率提高指数和成本降低指数（$0<\alpha<1$，$0<\beta<1$），其值可根据具体设备的实际数据确定。

在上式中，若 $q_0 = q_n$，$C_0 = C_n$，即新旧设备的劳动生产率与使用成本均相同时，$K_1 = K_n$表示只发生了第一类无形磨损。

如果上式中出现了下述三种情况之一，则 $K_1 \neq K_n$，即表示发生了第二种无形磨损：

（1）$q_n > q_0$，$C_n = C_0$时，$K_1 = K_n\left(\frac{q_0}{q_n}\right)^{\alpha}$

（2）$q_n = q_0$，$C_n < C_0$时，$K_1 = K_n\left(\frac{C_n}{C_0}\right)^{\beta}$

（三）设备的综合磨损

机器设备在使用期内，既要遭受有形磨损，又要遭受无形磨损，所以机器设备所受的磨损是双重的，综合的。两种磨损都引起机器设备原始价值的贬值，这一点两者是相同的。不同的是，遭受有形磨损的设备，特别是有形磨损严重的设备，在修理之前，常常不能工作，而遭受无形磨损的设备，即使无形磨损很严重，仍然可以使用，只不过继续使用它在经济上是否合算，需要分析研究。设备综合磨损的度量可按如下方法进行。

设备遭受有形磨损后尚余部分（用百分数表示）为 $(1-\alpha_p)$；

设备遭受无形磨损后尚余部分（用百分数表示）为 $(1-\alpha_I)$；

设备遭受综合磨损后尚余部分（用百分数表示）为 $(1-\alpha_p)(1-\alpha_I)$。

由此可得设备综合磨损程度（用占设备原始价值的比率表示）的计算公式为：

$$\alpha = 1-(1-\alpha_p)(1-\alpha_I) \tag{7-5}$$

式中 α——设备综合磨损程度。

设备在任一时期遭受综合磨损后的净值 K 为：

$$K = (1 \mid \alpha)K_0$$

展开并整理得：

$$\begin{aligned} K &= (1-\alpha)K_0 = [1-1+(1-\alpha_p)(1-\alpha_I)]K_0 \\ &= \left(1-\frac{R}{K_1}\right)\left(1-\frac{K_0-K_1}{K_0}\right)K_0 = K_1 - R \end{aligned} \tag{7-6}$$

式中 K——设备净值（综合磨损后的剩余价值）；

K_0——设备的原始价值；

R——修复全部磨损零件所需的费用；

K_1——等效设备的重置费用。

从上式可以看出，设备遭受综合磨损后的净值等于等效设备的再生产价值减去修理费用。

要维持企业生产的正常进行，必须对设备的磨损进行补偿，由于机器设备遭受磨损的形式不同，补偿磨损的方式也不一样。补偿分局部补偿和完全补偿。设备有形磨损的局部补偿是修理，设备无形磨损的局部补偿是现代化改装。有形磨损和无形磨损的完全补偿是更换（见图 7－1）。

二、设备的经济寿命及其确定

（一）设备的经济寿命

设备磨损补偿或更新的时机取决于设备的寿命。设备的寿命可以分为自然寿

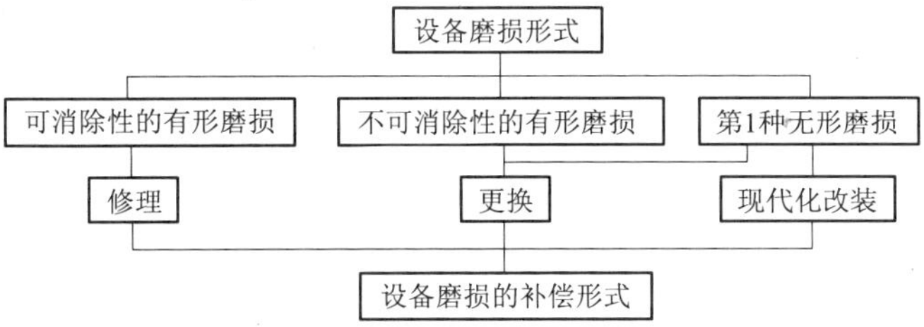

图 7－1　设备磨损形式与其补偿方式的相互关系

命、技术寿命和经济寿命。

自然寿命又称物质寿命或物理寿命，即设备从全新状态投入使用起，在正常条件下一直使用到不能修复而报废为止所经历的全部时间。自然寿命取决于设备的有形磨损，有形磨损程度越严重，设备的自然寿命就越短。

技术寿命也称有效寿命，是指一台设备能在市场上维持其价值的时间，也就是设备从全新状态投入使用，到市场上出现了会使这种设备退出市场而被淘汰的新设备所经历的时间。技术寿命取决于技术进步的速度，技术进步速度越快，设备的技术寿命就越短。

经济寿命是指能使一台设备的年平均使用成本最低的年数，即新设备投入使用到因继续使用不经济而提前更新所经历的时间。设备在整个使用过程中，其年平均使用成本将随着使用时间的推移而变化。因为使用年限越长，分摊到每年的设备投资费用就越少；设备的使用维护费用则随着使用年限的延长而增多。所以，随着设备使用时间的推移，其投资分摊的减少会被使用维护费用的增加所抵消，在某一使用年限内就会出现年平均成本的最低值。设备出现年平均成本最低值的时间就是设备的经济寿命。

设备出现年平均成本最低的时间就是设备更新的最佳时机。因此，设备磨损补偿或更新的时机往往取决于设备的经济寿命。

（二）设备经济寿命的确定

设备在使用过程中发生的费用叫做运行成本，包括能源动力费、维护保养费、大修理费等。随着使用年限的延长，设备将不断劣化，即运行成本将逐年递增。为简化起见，假定运行成本以每年 λ 劣化值线性递增，若设备使用 T 年，则设备的年运行成本状况见图 7－2。

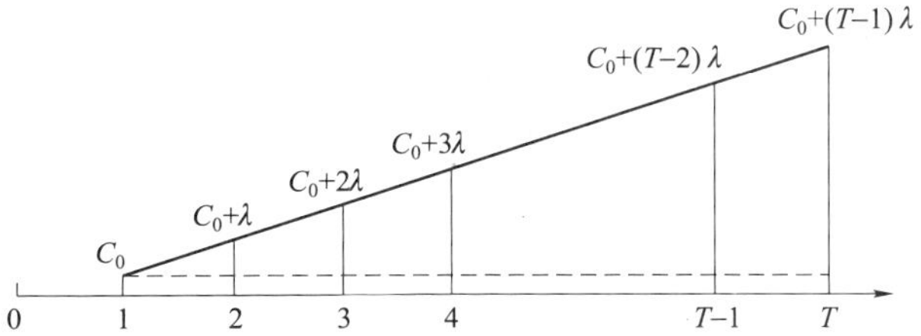

图 7－2　年运行成本随寿命周期的变化

第 T 年时的设备运行成本为：

$$C_0 + (T-1)\lambda \tag{7-7}$$

式中 C_0——运行成本的初始值；

T——设备使用年数。

则 T 年内运行成本的平均值为：

$$C_0 + \frac{(T-1)}{2}\lambda \tag{7-8}$$

除运行成本外，在使用设备的年总费用中还包括逐年分摊的设备购置费用，其金额为：

$$\frac{K_0 - K_L}{T} \tag{7-9}$$

式中 K_0——设备原始价值；

K_L——设备处理时的残值。

因此，年平均总费用 C_A 为：

$$C_A = \frac{K_0 - K_L}{T} + C_0 + \frac{(T-1)}{2}\lambda \tag{7-10}$$

随着设备使用时间的延长，逐年分摊的设备购置费用将递减，而年均运行成本则逐年线性递增，因此，设备使用的年均总费用总是随着使用年限的延长先逐渐下降，当某一时间年均运行成本上升超过了逐年分摊的设备购置费用的下降，年均总费用就停止下降，转而上升，呈“U”型曲线（见图 7－3）。

因此，可用求极值的方法，由（7－10）计算出设备的经济寿命，即设备更新的最佳时期。

设 K_L 为一常数，令 $\frac{d(C_A)}{dT}=0$

则经济寿命 T_e 为：

$$T_e = \sqrt{\frac{2(K_0 - K_L)}{\lambda}} \tag{7-11}$$

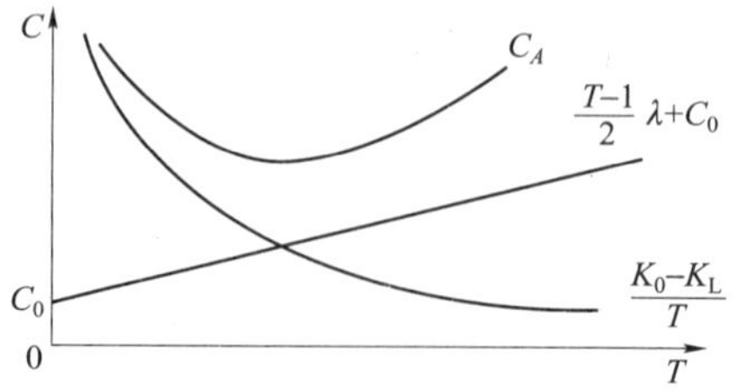

图 7－3　年均总费用与使用年限的关系

1. 新设备经济寿命的确定

新设备的经济寿命确定，可以直接按设备的购置费用，即设备的原值进行计算。

【例 7-1】设备原值 5 500 元，预计残值为 500 元，年运行成本劣化值为 400 元/年，则设备的经济寿命为：

$$T_\theta = \sqrt{\frac{2(5\ 500-500)}{400}}\text{年} = 5\ \text{年}$$

如果设备的残值不为常数，运行成本不呈逐年线性增长，且无规律可循，则可根据设备的使用记录或对设备实际运行的预测，用列表法计算设备的经济寿命。

【例 7-2】某设备原值 10 000 元，物理寿命为 20 年，劣化值为每年增加运行成本 100 元，设备的运行成本初始值及其年末残值见表 7-1，求该设备的经济寿命。

表 7-1　　经济寿命计算表　　（元）

使用年限 T	年末残值 K_L	资本年分摊值	运行成本初始值 C_0	运行成本平均值	年总费用 C_A
1	7 200	2 800	700	700	3 500
2	5 300	2 350	700	750	3 100
3	3 500	2 167	700	800	2 967
4	2 200	1 950	700	850	2 800
5	1 100	1 780	700	900	2 680
6	900	1 517	700	950	2 461
7	700	1 329	700	1 000	2 329
8	500	1 188	700	1 050	2 238
9	300	1 078	700	1 100	2 178
10	100	990	700	1 150	2 140
11	100	900	700	1 200	2 100
12	100	825	700	1 250	2 075
13	100	762	700	1 300	2 062
14	100	707	700	1 350	2 057
15	100	660	700	1 400	2 060
16	100	619	700	1 450	2 069
17	100	582	700	1 500	2 082
18	100	550	700	1 550	2 100
19	100	521	700	1 600	2 121
20	100	495	700	1 650	2 145

通过计算，年均总费用在使用年限为 14 年时最低，所以该设备的经济寿命为 14 年。

上述经济寿命的计算为静态计算法，没有考虑资金的时间价值，如果考虑资金的时间价值，则使用设备的年均总费用计算公式应为：

$$C_A = (K_0 - K_L)\left(\frac{A}{P,i,T}\right) + iK_L + C_0 + \lambda\left(\frac{A}{\lambda,i,T}\right) \qquad (7-12)$$

式中　C_A——年均总费用；

K_0——设备原值；

K_L——设备在 T 年末的残值；

$(A/P, i, T)$ ——资金回收系数；

C_0——初始运行成本；

λ——运行成本劣化值；

$(A/\lambda, i, T)$ ——均匀梯度系数。

在给定基准折现率 i_0时，令 C_A最小的使用年限，就是设备的经济寿命。

【例 7－3】 某设备原值 1 000 万元，第一年运行成本为 500 万元，以后逐年递增 50 万元，不计残值，基准折现率为 10%，求该设备的经济寿命。

解： 利用公式

$$C_A = (K_0 - K_L)\left(\frac{A}{P,i,T}\right) + iK_L + C_0 + \lambda\left(\frac{A}{\lambda,i,T}\right)$$

因为不计残值，故 $K_L = 0$，上式简化为

$$C_A = K_0\left(\frac{A}{P,i,T}\right) + C_0 + \lambda\left(\frac{A}{\lambda,i,T}\right)$$

计算结果见表 7－2。

由计算结果可知，$T=7$ 年，即使用年限为 7 年时，年均总费用最小，因此，该设备的经济寿命为 7 年。

表 7－2　　**经济寿命计算表**　　单位：万元

T	K_0	$(A/\lambda, i, T)$	K_0 $(A/P, i, T)$	C_0	λ	$(A/\lambda, i, T)$	λ $(A/\lambda, i, T)$	CA
①	②	③	④ = ② × ③	⑤	⑥	⑦	⑧ = ⑥ × ⑦	⑨ = ④ + ⑤ + ⑧
1	1 000	1. 100	1 100	500	50	0	0	1 600
2	1 000	0. 576	576	500	50	0. 476	23. 80	1 099. 80
3	1 000	0. 402	402	500	50	0. 937	46. 80	948. 80
4	1 000	0. 315	315	500	50	1. 138	69. 05	884. 05
5	1 000	0. 264	264	500	50	1. 810	90. 05	854. 5
6	1 000	0. 230	230	500	50	2. 224	111. 20	841. 20
7	1 000	0. 205	205	500	50	2. 622	131. 10	836. 10
8	1 000	0. 187	187	500	50	3. 004	150. 20	837. 20
9	1 000	0. 174	174	500	50	3. 372	168. 60	842. 60

2. 旧设备剩余经济寿命的确定（见表 7-3）

表 7-3　旧设备剩余经济寿命计算表　单位：万元

T	K_0	$(A/\lambda,i,T)$	$K_0(A/P,i,T)$	C_0	λ	$(A/\lambda,i,T)$	$\lambda(A/\lambda,i,T)$	CA
①	②	③	④ = ②×③	⑤	⑥	⑦	⑧ = ⑥×⑦	⑨ = ④+⑤+⑧
1	1 000	1.100	1 100	100	20	0	0	1 200
2	1 000	0.576	576	100	20	0.476	9.52	685.52
3	1 000	0.402	402	100	20	0.937	18.74	520.74
4	1 000	0.315	315	100	20	1.138	27.62	442.62
5	1 000	0.264	264	100	20	1.810	36.20	400.20
6	1 000	0.230	230	100	20	2.224	44.48	374.48
7	1 000	0.205	205	100	20	2.622	52.44	357.44
8	1 000	0.187	187	100	20	3.004	60.08	347.08
9	1 000	0.174	174	100	20	3.372	67.44	341.44
10	1 000	0.163	163	100	20	3.726	74.52	337.52
11	1 000	0.154	154	100	20	4.064	81.28	335.28
12	1 000	0.147	147	100	20	4.389	87.76	334.76
13	1 000	0.141	141	100	20	4.699	93.98	334.98
14	1 000	0.136	136	100	20	4.996	99.92	335.92
15	1 000	0.132	132	100	20	5.279	105.58	337.58

旧设备的剩余经济寿命是指已经使用过若干年的旧设备，还能继续经济合理地使用的年限。旧设备的剩余经济寿命取决于继续使用的费用支出状况，其确定的基本原则仍然是年运行费用最小原则。确定旧设备的剩余经济寿命，首先必须确定旧设备的价值。旧设备的价值并非设备折旧后的剩余价值，而是分析问题时旧设备的市场价值，并将其视为旧设备继续使用时的原始价值。即旧设备的剩余经济寿命，是用分析问题时旧设备的市场价值，与旧设备继续使用的年运行费用进行比较而得出的。所以，其计算方法及公式与新设备经济寿命的确定相同。

【例 7-4】四年前购置的设备现在估价值 1 000 万元，若继续使用，预计未来的第一年需支出运行费用 100 万元，以后每年递增 20 万元，不计残值，基准折现率为 10%，试计算该设备的剩余经济寿命。

解：旧设备的年运行费用计算式为：

$$C_A = K_0\left(\frac{A}{P,i,T}\right) + C_0 + \lambda\left(\frac{A}{\lambda,i,T}\right)$$

计算结果如表 7 -3 所示：

由计算结果可知，旧设备的剩余经济寿命为 12 年。

第二节　设备的大修理及其技术经济分析

一、设备大修理的概念

设备进入生产过程以后，由于有形磨损和无形磨损的作用，自然会有一个平均寿命期限，它反映着设备在实物形态上保持完好的时间。在平均寿命期限内，设备应经常保持正常的工作状态。

众所周知，设备是由不同材质的众多零部件组成的，这些零部件在设备中各自承担着不同的功能。工作条件也各不相同，在设备使用过程中，它们遭受的有形磨损是非均匀性的。在任何条件下，机器制造者都不可能制造出各个组成部分的寿命期限完全一样的机器。通常，在设备的实物构成中总有一部分是相对耐久的（例如机座、床身等），而另外的部分则易于损坏。

例如，一台价值为 10 000 元的设备，其原始实物形态组成部分见表 7 -4。

表 7 -4　　设备组成及其价值

设备组成要素	价格（元）	物理耐用期限（年）	年平均磨损价值	
			元	占设备原值的百分比（%）
第一部分	500	1	500	5
第二部分	2 000	2	1 000	10
第三部分	5 000	6	833	8.3
第四部分	2 500	90	27.8	0.28
整机	10 000	—	2 360.8	23.6

如果这台设备最耐久的部分是机座，大约可服务 90 年左右，其余组成部分在两班制正常工作的条件下，约在 1 ~6 年内丧失其使用价值。既然设备原来的实物形态在其组成中包括寿命期为 90 年的部分，那么价值为 500 元的第一个组成部分需要一年更换一次；价值为 2 000 元的第二组成部分需要两年更换一次；价值为 5 000 元的第三个组成部分需要六年更换一次；而价值为 2 500 元的机座部分可允许推迟到 90 年更换一次。

倘若根据对有形磨损和无形磨损的综合考虑，把该设备的平均寿命期限定为 12 年，那么在这个寿命期限内就需要对设备的部分零件进行定期的更换或修复，以保证设备完好地使用 12 年。

在实践中，通常把为保持设备在平均寿命期限内的完好状态而进行的局部更换或修复工作叫做维修。维修的目的是消除设备的经常性的有形磨损和排除机器的各种故障，以保证设备在其寿命期内保持必要的性能（如生产能力、效率、精度等），发挥正常的效用。

按其经济内容来讲，这种必要的维修工作可分为日常维护修理、中修理和大修理等几种形式。

日常维护是指与拆除和更换设备中被磨损的零部件无关的一些维修内容，诸如设备的润滑与保洁、定期检验与调整，消除部分零部件的磨损等。

小修理是工作量最小的计划修理，指设备使用过程中为保证设备工作能力而进行的调整、修复或更换个别零部件等修理工作。

中修理是进行设备部分解体的计划修理，其内容有：更换或修复部分不能用到下次计划修理的磨损零件，通过修理、调整，使规定修理部分基本恢复到出厂时的功能水平以满足工艺要求，修理后应保证设备在一个中修间隔期内能正常使用。

大修理是最大的一种计划修理，它是在原有实物形态上的一种局部更新。它是通过对设备全部解体，修理耐久的部分，更换全部损坏的零部件，修复所有不符合要求的零部件，全面消除缺陷，以使设备在大修理之后，无论在生产率、精确度、速度等方面达到或基本达到原设备的出厂标准。

维修工作的上述区分，既有工作量和周期性的标志，又有工作内容的标志。但是，应该指出，这些区分仅仅是相对的，难以严格限定彼此间的界限，而且每一种维修形式都可能包含共同的工作内容。

尽管维修形式的区分有很大的相对性，但是，大修理仍然是维修工作中规模最大、花钱最多的一种设备维修方式，因此对维修经济性的研究，主要是就大修理而言的。所以在对设备进行大修理决策时，必须同设备更新以及设备其他再生产方式相比较。

在做大修理决策时，还应注意以下情况：

第一，尽管要求大修理过的设备达到出厂水平，但实践上大修理过的设备不论从生产率、精确度、速度等方面，还是从使用中的技术故障频率、有效运行时间等方面，都比用同类型的新设备要逊色，其综合质量会有某种程度的降低，这是客观现实（见图 7－4）。图中 A 点表示新设备的标准性能，事实上设

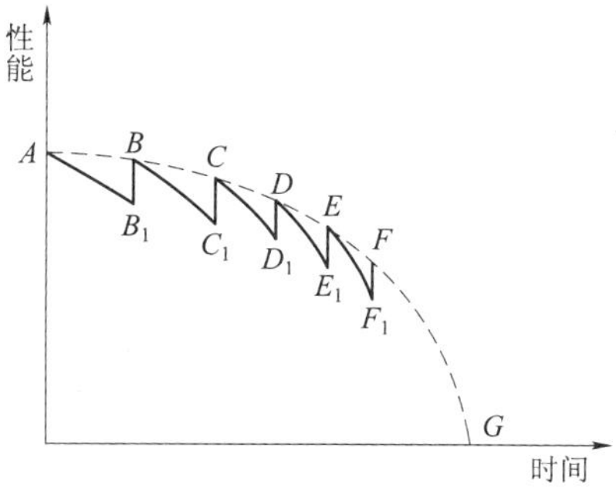

图 7－4　大修理后设备综合质量劣化图

备在使用过程中，其性能是沿 AB_1 线所示的趋势下降的，如不及时修理仍继续使用，寿命一定很短如果在 B_1 点所对应的时刻上，进行第一次大修理，设备的性能可能恢复到 B 点。自 B 点起进行第二个周期的使用，其性能又继续劣化，当降至 C_1 点时，又进行第二次的大修理，其性能可能恢复至 C 点。这样再一次大修理后的性能又可能恢复到相当程度，一经使用又会下降，最终至 G 点，这时设备在技术上已不存在再进行修理的可能性了。我们把图中 A、B、C、D、E、F 各点连接起来，就形成一条曲线，这条线就反映了设备在使用过程中的综合质量劣化趋势，从 AG 这条曲线所呈现的现象也可以看出，设备的大修理并非是无止境的。

第二，大修理的周期会随着设备使用时间的延长而越来越缩短，假如新设备投大使用到第一次大修理的间隔期为 10 ~ 12 年，那么第二次大修理的间隔期就可能为 8 ~ 10 年，而第三次大修理的间隔期则可能降至 6 ~ 8 年，也就是说，大修理间隔期会随着修理次数的增加而缩短，从而也使大修理的经济性逐步降低。

以上两种现象，是由于设备各组成部分长期运行而积累起来的有形磨损所引起的。尽管如此，在设备平均寿命期限内，进行适度的维修工作在经济上是合理的。因为修理能够利用原有设备中保留下来的零部件，这部分比重越大，修理工作就越具有合理性。这正是修理之所以能够存在的经济前提。

但是，这个前提是有条件的，如果设备长期无止境的修理，一方面维修中所能利用的被保留下来的零部件越来越少，另一方面修理所需的费用越来越高，修理在经济上的优越性就不复存在了。这时，设备的整体更新将取而代之。

从上面的分析看出，修理作为设备再生产的方式之一，其存在主要取决于经济性。

二、设备大修理的经济评价

（一）大修理的经济界限

设备平均寿命期满前所必需的维修费用总额可能是个相当可观的数字，有时可能超过设备原值的若干倍。同时，这个费用总额又随规定的平均寿命期而变化，平均寿命期规定的越长，维修费用越高。因此，为了更合理地使用设备，我们必须研究维修的经济性。由于日常维护，中小修理所发生的费用相对较少，因此应该把注意力放在大修理上。

如果该次大修理费用超过同种设备的重置价值，这样的大修理在经济上是不合理的。我们把这一标准看做是大修理在经济上具有合理性的起码条件，或称最低经济界限。

$$R < (K_n - K_L) \tag{7-13}$$

式中 R——该次大修理费用；

K_n——同种设备的重置价值（即同一种新设备在大修理时刻的市场价格）；

K_L——旧设备被替换时的残值。

但是，即使满足上述条件，设备的大修理也并非都是合理的。因为设备大修理后，其实际性能要下降，而使用该设备的运行成本却往往要增加。所以，应当用设备大修理费用及设备经大修理继续使用的年运行费用之和，与同类设备重置费用及使用新设备的年运行费用之和进行比较，作为设备大修理的一般经济界限，如下式所示：

$$(R+K_L)\left(\frac{A}{P,i,t_1}\right)+C_1+\lambda\left(\frac{A}{\lambda,i,t_1}\right)\leqslant K_2\left(\frac{A}{P,i,t_2}\right)+C_2+\lambda\left(\frac{A}{\lambda,i,t_2}\right) \tag{7-14}$$

式中 R——大修理一次的费用；

K_L——原有设备的残值；

C_1——设备大修理后继续使用期的初始运行费用；

t_1——设备大修理后的经济寿命或使用到下一次大修理的间隔年限；

K_2——同类设备的重置费用；

C_2——重置设备使用的初始运行费用；

t_2——重置设备的经济寿命或使用到第一次大修理的间隔年限；

λ——运行费用劣化值；

i——基准折现率。

设备若满足上式，就应当继续修理，反之，就应当及时更新。

【例7-5】 某企业一条生产线发生严重故障，必须大修理后才能继续运行。预计一次性修理费用需1 000万元，修理后投入使用的运行费用第一年需100万元，以后每年递增20万元，可经济运行15年。如果不修理，用同种类型的生产线予以更新，需支出购置费2 000万元，经济寿命为25年，新生产线投入运行的费用第一年需80万元，以后每年递增15万元，淘汰的生产线可值500万元。若基准折现率为10%，试计算该生产线是否应当进行大修理。

解： 按照设备大修理一般经济界限的计算公式，分别计算出大修理方案与更新方案的年费用，再比较其大小并做出相应的决策。大修理方案的年费用 C_{A1} 为：

$$\begin{aligned}C_{A1}&=(R+K_L)(A/P,i,t_1)+C_1+\lambda(A/\lambda,i,t_1)\\&=(1\ 000+500)(A/P,10\%,15)+100+20(A/\lambda,10\%,15)\\&=1\ 500\times0.131+100+20\times5.279\\&=402.08\ (\text{万元})\end{aligned}$$

更新方案的年费用 C_{A2} 为：

$$\begin{aligned}C_{A2}&=K_L(A/P,i,t_2)+C_2+\lambda(A/\lambda,i,t_2)\\&=2\ 000(A/P,10\%,25)+80+15(A/\lambda,10\%,25)\\&=2\ 000\times0.11+80+15\times7.458\\&=411.87\ (\text{万元})\end{aligned}$$

由计算结果可知，$C_{A1}<C_{A2}$，即大修理方案的年费用比更新方案的年费用小，满足大修理一般经济界限的计算公式，所以应当对损坏的生产线进行大修理。

需要指出的是，在大修理的经济分析中，没有考虑技术进步导致性能更好的新设备出现的可能性，只考虑到同种类型设备更换的问题，因此，在大修理的经济分析中，只考虑到设备性能、精度和效率的恢复，而没有考虑由于技术进步，设备的性能、精度和效率有可能提高的问题。

（二）设备大修理周期数的确定

从技术上来说，通过大修理可以消除有形磨损，使设备得以长期使用。事实上，我国许多老企业的一些设备，经过多次的大修理，至今仍在使用。但是，从前面的分析也可以看出，从经济角度我们可以确定一台设备到底大修理到第几个周期最为适宜，这是大修理工作必须解决的问题。

如果一台设备的最佳使用期限已定，而且设备每次大修理间隔期又是已知的（这些数据往往取决于设备的种类和设备的工作条件，设备的使用单位和设备的制造厂都应对设备大修理间隔期有所规定），则设备大修理周期数应由下试求出：

$$\sum_{j=1}^{n} T_j = T_E \tag{7-15}$$

式中 T_E——设备经济寿命；

T_j——第 $j-1$ 次到第 j 次大修理的间隔期，若 $j=1$ 时，则表示新设备至第一次大修理的间隔期；

n——设备大修理的周期数。

由上式求出的设备大修理周期数是一个时间界限，它表明从经济上看设备应该大修理几次。

如前所述，从经济角度分析，设备不能无止境也进行大修理，原因在于随着大修理次数的增加，修理费用和设备运行费用都会不断增加。图 7－5 表示设备使用时间越长，大修理次数越多，运行费用越高。设备投入使用以后，由于有形磨损，运行费用逐渐升高，临近大修理时达到最大值。设备进行大修理后，各项技术经济指标都会有不同程度的改善，运行费用显著下降。经过第一次大修理，运行费用由 B 降至 E。进入下一个大修理间隔期后，随着使用时间的延长，运行费用又会逐渐增加，再次大修后又会有显著下降。第二次大修使运行费用由 C 降至 F，第三次大修后由 D 降至 C。尽管每次大修都使运行费用下降，但后一次大修后与前一次大修后相比，运行费用总要有所升高，且修理间隔期要缩短（见图 7－5）。

$$P_3G > P_2F > P_1E > OA \text{ 且 } T_3 < T_2 < T_1$$

合理的大修理间隔期可用下述方法求得：

设第 j 个大修理间隔期内生产单位产品的平均总费用为 C_{zj}，不考虑资金的时间价值，则有：

$$C_{zj} = \frac{1}{Q_j}(\Delta V_j + K_{rj} + C_j) \tag{7-16}$$

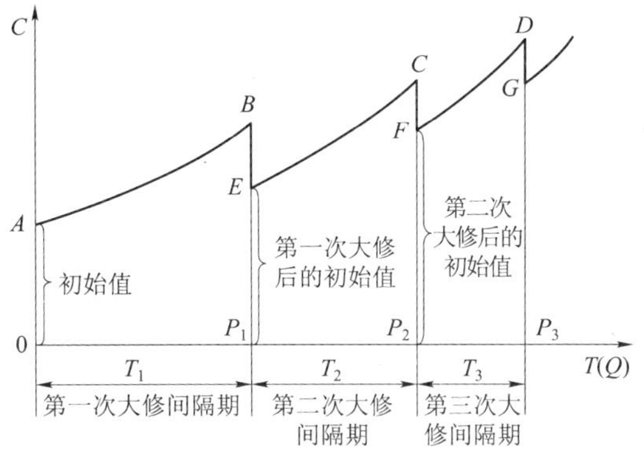

图 7－5　修理间隔期与运行费用的关系

$$\Delta V_j = V_{j-1} - V_j \tag{7－17}$$

式中　V_j——第 j 个大修理间隔期内应分摊的设备价值损耗；

K_{rj}——第 j 次大修理的费用；

Q_j——第 j 个大修理间隔期内生产产品总量；

C_j——第 j 个大修理间隔期内设备运行总费用。

假定生产单位产品的设备运行费用呈指数增长，

$$\text{则：} C_j = \int_0^{Q_j} (C_{0j} + b_j Q^{\gamma_j})\, \mathrm{d}Q \tag{7－18}$$

式中　C_{0j}——第 j 个大修理间隔期初生产单位产品的设备运行费；

b_j——第 j 个大修理间隔期内生产单位产品设备运行费用增长系数；

γ_j——第 j 个大修理间隔期内生产单位产品设备运行费用增长系数。

又假定设备价值损耗与生产产品的数量呈线性关系，即：

$$V_j = E_j Q_j \tag{7－19}$$

式中　E_j——第 j 个大修理周期内生产单位产品应分摊的设备价值损耗。

将式（7－20）、式（7－19）代入式（7－17），可得：

$$C_{zj} = E_j + \frac{K_{\gamma_j}}{Q_j} + C_{0j} + \frac{b_j}{\gamma_j + 1} Q_j^{\gamma_j} \tag{7－20}$$

要使大修理间隔期内生产单位产品的平均总费用最小，需满足：

即：

$$Q_j^* = \sqrt[\gamma_j + 1]{\frac{(\gamma_j + 1) K_{\gamma_j}}{\gamma_j b_j}} \tag{7－21}$$

式中，即为第 j 个大修理间隔期内可使生产单位产品平均总费用最小的生产量。换言之，在正常生产情况下，生产的产品所需的时间就是第 j 个大修理间隔期的合理时间长度。

若生产单位产品的设备运行费用呈线性增长，即 $\gamma_j = 1$，则：

$$C_{zj} = E_j + \frac{K_{\gamma_j}}{Q_j} + C_{0j} + \frac{b_j}{2} Q_j$$

$$Q_j^* = \sqrt{\frac{2K_{\gamma_j}}{b_j}} \quad (7-22)$$

有了各个大修理间隔期内应生产的最佳产量数后，若知道设备在该间隔期内的年生产能力（年产量），就不难求出各次大修理的间隔期 T_j，然后再根据公式（7－15）找出设备应该大修理的次数。

第三节　设备更新及其技术经济分析

一、设备更新的概念

设备更新是修理以外的另一种设备综合磨损的补偿方式，是维护和扩大社会再生产的必要条件。设备更新有两种形式：一种是用相同的设备去更换有形磨损严重，不能继续使用的旧设备。这种更新只是解决设备的损坏问题，不具有更新技术的性质，不能促进技术的进步。另一种是用较经济和较完善的新设备，即用技术更先进、结构更完善、效率更高、性能更好、耗费能源和原材料更少的新型设备来更换那些技术上不能继续使用或经济上不宜继续使用旧设备。这后一种更新不仅能解决设备的损坏问题，而且能解决设备技术落后的问题，在当今技术进步很快的条件下设备更新应该主要是后一种。

对设备实行更新不仅要考虑促进技术的进步，同时也要能够获得较好的经济效益。对于一台具体设备来说，应该不应该更新，在什么时间更新，应选用什么样设备来更新，主要取决于更新的经济效果。

设备更新的时机，一般取决于设备的技术寿命和经济寿命。

技术寿命是从技术的角度看设备最合理的使用期限，它是由无形磨损决定的。具体来说是指从设备开始使用到因技术落后而被淘汰所延续的时间，它与技术进步的速度有关。

经济寿命是从经济角度看设备最合理的使用期限，它是由有形磨损和无形磨损共同决定的。具体来说是指能使一台设备的年平均使用成本最低的年数。设备的使用成本由两部分组成，一是设备购置费的年分摊额，二是设备的年运行费用（操作费、维修费、材料费及能源耗费等），这部分费用是随着设备使用年限的延长而增加的。例如一辆汽车，随着使用时间的延长，每年分摊的购置投资会减少，但每年支出的汽车修理保养费和燃料费用都会增加，因此投资分摊额的减少会被使用费用的增高所抵消。这就是说，设备在整个使用过程中，其年平均使用总成本是随着使用时间变化的，在最适宜的使用年限内会出现年均总成本的最低值；而平均总成本最低的年数，就是设备的经济寿命。

适时地更换设备，既能促进技术进步、加速经济增长，又能节约资源、提高经济效益，下面介绍几种设备更新的决策方法。

二、设备原型更新的决策方法

有些设备在其整个使用期内并不过时，也就是在一定时期内还没有更先进的设备出现。在上述情况下，设备在使用过程中，同样避免不了有形磨损的作用，结果将引起维修费用，特别是大修理费用以及其他运行费用不断增加，这时即使进行原型设备替换，在经济上往往也是合算的。这就是原型更新问题，在这种情况下，可以通过分析设备的经济寿命进行决策。

机器设备在使用过程中发生的费用叫做运行成本，运行成本包括：能源费、保养费、修理费（包括大修理费），停工损失、废次品损失等。一般情况下，随着设备使用期的增加，运行成本每年以某种速度在递增，这种运行成本的逐年递增称为设备的劣化。为简单起见，首先假定每年运行成本的劣化增量是均等的，即运行成本呈线性增长，设每年运行成本增加额为 λ。若设备使用 T 年，则第 T 年时的运行成本为：

$$C_T = C_1 + (T-1)\lambda \qquad (7-23)$$

式中　C_1——运行成本的初始值，即第一年的运行成本；

　　T——设备使用年数。

设备年运行成本随设备使用年数变动的情况见图 7-6。

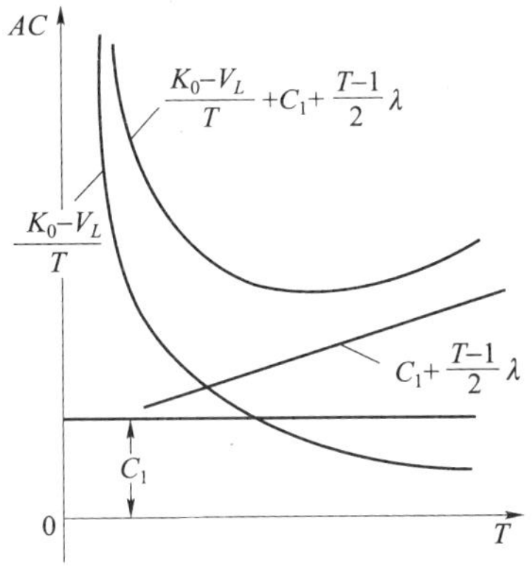

图 7-6　年运行成本随设备使用年数的变动

那么 T 年内运行成本的年平均值将为：

$$\overline{C_T} = C_1 + \frac{(T-1)}{2}\lambda \qquad (7-24)$$

除运行成本外，在使用设备的年总费用中还有每年分摊的设备购置费用，其金额为：

$$\frac{K_0 - V_L}{T} \qquad (7-25)$$

式中　K_0——设备的原始价值；

　　V_L——设备处理时的残值。

随着设备使用时间的延长每年分摊的设备费用是逐年下降的，而年均运行成本却逐年线性上升。综合考虑这两个方面的因素，一般来说，随着使用时间的延长，设备使用的年均总费用的变化规律是先降后升，呈“U”型曲线（见图7－6）。年均总费用的计算公式为：

$$AC=\frac{K_0-V_L}{T}+C_1+\frac{(T-1)}{2}\lambda \tag{7－26}$$

可用求极值的方法，找出设备的经济寿命，亦即设备原型更新的最佳时期。

设 V_L 为一常数，令 $\frac{d(AC)}{dT}=0$

则经济寿命：

$$T_E=\sqrt{\frac{2(K_0-V_L)}{\lambda}} \tag{7－27}$$

例如，若设备原始价值 $K_0=8\ 000$ 元，预计残值 $V_L=800$ 元，运行成本初始值 $C_1=800$ 元/年，年运行成本劣化值 $\lambda=300$ 元/年，则设备经济寿命：

$$T_E=\sqrt{\frac{2(8\ 000-800)}{300}}=7\text{ 年}$$

如果设备残值不能视为常数，运行成本不呈线性增长，各年不同，且无规律可循，这时可根据工厂的记录或者对实际情况的预测，用列表法来判断设备的经济寿命。

【例7－6】某设备的原始价值为10 000元，物理寿命为10年，运行成本初始值为700元，各年运行成本初始值与劣化值之和见表7－5第二栏，年末残值见表7－5第三栏，求该设备的经济寿命。

表7－5　设备经济寿命的计算　　单位：元

使用年限	运行成本初始值与其劣化值之和	年末残值	运行成本及其劣化值的年平均值	年平均设备费用	年平均总费用
①	②	③	④ $=\frac{\sum ②}{①}$	⑤ $=\frac{10\ 000-③}{①}$	⑥＝④＋⑤
1	700＋0＝700	7 200	700	2 800	3 500
2	700＋100＝800	5 300	750	2 350	3 100
3	700＋150＝850	3 500	783	2 167	2 950
4	700＋250＝950	2 200	825	1 950	2 775
5	700＋400＝1 100	1 100	880	1 780	2 660
6	700＋600＝1 300	900	950	1 517	2 467
7	700＋850＝1 550	700	1 036	1 329	2 365
8	700＋1 150＝1 850	500	1 138	1 188	2 326
9	700＋1 500＝2 200	300	1 256	1 078	2 334
10	700＋2 000＝2 700	100	1 400	990	2 390

通过计算，使用设备的年平均总费用在使用年限为 8 年时最低，其值为 2 326 元，故该设备的经济寿命为 8 年。

在考虑资金时间价值的条件下，使用设备的年平均总费用计算公式为：

$$AC = K_0\left(\frac{A}{P},i_0,n\right) - V_L\left(\frac{A}{F},i_0,n\right) + C_1 + \left[\sum_{j=1}^{n} W_j\left(\frac{P}{F},i_0,j\right)\right]\left(\frac{A}{P},i_0,n\right) \tag{7-28}$$

式中 W_j——第 j 年运行成本劣化值。

成本劣化值是呈线性变化的，设每年的劣化值增量为 λ：即 $W_j=(j-1)\lambda$，则：

$$AC = K_0\left(\frac{A}{P},i_0,n\right) - V_L\left(\frac{A}{F},i_0,n\right) + C_1 + \lambda\left(\frac{A}{G},i_0,n\right) \tag{7-29}$$

式中 $(A/P,i_0,n)$——资金回收系数；

$(A/F,i_0,n)$——偿债基金系数；

$(A/G,i_0,n)$——等差序列年值系数。

在给定基准折现率 i_0 时，令 AC 最小的使用年限，即为设备的寿命。

三、出现新设备条件下的更新决策方法

前面讨论的是设备在使用期内不发生技术上的过时和陈旧，没有更好的新型设备出现的情况。在技术不断进步的条件下，由于第Ⅱ种无形磨损的作用，很可能在设备运行成本尚未升高到该用原型设备替代之前，就已出现工作效率更高和经济效果更好的设备。这时，就要比较在继续使用旧设备和购置新设备这两种方案中，哪一种方案在经济上更为有利？

在有新型设备出现的情况下，常用的设备更新决策方法有：年费用比较法和更新收益率法。

（一）年费用比较法

年费用比较法是从原有旧设备的现状出发，分别计算旧设备再使用一年的总费用和备选新设备在其预计的经济寿命期内的年均总费用，并进行比较，根据年费用最小原则决定是否应该更新设备。

1. 旧设备年总费用的计算

旧设备再使用一年的总费用可由下式求得。

$$AC_0 = V_{00} - V_{01} + \frac{V_{00}+V_{01}}{2}i + \Delta C \tag{7-30}$$

式中 AC_0——旧设备下一年运行的总费用；

V_{00}——旧设备在决策时可出售的价值；

V_{01}——旧设备一年后可出售的价值；

ΔC——旧设备继续使用一年在运行费用方面的损失（即使用新设备相对使用旧设备的运行成本的节约额和销售收入的增加额）；

i——最低期望收益率。

$\frac{V_{00}+V_{01}}{2}i$——因继续使用旧设备而占用资金的时间价值损失，资金占用额取日设备现在可售价值和一年后可售价值的平均值。

上述计算，亦可用企业统计数据列表进行（见表 7－6）。

表 7－6　　旧设备的年费用计算表　　单位：元

项　　目	利弊比较	
	新设备	旧设备
（收入）产量增加收入	1 100	
质量提高收入	550	
（费用）直接工资的节约	1 210	
间接工资的节约		
因简化工序等导致的其他作业上的节约	4 400	
材料损耗减少		
维修费节约	3 300	
动力费节约		1 100
设备占地面积节约	550	
合 计	11 110①	1 100②
旧设备运行损失		10 010③ = ① − ②
旧设备现在出售价值	7 700	
旧设备一年后出售价值	6 600	
下年旧设备出售价值减少额		1 100④
资金时间价值损失（$i=10\%$）		715⑤
旧设备的设备费		1 815⑥ = ④ + ⑤
旧设备年总费用		11 825⑦ = ③ + ⑥

表中上栏记录了再继续使用一年旧设备的运行损失，下栏记录使用旧设备的设备费用。旧设备年总费用为这两项费用之和，即 11 825 元。

2. 设备年均总费用的计算

用于同旧设备年总费用比较的新设备年均总费用。主要包括以下几个方面：

第一，运行劣化损失，新设备随着使用时间的延长，同样也存在设备劣化的问题，劣化程度也将随着使用年数的增多而增加。具体的劣化值取决于设备的性质和使用条件。为了简化计算，假定劣化值逐年按同等数额增加，如果设备使用年限为 T，T 年间劣化值的平均值为：

$$\frac{\lambda(T-1)}{2} \tag{7-31}$$

式中　λ——设备年劣化值增量。

新设备的入值往往是难以预先确定的。一般可根据旧设备的耐用年数和相应的劣化程度来估算新设备的年劣化值增量。

第二、设备价值损耗。新设备的使用过程中，其价值会逐渐损耗，表现为设备残值逐年减少。假定设备残值每年以同等的数额递减，则 T 年内每年的设备价值损耗为：

$$\frac{K_n - V_L}{T} \tag{7-32}$$

式中 K_n——新设备的原始价值；

V_L——新设备使用 T 年后的残值。

第三，资金时间价值损失。新设备在使用期内平均资金占用额为：

$$\frac{K_n + V_L}{2} \tag{7-33}$$

故因使用新设备而占用资金的时间价值损失为：

$$\frac{(K_n + V_L)i}{2} \tag{7-34}$$

总计以上三项费用，则得新设备年平均总费用：

$$AC_n = \frac{\lambda(T-1)}{2} + \frac{K_n - V_L}{T} + \frac{(K_n + V_L)i}{2} \tag{7-35}$$

对上式进行微分，并令

$$\frac{\mathrm{d}(AC_n)}{\mathrm{d}T} = 0$$

则：

$$T = \sqrt{\frac{2(K_n - V_L)}{\lambda}} \tag{7-36}$$

式中 T——新设备的经济寿命。

将（7－36）式代入（7－35）式得按经济寿命计算的新设备年均总费用：

$$AC_n = \sqrt{2(K_n - V_L)\lambda} + \frac{(K_n + V_L)i - \lambda}{2} \tag{7-37}$$

若残值 $V_L = 0$，则可简化为：

$$AC_n = \sqrt{2K_n\lambda} + \frac{K_n i - \lambda}{2} \tag{7-38}$$

当年劣化值增量 λ 不易求得时，可根据经验决定新设备的合理使用年数 T，然后再求年劣化值增量 λ。这时将（7－36）式代入（7－35）式，则新设备的年均总费用：

$$AC_n = \frac{2(K_n - V_L)}{T} + \frac{(K_n + V_L)i}{2} - \frac{K_n - V_L}{T^2} \tag{7-39}$$

【例 7－7】某企业三年前购置的设备 A，现在价值 3 000 万元，若继续使用，未来第一年需运行费用 200 万元，以后逐年递增 100 万元。现在市场上出现了一种售价为 5 000 万元/台的新设备 B，预计投入使用后的第一年需运行费用 100 万元，以后每年递增 80 万元。假定基准折现率为 10%，设备 A 与设备 B 在不同使用年限末的残值见表 7－7，试计算是否应当用设备 B 来更新设备 A。

表 7-7　　新旧设备残值表　　单位：万元

年份	1	2	3	4	5	6	7	8	9	10	11	12	13	14
A 设备	1 000	900	800	700	600	500	400	300	200	100	0	0	0	0
B 设备	2 000	1 500	1 000	800	700	600	500	400	300	200	150	100	100	100

解：首先计算设备 A 的剩余经济寿命和设备 B 的经济寿命，再计算相应的年费用并进行比较。计算结果见表 7-8 和表 7-9。

表 7-8　　旧设备 *A* 剩余经济寿命计算表　　单位：万元

T	K_L ①	K_0-K_L ②	(K_0-K_L) $(A/P,i,T)$ ③	iK_{Li} ④	C_0 ⑤	λ ⑥	λ $(A/\lambda,i,T)$ ⑦	C_A ⑧=③+④+⑤+⑦
1	1 000	2 000	2 200	100	200	100	0	2 400
2	900	2 100	1 209.6	90	200	100	47.6	1 547.2
3	800	2 200	884.4	80	200	100	93.7	1 258.1
4	700	2 300	724.5	70	200	100	138.1	1 132.6
5	600	2 400	633.6	60	200	100	181.0	1 074.6
6	500	2 500	575.0	50	200	100	222.4	1 047.4
7	400	2 600	533.0	40	200	100	262.2	1 035.2
8	300	2 700	504.9	30	200	100	300.4	1 035.3
9	200	2 800	487.2	20	200	100	337.2	1 044.4
10	100	2 900	472.7	10	200	100	372.5	1 055.2
11	0	3 000	459.0	0	200	100	406.4	1 065.4
12	0	3 000	441.0	0	200	100	438.8	1 079.8

表 7-9　　新设备 *B* 经济寿命计算表　　单位：万元

T	K_L ①	K_0-K_L ②	(K_0-K_L) $(A/P,i,T)$ ③	K_{Li} ④	C_0 ⑤	λ ⑥	λ $(A/\lambda,i,T)$ ⑦	C_A ⑧=③+④+⑤+⑦
1	2 000	3 000	3 300	200	100	0	0	3 600
2	1 500	3 500	2 016	150	100	80	38.08	2 304.8
3	1 000	4 000	1 608	100	100	80	74.96	1 882.96
4	800	4 200	1 323	80	100	80	110.48	1 613.48
5	700	4 300	1 135.2	70	100	80	144.88	1 450
6	600	4 400	1 012	60	100	80	177.92	1 349.92
7	500	4 500	922.5	50	100	80	209.76	1 282.26
8	400	4 600	860.2	40	100	80	240.32	1 240.52

续上表

T	K_L ①	K_0-K_L ②	(K_0-K_L) $(A/P,i,T)$ ③	iK_{Li} ④	C_0 ⑤	λ ⑥	λ $(A/\lambda,i,T)$ ⑦	C_A ⑧=③+④+⑤+⑦
9	300	4 700	817.8	30	100	80	269.76	1 217.56
10	200	4 800	782.4	20	100	80	298	1 200.4
11	150	4 850	746.9	15	100	80	325.12	1 187.02
12	100	4 900	720.3	10	100	80	351.04	1 181.34
13	100	4 900	690.9	10	100	80	375.92	1 176.82
14	100	4 900	660.4	10	100	80	399.68	1 176.08
15	100	4 900	641.9	10	100	80	422.32	1 174.22
16	0	5 000	640	0	100	80	443.92	1 183.92
17	0	5 000	625	0	100	80	464.56	1 189.56

由表7－8和表7－9的计算结果可知，原有设备A的剩余经济寿命为7年，相应的年经营费用为1 035.2万元，新设备B的经济寿命为15年，相应的年经营费用为1 174.22万元。

比较旧设备和新设备的年费用：$C_{AA}=1\ 035.2$万元，$C_{AB}=1\ 174.22$万元。因为$C_{AA}<C_{AB}$，所以应当继续使用旧设备A。

（二）更新收益率法

更新收益率法是通过计算更新与不更新两种方案的差额投资的收益率判别是否应该进行设备更新。由于这种方法给出的是一个收益率指标，可以用于同其他各种投资方案进行比较以寻求最有利的方案，因此它有更广泛的适用性。

假定设备更新净投资为K，新设备的使用年限为n，更新后第t年由设备更新带来的净收益为B_t（$t=1$，2，…，n），n年年末新设备残值为i^*，设备更新净投资的内部收益率为i^*，则下式成立：

$$K=\sum_{t=1}^{n}B_t(1+i^*)^{-t}+V_L(1+i^*)^{-n} \tag{7-40}$$

也可写成：

$$K-B_1(1+i^*)^{-1}=\left[\sum_{t=2}^{n}B_t(1+i^*)^{-t+1}+V_L(1+i^*)^{-n+1}\right](1+i^*)^{-1} \tag{7-41}$$

设：

$$V_1=\sum_{t=2}^{n}B_t(1+i^*)^{-t+1}+V_L(1+i^*)^{-n+1} \tag{7-42}$$

则：

$$K-B_1(1+i^*)^{-1}=V_1(1+i^*)^{-1}$$

也可写成：
$$i^* = \frac{B_1 - (K - V_1)}{K} \tag{7-43}$$

上式中，B_1 是设备更新后一年内使用新设备相对于使用旧设备收入增加额与费用节约额的合计。若将 B_1 视为设备更新后第一年对更新净投资 K 的回收，则 V_1 可视为到第一年年末更新净投资的未回收部分。更新净投资 K 是更新与不更新两种方案的投资差额，计算式为：

$$K = K_n - (K_0 - M) \tag{7-44}$$

式中 K_n——购置安装新设备所需投资；

K_0——旧设备的可售价值；

M——若继续使用旧设备当年必须追加的投资。

更新净投资到第一年年末未被收回的部分 V_1 也应看成更新方案到第一年年末新设备的保留价值与不更新方案到第一年年末旧设备的保留价值之差额，计算式为：

$$V_1 = K_1 - (K_0 + M - \Delta V_0 - m) \tag{7-45}$$

式中 K_1——新设备到第一年年末的保留价值；

m——继续使用旧设备的追加投资 M 在第一年的分摊额；

ΔV_0——旧设备使用一年的价值损耗，即旧设备年初可售价值与年末可售价值的差额。年末可售价值中含追加投资的未收回部分（$M-m$），由式（7-43），（7-44）及（7-45）可导出：

$$i^* = \frac{B_1 + \Delta V_0 + m - K_n\left(1 - \frac{K_1}{K_n}\right)}{K_n - (K_0 + M)} \tag{7-46}$$

式（7-46）就是更新收益率法的原理公式。

式（7-46）没有考虑所得税的影响，若考虑所得税则有：

$$i^* = \frac{(B_1 + \Delta V_0 + m)(1 - b) + Db - K_n\left(1 - \frac{K_1}{K_n}\right)}{K_n - (K_0 + M)} \tag{7-47}$$

式中 b——所得税税率；

D——新设备年折旧额。

这里假定旧设备已折旧完。若旧设备未折旧完，则 D 应为新旧设备折旧额之差额，公式推导也应作相应改动，对此本书不作讨论。

上式亦可写成：

$$i^* = \frac{(B_1 + \Delta V_0 + m)(1 - b) - K_n\left(1 - \frac{K_1 + Db}{K_n}\right)}{K_n - (K_0 + M)} \tag{7-48}$$

设新设备投资 K_n 各年带来的净收益为 S_t（$t=1, 2, \cdots, n$）。由于设备使用过程中存在着有形磨损与无形磨损，S_t 一般是逐年递减的，据有关研究，收益递减模式可以简化归纳为三种。第一种称为普通标准型，收益随新设备使用年限的延长呈线性递减，到新设备经济寿命结束时净收益为零。第二种和第三种为非标准型，收益随使用年限延长呈非线性递减，到新设备经济寿命结束时净收益为零。因篇幅所限，本书仅就第一种模式进行讨论。

当新设备收益线性递减时，若第一年的净收益为 S_1，则第 t 年的净收益为：

$$S_t = S_1\left(1 - \frac{t-1}{n}\right)(t = 1, 2, \cdots, n) \tag{7-49}$$

缴纳所得税后，第 t 年的税后净收益为：

$$S_t' = S_1(1-b)\left(1 - \frac{t-1}{n}\right) + Db \tag{7-50}$$

新设备的年折旧额 D 可表示为：

$$D = \frac{1}{n}(K_n - V_L) \tag{7-51}$$

当新设备投资的内部收益率恰恰等于基准折现率 i_0 时，K_0 与 K_1 可分别表示为：

$$K_n = S_t(1-b)\sum_{t=1}^{n}\left(1 - \frac{t-1}{n}\right)(1+i_0)^{-t} + \frac{b(K_n - V_L)}{n}\sum_{i=1}^{n}(1+i_0)^{-t} + V_L(1+i_0)^{-n} \tag{7-52}$$

$$K_1 = S_1(1-b)\sum_{t=2}^{n}\left(1 - \frac{t-1}{n}\right)(1+i_0)^{-t+1} + \frac{b(K_n - V_L)}{n}\sum_{i=2}^{n}(1+i_0)^{-t+1} + V_L(1+i_0)^{-n+1} \tag{7-53}$$

设：$Q = 1 + i_0$，$W = \dfrac{V_L}{K_n}$；

由式（7－51）、（7－52）、（7－53）可导出：

$$F = 1 - \frac{K_1 - Db}{K_n} = \frac{n(Q^n - W)i_0^2 - bi_0(Q^n - 1)}{nQ^n i_0 - Q^n + 1} \tag{7-54}$$

式中，F 称为新设备价值耗损系数，W 称为新设备期末残值率。将式（7－54）代入式（7－48）可得出更新收益率的使用计算式：

$$i_p = \frac{(B_1 + \Delta V_0 + m)(1-b) - FK_n}{K_n - (K_0 + M)} \tag{7-55}$$

式中，i_p 称为更新收益率。由于新设备价值损耗系数 F 是根据基准折现率 i_0 求得的，i_p 不同于更新净投资的内部收益率 i^*，但只要 $i^* > i_0$，就有 $i_p > i_0$，只要 $i^* < i_0$，就有 $i_p < i_0$，若 $i^* = i_0$，则 $i_p = i^* = i_0$。

用更新收益率法进行设备更新决策的判别准则是：若 $i_p \geq i_0$，应立即进行设备更新；若 $i_p < i_0$，则不必立即更新设备。

在企业设备更新实践中，常常用列表计算代替公式计算。表 7－10 给出了设备更新投资收益分析表的基本格式，并通过一个例子说明了计算过程。

表 7－10　　设备更新投资收益分析表　　单位：元

Ⅰ更新投资			
1	新设备投资额	18 370	
2	旧设备可售价值	330	
3	继续使用旧设备所需追加投资	4 642	
4	可回收和可节约的投资（2＋3）	4 972	
5	所需要的净投资额（1－4）	13 398	
Ⅱ更新收益			
（1）运行性收益			
	预计设备运行率	3 400 小时/年	
更新对收入的影响		增加（A）	减少（B）
7	因产品质量改变		
8	因产品产量改变		
9	合计		
更新对运行费用的影响		增加（A）	减少（B）
10	直接劳务费		2 310
11	间接劳务费		
12	福利费		370
13	修理费		1 160
14	工具费		
15	消耗费		
16	废品损失即返工费		
17	停工损失费		660
18	动力费		557
19	设备占地面积费用		
20	委托加工费		
21	备品费		
22	安全费		
23	设备保险费	187	
24	其他费用		440
25	合计	187	5 517
26	收入净增加额（9A－9B）		
27	运行费用净节约额（25B－25A）	5 330	
28	下年度运行性收益（26＋27）	5 330	

续上表

（2）运行外收益		
29	旧设备继续使用一年价值损耗	
30	继续使用旧设备追加投资的年份摊额	464
31	下年度运行外收益（29+30）	464
（3）收益合计		
32	收益合计（28+31）	5 794
Ⅲ更新收益率的计算		
33	应纳税金①	1 427
34	扣除税金后的收益（32-33）	4 367
35	新设备第一年价值损耗（1×价值损耗系数②）	1 787
36	更新总收益	2 580
37	更新收益率(36÷35)×100%	19.3%

① 应纳税金=(收益合计-新设备年折旧额)×所得税率，新设备年折旧额=18 370×(1-20%)/10=1 469.6，所得税率为33%。

② 价值损耗系数=0.097 3，按新设备使用年限10年，期末残值率20%，基准折现率10%由式（7-54）求得。

现在就表7-10中的有关项目说明如下：

（1）更新投资：更新投资是指新设备投资额减去旧设备可售价值及继续使用旧设备所需追加投资后的余额。其中：

新设备投资额：包括设备购置费和安装费，如有流动资金的增减，亦应包括在内。

旧设备可售价值：若因购置新设备而出售尚有价值的旧设备，则这部分收入可视为对新设备投资的节约。

继续使用旧设备所需追加投资：假如旧设备不进行更新则将继续使用，通常需要进行大修或改造，这部分费用的支出应作为不更新方案的追加投资。如果更新，则这部分投资可视为更新方案带来的投资节约，应从新设备投资额中扣除。

（2）更新收益：更新收益包括运行性收益和运行外收益两部分。

① 运行性收益

运行性收益与设备运行率有关。设备运行率是指新设备为生产产品而运行的时间与年有效时间的比值。而工厂的开工率与设备运行率往往不是一回事，因此不能用工厂的开工率代替设备运行率。同时新旧设备运行率也不一定完全相等，因为新设备并不限于旧设备所完成的任务，所以应作具体分析。

运行性收益包含两个方面的内容，一方面是新设备改善了原有的运行情况，使运行费用降低，最终导致成本的下降，从而引起收益增加。另一方面，新设备完成新的工作内容或提高现有工作内容的质量，可能引起销售额的增加，最终导致收益的增加。

运行成本中的修理费指的是经常发生的修理费用的变化。至于大修理费或与修理同时进行的设备改造所需要的投资，则应计入表 7－9 中第 3 项和第 30 项中。

② 运行外收益

运行外收益是指设备更新后可免除的有关损失。如旧设备现在立即转让和晚一年转让间的价值差额，显然，现在转让可避免再使用一年所引起价值损失。当然，这部分费用也只能用推测的办法进行估计。此外，还应包括所节约的旧设备追加投资的分摊额。

（3）更新收益率计算

表 7－10 中第 36 项是汇总表中各项内容构成的更新总收益，用它除以所需的净投资额（表 7－10 第 5 项），便可得出更新投资收益率。这个比率说明更新投资能带来多大的收益，同时也可根据这一比例的大小，对多个更新投资规划进行经济效果排序，结合拥有的资金数量进行设备更新方案选择。

如果把表 7－9 的各项汇总，则可写出设备更新收益率的计算公式：

$$\text{更新收益率} = \frac{②+③-④-⑤}{①} \times 100\%$$

式中 ①——更新的净投资额，即表中第 5 项；

②——下一年度的运行收益，即表中第 28 项；

③——下一年度的运行外收益，即表中第 31 项；

④——下一年度因收益增加而需要多缴纳的税金，即表中的第 33 项；

⑤——新设备使用一年的价值损耗，即表中的第 35 项。

把表中的数据，代入上面的公式即可得出设备更新的收益率：

$$\text{更新收益率} = \frac{5\ 330+464-14\ 27-1\ 787}{13\ 398} = 19.3\%$$

如果给定的基准折现率（即最低期望收益率）为 10%，则更新收益率大于最低希望收益率，可以认为这一更新方案在经济上是可行的。

第四节　设备现代化改装及其技术经济分析

一、设备现代化改装的概念和意义

设备超过最佳使用期限之后，就存在更换问题。但是，这里有两个问题尚需研究，第一，国家能否及时提供国民经济各部门更换所需的新设备。第二，陈旧设备一律更换是否必要或是否最佳的选择。

一种设备从构思、设计、研制到成批生产，一般要经历较长的时间。随着技术进步的加快，这个周期在不断地缩短。例如，在发达的工业国家，从构思、设计、试制到商业性生产，二次世界大战前需40年左右，战后20世纪60年代中期缩短到20年，20世纪70年代缩短到10年，最快的仅5年，要按这个周期更换掉所有陈旧设备那是不可能的。

解决这个矛盾的有效途径是对现有设备进行现代化改装。所谓设备的现代化改装，是指应用现代的技术成就和先进经验，适应生产的具体需要，改变现有设备的结构（给旧设备换新部件、新装置、新附件），改善现有设备的技术性能，使之全部达到或局部达到新设备的水平。设备现代化改装是克服现有设备的技术陈旧状态，消除第Ⅱ种无形磨损，促进技术进步的方法之一，也是扩大设备的生产能力，提高设备质量的重要途径。

现有设备通过现代化改装在技术上可能做到：

（1）提高设备所有技术特性使之达到现代新设备的水平；

（2）改善设备某些技术特性，使之局部达到现代新设备的水平；

（3）使设备的技术特性得到某些改善。

在多数情况下，通过设备现代化改装使陈旧设备达到需要的水平，所需的投资往往比用新设备更换要少。因此，设备现代化改装在经济上有很大的优越性。

设备现代化改装具有很强的针对性和适应性。经过现代化改造的设备更能适应生产的具体要求。在某些情况下，其适应具体生产需要的程度，甚至可以超过新设备。有时，设备经过现代化改装后，其技术性能比新设备水平还高。所以，在个别情况下，对新设备也可以进行改装。在我国产品更新换代缓慢的特定情况下，设备现代化改装有着特别重要的意义。

设备现代化改装是现有企业进行技术改造，提高企业的经济效益，节约基本建设投资的有效措施。

二、设备现代化改装的技术经济分析

设备现代化改装是广义设备更新的一种方式，因此，设备现代化改装的经济性应与设备更新的其他方法相比较。在一般情况下，与现代化改装并存的可行方案有：旧设备原封不动的继续使用，对旧设备进行大修理，用相同结构新设备更换旧设备或用效率更高或结构更好的新设备更新旧设备。决策的任务就在于从中选择总费用最小的方案。这时除参考前两节介绍的方法外，还可用下列方法进行决策。

（一）最低总费用法

最低总费用法是通过分别计算各种方案在不同服务年限内的总费用，并加以比较，根据所需要的服务年限，按照总费用最低的原则，进行方案选择的一种方法。各种方案总费用的计算公式如下：

旧设备继续使用：

$$C_1 = \frac{1}{\beta_1}\left(\sum_{j=1}^{n} C_{j1} r_j + K_{L1} - K_{j1} r_j\right) \qquad (7-56)$$

旧设备大修理：

$$C_2 = \frac{1}{\beta_2}\left(K_2 + \sum_{j=1}^{n} C_{j2} r_j + K_{L2} - K_{j2} r_j\right) \qquad (7-57)$$

同类设备更新：

$$C_3 = \frac{1}{\beta_3}\left(K_3 + \sum_{j=1}^{n} C_{j3} r_j + K_{L3} - K_{j3} r_j\right) \qquad (7-58)$$

新型设备更新：

$$C_4 = \frac{1}{\beta_4}\left(K_4 + \sum_{j=1}^{n} C_{j4} r_j + K_{L4} - K_{j4} r_j\right) \qquad (7-59)$$

现代化改装：

$$C_5 = \frac{1}{\beta_5}\left(K_5 + \sum_{j=1}^{n} C_{j5} r_j + K_{L5} - K_{j5} r_j\right) \qquad (7-60)$$

式中 C_i（$i=1$，2，3，4，5）——分别为旧设备继续使用、旧设备大修理、同类设备更新、新型设备更新、现代化改装等各种方案使用到第 j 年时的总费用；

K_i（$i=2$，3，4，5）——分别为旧设备大修理、同类设备更新、新型设备更新、现代化改装等各种方案所需的投资；

C_{ji}（$i=1$，2，3，4，5）——分别为旧设备继续使用、旧设备大修理、同类设备更新、新型设备更新、现代化改装等各种方案在第 j 年的运行费用；

K_{ji}（$i=1$，2，3，4，5）——分别为旧设备继续使用、旧设备大修理、同类设备更新、新型设备更新、现代化改装等各种方案使用到第 j 年的残值；

β_i（$i=1$，2，3，4，5）——分别为旧设备继续使用、旧设备大修理、同类设备更新、新型设备更新、现代化改装等各种方案的生产效率系数；

K_{Li}（$i=1$，2，3，4，5）——旧设备在决策年份的市场价值；

r_j——第 j 年的现值系数，$r_j = \frac{1}{(1+i_0)_j}$；

i——折现率；

j——设备使用年限，$i=1$，2，…，n。

【**例 7-8**】各种技术改造方案分项费用的原始数据如表 7-11 所列，基准折现率为 8%，试用总费用法选择最佳方案。

解：应用式（7-56）~（式 7-60），分别计算各方案的逐年费用总额，计算结果列于表 7-12 中。

表 7－11　　各种方案的原始数据　　单位：万元

序号	可行方案	基本投资（元）	劳动生产率提高系数	各年年经营费用（元）								
				1	2	3	4	5	6	7	8	9
1	旧设备继续使用	$K_1=0$	$\beta_1=0.7$	250	300	350	400	450	500	530	700	910
2	旧设备大修理	$K_2=700$	$\beta_2=0.98$	30	100	175	250	320	400	480	610	720
3	同类新设备替换	$K_3=1\ 330$	$\beta_3=1$	25	53	105	160	210	270	340	420	510
4	高效率新设备替换	$K_4=1\ 625$	$\beta_4=1.3$	20	50	100	150	200	260	300	350	400
5	旧设备现代化改装	$K_5=1\ 200$	$\beta_5=1.25$	30	55	110	170	220	300	370	470	570

注：设 $K_{L1}=0$；$K_{L2}=0$；$K_{L3}=150$；$K_{L4}=0$；$K_{L5}=0$。

表 7－12　　各种更新方案的逐年费用总额（$i=8\%$）　　单位：万元

各方案 i 值 / 年份	C_1	C_2	C_3	C_4	C_5
1	330.7*	742.6	1 214.0	1 157.4	982.2
2	697.9*	830.1	1 270.0	1 198.3	1 019.2
3	1 095.0	973.2*	1 362.9	1 266.7	1 089.8
4	1 515.0	1 160.2*	1 489.3	1 358.3	1 189.7
5	1 952.8	1 381.6	1 460.3	1 469.3	1 309.5*
6	2 402.8	1 667.0	1 818.7	1 601.1	1 460.7*
7	2 844.2	1 952.8	2 023.5	1 741.2	1 633.5*
8	3 384.2	2 289.1	2 256.6	1 891.6	1 836.7*
9	4 034.2	2 656.6	2 518.4	2 050.1*	2 064.8

注：表中“＊”为该年份各方案总的使用成本最低者。

计算结果表明：

① 如果设备只打算使用两年（两年后生产将转向），以原封不动使用旧设备的方案为最佳。这时不仅没有更新的必要，连大修理都是多余的。

② 如果设备只打算使用三四年，最佳方案是对设备进行一次大修理。

③ 如果预计设备将使用 5 年以上，最佳方案是对设备进行现代化改装。

④ 如果设备的使用期在 8 年以上，最佳方案是用新型设备更换旧设备。

⑤ 用同类设备更换旧设备的方案应予淘汰。

（二）追加投资回收期法

设备现代化改装与更新、大修理的经济性比较还可以用计算投资回收期指标的方法来进行。各方案的投资、成本及年生产率等参数的代表符号如表 7－13 所示。

表 7－13　　比较设备现代化改装经济性所用参数及符号

指标名称	方　案		
	大修理	现代化改装	更换
基本投资	K_r	K_m	K_n
设备年生产率（件/年）	q_r	q_m	q_n
单位产品成本（件/年）	C_r	C_m	C_n

在多数情况下，设备现代化改装与更换，大修理之间有下列关系；

$$K_r < K_m < K_n$$

$$C_r > C_m > C_n$$

$$q_r > q_m > q_n$$

因此，在考虑设备更新方案时，可根据下列标准进行决策：

（1）当 $K_r/q_r > K_m/q_m$ 且 $C_r > C_m$ 时，现代化改装方案具有较好的经济效果，不仅经营费用有节约，基本投资也有节约。但这种情况较少。

（2）当 $K_r/q_r < K_m/q_m$ 但 $C_r > C_m$ 时，可用追加投资回收期指标进行决策。

$$T = \frac{\frac{K_m}{q_m} - \frac{K_r}{q_r}}{C_r > C_m} \tag{7-61}$$

式中　T——投资回收期（年）；

如果 T 小于企业或部门规定的年数，则选择现代化改装方案。

（3）当 $K_m/q_m > K_n/q_n$ 且 $C_m > C_n$ 时，设备更换优于现代化改装方案。

（4）当 $K_m/q_m < K_n/q_n$ 且 $C_m > C_n$ 时，同样可用追加投资回收期标准进行判断。此时：

当 T 小于或等于企业或部门规定的回收期标准时，更换的方案案是合理的。如果超过了回收期标准，则应选择现代化改装方案。

本章小结

1. 企业生产经营过程中只要是使用设备，设备必然存在磨损。设备的磨损根据产生的原因不同分为有形磨损和无形磨损。由于物理或化学因素引起的有形磨损又分为第一种形式的有形磨损（使用过程产生）和第二种形式的有形磨损（闲置中由于自然力原因引起）。由于技术进步引起的无形磨损也分为两种：设备价值贬值引起的第一种形式的无形磨损；设备使用价值贬值引起的第二种形式的无形磨损。设备不同的磨损使设备具有不同的寿命。设备的物理寿命取决于设备的有形磨损；设备的技术寿命取决于设备的无形磨损；设备的经济寿命取决于综合磨损。

2. 引起设备磨损的原因不同，设备的补偿亦有差别。设备的实体补偿有三种具体方式：大修理、设备更新和现代化改装。

3. 设备的合理更新是企业正常经营和持续快速发展的重要内容。设备在使用过程中存在设备综合质量劣化的趋势，所以设备大修理并非是无境的。设备的大修理费用不超过同种设备的重置价值，是大修理在经济上具有合理性的起码条件；设备大修理周期数按照大修理间隔期间运行费用最小、生产单位产品的平均总费用最小和年生产能力最大的原则来确定。

4. 设备更新的决策方法分为两种：设备原型更新的决策方法和出现新设备条件下的更新决策方法。设备合理更新期的确定主要取决于设备生产费用，是经济寿命的概念。设备原型的更新常用年均总费用最小法来判断设备的经济寿命；在有新型设备出现的情况下，常用的设备更新决策方法有：新旧设备年费用比较法和更新收益率法。

5. 设备现代化改装是广义设备更新的一种方式，在一般情况下，与现代化改装并存的可行方案有：旧设备原封不动的继续使用、对旧设备进行大修理、用相同结构新设备更换旧设备或用效率更高或结构更好的新设备更新旧设备。决策的主要方法有最低总费用法和最短追加投资回收期法。

关 键 词

设备　Equipment

设备磨损　Equipment Abrasion

有形磨损　Material Abrasion

无形磨损　Immaterial Abrasion

设备物理寿命　Equipment Physic Life

设备技术寿命　Equipment Technical Life

设备经济寿命　Equipment Economic Life

设备修理　Equipment Repair

设备更新　Equipment Renovate

设备现代化改装　Equipment Modernization Modification

合理更新期　Reasonable Renovate Time

低劣化数值法　Subnormal Numerical Value Method

设备大修理周期　Large Equipment Repair Cycle
年费用比较法　Annual Cost Comparison Method
更新收益率法　Rate Of Update Return Method
最小年费用法　Least Annual Cost Method
追加投资回报期法　Add Payback Period Method

思考与练习

1. 设备磨损的概念，磨损的形式分类及各种形式间的主要差别？

2. 设备寿命的类型，各种类型与磨损形式间的关系？

3. 设备磨损补偿的方式及其差异？

4. 若某设备原始价值为 12 000 元，再生产价值为 8 000 元，此时大修理需要费用 2 000 元。试问该设备遭受何种磨损，磨损度为多少？

5. 某设备原始价值为 8 000 元，可用 5 年，其他数据见表 7－14。试求：① 不考虑资金的时间价值时设备的经济寿命；② 若考虑资金的时间价值时，其经济寿命变化如何。

表 7－14　　某设备各年发生的费用　　单位：元

设备使用年限	1	2	3	4	5
运行成本初始值	600	600	600	600	600
运行成本劣化值		200	400	600	800
年末残值	5 500	4 500	3 500	2 500	1 000

6. 某工厂拟更换一台新设备。新设备可使产量增加、成本节约，更新后第一年收入增加额为 2 000 元，直接工资的节约为 9 000 元，间接工资的节约为 1 300 元，材料损耗减少为 280 元，维修费节约为 400 元，但使用新设备动力消耗比旧设备多 330 元。假设新设备的预计使用年数为 15 年，使用过程中线性劣化，新设备价值为 76 000 元，估计 15 年后处理价为 3 000 元。旧设备现在出售价格为 2 500 元，旧设备一年后出售价格为 2 000 元。当年利率 $i=10\%$ 时，试判断用新设备更换旧设备是否经济。

7. 某厂拟用一台性能更好的工具磨床更换一台已陈旧的工具磨床，新设备的价格为 15 320 元。现有设备的处理价为 1 000 元，但预计一年后将降为 500 元。若现有设备继续使用需追加投资 3 000 元。新设备搞一班制就能代替现有设备搞两班制的任务。更新后第一年，新设备可以节约劳务费 5 637 元，节约福利费 1 412 元，节约修理费 375 元；另外由于提高产品精度将获利 1 250 元，而设备保险费则增加150元。若新设备年运行时间为2 400小时，预计使用年数为15年，15年后残值率为7%，收益递减类型为线性递减型，直线折旧法计提折旧，所得税税率为33%。最低希望收益率为10%的条件下，目前进行设备更新是否经济？

8. 现有设备当初购置时耗资20 000元，预计使用年限15年，现已使用5年，每年运行费用5 000元，该设备目前价值10 000元，预计报废时残值为500元。市场上目前出现了一种新型同类设备，价格为24 000元，预计可使用10年，每年运行费用2 500元，预计残值2 000元。若最低内部收益率为10%，问现有设备应否更新？

9. 某企业有一设备已应当进行大修，预计修理费5 000元，修理后可继续使用3年，每年需日常维护等运行费用350元；若将其报废，购置同等能力的设备需17 000元，预计可使用20年，每年运行费用80元。若企业的资金成本为8%，应选择何种方案？若企业的资金成本为12%，应选择何种方案？

10. 某公司一辆旧汽车，若现在翻新，需支付翻新费用25 000元，并预计在第五年末还需大修一次，预计大修费用10 000元，如按时大修，该汽车尚可使用10年，10年后该车预计残值7 000元，该车每年的营运成本为18 000元。若现在将该旧车出售，可得价款9 000元，另行购置新车需支付费用50 000元，新车的使用寿命也是10年，预计新车在第五年末需大修一次，预计大修费用3 500元，10年满，新车残值为7 000元，新车每年的营运成本为14 000元。如果该公司的资金成本为18%，则该公司以采用何种方案为宜？并采用净现值法对购置新车方案进行评价。

11. 某企业现有设备能力不足，有两个可供选择的解决办法：在继续使用现有设备的同时添置一台能力较小的设备，现有设备现时重置费用为3 300元，尚可使用8年，每年动力费500元，维修费100元，预计报废时残值110元；新置小设备购价5 000元，预计使用年限为10年，每年动力费540元，维修费60元，预计残值1 000元；淘汰现有设备，购置一台较大设备，满足全部生产需要，预计设备购价9 000元，可使用10年，每年动力费700元，维修费65元，残值1 700元。若该企业投资要求最低报酬率为6%，则该企业应选择哪个方案？

案例分析

日本设备工程师协会曾花了一年的时间，对丰田、日产和三菱等公司制造的叉车进行了调查。叉车车型分为电瓶车、汽油车和柴油车三类，其购置费（K）、经营成本（OC）、最大载重量（$X_1=1.5, 2.0, 2.5$）、使用年限（$X_2=1, 2, \cdots, 14$）、每月开动时间（$X_3=50$，150，300）等参数的关系如下：

1. 购置费

（1）电瓶车（下标为 B）

$$K_B=823.396+1\ 213.780\ X_1$$

（2）汽油车（下标为 G）

$$K_G=619.740+874.181\ X_1$$

（3）柴油车（下标为 D）

$$K_D=69.387+1\ 176.093\ X_1$$

2. 经营成本

（1）电瓶车

$$OC_B=-208.969+60.939\ X_1+36.833\ X_2+1.334\ X_3$$

（2）汽油车

$$OC_G=201.566-40.449\ X_1+4.715\ X_2+2.914\ X_3$$

（3）柴油车

$$OC_D=63.212+60.261\ X_1+26.168\ X_2+0.872\ X_3$$

试对叉车进行技术经济分析。

案例思考题

1. 如何建立叉车的评价模型？
2. 各种叉车的经济寿命是多少？
3. 用户应该怎样选择叉车？

第八章

价值工程

人们从事任何经济活动或其他活动，客观上都应该考虑这两个问题：一是活动的目的和效果，二是从事活动所付出的代价。但由于种种原因，人们往往偏重一面，忽视另一面，尤其是忽视付出代价的现象常常发生。价值工程的实践表明，多数产品，特别是复杂产品的技术性能和成本都有改进的余地。

因此，不论是新产品设计，还是老产品改进都离不开技术和经济的结合。价值工程正是抓住了这一关键，帮助人们提高经济效益。价值工程不仅在设计、生产领域，而且在施工、组织、预算、服务、管理等领域都有广泛应用，尤其是在产品设计、改进方面的应用最为典型、普遍。以下主要结合产品设计、改进介绍其原理和方法。

第一节　价值工程概述

一、价值工程的产生和发展

价值工程的发展已有50多年的历史，它作为一门理论起源于20世纪40年代的美国。在第二次世界大战期间，美国资源紧张，为了保证军工产品的生产，急需解决短缺材料的供应问题。当时通用电气公司的采购课长麦尔斯负责公司材料的采购工作，他从功能分析出发，努力寻求具有同等功能的短缺材料的代用品，结果较好地保证了公司军工产品生产的物料供应。一个典型的例子就是公司当时急需大量石棉板，而石棉板供应紧张，价格昂贵。麦尔斯就想：“为什么要石棉板？它的功能是什么呢？”原来购买石棉板是为了在给产品喷刷涂料的时候，把它铺在地上，避免玷污地板，引起火灾。“还有没有具有这种作用的其他材料呢？”通过这种思考，麦尔斯找到了一种货源充足、价格便宜，同时又具有这种功用的纸代替了石棉板。战后，激烈的自由竞争迫使公司向使产品更加物美价廉的方向努力。针对当时的电冰箱和烤炉，公司组织了一些有经验的设计人员运用功能分析的基本思想进行了重新设计，并一举取得了成功。为了积极推广以上的成功经验，有计划有步骤地指导和开展今后的工作，公司要求麦尔斯系统总结整个分析过程，使之系统化、科学化。在实践的基础上，经过综合、整理和归纳，麦尔斯提出了价值工程的基本理论，并于1947年以《价值分析》为题在《美国机械师》杂志上公开发表。

在多年的实践和研究过程中，价值工程理论也不断地得到了丰富和发展，由初始的价值分析基本理论发展成为系统的价值工程科学方法体系。例如，1965年白里威在美国价值工程师协会的年会上提出了功能分析系统技术的理论，简称FAST（Function Analysis System Technique）。这一理论强调功能的系统研究——功能系统图的建立和分析，它使功能分析更加完善、科学，使价值工程向纵深方向迈进了一步。

价值工程作为一门科学的管理技术，由于成绩显著，目前在许多国家得到了普遍应用。价值工程在我国从1978年开始引进，已在我国的上海、北京、辽宁、四川、河北、浙江、湖北、山东、广东等许多省市推广应用，应用范围遍及机械、纺织、化工、建筑、电子、交通、农业等许多行业部门，取得的效益很大。

二、价值工程的定义

购买商品是人们日常生活的活动之一。顾客选择商品时一般有两个准则：第一，商品必须具有自己所需要的某种功能；第二，商品价格比较便宜，使用比较方便。例如，顾客购买电视机，是因为电视机具有他们所需要的功能：显示图像和发出伴音。他们需要的是电视机的功能，而不是电视机这一方形结构本身。另一方面，到底买哪台电视机，还要在同一功用下根据一定的消费能力和水平，比较不同类型、规格电视机的价格水平、使用性能，从中选择价格低廉、使用方便的电视机。

在工业品市场上，一些企业选购原材料、半成品、机电设备时同样存在着这两个准则。

无论是个体消费者，还是企业使用单位，他们都是产品生产企业的用户，用户对产品的要求归结到一点，就是物美价廉。从用户所需求的功能出发，围绕产品的物美价廉进行分析研究，以提高产品生产经营的经济效益，这就是价值工程。

严格地说：价值工程是以某个产品或某个系统作为研究对象，通过功能分析和方案的创造、实施，力图以最低的寿命周期成本可靠地实现用户所要求的功能，借以提高研究对象价值的技术经济方法。

关于价值工程这门技术的学科名称，称呼很多，如价值分析、价值研究、价值管理、价值控制、功能价值分析等，它们阐述的原理方法都是一致的。“价值工程”对应于英文“Value Engineering”，因而，通常将“价值工程”简写为“VE”。

在价值工程的定义中，用户是指使用产品的个人、单位或系统的服务对象。产品是指看得见、摸得着的实物性产品，如汽车、电视机、机床、变速箱等。系统是指具有一定资源消耗和目的的劳务系统，如建筑施工系统、加工制造系统、服务作业系统、生产组织系统、经营管理系统等。这也说明，价值工程既可用于实物性的产品分析，也可用于非实物性的某个系统过程分析，应用范围是很广泛的。为了后续内容阐述的方便，将主要以产品为对象介绍价值工程的原理方法。从价值工程的定义中，可以看到，要真正理解价值工程的含义，必须明确价值工程的三个基本概念：功能、寿命周期成本和价值。

（一）功能

任何劳动产品都具有功能。功能就是功用，是指产品的特定用途或作用。如电视机的功能是“发出伴音”、“显示图像”，卡车的功能是“装载物品”，车床的功能是“车削工件”，钢笔的功能是“标记字符”。在实际生活中，具有同样功能的不同产品，给用户带来的满足程度通常是不同的。如16英寸的黑白电视机与34英寸的彩色电视机，虽然都具有“发出伴音”、“显示图像”的功能，但由于产品类型、规格的不同，在功能上给人们的满足程度是不同的，即使是同一类型、同一规格，由于图像清晰度、失真率、性能的稳定性、使用的方便性、外观等方面的差别，产品的市场效果也会不同。同样功能的不同产品的这种差别，是功能水平的差别。功能水平是功能的实现程度，它由一系列的技术经济指标和综合特性指标表示。如产品的类型、规格、体积、重量、可靠性、安全性、维修和使用的方便性、能源消耗、使用寿命、外形装饰等。

价值工程应努力的是，以恰当的功能水平去实现用户要求的功能。恰当的功能水平，也就是应达到的标准功能水平。在一定的产品市场和企业条件下，标准功能水平主要决定于用户要求，决定于用户使用功能的环境条件和费用支出能力。任何功能的使用，包括产品的整体功能和零部件功能，必须能够和系统中的其他产品功能或零部件功能相协调、相配合，整个系统的功能水平决定着各组成零部件的型号规格、性能指标。例如，一定轴功率的离心泵决定了与之配套的电机功率的大小，过大或过小的电机功率造成“大马拉小车”或“小马套大车”的不平衡负荷都是不允许的。同样，与轴相配合的轴承的类型规格、精度等必须与轴的受力状况、传递的扭矩、转速以及轴本身的尺寸、精度等相一致，若轴承选用不当，就会降低系统的效果。另一方面，在一定的技术要求的基础上，产品或零部件的功能水平，还取决于用户的经济条件和支出能力。可以这样说，如果没有经济条件的制约，人们对功能水平的要求是没有止境的，正是出于经济上的考虑，在一定范围内，用户决定使用某项功能时，总要对其费用支出大小和功能水平高低比较、权衡一番，使支出得当，获取合理。因此，要掌握标准功能水平，应从使用条件和经济条件两方面去访问用户，调查功能使用系统的技术结构和环境条件，调查用户的支出能力和思想意愿，明确实现用户功能要求的产品或零部件的型号、规格以及效率、能耗、精度、寿命、体积、重量等指标。标准功能水平是用户的要求，低于或高于这种水平都是不适宜的。但在实际的产品零部件当中，大量地存在着功能过剩或功能不足。功能过剩是指相对标准功能水平来说，存在着多余的、过剩的功能水平的情形。过分强调技术上的可靠性、先进性、容易在产品中产生功能过剩。功能不足意味着用户要求的标准功能水平没有达到。例如，某种型号的汽车，要求载重量 10T，发动机功率达到 180 马力。而实际上，该种型号的汽车载重量只有 9.5T，发动机的功率只有 170 马力左右，功能不足。同功能过剩一样，功能不足与用户要求是相悖的，对这种情形，应追加成本，提高功能水平，努力达到标准功能水平要求。

同人一样，产品也有寿命。从产品研制、制造到用户使用后不再使用为止的整个时期，称为产品的寿命周期。它包括研制、制造和使用三个阶段。

产品在整个寿命周期过程中所发生的全部费用，称为寿命周期成本。产品寿命周期成本包括生产成本 C_m 和使用成本 C_u 两部分。生产成本 C_m 是发生在产品生产企业内部的成本，包括产品的科研、设计、试制费用以及制造过程的材料、工时及其他费用等。作为一次性的费用投入，生产成本在企业的整个生产过程中，具有比较完整的原始记录、统计核算资料，是生产企业可直接控制的成本。使用成本 C_u 是用户在使用产品过程中支付的各种费用的总和，它包括产品的运输、安装、调试、管理、维修、能耗等方面的费用。使用成本连续地发生在产品的整个使用过程，其大小与产品功能水平有紧密的内在联系，是产品生产企业可间接控制的成本。在寿命周期成本的分析过程中，使用成本应是扣除了产品残值后的成本。

寿命周期成本存在最低值。寿命周期成本与功能水平的关系见图 8－1。随着功能水平的提高，使用成本降低，生产成本增高；反之使用成本增高，生产成本降低。这在实际产品当中是显而易见的。一台精心设计制造出来的质量优良的电视机，使用过程中的维修费用就比较低；相反地，粗制滥造的电视机故障频繁，使用户买得起而用不起。使用成本、生产成本与功能水平的变化规律决定了寿命周期成本与功能水平的马鞍形曲线变化关系，决定了寿命周期成本存在最低值。最低寿命周期成本点 G 对应的功能水平 F_0 是从成本方面考虑的最为适宜的功能水平。在一定的技术条件下，这一水平与用户从多方面考虑而要求的标准功能水平基本上是一致的。实际产品的价值分析应向 G 点方向努力，力图以最低的寿命周期成本实现用户的功能水平要求。

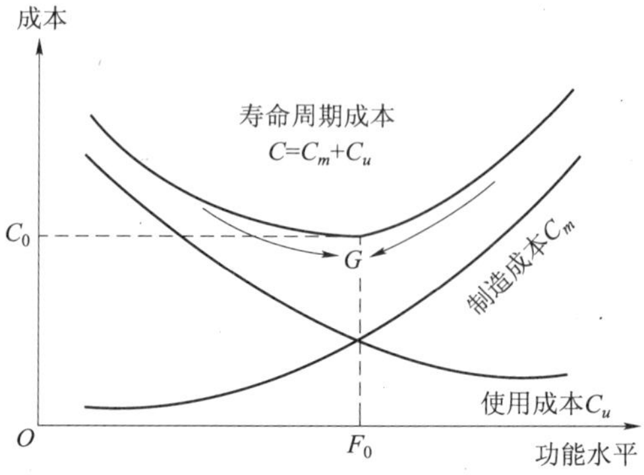

图 8－1　寿命周期成本与功能水平的关系

（二）价值

价值工程中的价值是分析对象的功能与成本的相对比值：

$$\text{价值}(V)=\frac{\text{功能}(F)}{\text{成本}(C)} \tag{8-1}$$

价值的大小决定于功能和成本。价值工程强调力图以最低的寿命周期成本可靠地实现用户要求的功能，以提高分析对象价值。

根据功能、成本与价值的关系，提高价值有五种途径：

（1）功能不变，降低成本。

（2）成本不变，提高功能。

（3）提高功能，降低成本。

（4）小幅度降低功能，大幅度降低成本。

（5）小幅度追加成本，大幅度提高功能。

价值分析是从功能和成本两方面进行的综合性分析。树立价值工程中特定的价值观，能使企业在生产经营实践中，正确处理技术与经济，质量与成本的关系，合理利用各种资源，以最小的劳动耗费取得最大的社会效果。

三、价值工程的特点

同其他管理技术相比，价值工程有它自己的一些独到的特点。认识到这些特点，有利于抓住实质，明确要求，合理有效地组织运用。

（一）以功能分析为核心

麦尔斯发现用户的物品要求实质上是功能要求，因而他主张一切从用户要求的功能出发进行本质思考。或者以某个产品、零部件或某个系统为对象，分析它的功能是什么，成本有多高，价值多大，存在什么问题，是否有其他方案能更好地实现这一对象承担的功能；或者经过功能定义，功能整理后，将功能从对象的形式外体中抽象出来，直接分析功能：这是什么功能，它的成本多高，价值多大，存在什么问题，实现这一功能的方案有哪些，最好的方案是哪一个。不仅非功能定义性功能评价和功能定义性功能评价以功能分析为核心，即使是在对象选择和方案创造这种提出问题和解决问题的过程中，也自始至终贯穿着功能分析的思想。离开了功能分析，就不会有价值工程，功能分析是价值工程的核心。

（二）以提高价值为目的

提高价值，也就是提高经济效益，合理利用资源，以最小的劳动消耗，取得最大的社会效果。

价值工程不同于传统的质量管理，单纯地改进功能，提高质量；也不同于传统的成本管理，单方面地控制消耗，降低成本，它是把功能的提高和成本的降低有机地结合起来，致力于价值的提高。正是两方面的有机结合，才能真正实现合理地提高质量，有效地降低成本，达到提高企业经济效益的目的。

（三）坚持三个结合

技术与经济相结合，企业利益与用户利益相结合，价值工程理论同其他管理方法相结合。

价值分析是一种典型的技术与经济相结合的分析方法。功能是技术的一面，成本是经济的另一面，研究功能时考虑成本，研究成本时分析功能，使技术与经济有机结合。价值分析要求技术人员要有经济头脑，经济管理人员要懂一定的专业技术。在具体分析某个产品时，企业的科研、设计、工艺等方面的技术人员要与企业财会、计划、销售等方面的经济管理人员紧密配合，努力提高产品价值。

一个产品既满足用户物美价廉的要求，同时又满足企业本小利大的愿望，这个产品才是具有生产价值的产品。一味地满足用户要求而不顾及企业利益，或盲目追求企业利润而忽视市场效果的做法是不利于产品的生产经营的。价值工程强调降低寿命周期成本，力图以最低的寿命周期成本可靠地实现用户要求的功能，坚持企业利益与用户利益相结合。一个成功的企业在于它能够善于运用各种管理方法。价值工程作为一门提出问题、分析问题和解决问题的系统理论方法，只有同工业工程、质量管理、成本管理及目标管理、计划网络技术等管理方法结合运用，才能达到有效地提高价值的目的。

（四）强调创造性思考

在麦尔斯提出的十三条原则中，有七条是直接用于创造性思考的。提出问题、分析问题，最终是要解决问题。如何解决，价值工程有许多创造性思考原则和方法，这些方法不仅用于方案创造阶段，同时也用于现状分析过程中。一个最基本的创造性思考原则是麦尔斯提出的“突破、创新、求精”原则。麦尔斯认为，运用这一原则在分析问题和解决问题时，可产生极大的效力。

（五）开展有组织的活动

价值工程工作涉及企业内部供、产、销各个环节，企业外部的用户、协作企业等多个方面，需广泛收集企业内外各种有关的情报信息，要求技术人员、经济管理人员、有经验的工作人员，共同研究，集思广益。整个过程庞大、复杂，需要有领导、有计划、有步骤、有组织地进行。通常是以总工程师、总会计师等为首的价值工程小组，积极开展有组织的价值工程活动。

四、价值工程的工作程序和应用范围

发现问题，解决问题要循序渐进。有组织、有步骤地开展活动是价值工程的一大特点。价值工程的工作程序是根据价值工程的理论体系和方法特点，围绕七个问题的明确和解决，系统地展开的。

（一）价值工程的七问题

通过提问，来分析问题，解决问题，具有较强的针对性，符合人们的工作习惯。价值工程活动的七个问题是：

(1) 这是什么?

(2) 它是干什么用的?

(3) 它的成本是多少?

(4) 它的价值是多少?

(5) 有无其他方案实现这个功能?

(6) 新方案的成本是多少?

(7) 新方案能满足要求吗?

这七个问题有着紧密的逻辑关系，它们是按照功能分析和方案创造的思路逐步深入的。

(二) 价值工程的工作程序

开展价值工程活动，首先要成立 VE (Value Engineering) 小组，按照确定对象、功能分析、方案创造与评价、方案实施的程序，有组织、有步骤地进行。确定对象又细分为选择对象、收集情报两个步骤，旨在明确“这是什么”的问题。功能分析包括功能定义、功能整理和功能评价，在这一阶段主要分析三个问题：它是干什么用的？它的成本是多少？它的价值是多少？方案创造与评价具体分为方案创造、概略评价、方案具体化及试验研究、详细评价四个步骤，对应着七个问题中的三个问题：有无其他方案实现这个功能？新方案的成本是多少？新方案能满足要求吗？最后，提案审批，组织实施，进行效果总评。

在实际工作中，一般可按五个阶段、十二个步骤开展价值工程活动（见表 8-1）。

表 8-1　价值工程工作程序和问题

价值工程的工作程序		价值工程的问题
工作阶段	具体步骤	
成立 VE 小组		
确定对象	(1) 选择对象 (2) 收集情报	1. 这是什么?
功能分析	(3) 功能定义 (4) 功能整理 (5) 功能评价	2. 它是干什么用的? 3. 它的成本是多少? 4. 它的价值是多少?
方案创造与评价	(6) 方案创造 (7) 概略评价 (8) 方案具体化及试验研究 (9) 详细评价	5. 有无其他方案实现这个功能? 6. 新方案的成本是多少? 7. 新方案能满足要求吗?

续上表

价值工程的工作程序		价值工程的问题
工作阶段	具体步骤	
成立 VE 小组		
方案实施	（10）提案审批 （11）组织实施 （12）效果总评	

（三）价值工程的应用范围

价值工程起源于材料代用问题的研究，由于简单易行，行之有效，应用范围越来越广泛，已经在机械、纺织、化工、建筑、电子、交通、农业等许多部门和行业得到广泛应用。价值工程的应用范围主要有以下几个方面：

1. 设计过程

包括新产品的设计分析，老产品的改进分析。

2. 制造过程

包括工艺流程、工艺方法分析，技术改造措施分析，原材料、能源的利用分析等。

3. 供销过程

包括原材料、外协件的供应管理分析，产品包装分析，推销分析等。

4. 管理过程

包括机构设置、人事安排、管理方法分析等。

5. 工程设计与施工过程

包括工程设计分析、施工分析、原材料选用分析、技术措施分析等。

第二节　对象选择与情报收集

确定改善对象，收集情报资料是价值工程初始阶段的两项工作。运用一定的原则和方法，选定改善对象，围绕改善对象存在的问题和价值工程的努力目标，广泛收集各种情报资料，为下一步的功能分析和方案创造打下良好的基础。

一、对象选择

价值工程活动是就某具体对象，开展的有针对性的分析研究活动。有了对象才能分析具体内容和目标。一个企业生产的产品品种、规格繁多，它们的质量水平、盈利水平、经营战略各不相同。产品的生产经营要经历设计、加工、装配等多个阶段，涉及供、产、销多个方面，受着人、财、物、技术水平和经营管理水平的综合影响。在企业生产经营系统中，选定哪个产品、哪道工序、哪个环节、哪些因素作为价值改善的对象呢？既不能面面俱到，全面分析，也不能盲目分析某个对象，不分青红皂白。作为价值工程的第一步，选择对象必须遵循一定的原则，运用适当的方法，保证对象选择合理。只有这样才会使价值工程活动富有成效，达成目标，否则会事倍功半、得不偿失。

（一）对象选择原则

在企业系统中，选择对象时，希望改善成效最大，也就是估计在一定的时间和分析条件下，改善该对象最有利于企业系统向预定的目标转化。为此，选择价值改善对象时，应遵循下列两大原则：

1. 与企业的生产经营、长远规划相一致的原则

企业规划决定着企业的生产经营实践，决定着企业未来的发展。选定的价值工程改善对象，应有利于企业生产经营和未来发展，与企业近期或长远规划相一致，与企业的经营思想、经营方针、经营目标相一致。

2. 提高价值的成功可能性原则

并不是与经营目标相一致的各种产品或项目的改进都会有较大的成就，大幅度地提高价值的成功可能性，取决于产品或项目本身的价值改善潜力大小和改善的难易程度，取决于分析研究时的人力、物力、财力等条件，以及能否在一定时间内取得实效。只有具有较大改善潜力的产品或项目，才值得选为价值工程改善对象，它们的改进才真正有利于实现企业经营目标。

（二）对象选择方法

根据对象选择原则，综合考虑各种因素，就可以选择改善对象。实际上，有经验的工作人员，在一定的原则思想指导下，可以轻而易举地选出企业的价值工程改善对象。这也就是所谓的经验分析法或因素分析法，是企业用得最普遍、简单易行的产品或项目的对象选择方法。在目标单一、产品不多或问题简单的情形下，这种方法足以奏效。除此之外，对于复杂情形，可以根据不同的情况和条件，适当选用百分比分析法、ABC 分析法等。

（1）百分比分析法，是通过分析各个对象对企业的某个技术经济指标的影响程度（百分比），选择改善对象的方法。

例如，某企业的煤、电能源消耗较大，迫切需要降低。从哪一方面着手呢？通过对一定时期能耗统计资料的分析，得出生产车间、辅助车间、管理设施、生活设施各自的能源消耗量（标准煤）占企业能源消耗量的百分比（见表 8－2）。百分比值大的，对企业能耗的影响较大。比较表中各项百分比的大小，优先从生产车间的产品 II、产品 IV 开始开展 VE 活动，可以有效地达到控制和降低企业能耗的目的。

表 8-2 能耗统计

生产车间				辅助车间	管理设施	生活设施	Σ
产品Ⅰ	产品Ⅱ	产品Ⅲ	产品Ⅳ				
11%	23%	18%	20%	15%	8%	5%	100%

百分比分析法是一种单因素分析法，它只考虑对某项技术经济指标的影响程度。为此，应结合一些经验性分析，合理选择。在一定时期，企业要提高某项技术经济指标，运用这种方法选择价值工程改善对象进行分析、改进，具有比较强的针对性和有效性。

(2) ABC 分析法，是一种主次分类法。根据对象对某项技术经济指标的影响程度和对象数量的比例两个因素，将整体中的所有对象分成主次有别的 A、B、C 三类，其目的是明确整体中“关键的少数和次要的多数”。

在价值工程对象选择中，ABC 分析法常常用于某个复杂产品中零部件的对象选择，依据部分零部件成本占所有零部件成本总和的百分比，和部分零部件种数占所有零部件种数的百分比，将零部件分类。据此，价值工程小组可结合一定的时间要求和分析条件，略去“次要的多数”，抓住“关键的少数”，有效地开展工作。

零部件 ABC 分类的具体步骤如下：

① 将各种零部件按零部件的产品成本从大到小的顺序排序。零部件的产品成本，是这种零部件在产品成本中总共占有的成本份额。一种零部件若在产品中只有一件，那么这种零部件的产品成本也就是这个零部件的单件成本。反之，如果同一零部件在产品中有多件，则这种零部件的产品成本等于单件成本的多项（对应于产品中的多个）之和。

【例 8-1】 某产品由 31 种零部件组成，其中 2 种零部件有重复，1 种零部件在产品中有 4 个，其单件成本为 1.41 元，因而，这种零部件的产品成本为：件数 × 单件成本 = 4 × 1.41 = 5.64 元。另一种零部件在产品中有 2 个，这种零部件的产品成本 = 2 × 0.74 = 1.48 元。其他零部件的产品成本等于零部件的单件成本之和。将各零部件按其产品成本从大到小的顺序，顺次编号排列，如 ABC 分类表（表 8-4）的左边两列所示。

② 计算零部件总种数和总成本。零部件总种类不是组成产品的零部件总件数，总件数包含了重复件在内。而重复件不能计入总种数。总种数是所有零部件各类之和，它是在每种零部件都是 1 的基础上统计的。在例 8-1 中，总种数等于 27 种，也就是序号末数。

总成本是各零部件的产品成本之和。在例 8-1 中，27 种零部件的产品成本之和，即总成本为 35.6 元。

③ 分类。在 A、B、C 三类中，每类的零部件种类之和（简称类种数）占总种数的百分比（简称类种数百分比）与每类的零部件产品成本之和（简称类成

本）占总成本的百分比（简称类成本百分比）的一般参考数值见表 8－3。

表 8－3　　ABC 分类的两指标数值参考

类　型	$\left(\frac{类种数}{总种类}\right)$类种数百分比	$\left(\frac{类种数}{总种类}\right)$类成本百分比
A 类	10% 左右	70% 左右
B 类	20% 左右	20% 左右
C 类	70% 左右	10% 左右

对排列好的零部件，顺次计算累计种数占总种数的百分比，计算累计零部件的产品成本占总成本的百分比，同时，将计算出的两种百分比与 A 类的种类数百分比、类成本百分比的参考数值比较。如果两种指标的实际数值与参考数值相差不多，可将被累计计算的零部件划归为 A 类。在表 8－4 所示的 ABC 分类中，前三种零部件的累计种类百分比为 3/27＝11.1%，累计成本百分比为 24.95/35.60＝70.1%，它们与 A 类两种指标的参考数值相近，故将这三种零部件列为 A 类。在这个例子中，A 类的种类数百分比为 11.1%，类成本百分比为 70.1%。类似

表 8－4　　ABC 分类表

序号	零部件产品成本（元）	分　类				
		累计种数（种）	累计种数百分比（%）	累计成本（元）	累计成本百分比（%）	说　明
1	11.7	1	3.7	11.7	32.9	A 类 类种数百分比：11.1% 类成本百分比：70.1%
2	7.61	2	7.4	19.31	54.2	
3	5.64（＝4×1.41）	3	11.1	24.95	70.1	
4	2.44	1	3.7	2.44	6.9	B 类 类种数百分比：18.5% 类成本百分比：20%
5	1.65	2	7.4	4.09	11.5	
6	1.48（＝2×0.74）	3	11.1	5.57	15.6	
7	0.83	4	14.8	6.4	17.8	
8	0.71	5	18.5	7.11	20.0	
9	0.61	1	3.7	0.61	1.7	C 类 类种数百分比：70.4% 类成本百分比：9.9%
10	0.43	2	7.4	1.04	2.9	
… 27	… 0.05	… 19	… 70.14	… 3.54	… 9.9	
总种类＝27	总成本＝35.6					

于 A 类的划分，就剩下的零部件重新计算累计种数百分比和累计成本百分比，从而确定 B 类。表 8 - 4 中，除去 A 类后顺次 5 种零部件的累计种数百分比为 5/27 = 18.5% 。累计成本百分比为 7.11/35.6 = 20% ，两种百分比与 B 类的种类数百分比和类成本百分比的参考数值相差不多，将这 5 种零部件划分为 B 类。除去 A 类和 B 类，剩下的都是 C 类。

在分析表 8 - 4 时，还可以做出 ABC 分类图，直观地表示出 A 类、B 类、C 类中，各自的种类数百分比和类成本百分比。

根据例 8 - 1 中的 A 类、B 类、C 类的类种数百分比和类成本百分比，做出的 ABC 分类图（见图 8 - 2）。从图中可直观地看出 A 类是“关键的少数”，C 类是“次要的多数”，A 类零部件是重点改善对象。

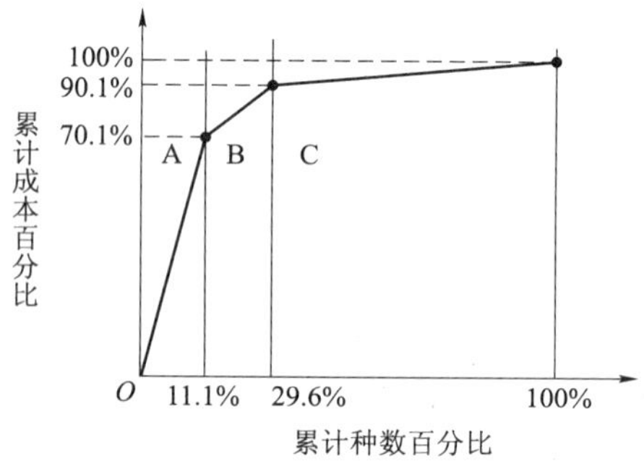

图 8 - 2　ABC 分类图

ABC 分析法，除了用于产品中零部件的分类外，还可以广泛地用于施工过程中主次项目、工艺过程中工艺环节、管理过程中主次因素的分析。

ABC 分析法综合考虑了被选择对象对某项技术经济指标的影响程度和对象数量的比重大小，划分出被选择对象的主次类别，有利于集中力量，重点突破。ABC 分析法比百分比分析法更全面、细致，两者实质上没有本质区别，百分比分析法可看做是 ABC 分析法的简单情形。事实上，根据分析法的基本思想，可直接根据零部件的成本比重大小划分出 A、B、C 三类，而不需要计算累计种数百分比。

关于零部件的对象选择还有其他方法，可参阅功能分析的有关章节。

二、情报收集

价值工程情报是对实现一定的价值工程目标有益的知识、资料。价值工程提出问题、分析问题、解决问题的过程是各种资料情报的运用过程。情报如同价值工程的食粮和材料一样，没有情报，价值工程活动就寸步难行。因此，价值工程一开始就要有计划、有目的地广泛收集各种情报资料，只有掌握了比较完整、精确的情报资料，价值工程活动才可能顺利地开展，才有可能使功能及其成本分析做到深刻、细致，才有可能提出好的改进方案，取得突破性的成效。

（一）情报内容

价值工程活动是一项技术与经济的综合分析、研究活动，涉及面广，所需的情报内容广。不同的分析对象，情报内容有所不同。就机械产品的改善分析而言，情报资料遍及与产品生产经营有关的各个方面，主要有下列几方面的情报：

（1）用户方面的情报；

（2）市场方面的情报；

（3）企业生产经营方面的情报；

（4）产品技术方面的情报；

（5）产品成本方面的情报；

（6）供应、外协方面的情报。

（二）情报的收集和整理

收集情报资料是一项周密而系统的调查研究活动，有原则、有组织、有计划地收集整理是这一活动成功的保证。

1. 收集情报的五条原则

（1）目的性原则。收集情报资料之前，首先必须明确目的是什么，避免无的放矢。

（2）可靠性原则。情报的可靠性和准确性直接影响判断、分析的结果。只有准确、可靠的情报，才能做出正确的判断和分析。

（3）全面性原则。全面地掌握各种情报资料是成功地开展价值工程活动的重要条件。应尽可能比较完整地进行调查收集，以较好地保证全面性原则。

（4）时间性原则。情报收集的时间性原则有两个方面的含义：其一，情报收集必须比相应的分析研究活动提前一定时间，以确保及时提供所需的情报资料。其二，收集的情报必须有明确时间内容，没有确定时间的情报是不可靠的情报。

（5）计划性原则。收集情报的目的、内容、时间要求、人员落实等需要通过计划明确下来，周密地编制具体执行计划，有利于保证目的性、可靠性、全面性、时间性的原则要求，有条不紊地调查收集情报资料。

2. 建立情报收集小组

情报资料事关价值工程活动成败，需要系统收集、科学整理、及时提供，为此在一开始，就应建立专门的情报收集小组，在价值工程小组的领导下，全面负责所需资料的收集、整理和保管工作。

3. 编制情报收集计划

编制情报收集计划一般要明确以下内容，即：目的、情报内容和来源、时间、收集方式、收集人。

4. 整理情报

情报的收集不是简单的资料汇集，需要在收集的基础上分析、整理，保证资料的全面性、可靠性，以便利于价值工程活动的分析和研究。其内容与步骤如下：(1) 全面性、可靠性分析；(2) 统一性分析；(3) 分类；(4) 编整。

整理完毕后，情报收集小组应写出总结报告，概要说明所收集的情报内容、查阅方式等，将报告提交价值工程小组，使价值分析人员心中有数，同时也征求意见，若有什么问题和不足，以便及时采取措施予以解决。

第三节　功能的定义与整理

功能分析主要包括功能定义、功能整理和功能评价三部分内容。通过功能的定义与整理，明确改善对象的功能及功能之间的关系，弄清功能系统，为进一步的功能评价和方案制定打下基础。

一、功能定义

功能定义就是对改善对象所具有的功能进行语词表达，明确功能的内容和水平。功能定义必须回答“它是干什么用的?”这个问题。

(一) 功能定义的作用

1. 明确用户要求

产品设计的依据是用户要求的功能。功能定义的根本任务就是透过产品的形式实体，准确抓住用户的本质要求。功能定义不准，就会使产品设计因偏离用户要求而失败，可以说，功能定义对价值工程的创新活动具有导向性作用。

2. 开阔创新思路

围绕用户要求的功能，进行思考创新，思路比较开阔，想象比较丰富，易于提出富有成效的改进方案。

3. 便于功能整理和评价

(二) 功能定义的方法

功能定义要求简明扼要，因此，功能定义一般采用“两词法”——用两个词组成的词组来定义改善对象所承担的功能。通常，“两词法”的具体表现形式是：一个动词和一个名词所构成的动宾词组型功能定义。

例如，车床的功能表现为对被作用对象“工件”进行“切削”，因此其动宾词组型功能定义为：切削工件。诸如，传递扭矩、控制噪音、保持位置等，都属于动宾词组型功能定义。功能承担者的名称与动宾词组型功能定义中动词和名词的关系是主谓宾的关系。例如：

主语	谓语	宾语
车床	车削	工件
传动轴	传递	力矩

钟表　　　　　　显示　　　　　　时间

电线　　　　　　传导　　　　　　电流

明确这种主谓宾关系，有助于妥当、贴切地进行功能定义。有时为了明确功能水平的高低，可采用主谓词组法。如电视机的功能定义采用动宾词组时，为“显示图像”、“发出伴音”等，对应的主谓词组型功能定义则为“图像清晰”、“伴音洪亮”、“造型大方”、“性能稳定”等。

（三）功能定义的要求

能否用“两词法”正确定义出改善对象的功能，取决于价值分析人员的知识水平和实践经验，如果确实难以用两词结构定义功能，也可以采取其他的词语形式。无论是“两词法”还是其他形式的词语表述，都应注意下列两点要求：

1. 准确简练

准确简练，也就是要求用简明扼要的语词将改善对象承担的功能正确完整地定义出来。要克服抽象地、泛泛地下定义的不妥当做法，保证功能定义贴切具体、准确无误，同时，内容明确、言简意明。

2. 尽可能定量化

为了合理、有效地进行功能的评价分析和方案改造，在功能定义中，还应尽可能地明确具有一定意义的定量数据，如“传递扭矩 200 牛顿·米”、“抽排气体 27 立方米/分”等。要注意的是，这些数值应是用户要求的，能反映功能水平高低的数值指标。

二、功能整理

功能整理就是对定义出的功能进行系统的分析、整理，明确功能之间的关系，分清功能类别，建立功能系统图。

（一）功能整理的作用

1. 明确功能之间的关系和功能类别

在功能系统中，任何功能都是在与其他功能相互联系、相互作用中发挥作用的。通过分析、整理，可明确功能之间是目的手段关系，还是并列同位关系，明确哪些是基本功能，哪些是辅助功能，哪些是使用功能，哪些是美观功能等。

2. 掌握功能系统

功能的分析整理过程也可以说是一个认识功能系统、掌握功能系统的过程。产品的功能系统反映了产品的机能、本质。掌握了功能系统，不仅深刻理解了产品的存在，而且也把握了产品的未来。

3. 辅助功能评价

功能分析是一个定性分析和定量分析相结合的过程，定性分析是定量分析的基础。功能整理作为系统深入的定性分析，为进一步的功能分析和评价创造了条件。

4. 引导方案创造

研究、分析功能，掌握功能系统的最终目的，是要引导方案创造，以新结构、新形式、新技术，经济合理地实现用户要求的功能。

（二）功能系统图

功能整理主要是围绕着功能系统图的建立进行的，可以说，功能整理就是建立功能系统图。功能系统图就是按照一定的原则方式，将定义的功能连接起来，从单个到局部、从局部到整体形成的一个完整的功能体系。

1. 几个基本概念

（1）整体功能。在图 8－3 中，最左边的功能是产品的整体功能，它是用户的直接要求，是整个功能系统的最终实现目标。

（2）功能级别。功能级别的划分是依据功能与整体功能相隔的功能级数来定的，它反映了各级功能与整体功能关系的紧密程度。

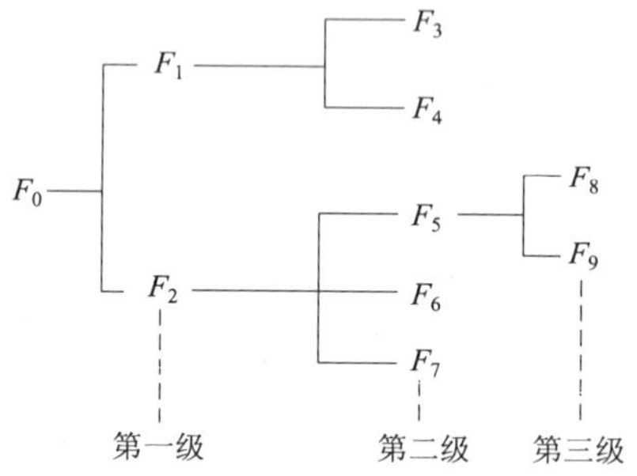

图 8－3　功能系统图

（3）目的功能与手段功能。如对平口虎钳主要零部件进行功能定义后，得到三项功能：夹紧工件、压紧钳口、施加旋力。施加旋力的目的是压紧钳口，压紧钳口的目的是夹紧工件。夹紧工件是压紧钳口的目的功能，压紧钳口是夹紧工件的手段功能；施加旋力是压紧钳口的手段功能，压紧钳口是施加旋力的目的功能。从这里，可看出目的功能与手段功能是相对的。

（4）上位功能与下位功能。上位功能与下位功能是目的功能与手段功能的代名词，两者强调目的功能与手段功能在功能系统图上的位置关系。在功能系统图上，上位功能居左，下位功能居右，两者相差一级。具有同一（或多个）上位功能的多个下位功能称为同位功能。

2. 功能系统图的建立

目的功能与手段功能的关系称为目的—手段关系。对任意一项必要功能来说，只有目的功能或者只有手段功能，或者既有目的功能又有手段功能，三者必具其一。因此，通过追问功能的目的与手段，总可以找到其横向相邻的功能，逐个追问下去，同时注意到具有同一目的功能是并列关系的同位功能这一特点，最终就可形成功能系统图。这种建图原则称为目的—手段原则。目的—手段原则是建立功能系统图的基本原则。建立功能系统图的具体方法有：

（1）由手段追寻目的。对于不太复杂的现有产品，可通过由手段追寻目的的功能整理办法建立功能系统图，例如建立保温瓶的功能系统图。

（2）由目的寻找手段。对于有成千上万个零件的复杂产品，或设计尚未定型、处于设计中的产品，可采用由目的寻找手段的方法建立其功能系统图。

以载重汽车为例。从整体功能开始，逐级向下追问手段功能，直到不能继续细分为止。载重汽车的整体功能是“运载货物”，从原理上看，运载货物具有的手段为：“提供货厢”、“驱动货厢”及“形成外观”的功能。“驱动货厢”的手段有行走机构、驱动行走机构、联结行走机构和货厢形成整体。接下来继续追问，可整理得到载重汽车的功能系统图（主要部分）（见图8－4）。

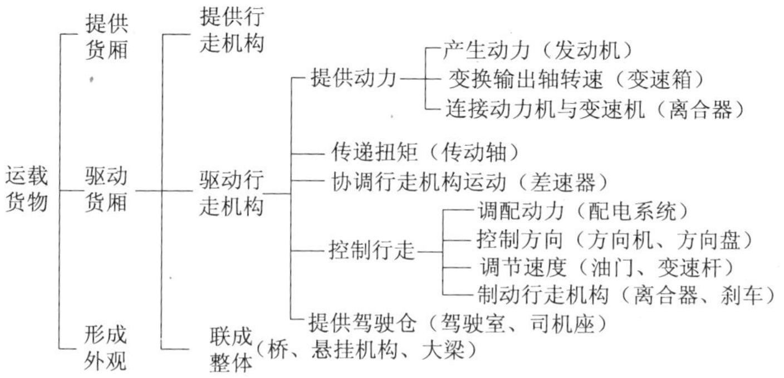

图8－4　载重汽车的功能系统图

（3）结构式功能系统图。结构式功能系统图，是按产品整体、部件、组件直至零件，从左至右逐级地进行功能定义，然后依据相互间的目的与手段关系加以连接。采用这种方法所得到的功能系统图，在表现形式上是一个与产品结构相对应的功能结构（见图8－5）。

（三）功能的分类

一般地，根据用户直接的目的要求和设计者实现手段的设计，可将功能分为整体功能和设计功能；根据功能的重要性，又可分为基本功能和辅助功能；根据满足用户要求的性质，还可分为使用功能和美观功能；根据用户的功能要求，又可分为必要功能和不必要功能。

1. 整体功能和设计功能

整体功能是产品整体直接表现出的功能，它是用户的直接要求，产品存在的根本，是必须保证，不可改变的。设计功能是为实现整体功能，由设计者规划、设计的功能，是可改变的。

2. 基本功能和辅助功能

基本功能与辅助功能是在同位功能中，按实现上位功能的重要性来区分的。基本功能是实现上位功能的主要功能。没有这一功能，上位功能就不可能实现。

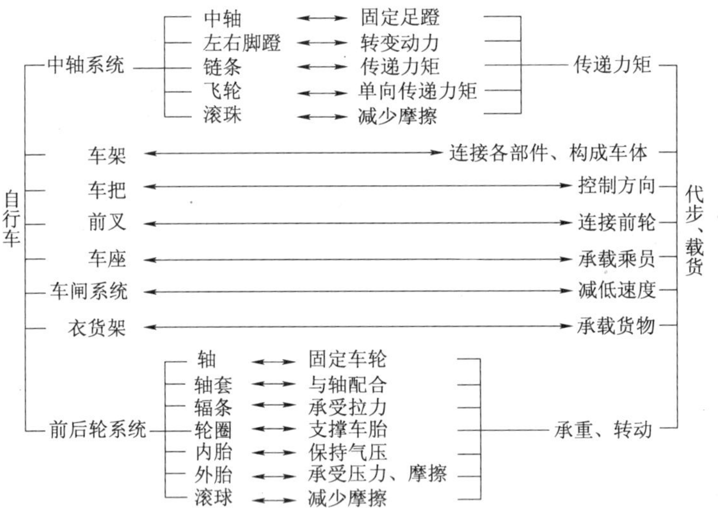

图 8-5　自行车结构式功能系统图

辅助功能则是辅助基本功能实现上位功能的次要功能。同位功能中，除了基本功能外，剩下的都是辅助功能。

3. 使用功能和美观功能

使用功能体现的是使用属性，是一种动态性功能；美观功能反映的是艺术性，是一种静态的外观功能。

4. 必要功能与不必要功能

必要功能是用户要求的功能，不符合用户要求的功能称为不必要功能。由于产品设计上的主观和客观原因，导致产品存在着一些过时的、不必要的功能。价值分析应努力发现和剔除不必要功能，提高产品价值。

第四节　功能评价

功能评价包括相互交织、相互联系的价值评价和成本评价两个方面。价值评价就是计算和分析评价对象的实际价值，分析成本与功能的合理匹配程度。成本评价就是核算和确定评价对象的实际成本、功能评价值，计算和分析成本改善期望值。成本改善期望值又叫成本改善幅度，它等于实际成本减去功能评价值。

$$\Delta C = C - F \tag{8-2}$$

式中：ΔC——成本改善期望值；

C——现实成本，或称实际成本；

F——功能评价值。

一、功能评价的目的

1. 确定重点改善对象和具体改进途径

通过价值、成本的分析评价，可揭示评价对象功能和成本不合理匹配的矛盾，发现存在的问题和差距，继而确定重点改善对象，确定具体改进途径，如，追加成本、提高功能，还是剔除剩余功能、降低成本等。

2. 确定目标成本

功能评价的另一个重要目的就是确定各评价对象的功能评价值，即目标成本。功能评价值是在一定的生产技术条件下，根据实际功能的要求合理制订的，同实现用户要求的功能一样，它是改善评价对象应实现的成本目标。

二、功能评价的形式和方法分类

功能评价最难、最关键的是评价对象的功能数量化。功能数量化主要有功能成本化、功能评分化和功能参数化三种形式，相应地，功能评价的方法可分为功能成本化功能评价、功能评分化功能评价和功能参数化功能评价三类。

功能评价的评价对象有两种，一种是功能的承担体，另一种是定义出的功能。以功能的承担体为评价对象的功能评价称为非功能定义性功能评价，以定义出的功能为评价对象的功能评价称为功能定义性功能评价。前者具体、易行，但分析粗糙；后者评价深入，创新思路开阔，但运用困难。实际评价中，可视具体情况，灵活选用。两种评价形式的评价对象虽然不同，但评价的内容都是相同的——功能的价值评价和成本评价，都可运用三类评价方法。

三、功能成本化功能评价

所谓功能成本化，就是以成本金额形式的功能评价值定量表示评价对象的功能。在此基础上进行的功能评价，称为功能成本化功能评价。

功能成本化功能评价的计算、分析式为：

$$V_i = \frac{F_i}{C_i}$$

$$\Delta C_i = C_i - F_i, i = 1, 2, \cdots, n \tag{8-3}$$

式中：i——评价对象的序号；

n——评价对象个数；

F_i——评价对象 i 的功能评价值；

C_i——评价对象 i 的实际成本；

ΔC_i——评价对象 i 的成本改善期望值；

V_i——评价对象 i 的价值指数。

功能成本化功能评价，可按以下三个步骤进行：

第一步，计算评价对象实际成本。对于非功能定义性功能评价，要计算产品或零件的实际成本。如何计算产品或零件的实际成本，可参考有关成本财务管理书籍。对于功能定义性功能评价，还要将产品或零件的实际成本分摊到所承担的功能中去，以计算出各项功能的实际成本。

第二步，确定评价对象功能评价值。确定功能评价值即确定与功能合理匹配的目标成本。确定目标成本有许多方法，如价格成本法、低价格比例法、实际调查法等。

1. 价格成本法

根据一定的价格和单位产品税利额，制定目标成本的方法称为价格成本法。其具体公式是：

$$产品目标成本 = 单价 - 单位产品税利$$

2. 低价格比例法

将产品的市场最低价格与本厂价格进行比较，在现有产品成本的基本上，按最低价格与本厂价格之比，同比例确定产品改革后的成本指标。

$$目标成本 = \frac{最低价格}{本厂价格} \times 产品实际成本$$

3. 实际调查法

广泛地进行实际调查，收集企业内外具有同样功能的产品或零部件的实际成本，针对所要求的功能水平，从收集的成本资料中相应地选择最低的成本作为评价对象的功能评价值。

第三步，计算和分析评价对象的价值指数、成本改善期望值。

价值指数是功能评价值与实际成本的比值。价值指数的大小主要有三种情形：大于1、等于1、小于1。针对每种情形，一般可相应地做出下列判断分析：

$V_i > 1$——实际成本小于功能评价值。表明评价对象实际成本偏低，功能不足，应追加成本，提高功能。

$V_i = 1$——实际成本等于功能评价值，这种情形通常被认为评价对象的功能符合要求，成本与功能合理匹配，价值最佳。

$V_i < 1$——实际成本大于功能评价值，表明评价对象实际成本偏高，很有可能存在功能过剩，应剔除过剩功能，降低评价对象成本。

在具体分析某个产品或某个零部件时，还应和技术经济指标、结构、工艺的分析结合起来。

评价对象的成本改善期望值等于实际成本减去功能评价值。成本改善期望值反映了评价对象成本可能的改善幅度，比较各评价对象成本改善期望值的绝对值，能看到各评价对象的改善对整体改善的影响大小，即成本改善期望值的绝对值大的评价对象的改善对整体改善的影响就大，反之则小。

四、功能评分化功能评价

通过评价对象之间的相对评分，将评价对象的功能数量化，在此基础上进行的功能评价，称为功能评分化功能评价。

（一）评价对象的功能评分

1. 评分的立场和依据

评价对象的功能评分是站在用户的立场上，依据评价对象的功能重要程度来进行的，功能越重要，评分就越高，反之则越低。

2. 评分方法

评价对象的功能评分方法有很多，如对比求和评分法、环比倍乘评分法、环比比例评分法、分功能评分法等，这里只择其一二，举例说明。

（1）0－1对比求和评分法。某产品有4个零件A、B、C、D。就功能的重要程度来比较，B零件比A零件重要，A零件比C零件重要，C零件比D零件重要。所以，B零件同其他3个零件比较均得1分，共3分；A零件与B零件相比，A零件得0分，A零件与C、D零件相比较，各得1分，共2分；同样的道理，可得到C零件、D零件的功能评分分别为1分、0分。为避免最不重要的功能得0分，可将各功能评分加1分进行修正（见表8－5）。

表8－5　　0－1评分表

评价对象（行）＼评价对象（列）	A	B	C	D	功能评分	修正得分
A		0	1	1	2	3
B	1		1	1	3	4
C	0	0		1	1	2
D	0	0	0		0	1

（2）环比倍乘评分法。某产品有四零件：甲、乙、丙、丁。就功能重要程度来比较，甲零件是乙零件的2倍，乙零件是丙零件的1.5倍，丙零件与丁零件重要程度相等。所以，如果令丁零件的功能重要程度评分为1分，那么，其他零件的功能评分就可根据倍数值的累计倍乘，相应地得到功能评分值（见表8－6）。

表8－6　　环比倍乘评分表

评价对象	环比值	功能评分 FS_i
甲	2	3
乙	1.5	1.5
丙	1	1
丁		1

（二）评价对象的价值评价

1. 比重比较法

评价对象 i 的价值指数 $V_i = \dfrac{\text{功能指数 } FI_i}{\text{成本指数 } CI_i}$，$i=1, 2, \cdots, n$

式中：

$$FI_i = \frac{FS_i}{\sum_{i=1}^{n} FS_i}, CI_i = \frac{C_i}{\sum_{i=1}^{n} C_i} \tag{8-4}$$

FS_i——评价对象 i 的功能评分。

依据价值指数计算式，计算出各评价对象的价值指数，针对价值指数大于1、等于1、小于1三种情形，分别有下列的判断分析：

$V_i > 1$——表明评价对象 i 相对于其他评价对象来说，成本偏低，功能可能存在不足。

$V_i = 1$——表明评价对象 i 的现状比较理想。

$V_i < 1$——表明评价对象 i 相对于其他评价对象来说，成本偏高，功能可能存在过剩。

比重比较法存在偏差，判断分析容易失误。

2. 基点比值法

基点比值法是一种比较准确的价值评价方法。价值指数计算式：

$$V_i = \alpha \cdot \frac{FS_i}{C_i}, i = 1, 2, \cdots \tag{8-5}$$

式中：α 称为基点系数，它是根据某个成本与功能合理匹配的评价对象（也就是基点）的实际成本、功能评分计算出来的，即：

$$\alpha = \frac{C_{i0}}{FS_{i0}} \tag{8-6}$$

i_0 是成本与功能合理匹配的、被选为基点的评价对象的编号，C_{i0} 和 FS_{i0} 分别为评价对象 i_0 的实际成本和功能评分。

基点比值法关于价值的判断分析，与功能成本化基础上的功能评价中关于价值的判断分析相同，这里就不再复述。

(三) 评价对象目标成本的推算

在评定出各评价对象的功能评分并找到基点计算出基点系数后，可按下式推算各评价对象的目标成本：

$$F_i = \alpha \cdot FS_i, i = 1, 2, \cdots, n \tag{8-7}$$

显然地，目标成本合理与否直接取决于功能评分和基点系数的准确程度。为使目标成本真正体现“可靠地实现用户所要求的最低成本”的要求，一方面，基点系数要选准确；另一方面，应结合具体情况，对推算出的目标成本进行一定的修正。

五、功能参数化功能评价

功能参数化，就是将评价对象的功能用功能参数值定量表示。在此基础上进行的功能评价称为功能参数化功能评价。

(一) 实际价值指数与合理价值指数

在功能参数化价值评价中，产品价值指数等于产品的某个主要功能参数值除以产品成本。根据产品成本是实际成本还是合理成本的不同，价值指数有实际价值指数与合理价值指数两种。

实际价值指数的计算式为： $$V=\frac{J}{C} \tag{8-8}$$

式中：J 是产品的某个主要功能参数值，如水泵的流量、汽车的吨位、转轴的扭矩等。C 为产品的实际生产成本。产品实际价值指数 V 反映了产品单位成本提供的功能物理量大小，这种价值指数具有期望性，价值指数越大越好。

合理价值指数的计算式为： $$V'=\frac{J}{F} \tag{8-9}$$

用以计算价值指数的产品成本是一个合理成本 F_0。合理成本是指，在一定生产技术条件下能可靠地实现一定产品功能水平（或一定功能参数）的最低成本。产品成本过低，会导致产品性能低、质量差、功能不足；产品成本过高，则会给用户增加不合理的价格负担，影响企业盈利。由合理成本计算出的合理价值指数则成为实现一定功能参数的产品价值目标，成为衡量、评价产品的一种尺度。

（二）成本特性与价值指数规律

在系列产品中（精密仪器产品除外），一般材料成本随产品规格或功能参数的变化近似同比例变化，而工费成本则比较稳定。因此，随产品规格或功能参数的增加，产品成本也相应地增加，但以小于规格或功能参数的增加比例而增加。这就是系列产品的成本特性。

假定系列产品中，有两种规格 J_1、J_2，且 $J_2>J_1$，根据成本特性有：

$$\frac{F_2-F_1}{F_1}<\frac{J_2-J_1}{J_1}$$

整理后得到：

$$\frac{J_1}{F_1}<\frac{J_2}{F_2} \tag{8-10}$$

式中：F_1、F_2 分别为两种规格产品的合理成本。

上式表明，规格参数高，合理价值指数就高。合理价值指数与规格参数的这种关系，是系列产品中各规格实际价值指数应遵循的规律：系列产品中，规格参数高，实际价值指数就应该高，实际价值指数应随规格参数的递增而递增（或随规格参数的递减而递减）。

合理成本与规格参数的内在联系，决定了合理价值指数是规格参数的函数。理论分析和实际资料表明，合理价值指数近似为规格参数的幂函数：

$$V'=K\cdot J^{\alpha}\quad (J>1, K>0, 0<\alpha<1) \tag{8-11}$$

式中：K、α 为常数。不同产品系列的 K、α 值不同。这一关系说明了，在产品系列中，随着规格参数的变化，合理价值指数按其幂函数变化。

（三）相对价值指数的计算和分析

相对价值指数用来分析产品功能与成本匹配合理性，它等于实际价值指数与合理价值指数之比，即：

$$V''=\frac{V}{V'}=\left(\frac{J}{C}\right)(K\cdot J^{\alpha})=J^{1-\alpha}(K\cdot J^{\alpha}) \tag{8-12}$$

相对价值指数大于1，表明实现一定功能参数的实际成本较低，产品其他性能指标可能偏低，功能不足；相对价值指数小于1，表明实现一定功能参数的实际成本偏高，产品其他性能指标可能偏高，功能过剩；相对价值指数等于1或近似等于1，表明产品功能与成本匹配比较合理。

产品相对价值指数与1偏离越大，说明存在的问题越严重，越应优先改进。进一步地，结合设计标准、用户要求以及结构、工艺，详细分析，找出功能不足或功能过剩的直接原因和具体表现，以便在产品的改革设计中，通过追加成本、提高功能或剔除剩余功能、降低成本，实现功能与成本的合理匹配。

已知产品系列中各规格的功能参数和实际成本，计算相对价值指数的关键是确定常数 K 和 α。经估计分析，如果有 n（$n>2$）种规格的实际价值指数比较合理，也就是不存在明显的过高、过低现象，则可依据这 n 种规格的实际价值指数和功能参数，用最小二乘法近似推算常数 K 和 α：

$$\alpha=\frac{n\sum(\lg V_i)(\lg J_i)-(\sum\lg V_i)(\sum\lg J_i)}{n\sum(\lg J_i)^2-(\sum\lg J_i)^2} \tag{8-13}$$

式中：$\sum$表示从 i 到 n 的和。

【例8-2】某厂生产柴油机的传动轴若干，其中主要传动轴有五种。在提高产品质量、降低生产成本的活动中，为明确产品存在的问题，有针对性地着手改进，企业设计人员对五种轴系统地进行了功能与成本的匹配合理性分析。根据轴实际传递的最大扭矩和实际生产成本，计算各轴的实际价值指数（见表8-7）。在五种轴中，轴Ⅳ的实际价值指数明显偏低，其他四种轴的实际价值指数随功能参数的递增而递增，符合价值指数规律。取这四种轴的实际价值指数和实际扭矩，按最小二乘法计算式列表（表略），计算常数 K 和 α 得到：

$$\alpha=0.23, K=1.12$$

表8-7　　各传动轴相应数据

	轴Ⅰ	轴Ⅱ	轴Ⅲ	轴Ⅳ	轴Ⅴ
实际扭矩（公斤·米）J	3.5	4	5	10	40
实际成本（元）C	2.4	2.5	3	6.6	15.6
实际价值指数（公斤·米/元）V	1.46	1.6	1.67	1.52	2.56
相对价值指数 V''	0.91	1.04	1.04	0.80	0.98

然后，按相对价值指数计算式计算各轴的相对价值指数。轴Ⅱ、轴Ⅲ和轴Ⅴ问题不大，但轴Ⅰ和轴Ⅳ的相对价值指数远小于1，表明两种轴实际成本偏高，可能存在功能过剩。进一步分析发现，轴Ⅰ表面精度过高、工艺复杂；轴Ⅳ直径过大，致使材料费用偏高。

针对存在的问题，设计人员重新设计了轴Ⅰ和轴Ⅳ，结果既保证了两轴的功能水平要求，又降低了它们的生产成本。

(四) 目标成本计算

功能参数化功能评价着重于具有系列特征的对象分析，与此相对应，制订评价对象目标成本的方法主要有幂函数法。幂函数法是根据系列产品中，实现一定功能参数的合理成本与功能参数的近似幂函数关系来制定目标成本的方法。对应一定的参数目标，合理成本即为目标成本。

由 $V'=\frac{J}{F}=K\cdot J^{\alpha}$ 得目标成本计算式：$F=\frac{1}{K}\cdot J^{1-\alpha}$　　(8－14)

例 8－2 中，传动轴目标成本的计算式为：

$$F=\frac{1}{1.12}\times J^{1-0.23}=0.89J^{0.77}$$

假定各轴的实际扭矩均符合设计要求。对应这些扭矩参数，由上式计算出各轴的目标成本（见表 8－8）。

表 8－8　　各传动轴目标成本

	轴Ⅰ	轴Ⅱ	轴Ⅲ	轴Ⅳ	轴Ⅴ
扭矩（公斤·米）J	3.5	4	5	10	40
目标成本（元）F	2.34	2.60	3.08	5.26	15.29

(五) 方法特点和适用的范围

功能参数化功能评价只能用于功能参数明确的系列产品的评价分析。用以计算的功能参数是产品的一项主要的、具有代表性的功能参数。如果产品主要功能参数有多项，则应运用比例推算的方法，将这多项功能参数化为一个综合指标参数评分权数和，代替单一参数参与相对价值指数的计算和分析。

另外，同系列产品中也可能存在着结构原理、生产特点等各不相同的情形，这类产品不可能服从同一价值指数的幂函数规律。只有结构原理、生产特点可比的系列产品，方可运用功能参数化功能评价方法。

第五节　方案制定与实施

一、方案制定与实施的一般程序

方案制定与实施，也就是围绕着用户所要求的功能，制定实现方案，组织实施。这一过程比较复杂，它是一个由抽象到具体、由粗到精的过程，通过设想、评价、构想，反复研究，使方案不断趋于完善，最后确定出一个最优方案，提案审批，组织实施。整个过程的工作程序见图 8－6。

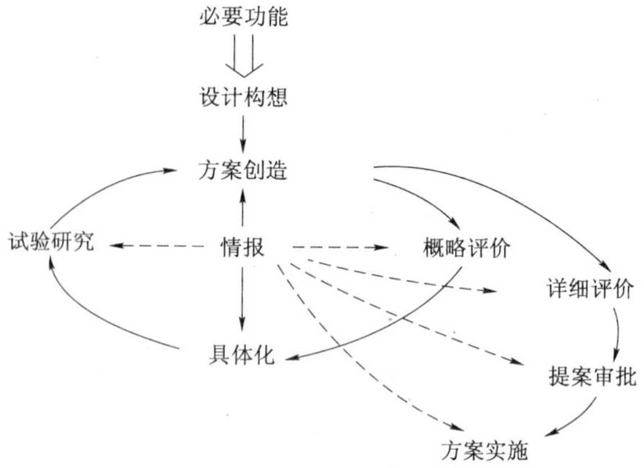

图 8－6　方案制定与实施过程

二、方案创造

（一）思维原则

价值工程的创始人 L·D·麦尔斯，在他所著的《价值分析与价值工程技术》一书中，提出了加快出成果的十三条原则：

（1）克服一般化、概念化。

（2）收集一切有用的成本资料。

（3）从最佳情报来源收集情报。

（4）突破、创新、求精。

（5）发挥彻底的独创精神。

（6）发现并消除障碍。

（7）请教专行家以扩大专业化知识。

（8）将重要公差换算成金额来考虑。

（9）尽量采用专业化工厂的产品。

（10）尽量利用和购买专业化工厂的成熟技术。

（11）利用专门的生产工艺。

（12）尽量使用标准件。

（13）以“我自己是否这样花钱”作为判断标准。

这十三条原则对方案的创新、措施的拟订具有重要的指导作用。运用这些原则进行变革创新，易于达到目标。麦尔斯的十三条原则，实质上也就是要求人们要具有创新精神和科学态度，有了这种精神和态度，才有行动上的积极和合理，方案创新也就有了成功的保证。这是方案创新的基本原则。

（二）创新方法

目前，在价值工程活动中，运用的创新方法有十多种，其中头脑风暴法和哥顿法用得最为普遍。

（1）头脑风暴法。头脑风暴法简称 BS（Brain Storming）法，又译集体思考法，这是 1939 年美国 BBDO 广告公司奥斯本博士首先提出的一种创造方法。

头脑风暴法的基本点可以归纳成 12 个字："积极思考、互相启发、集思广益"。在一个适当人数的集体中，用一定手段保证大家互相启发，在头脑中掀起思考的风暴，可以保证在比较短的时间内提出大量有效的设想，正所谓"三个臭皮匠，顶一个诸葛亮"。社会中某个具体的人，总免不了受经历、环境、知识、立场、思想方法等局限，即使具有渊博学识的人，也不免有"井蛙之见"，当今的科学技术飞速向纵深发展，绝不是个人所能全部了解的。因此，集体思考、集体智慧是防止片面、遗漏的重要手段。这是头脑风暴法的根本点，也是这种方法普遍受到重视的原因。

头脑风暴法常采用会议的形式进行，在提方案的过程中，规定：不得评论别人的意见、观点，别人发言，要聚精会神地听，记录员要一一记录，每个人都要积极发言，相互启发、取长补短，提出创新设想，但不是代表某个权威、某个团体发表看法。这样，以保证能获得富有成效的改进方案。

（2）哥顿法。这是美国哥顿博士 1961 年发明的一种方法。这种方法的指导思想是把所研究的问题适当细分或抽象，以利于开阔思路。在研究创新方案时，会议主持人开始时并不把要解决的问题全部摊开，只对大家做一番抽象笼统的介绍，要求海阔天空地提出各种设想，以激发出有价值的改进方案。

实际上，依据功能定义进行方案创造，也就体现了哥顿法的这种思想。定义出的功能是用户的要求，是产品的本质，它同时也是对产品实体的抽象。方案创造首先要围绕着定义的功能进行思考、创新，以便有针对性地提出符合用户要求的功能实现方案。如果创新的思路枯竭、停滞不前，或所提方案对现有方案的改进效果不大，可在原定义的基础上，将功能定义适当抽象化，以有效地引导方案创造。

三、方案评价

（一）方案评价的形式和内容

方案评价有两种形式：概略评价和详细评价。

概略评价是在方案创造阶段对所提出的各种方案设想进行的粗略评价，其目的是要淘汰那些明显不可行的方案，筛选出少数价值高的方案予以具体化，以节约进一步研究、评价所耗费的人力、物力和财力，提高工作效率。

经概略评价以后，将少数几个价值高的方案具体化，进行试验和调查研究，在此基础上，再从技术、经济、社会三个方面进行详尽的评价分析，选出最优方案作为准备实施的提案。

详细评价是在掌握了比较充足的数据和资料的基础上进行的，需要全面地分析各个方案，评出优劣，它比概略评价要深入、复杂得多。在详细评价中，技术评价是围绕用户要求的功能，从技术方面评价各方案的功能实现程度及方案本身的可实施性；经济评价则要围绕产品寿命周期成本，评价各方案的耗费情况和盈利效果；社会评价主要围绕方案的社会效果，评价方案的企业利益与用户利益、社会利益的一致性。实施的最优方案应是技术、经济和社会评价中比较先进、合理和协调的方案，它的选出有赖于进一步的综合评价。综合评价是在技术评价、经济评价和社会评价的基础上所进行的总体性评价，其目的在于找出一个技术、经济和社会效果三方面都彼此协调的最优方案。综合评价有一些定性、定量的分析方法，如优缺点列举法、加权评价法、几何平均值法等。

（二）加权评价法

这里举例说明加权评价法的简单做法。

【例 8－3】 某新产品两种设计方案的评价。

第一步，确定评价项目及其重要度权数。从技术性、经济性两方面列出七项评价项目，并用直接比较评分法评定出各评价项目的重要度权数（见表 8－9）。

表 8－9　　加权评价法举例

评价项目			方案Ⅰ		方案Ⅱ	
序号	名称	权数 W_j	满足程度评分 S_{ij}	$W_i \cdot S_{ij}$	满足程度评分 S_{ij}	$W_j \cdot S_{ij}$
1	零件数	1	2	2	4	4
2	体积	3	2	6	3	9
3	重量	3	2	6	3	3
4	加工难易程度	5	2	10	2	10
5	维修方便性	4	2	8	4	16
6	使用寿命	4	2	8	1	4
7	成本	10	2	20	1.5	15
评分权数和 $AS_i = \sum_{i=1}^{7} W_i \cdot S_i$				60		67

第二步，评定各方案对各评价项目的满足程度评分。

方案对评价项目的满足程度越高，满足程度评分就越高。评定满足程度评分有多种方法，这里采用的是直接比较评分方法。首先给定方案Ⅰ对各评价项目的满足程度评分，然后将方案Ⅱ与方案Ⅲ比较，评定方案Ⅱ对各评价项目的满足程度评分。比如评价项目“维修方便性”，方案Ⅱ比方案Ⅰ强，方案Ⅰ评 2 分，方案Ⅱ则评 4 分，其他类似。

第三步，计算各方案的评分权数和，选择最优方案。评分权数和的计算式：

$$AS_i = \sum_{j=1}^{7} W_j \cdot S_{ij}, i = 1,2,\cdots,m; j = 1,2,\cdots,n \quad (8-15)$$

式中：m——方案个数，i 是方案序号；

n——评价项目的项数，j 是评价项目序号；

AS_i——第 i 个方案的评分权数和；

W_j——第 j 个评价项目的权数；

S_{ij}——第 i 个方案对第 j 个评价项目的满足程度评分。

各方案的评分权数和是方案之间的一个综合的可比指标，评分权数和越高说明方案越好。评分权数和大的方案就是最优方案。

本例中，$AS_1 = \sum_{j=1}^{7} W_j \times S_{1j} = 60, AS_2 = \sum_{j=1}^{7} W_j \times S_{2j} = 67, AS_2 > AS_1$ 所以，方案Ⅱ为最优。

四、方案实施

方案实施主要包括编写提案、提案审批、组织实施和效果总评等项工作。

（一）编写提案

详细评价所确定出的最优方案，就是有待实施的方案。编写提案，旨在以提案书的形式提交有关部门审批，以便实施。为了让决策部门理解和接受，编写提案书，应从项目或产品改进的必要性、效果的有效性和成功的可能性三方面详细阐述，具体包括以下内容：

（1）项目或产品的现状。

（2）改进方案的技术性、经济性和社会效果。

（3）现有方案与改进方案的比较分析。

（二）提案审批

提出的改进方案只是价值工程小组的业务成果，要付诸实施，需要企业生产技术行政指挥系统的承认，必要时，还需报请上级主管部门审查批准。

（三）组织实施

组织实施主要做好两项工作：建立与方案要求相适应的生产管理系统，控制产品的功能水平和成本水平。

建立生产管理系统，具体地说就是：制订实施计划；添补设备、改装生产线、作好辅助生产准备；制订工艺规程和规章制度；组织原料、燃料和动力的供应等。建立生产管理系统，重要的是要保证实施进度。各部门要各司其职，协调配合。当方案涉及面大，内容庞杂时，可采用计划评审技术来安排实施工作，以期顺利实施，按时建立起生产管理系统。

生产管理系统应力求将生产产品的功能水平和成本水平控制在方案所要求的

范围内。为及时有效地控制产品的功能水平和成本水平，还须具体规定有关技术标准；制订成本定额、劳动定额、建立原始记录、统计核算制度；建立经济责任制系统；检查、监督；反馈、调整等。通过经常性的检查、分析，发现问题，查找原因，采取措施，解决问题，促使生产管理系统不断趋于完善，最终形成符合要求的正常生产管理系统，使新方案完全顺利地付诸实施。

（四）效果总评

价值工程实践是一项很重要的创造性活动，既有成功的经验，也有失败的教训，每次活动完结要认真总结经验、分析教训，以有效地指导今后的实施，在企业的整个生产经营过程中，推动价值工程持续、稳步地开展。价值工程活动的成功直接表现在产品技术经济指标的改善程度上。评价产品技术经济指标的改善程序，可采用产品功能水平提高率和产品成本节约率两项指标。除了评价企业效果外，还要分析改进方案实施后，原材料尤其是稀有金属的节约、能耗的降低、用户利益的提高以及对国家经济建设的贡献等社会效果。通过价值的改善分析，若使产品的技术经济指标得到较大程度的改善、企业效果和社会效果显著，无疑会对未来价值工程的应用产生巨大的鼓舞和激励作用，有力地带动下一次的价值工程活动循环。

本章小结

1. 价值工程是以某个产品或某个系统作为研究对象，通过功能分析和方案的创造、实施，力图以最低的寿命周期成本可靠地实现用户所要求的功能，借以提高研究对象价值的技术经济方法。价值工程的产生与材料替代的典型事例有密切的联系。

2. 价值工程的内容围绕价值工程七提问展开。对象选择的方法有 ABC 分析法、百分比分析法、经验分析法和同量纲价值比较法等（可参考有关价值工程的书籍）。功能分析的内容包括功能定义、功能整理和功能评价。功能定义的方法有动宾词组法和主谓词组法，功能系统图的种类有一般式、结构式、原理式等功能系统图。功能评价的具体方法有功能成本化、功能评分化、功能参数化功能评价。接下来的工作是方案创造与评价，最后是方案的实施。

关 键 词

价值工程　Value Engineering

价值分析　Value Analysis

功能　Function

寿命周期成本　Life Cycle Cost

基本功能　Basic Function

辅助功能　Supporting Function

必要功能　Necessary Function

不必要功能　Unnecessary Function

不足功能　Insufficient Function

过剩功能　Plethoric Function

功能系统图　Functional Analysis Systems Technique Diagram

功能成本　Function Cost

功能目前成本　Functional Present Cost

功能目标成本　Target Cost of Function

思考与练习

1. 什么是价值工程？它的研究对象、研究目的是什么？

2. 什么是功能？何谓功能过剩、功能不足？试举例说明。

3. 什么是寿命周期成本？生产成本与使用成本有何区别？它们与功能水平的关系如何？

4. 什么是价值？提高价值有哪些途径？

5. 什么是功能定义？如何定义？为什么要进行功能定义？

6. 什么是功能整理？整体功能与设计功能的本质区别是什么？

7. 功能评价包括哪些内容？有哪几类方法？

8. 方案评价的内容有哪些？

9. 某种电视机，本厂实际成本为每台800元，销售价格维持在2 000元左右。现市面上的最低价格为每台1 500元，问本厂电视机的单位成本应控制在多大范围内，才能够在市场上按这种低价格销售，并保持其销售利润不变？

10. 某产品有五个零件：P1、P2、P3、P4、P5，其中零件P1的功能存在过剩，其他四个零件成本与功能匹配合理，并假设功能评分很准确。

（1）用比重比较法计算分析各零件的价值指数。

（2）用基点比值法计算分析各零件的价值指数。

11. 首石水泵厂生产单级水泵系列产品，主要有五种型号规格，各规格的实际成本数据见表 8－10。试推算各水泵的目标成本。

表 8－10　各规格水泵实际成本

泵型号	11－2B31	2B31	3B33	6sh－6	10sh－9
流量（m^3/h）	11	20	45	162	480
成本（元）	101	185	208	760	1 527

12. 某棉纺织厂生产的 4545 涤棉细布，各功能实际成本及用户对各功能的评分见表 8－11。若同行业的目标成本为 7 320 元/吨，试计算各功能的成本改善期望值。

表 8－11　各功能 4545 涤棉细布实际成本及用户评分

评分 功能 / 用户	风格	平整	杂质	强力	棉结	合计
甲	12	37	5	20	26	100
乙	13	38	4	24	21	100
丙	10	36	6	27	21	100
实际成本（元）	357	2 245	1 547	3 079	1 903	9 131

第九章

项目可行性研究

第一节 可行性研究概述

一、可行性研究的概念

可行性研究（Feasibility Study）是指在项目建设前，对拟建项目在技术上是否先进适用、经济上是否合理有利、工程建设是否可行所进行的全面、详细、周密的调查研究和综合论证。

早在20世纪30年代，美国就开始推行可行性研究，当时运用这种方法对田纳西流域的开发和综合利用起了很大作用。在20世纪50年代，特别是进入60年代后，随着现代科学技术、科技管理和市场经济的发展，可行性研究作为一套科学的理论与方法体系，也得到了迅速的发展和完善，并已成为投资决策前的一个重要工作阶段。我国于20世纪70年代末至80年代初，摈弃了原苏联的技术经济分析方法，在投资项目决策中引入了西方的可行性研究。国家计委曾明确指出：可行性研究是建设前期工作的重要内容，是基本建设的组成部分。它的任务是根据国民经济长期规划和地区规划、行业规划的要求，对建设项目在技术上和经济上是否合理和可行，进行全面分析、论证，做多方案比较，提出评价，为编制和审批设计任务书提供可靠的依据。

可行性研究是一门综合性的科学。它以电子计算机为手段，综合运用运筹学、现代工程技术、计量经济学、经济预测和决策、经济信息学、企业管理学、环境工程学、技术经济学、项目造价管理等学科的最新成果，涉及宏观和微观的各个领域。

二、基本建设程序与可行性研究的阶段

（一）基本建设程序

基本建设程序一般分为三个时期、九个阶段（见表9－1）。三个时期是：投资前时期、投资时期、生产时期。九个阶段是：机会研究阶段、初步可行性研究、详细可行性研究、评价和决策阶段、谈判和签订合同阶段、项目设计阶段、施工安装阶段、试运转阶段、正式生产阶段。

表 9－1　基本建设程序

时　期	阶　段
投资前时期	机会研究
	初步可行性研究
	详细可行性研究
	评价和决策
投资时期	谈判和签订合同
	项目设计
	施工
	试运转
生产时期	正是生产

1. 投资前时期

这一时期的主要任务是进行项目的规划设计，初步选择产品及技术方案，编制投资规划。主要工作内容是进行项目的可行性研究和资金筹措。

2. 投资时期

这一时期的主要任务是：谈判及签订合同、工程项目设计，施工建设、人员培训、试运转和投产。这一时期的关键是控制建设周期和投资费用，努力使项目早投产，早发挥效益。对大中型工程项目，往往采用分期建设、分期形成生产能力、分期投产的方式进行建设。

3. 生产时期

项目的经济效益要通过生产经营活动来体现，而经济效益的高低受生产时期管理水平的影响，同时，投资前时期的可行性研究工作质量和投资时期的工作质量，必然影响生产时期的经济效益。这一时期的初期，主要任务是应用和管理好项目的生产技术，尽快达到设计生产能力和各项技术经济指标。

三个时期的工作不是截然分开的，而是交错进行的。如项目的设计、评价和决策往往不是一次完成的，而是要经过多次反复完成的。

（二）可行性研究阶段

1. 机会研究

机会研究又称为投资机会鉴定，即寻求最佳投资机会的活动。机会研究可分为一般机会研究和具体机会研究。一般机会研究又可划分为三种：一是地区研究，旨在通过研究某一地区的自然地理状况、在国民经济体系中的地位以及自身的优劣势来寻求投资机会；二是部门（或行业）研究，旨在分析某一部门（行业）由于技术进步、国内外市场变化而出现的新的发展和投资机会；三是以资源为基础的研究，旨在分析由于自然资源的开发和综合利用而出现的投资机会。在进行一般机会研究时，可参考国内外同类项目、同类地区和同类投资环境的成功案例。在发展中国家，一般机会研究通常由政府部门或专门机构进行，作为中央政府制定国民经济长远发展规划的依据。

根据一般机会研究的结论，当某项目具有投资条件时，就可进行具体机会研究，即具体研究某一项目得以成立的可能性，将项目设想转变为投资建议。机会研究比较粗略，投资与成本估算往往用最简单的方法，估算的允许误差在 ±30% 以内，一旦认为项目在经济上有利可图，就可转入下一步研究。机会研究所用时间短，一般为 1 ~2 个月，所需研究费用约占总投资额的 0.1% ~1% 。

2. 初步可行性研究

初步可行性研究又称为预可行性研究，是指在机会研究的基础上，对项目可行与否所作出较为详细的分析论证。初步可行性研究是介于机会研究与详细可行性研究之间的一个中间阶段，起着承上启下的作用，对于大型复杂项目而言，是一个不可缺少的阶段。其主要任务是在机会研究的基础上，进一步确认项目建设的必要性，初步进行方案的比较与选择，确认是否进行详细的可行性研究。这一阶段要明确两方面的问题：一是工程项目的概貌，包括产品方案、生产规模、投入物的来源、可供选择技术、厂址方案、建设进度；二是初步估算项目主要经济效益指标。这一阶段投资与成本估算的偏差，一般要达到 ±20% 以内，研究所要时间约为 4 ~6 个月，所需费用约占投资总额的 0.25% ~1.5% 。初步可行性研究要对项目的许多备选方案进行粗略筛选，剩下较少的方案留到下阶段深入研究。这阶段的研究内容与详细可行性研究基本相同，只是粗略些，对有些中小型项目可以省去这一阶段，直接进行详细可行性研究。

3. 详细可行性研究

详细可行性研究也称为最终可行性研究或项目拟定，它是整个可行性研究的关键阶段，其主要任务是对工程项目进行深入细致的技术经济分析论证，包括市场和生产能力研究、原材料及投入物、建厂地区与厂址、项目（技术方案）设计、工厂机构及人力、项目实施进度、环境保护、投资估算与成本估算、经济评价等内容。这一阶段要在前面研究的基础上，进行多方案比较与选优，工作量大，需要的时间长，所花费用也较多。这一阶段对投资与成本估算的误差在 ±10% 以内，有时可达 ±5% ，所需费用约占总投资的 0.25% ~3% 。时间一般为 8 ~10 个月或更长。

三、可行性研究的作用

可行性研究作为投资前时期的重要工作内容，在基本建设程序中具有重要的地位和作用，具体表现在以下几个方面：

（1）为投资者进行投资决策提供依据；

（2）是资金筹措和向银行申请贷款的依据；

（3）是开展项目设计工作和编制建设工作计划的依据；

（4）是项目与有关部门签订协议与合同的依据；

(5) 是采用新技术、新设备及制定研制计划的依据，也是引进国外技术装备及与外商签订合同的依据；

(6) 是向当地政府、国土开发及环保部门申请建设的依据；

(7) 是企业组织管理、机构设置及人员培训等工作安排的依据；

(8) 是补充地形、工程地质、水文地质勘测和补充工业性实验的依据。

第二节 可行性研究的内容

可行性研究报告的编写格式随项目的不同而有所差异。根据联合国工业发展组织编写的《工业可行性研究手册》，结合我国国情，一般工业项目可行性研究的内容和报告的编写格式主要包括以下几个方面：

(1) 总论。主要说明项目提出的背景，投资的必要性和经济意义，研究工作的依据和范围，以及研究工作概况和结论，推荐方案及其技术经济指标、存在的问题和建议。

(2) 需求预测和拟建规模。

(3) 资源、原材料、燃料及公用设施情况。

(4) 建厂条件和厂址方案。

(5) 项目设计。

(6) 环境保护。

(7) 企业组织、劳动定员及人员培训。

(8) 项目实施进度。

(9) 投资估算、资金筹措和成本估算。

(10) 社会及经济效果评价。

(11) 附件（项目建议书、厂址报告、环境影响报告、各种布置图、资信证明等）。

一、市场分析

市场分析是指通过市场调查和供求预测，根据项目产品的市场环境、竞争能力和竞争者，分析、判断项目投产后所生产的产品在限定时间内是否有市场，以及采取怎样的营销战略来实现销售目标。市场分析的主要任务是：分析预测全社会对项目产品的需求量；分析同类产品的市场供给量及竞争对手情况；初步确定生产规模；初步测算项目的经济效益。

（一）市场分析的主要内容

(1) 用户。现在和将来的用户是谁？分布在什么地方？

(2) 用途。产品现在和将来的用途是什么？用户的特殊要求有哪些？

（3）用量。需要量（市场容量）有多少？销售量情况如何？生产量有多大（主要是现在的生产量多大）？市场容量应既包括实际消费量，也包括潜在消费量。

（4）竞争对手。竞争者数目，即现在哪些厂商生产同类产品；竞争者分布，即对手的地域分布如何；竞争者实力，即竞争厂商的生产能力有多大；竞争者策略。

（5）发展趋势。目前是否有替代产品，替代趋势如何；技术开发趋势如何；经济发展趋势如何？

（6）价格。产品现在和将来的价格是多少；价格的涨落趋势怎样；投产后的价格策略怎样？参与国际市场竞争的产品，要在以上6个方面调查分析国际市场和国外竞争者的情况。

（二）项目拟建规模的确定

在市场需求分析与竞争对手分析的基础上，充分考虑项目投资者的综合能力和生产技术条件，设计出较详细的项目市场营销规划，根据市场营销措施的强弱程度，确定拟建项目的市场占有率和销售规划，在此基础上，根据项目生产技术特点，确定拟建项目的产品方案及生产规模。

对工业项目而言，生产规模的确定，除了考虑市场供需和生产技术条件外，还必须考虑规模的经济性和投资者的资金筹划能力。

规模的经济性是指随着生产规模的不断扩大，产品的单位成本越来越小的经济现象。规模的经济性要求尽可能使项目实现规模经济。即在条件允许的前提下，达到最小经济规模，实现产品单位成本的节约。这不仅可增强项目未来的竞争能力，也是对国家经济资源、人力资源的节约，因而具有宏观与微观经济意义。企业根据市场竞争需要，可以确定产品允许的最大单位成本额；最小经济规模是对应于最大单位成本的生产量。最小经济规模的概念实际上决定了项目生产规模的下限，它适用于大多数工业部门或项目，但是对于不同类型的工业有不同的意义。最小经济规模对于具有集约经营特点的产业尤为重要，如汽车装配工业、家用电器工业、纺织工业、化工工业、冶金工业。而且，随着技术进步，经济规模正在不断扩大。因此项目的建设应充分考虑实现规模经济，降低产品生产成本。

投资者的资金筹划能力实际上决定了项目生产规模的上限。当投资者的资金筹划能力大于实现最小经济规模所需的投资时，可以基本保障项目产品在市场上具有成本竞争优势。投资者的资金筹措能力越小，能实现的生产规模也就越小，而当投资者的资金筹措能力小于实现最小经济规模所需的投资时，则该项目是不能建设的；如果强行建设该项目，则产品在市场竞争中处于劣势，很可能导致项目失败。

可行性研究报告中确定的项目拟建规模，应该是整个可行性研究过程乃至多次反复研究、评价和优化确定的合理的规模。在可行性研究过程中，初次拟定的规模可能在经济上是不可行的或不能满足投资者的预期，此时需要对整个规模及相应的方案进行调整。导致初次拟定规模在经济上不可行或不能满足投资者预期的原因可能有很多，如果市场容量没有问题，而仅仅是因为拟定的市场营销规划措施力度不够导致市场占有率偏低，则可加大市场营销资金投入，增强市场营销措施力度，提高市场占有率，从而提高拟建规模，调整整个方案后再进行评价。在投资者筹资能力范围内，如果经过多次调整和优化，最终仍然难以获得在经济上可行的或满足投资者预期的方案，则该项目是不可行的。

一般情况下，市场分析是可行性研究中耗时最长、消耗费用最高、难度最大，也是最为重要的研究阶段。一个有着良好市场分析的项目可行性研究，可以在很大程度上保障未来项目获得预期的经济效益。

二、投入物研究

投入物主要包括原材料、外购零部件、辅助材料、燃料、动力、运输和公用设施消耗等。投入物研究主要包括以下几个方面的内容：

（一）投入物特点研究

包括质量性能、可能数量、来源及供应条件、可得性和单位成本。

（二）供应计划的制订

供应计划一般包括供应数量计划、供应来源、供应时间、储存措施及容量等。在制定供应计划时，一般要考虑产品的生产计划、投入物的特点及可得性、单位产品消耗、运输和储存过程中的损耗、生产过程的废品率、保修需要量等因素。

（三）成本估计

依据投入物的单位成本和供应计划，计算产品的单位投入物成本及分年度的投入物总成本。

三、厂址选择

厂址选择包括项目的地区选择和地点选择，在可行性研究中，必须从多个可供选择的厂址方案中进行多方案选优，并且提出“厂址选择报告”作为可行性研究报告的重要附件。

（一）地区选择

1. 政策和法律条件

政策和法律对建厂地区选择可能产生影响，这些影响因素主要包括国家区域经济发展规划及生产力布局、城市规划及环境保护条件、特定地区的优惠政策及限制政策等。

2. 原材料市场和产品市场

出于运输和保管费用等方面的考虑，建厂地区一般以既靠近原材料供应市场又靠近产品消费中心为最佳。

3. 当地基础条件

包括能源供应条件、运输条件、用水供应条件、通讯条件和住房条件等。拟选择地区以上条件必须能满足项目建设、生产经营的要求。

4. 社会经济环境

包括废物处理条件、可获得的劳动力情况、施工和维修设施、财政和法律规章以及气候条件等。

（二）地点选择

1. 占地费用

包括土地占用费、税、拆迁费用、法律费用等。

2. 当地条件

包括所选地点的能源供应条件、运输条件、用水条件、通讯条件及住房条件、水文地质条件等。地点选择时主要从经济性角度考虑以上条件的优越性。

3. 场地整理和开拓费用

（三）拟定建厂条件指标

厂址选择的第一步，就是根据“项目建议书”拟定建厂条件指标，以便据此查对所选厂址是否符合建厂要求。建厂条件指标包括：

（1）占地面积。包括为保证生产所需的各种建筑的土建工程的占地面积和预留发展用地。

（2）各类货物的运输量和运输及贮存方式。

（3）用水量、水质要求、排出污水量及性质。

（4）用电量、最高负荷、供电要求及供电负荷等级。

（5）高低压蒸汽的气压和数量。

（6）附件。包括各种协议文件、区域位置规划图、工厂总平面布置图等。

四、项目设计

项目设计就是要在已选定的工厂生产能力和厂址条件基础上，确定所需要的技术、设备、建筑物、土建工程等及其相应的费用。项目设计一般思路是：首先确定项目采用的技术及主要的生产工艺；然后根据技术工艺确定所需的设备及设备的布置；再依据设备运转对厂房、土建的要求以及设备布置对占地的要求确定建筑物及土建的技术参数要求和建筑面积；最后根据生产和经营管理需要确定辅助生产设施和办公的建筑物和土建工程。项目设计一般要完成以下工作内容：

（一）制作项目图表和布置图

项目图表和布置图可以规定整个项目的范围，并可以作为详细设计和投资及成本估算的依据。项目图表及布置图一般包括：

（1）总功能布置图。用以表明设备、建筑物和土建工程三者之间的关系。

（2）材料流程图。用以表明所有材料和公用设施以及最终产品、中间产品、副产品和各种排出物在工厂各部分的流程。

（3）流量图。用以表明整个生产过程中各种材料的流量。

（4）生产线图。用以表明每一工段的生产过程。

（5）运转布置图。用以表明生产线以外的运输距离和运输方法。

（6）公用设施消耗布置图。用以表示水、电、气等主要消耗点、质量、数量及日消耗量。

（7）内部通讯联络图。

（8）人力配备图。

（9）组织机构图。

（10）实体布置图。即根据总功能布置图配合现场条件而绘制的各种主要设备、建筑物和土建工程等的实际安排和主要尺寸。

（二）技术选择

可行性研究应该研究和说明具体项目所需的技术、评价可供选择的各种技术，并按项目各组成部分的最佳组合来选择最适合的技术。技术选择一般要考虑的因素包括：

1. 所需技术的性质和复杂程度

所需技术的性质指技术是专利技术、专有技术还是一般已经公开的技术。一个建设项目所需的技术可能是多个专利技术、专有技术和公开技术的组合。

2. 技术来源

可能不止一个厂家或研究所具有项目所需的技术，但是，也并不是所有的技术所有者都愿意按照需要者可能提供的条件转让技术，因此对各种来源的可得性及条件进行分析是可行性研究的重要内容之一。

3. 技术获得方式

技术获得的方式包括自主研发、合作研发、委托研发、许可证交易、交钥匙工程、反求工程、合资经营、合作经营等。不同的获得方式所需的时间、费用与技术掌握难易程度有较大的差别。

4. 技术费用

技术费用与技术获得方式相对应。对于自主研发、合作研发和委托研发的技术，其费用在前期已经支付，只需计入项目的投资即可；对于许可证方式获得的技术，其费用包括费用的支付方式和金额；支付方式包括一次总付、提成支付和入门费加提成支付相结合三种；对于合资经营方式，涉及技术的作价入股问题；对于合作经营方式，涉及对技术价值的评估，以便合理确定合作过程中技术输出方的利益。

(三) 设备选择

设备选择是和技术选择相互依存的，可行性研究阶段的设备选择，应该概略说明通过使用某种技术达到某种生产能力所必需的机械设备的最佳组合。设备选择一般研究以下内容：

(1) 设备类型。包括生产设备、辅助设备、服务设备等的型号及主要技术参数。

(2) 设备来源。应在若干设备生产厂家中选择。

(3) 设备获得方式。即是直接采购还是通过招标等方式获得。

(4) 设备费用。包括费用金额及支付方式。

(四) 建筑物及土建工程

主要对建筑物及土建工程的工作量及工程量进行估计，初步选择建筑物和土建工程的承担单位和方式，并对其费用进行估算。

五、人员与机构

首先，根据已经选定的产品生产方案和设备操作要求，确定基本生产工人和辅助生产工人的数量，并按照行业特点确定服务人员的数量；其次，根据企业生产经营和技术特点确定工厂机构的配备以及各职能机构的管理关系、各部门的人员配备数量和素质要求；再次，对劳动力的来源和可得性进行分析；最后，根据产品生产方案和劳动力的可得性提出劳动力培训计划。

六、环境保护与劳动保护

(一) 环境保护

(1) 建设地区的环境现状。

(2) 主要污染源和污染物。

(3) 资源开发可能引起的生态变化。

(4) 采用的环境保护标准。

(5) 控制污染和生态变化的初步方案。

(6) 环境保护投资估算。

(7) 环境影响评价的结论或环境影响分析。

(8) 存在的问题及建议。

在项目可行性研究中，应对建设项目的环境保护做专题论证。本部分的研究除支撑可行性研究报告中相应部分内容以外，还需单独形成《建设项目环境影响评价报告》作为可行性研究报告的附件，并提交当地的环保部门审批。目前在我国实施的是环保“一票否决制”，如果项目的环保措施不能确保项目污染物排放达到当地的环境保护政策要求，就难以通过环保部门的审批，项目就不能在环保部门立项，并且不能开始施工建设。

（二）劳动保护

根据国家相关法律规定，凡是新建、改建、扩建企业的建设项目，都必须符合《工厂安全卫生规程》和《工业企业设计卫生标准》等有关法令规定，保证安全生产和消除有毒有害物质的设施（以下简称劳动保护设施）。这些劳动保护设施要与主体同时设计、同时施工、同时生产（简称“三同时”）。建设单位应在基本建设项目可行性研究的基础上，填报《三同时审批表》，经劳动、卫生等部门审核批准。设计部门根据《工厂安全卫生规程》和《工业企业设计卫生标准》的要求，编写劳动保护专篇。专篇内容包括：

（1）项目生产工艺流程及主要职业危险、危害。

（2）安全设施设计方案。

（3）安全设施专项投资额。

七、工程实施进度研究

通过分析建设项目主要工程量和工作量，并结合项目产品的生产方案要求，提出项目实施进度计划和工程施工进度计划，一般以甘特图或者网络计划图表示。

八、投资估算和成本估算

（一）投资估算

1. 项目总资金与总投资

项目总资金是指建设项目投入的资金总额。根据资本保全原则和企业资产划分的有关规定，投资项目在简称交付使用时，项目投入的全部资金分别形成固定资产、无形资产、递延资产和流动资产，并形成项目的总资金。项目总资金构成及资产形成见图 9－1，其估算表见表 9－2。

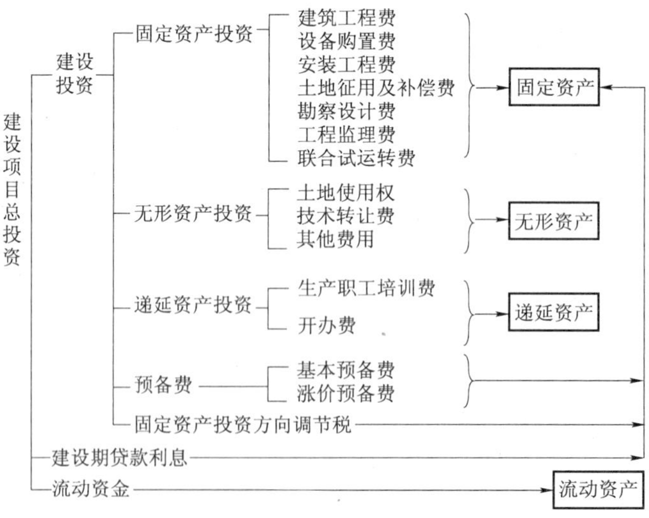

图 9－1　项目总资金构成与资产形成

表 9－2　　　　　　　　　某化工项目总投资估算表　　　　　　　　单位：万元

序号	费用名称	设备购置费	安装工程费	建筑工程及土建费	其他费用	合计	占总投资比例（%）
	建设投资						
1	固定资产投资						
1.1	主要生产装置	720.00	36.00	315.00		1 071.00	56.60
1.2	辅助生产项目	52.00	4.10	55.00		111.10	5.87
1.2.1	冷冻、空压	6.00	0.30			6.30	0.33
1.2.2	储藏区	24.00	1.20	15.00		40.20	2.12
1.2.3	原料、成品仓库	12.00	0.60	40.00		52.60	2.78
1.2.4	分析化验	10.00	2.00			12.00	0.63
1.3	公用工程项目	10.00	4.80	15.00		29.80	1.57
1.3.1	给排水	2.00	0.50			2.50	0.13
1.3.2	供电及电信	6.00	3.00			9.00	0.48
1.3.3	采暖通风	1.00	0.70			1.70	0.09
1.3.4	消防卫生	1.00	0.60			1.60	0.08
1.3.5	总图运输			15.00		15.00	0.79
1.4	其他费用				70.00	70.00	3.70
1.4.1	联合试运转费				4.50	4.50	0.24
1.4.2	办公及生活家具购买				5.50	5.50	0.29
1.4.3	勘察设计费				60.00	60.00	3.17
	固定资产投资合计	782.00	44.90	385.00	70.00	1 281.90	67.74
2	无形资产投资				220.00	220.00	11.63
2.1	土地使用费				220.00	220.00	11.63
3	递延资产投资				110.00	110.00	5.81
3.1	建设单位管理费				40.00	40.00	2.11
3.2	生产准备费				70.00	70.00	3.70
4	预备费用	54.74	3.143	26.95	4.90	89.73	4.74
4.1	基本预备费	39.10	2.25	19.25	3.50	64.10	3.39
4.2	涨价预备费	15.64	0.90	7.70	1.40	25.64	1.35
	建设投资合计	836.74	48.04	411.95	404.90	1 701.63	89.92
二	建设期借款利息				89.70	89.70	4.74

续上表

序号	费用名称	设备购置费	安装工程费	建筑工程及土建费	其他费用	合计	占总投资比例（%）
三	工程总造价	836.74	48.04	411.95	494.60	1 791.33	94.66
四	流动资金						
	全额流动资金					336.72	
	铺底流动资金					101.01	5.34
五	项目总资金					2 128.05	
六	项目总投资					1 892.35	100.00

项目总投资是指建设项目总投资的简称，它包括建设投资、建设期借款利息和铺底流动资金（一般按全额流动资金的30%计算）。

2. 建设投资

建设投资是指建设单位在项目建设期与筹建期所花费的全部费用，根据我国现行项目投资管理规定，建设投资应由固定资产投资、无形资产投资、递延资产投资和预备费四部分组成。

3. 工程总造价

工程总造价是指项目建设投资与建设期借款利息之和。

4. 固定资产投资

固定资产是指使用年限超过一年，单位价值在国家规定的限额标准以上并在使用过程中保持原有物质形态的资产，包括房屋及建筑物、机器设备、运输设备、工具、器具等。在可行性研究中可将工程费用（包括建筑工程费、设备购置费、安装工程费等）、预备费和工程建设其他费用中除应计入无形资产和递延资产以外的全部待摊投资费用计入固定资产原值，并将固定资产投资方向调节税和建设期借款利息全部计入固定资产原值。固定资产投资估算方法主要有以下几种：

（1）单位生产能力投资估算法。即根据类似企业单位生产能力投资指标估算拟建项目的固定资产投资。计算公式为：

$$I_2 = X_2\left(\frac{I_1}{X}\right)C_F$$

式中：I_2——拟建项目所需固定资产投资额；

I_1——同类项目实际固定资产投资额；

X_2——拟建项目的生产能力；

X_1——同类项目的生产能力；

C_F——物价换算系数。

这种方法把项目的固定资产投资与其生产能力的关系视为简单的线性关系，因此，估算结果精确度较差。使用这种方法时要注意拟建项目的生产能力和同类企业的可比性，其他条件也应相似。

（2）生产能力指数估算法。根据实际统计资料，生产能力不同的两个同类企业其投资与生产能力之比的指数幂成正比。其表达式为：

$$I_2 = I_1\left(\frac{X_2}{X_1}\right)^n C_F$$

式中：n——生产能力指数。

公式中 n 的数值根据不同类型企业的统计资料确定，平均值大约在 0.6 左右，故又称“0.6 指数法”。由于这种方法不是按简单的线性关系，而是根据实际资料求得的指数关系来估算，所以比单位投资估算法要精确。

（3）比例估算法。根据统计资料，先求出已有同类企业主要设备投资占全厂固定资产投资的比例，然后再估算出拟建项目的主要设备投资，即可按比例求出拟建项目的固定资产投资。其表达式为：

$$I = \frac{1}{K}\sum_{i=1}^{n} Q_i P_i$$

式中：I——拟建项目的固定资产投资；

K——类似项目主要设备投资占固定资产投资的比例；

n——设备种类数；

Q_i——第 i 种设备的数量；

P_i——第 i 种设备的单价。

（4）详细估算法。详细估算法是指先将构成固定资产的各个组成部分分别加以估算，然后汇总得出固定资产投资总额的一种估算方法。这种估算方法的估算值误差较小，但较复杂。

（5）无形资产投资。无形资产是指能长期使用而没有实物形态的资产。包括专利权、商标权、土地使用权、非专利技术和商誉等。无形资产是有偿取得的资产，对于购入或者按法律取得的无形资产的支出，一般都予以资本金化，并在其收益期内分期摊销。在可行性研究中，可将工程建设其他费用中的土地使用费及技术转让费等作为企业形成无形资产的初始投资计入无形资产价值。

（6）递延资产投资。递延资产是指不能全部计入当期损益，应当在以后年度内分期摊销的各项费用，包括开办费和以经营租赁方式租入的固定资产改良工程支出等。

（7）流动资金投资。流动资金投资又称新增流动资金投资，它是流动资产与流动负债的差额。流动资产是指可以在一年内或超过一年的一个营业周期内变现或运用的资产，在可行性研究中，流动资产包括现金以及各种存款、存货、应收及预付款项等；而流动负债则主要考虑应收账款。流动资金投资的估算方法一般有以下几种：

- 按产值（或销售收入）资金率估算，其表达式为：

  流动资金额 = 年产值（年销售收入额）× 产值（销售收入）资金率

- 按经营成本（或总成本）资金率估算，其表达式为：

流动资金额 = 年经营成本(总成本) × 经营成本(总成本)资金率

- 按固定资产价值资金率估算，其表达式为：

流动资金额 = 固定资产价值总额 × 固定资产价值资金率

- 按单位产量资金率估算，其表达式为：

流动资金额 = 年生产能力 × 单位产量资金率

- 分项详细估算流动资金：

流动资金 = 流动资产 − 流动负债

流动资产 = 应收账款 + 存货 + 现金

流动负债 = 应付账款

流动资金本年增加额 = 本年流动资金 − 上年流动资金

- 流动资产和流动负债各项的计算如下：

周转次数 = 360/最低周转天数

应收账款 = 年经营成本/周转次数

存货 = 外购原材料、燃料 + 在产品 + 产成品

- 外购原材料、燃料应分项计算，其计算公式为：

外购原材料、燃料 = (年外购原材料、燃料费)/周转次数

在产品 = (年外购原材料、燃料及动力费 + 年工资福利费 + 年修理费 + 其他制造费用)/周转次数

产成品 = 年经营成本/周转次数

现金 = (年工资及福利费 + 年其他费用)/周转次数

年其他费用 = 制造费用 + 管理费用 + 财务费用 + 销售费用 − (工资及福利费 + 折旧 + 维简费 + 修理费 + 利息支出)

括号内的项目是指制造费用、管理费用、财务费用及销售费用中的有关项目。

应付账款 = (年外购原材料、燃料、动力费用)/周转次数

流动资金估算表的结构见表 9－3。

表 9－3　某化工厂项目流动资金估算表　　单位：万元

序号	项　目	周转天数（天）	周转次数（次/年）	2006 年	2007 年	2008 年
1	流动资产			193.86	428.98	603.44
1.1	应收账款	60	6	108.69	244.88	345.05
1.2	存货			77.00	173.93	244.13
1.2.1	外购材料、燃料	18	20	23.46	54.73	78.19
1.2.2	在产品	15	24	26.37	57.98	79.68
1.2.3	产成品	15	24	27.17	61.22	86.26

续上表

序号	项　　目	周转天数（天）	周转次数（次/年）	2006 年	2007 年	2008 年
1.3	现金	12	30	8.17	10.17	14.25
2	流动负债			80.02	186.71	266.72
2.1	应收账款	60	6	80.02	186.71	266.72
3	流动资金			113.84	242.27	336.72
4	流动资金增加额			113.84	128.43	94.45

（二）成本估算

在可行性研究中要用到的成本概念包括总成本、单位产品成本、经营成本、可变成本和固定成本。

总成本是指企业在一定时期内为生产产品而花费的全部费用。

单位产品成本是将总成本按不同消耗水平分摊到单位产品的费用。

经营成本是指不包括折旧和财务费用（利息）的产品成本。

可变成本是指在一定的技术和生产组织条件下，总额随产量的变动而变动的那部分成本。

固定成本是指在一定的技术和生产组织条件下，总额不随产量的变动而变动的那部分成本。

成本的估算方法一般有两种，一种是按照生产费用要素估算，一种是按产品成本项目估算。

1. 要素成本估算法

即以年为单位，计算出一年的生产费用是多少。生产费用要素及其成本估算方法如下：

（1）原料及主要材料费。

（2）辅助材料。

（3）燃料费。

（4）动力费。

以上要素的成本均可用消耗量乘以单价求得。

（5）工资。按全部人数和工资标准计算，加上由工资基金支付的奖励和其他津贴。

（6）提取的职工福利基金。按国家规定占工资总数的百分比计算。

（7）折旧费。按国家规定的计算方法计算。

（8）其他费用。指不包括在上列费用中的间接费用，如固定资产维修费、办公费、差旅费、邮电费等，可按前面七项合计的一定百分比计算。

2. 项目成本估算法

项目成本估算法是将成本划分为生产成本、销售费用、管理费用和财务费用四大部分，然后按照成本项目的构成逐项估算产品的成本，最后计算总成本和经营成本（见表9－4）。

表9－4　　某化工项目总成本估算表　　单位：万元

序号	项目＼年份	2006年	2007年	2008年	2009年	2010年
	生产负荷（%）	30	70	100	100	100
1	生产成本	632.90	1 391.60	1 912.38	1 912.38	1 912.38
1.1	直接材料	362.20	845.14	1 207.34	1 207.34	1 207.34
1.2	燃料	106.92	249.48	356.40	356.40	356.40
1.3	动力、水	10.98	25.62	36.60	36.60	36.60
1.4	直接人工	38.00	38.00	63.05	63.05	63.05
1.5	制造费用	114.79	233.36	248.99	248.99	248.99
1.5.1	折旧	61.52	123.03	123.03	123.03	123.03
1.5.2	维修费用	34.29	68.58	68.58	68.58	68.58
1.5.3	其他制造费用	18.99	41.75	57.37	57.37	57.37
2	管理费用	59.07	144.35	180.54	179.33	179.33
3	销售费用	46.44	105.84	149.94	149.94	149.94
4	财务费用		162.61	13.83		
5	总成本	738.41	1 804.41	2 256.69	2 241.65	2 241.65
	其中：折旧	61.52	123.03	123.03	123.03	123.03
	摊销	24.75	49.50	49.50	49.50	49.50
6	固定成本	211.87	578.33	506.40	491.37	491.37
7	变动成本	526.54	1 226.08	1 750.29	1 750.29	1 750.29
8	经营成本	652.14	1 469.26	2 070.32	2 069.12	2 069.12

九、资金筹措规划

资金筹措规划就是要通过财务平衡研究，安排建设资金的来源及运用，为项目寻求适宜的筹资方案，选择财务费用最经济的筹资方式，并在此基础上估计获得资金的可能性，以适应项目预期的现金流量。资金筹措与使用计划见表9－5。

表 9－5　　某化工项目资金筹措与使用计划表　　单位：万元

序号	项目＼年份	2006 年	2007 年	2008 年
1	资金使用计划	1 905.17	242.27	336.72
1.1	建设投资	1 701.63		
1.2	建设期利息	89.70		
1.3	流动资金增加额	113.84	242.27	336.72
2	资金筹措计划	1 905.20	242.27	336.72
2.1	自有资金	605.20	242.27	336.72
2.1.1	用于建设投资	491.33		
2.1.2	用于流动资金	113.87	242.27	336.72
2.2	借款	1 300.00	0.00	0.00
2.2.1	长期借款	1 300.00	0.00	
2.2.2	流动资金借款	0.00	0.00	
2.2.3	其他短期借款	0.00	0.00	
2.3	其他资金来源			

1. 资金来源

项目的建设资金来源，有自有资金和外部资金，外部资金来源有国内资金来源和国外资金来源。

2. 资金运用

贷款数额是否恰当，用款计划的安排是否合理，对投资效果都有直接的影响。一方面，贷款数额越大，应付的利息也就越大；另一方面，在贷款总额不变的情况下，利息数额又随着分年度用款计划安排的不同而不同。因此，如何用最少的资金总额，以及如何合理地安排用款具有重要意义。

3. 贷款的偿还

按规定，建设项目的贷款要全部偿还，其中，流动资金贷款的偿还主要根据财务平衡表的资金平衡情况来安排，固定资产投资借款的偿还，主要采用固定资产投资借款偿还平衡表来统一安排（见表 9－6）。

表 9－6　　某化工项目借款偿还平衡表　　单位：万元

序号	项目＼年份	2006 年	2007 年	2008 年	2009 年
1	借款及还本付息		242.27	336.72	
1.1	年初借款本息累计	1 300.00	1 088.25	412.95	
1.2	本年借款				

续上表

序号	项目＼年份	2006 年	2007 年	2008 年	2009 年
1.3	本年应计利息	89.70	72.91	13.83	
1.4	本年还本付息	301.45	748.21	426.79	
1.4.1	本年还本	301.45	585.60	412.95	
1.4.2	本年付息		162.61	13.83	
2	偿还借款本金的资金来源				
2.1	折旧	61.52	123.03	123.03	
2.2	摊销	24.75	49.50	49.50	
2.3	未分配利润	215.18	413.06	775.84	
2.4	其他还款资金来源				
	小计	301.45	585.60	948.38	

十、经济评价

经济评价将在本章第三节进行论述。

将以上 10 个方面的研究内容汇编在一起，即形成项目可行性研究报告的主要内容。作为可行性研究的成果表现形式和评价与决策的依据，可行性研究报告的内容随项目性质不同可有所差异。

第三节　可行性研究经济评价

一、经济评价概述

（一）经济评价的原则

经济评价是可行性研究三大内容（市场研究、技术论证、经济评价）之一，是在市场研究、项目设计与方案论证、企业组织机构与人员论证及投资估算与成本估算基础上进行的一项重要工作。它通过一系列经济指标来反映项目的综合经济效益，评价项目财务上和宏观经济上的可行性。项目经济评价的结论，是项目科学决策的主要依据。

经济评价应遵循的原则是：宏观效益分析与微观效益分析相结合；定量分析与定性分析相结合，以定量分析为主；动态经济分析与静态经济分析相结合，以动态分析为主；预测分析与统计分析相结合，以预测分析为主；阶段性经济效益分析与全过程经济效益分析相结合，以全过程分析为主。

（二）经济评价的内容

根据我国投资管理体制和决策程序的特点，项目经济评价分为财务评价和国民经济评价两个层次，各自有其评价的任务和作用，但它们的评价内容大致相同。主要包括盈利能力、清偿能力分析、外汇平衡分析或效果分析以及不确定性分析四个方面的内容。

（三）经济评价指标和基本报表

项目经济评价一般首先要编制评价报表，然后根据报表计算相应的评价指标。根据国内外目前在可行性研究中使用的一些不同报表格式，结合我国实际情况和现行有关规定，国家计委和建设部颁布的《建设项目经济评价方法与参数》（第三版）中，设计了一系列种基本报表和辅助报表。基本报表有财务现金流量表、损益表、资金来源与运用表、资产负债表、财务外汇平衡表、国民经济效益费用表和经济外汇流量表。

通过这些基本报表可以比较简便地直接计算出一系列评价指标，进行盈利能力、清偿能力和外汇平衡能力及效果分析。评价内容、基本报表与评价指标的对应关系见表 9－7。表中所列指标中，财务内部收益率、全部投资回收期、资产负债率和经济内部收益率为经济评价中的必做指标，其他指标可根据具体情况决定取舍。

表 9－7　　评价内容、基本报表与评价指标的对应关系

评价内容	基本报表	财务评价指标		国民经济评价指标	
		静态指标	动态指标	静态指标	动态指标
盈利能力分析	全部投资现金流量表	全部投资回收期	财务内部收益率		
			财务净现值		
	自有资金现金流量表		财务内部收益率		
			财务净现值		
	全部投资国民经济效益费用流量表				经济内部收益率
					经济净现值
	国内投资国民经济效益费用流量表				经济内部收益率
					经济净现值
	损益表	投资利润率			
		投资利税率			
		资本金利润率			

续上表

评价内容	基本报表	财务评价指标		国民经济评价指标	
		静态指标	动态指标	静态指标	动态指标
清偿能力分析	资金来源与运用表				
	借款偿还平衡表	借款偿还期			
	资产负债表	资产负债表			
		流动比率			
		速动比率			
外汇平衡分析或效果分析	财务外汇平衡表				
	经济外汇流量表				经济外汇净现值
					经济换汇成本
					经济节汇成本
其他		价值指标或实物指标		价值指标或实物指标	

二、财务评价

(一) 财务评价的内容及基本报表

财务评价是根据国家现行财税制度和现行价格体系，分析计算项目直接发生的财务效益和费用，编制财务报表，计算财务评价指标，考查项目的盈利能力，清偿能力和外汇平衡等财务状况，借以判别项目的财务可行性。

1. 财务评价的主要内容

(1) 项目的财务收益。主要是生产经营的产品销售（营业）收入。

(2) 财务费用（支出）。主要表现为建设项目总投资，经营成本和税金等各项支出。

(3) 编制财务报表。

(4) 计算财务评价指标。

(5) 分析盈利能力，清偿能力和外汇平衡能力。

2. 基本财务报表

基本财务报表是计算财务评价指标和分析财务状况的基本依据。基本财务报表有以下几种：

(1) 财务现金流量表。反映项目在计算期内现金流入与现金流出情况，计算出各年净现金流量和累计净现金流量，它是计算财务内部收益率、财务净现值和投资回收期，分析项目财务盈利能力的基本依据。按投资计算基础不同，现金流量表分为：

① 项目财务现金流量表（全部投资）见表9-8。该表不分投资资金来源，以全部投资作为计算基础，以计算全部投资的财务指标，考查项目全部投资的盈利能力，为各个投资方案之间的比较建立共同基础。

表9-8　　某化工厂项目现金流量表（全部投资）　　单位：万元

序号	项目＼年份	0	1	2	3	4	5	合计
	生产负荷(%)	30	70	100	100	100		
1	现金流入		1 161.00	2 646.00	3 748.50	3 748.50	4 992.90	16 296.90
1.1	产品销售（营业）收入		1 161.00	2 646.00	3 748.50	3 748.50	3 748.50	15 052.50
1.2	回收固定资产余值						907.68	907.68
1.3	回收流动资金						336.72	336.72
2	现金流出	1 905.17	976.66	1 970.50	2 745.46	2 749.22	2 749.22	13 096.21
2.1	建设投资	1 701.63						1 701.63
2.2	建设期利息	89.70						89.70
2.3	流动资金增加额	113.84	128.43	94.45				336.72
2.4	经营成本		652.14	1 469.26	2 070.32	2 069.12	2 069.12	8 329.97
2.5	销售税金及附加		84.52	192.63	272.89	272.89	272.89	1 095.82
2.6	所得税		111.56	214.16	402.24	407.21	407.21	1 542.38
3	净现金流量	-1 905.17	184.34	675.50	1 003.04	999.28	2 243.68	3 200.69
4	累计净现金流量	-1 905.17	-1 720.83	-1 045.33	-42.28	957.00	3 200.69	
5	所得税前净现金流量	-1 905.17	295.90	889.66	1 405.29	1 406.49	2 650.89	
6	所得税前累计净现金流量	-1 905.17	-1 609.27	-719.61	685.68	2 092.17	4 743.06	

序号	年份 项目	0	1	2	3	4	5	合计
计算指标		所得税后		所得税前				
	财务内部收益率：	30.92%		42.93%				
	财务净现值（$i=12\%$）：	1 267.91		2 202.28				
	投资回收期（年）：	3.04		2.51				

注：根据需要可在现金流入和流出栏里增减项目；

生产期发生的更新投资作为现金流出可单独列项或列入固定资产投资项中。

② 项目财务现金流量表（自有资金）见表 9－9。该表从投资者角度出发以投资者的出资作为计算基础，把借款本金偿还和利息支付作为现金流出，以计算自有资金的财务评价指标。

表 9－9　某化工项目现金流量表（自有资金）　单位：万元

序号	年份 项目	0	1	2	3	4	5
	生产负荷（%）	30	70	100	100	100	
1	现金流入		1 161.00	2 646.00	3 748.50	3 748.50	4 992.90
1.1	产品销售（营业）收入		1 161.00	2 646.00	3 748.50	3 748.50	3 748.50
1.2	回收固定资产余值						907.68
1.3	回收流动资金						336.72
2	现金流出	605.20	1 391.95	2 960.98	3 172.24	2 749.22	2 749.22
2.1	自有资金	605.20	242.27	336.72			
2.2	借款本金偿还		301.45	585.60	412.95		
2.3	借款利息支付			162.61	13.83		
2.4	经营成本		652.14	1 469.26	2 070.32	2 069.12	2 069.12
2.5	销售税金及附加		84.52	192.63	272.89	272.89	272.89
2.6	所得税		111.56	214.16	402.24	407.21	407.21
3	净现金流量	－605.20	－230.95	－314.98	576.26	999.28	2 243.68
计算指标	财务内部收益率：		38.20%				
	财务净现值（$i=12\%$）：		1 121.30				

注：自有资金是指项目投资者的出资额。

对中外合资项目，还需编制现金流量表（中方投资）和现金流量表（外方投资）两个表格，它们分别考查中方投资和外方投资的盈利能力，计算各自的财务内部收益率和财务净现值。

（2）损益表见表9－10。该表反映项目计算期内各年利润的分配情况，以计算投资利润率、投资利税率和资本金利润率等指标。

表9－10　　某化工项目损益表　　单位：万元

序号	项目＼年份	2006年	2007年	2008年	2009年	2010年
	生产负荷（%）	30	70	100	100	100
1	产品销售（营业）收入	1 161.00	2 646.00	3 748.50	3 748.50	3 748.50
2	销售税金及附加小计	84.52	192.63	272.89	272.89	272.89
2.1	增值税	75.47	171.99	243.65	243.65	243.65
2.2	城市维护建设税	5.28	12.04	17.06	17.06	17.06
2.3	教育费附加	2.26	5.16	7.31	7.31	7.31
2.4	堤防管理费	1.51	3.44	4.87	4.87	4.87
3	总成本费用	738.41	1 804.41	2 256.69	2 241.65	2 241.65
4	利润总额	338.07	648.96	1 218.92	1 233.96	1 233.96
5	弥补以前年度亏损					
6	应纳税所得额	338.07	648.96	1 218.92	1 233.96	1 233.96
7	所得税	111.56	214.16	402.24	407.21	407.21
8	税后利润	226.51	434.80	816.68	826.75	826.75
9	盈余公积金	11.33	21.74	40.83	41.34	41.34
10	可供分配利润	215.18	413.06	775.84	785.41	785.41
11	应付利润					
12	未分配利润	215.18	413.06	775.84	785.41	785.41
13	累计未分配利润	215.18	628.25	1 404.09	2 189.50	2 974.92

注：弥补以前年度亏损，从有亏转盈的年份开始填列，但弥补年限最高为五年。

盈余公积金，对一般项目指提前的法定盈余公积金和公益金，对中外合资项目指职工奖励及福利基金、储备基金和企业发展基金。

应付利润，对一般项目指向投资者分配的利润，对中外合资项目指股利（中方和外方），其金额大小取决于可供分配利润与未分配利润的差额。

未分配利润，指用于偿还借款及再投资等的资金，但一般指用于偿还借款的资金，用于偿还借款的资金额取决于借款偿还方式以及可用于偿还借款的折旧和摊销费的不足金额。

（3）资金来源与运用表见表9－11。该表反映计算期内各年的资金盈余或短缺情况，用于选择资金筹措方案，并为编制资产负债表提供依据。

表9－11　　某化工项目资金来源与运用表　　单位：万元

序号	项目＼年份	2006年	2007年	2008年	2009年	2010年
	生产负荷（%）	30	70	100	100	100
1	资金来源	2 329.54	1 063.77	1 728.17	1 406.49	2 650.89
1.1	利润总额	338.07	648.96	1 218.92	1 233.96	1 233.96
1.2	折旧费	61.52	123.03	123.03	123.03	123.03
1.3	摊销费	24.75	49.50	49.50	49.50	49.50
1.4	长期借款	1 300.00				
1.5	流动资金借款					
1.6	其他短期借款					
1.7	自有资金	605.20	242.27	336.72		
1.8	其他					
1.9	回收固定资产余值					907.68
1.10	回收流动资金					336.72
2	资金运用	2 318.18	928.19	909.64	407.21	407.21
2.1	建设资产投资	1 701.63				
2.2	建设期利息	89.70				
2.3	流动资金	113.84	128.43	94.45		
2.4	所得税	111.56	214.16	402.24	407.21	407.21
2.5	应付利润					
2.6	长期借款本金偿还	301.45	585.60	412.95		
2.7	流动资金借款本金偿还					
2.8	其他短期借款本金偿还					
3	盈余资金	11.36	135.58	818.53	999.28	2 243.68
4	累计盈余资金	11.36	146.94	965.46	1 964.75	4 208.43

（4）资产负债表见表9－12。该表反映项目期内各年年末资产、负债和所有者权益的增减变化及对应关系，以计算资产负债率、流动比率及速动比率，考查资产、负债、所有者权益的结构。

表 9 - 12　　　　　　　　　某化工项目资产负债表　　　　　　　　　单位：万元

序号	项目 \ 年份	2006 年	2007 年	2008 年	2009 年	2010 年
	生产负荷（%）	30	70	100	100	100
1	资产	1 910.28	2 108.45	2 928.90	3 755.65	5 826.80
1.1	流动资产总额	205.21	575.91	1 568.90	2 568.19	4 811.87
1.1.1	应收账款	108.69	244.88	345.05	345.05	345.05
1.1.2	存货	77.00	173.93	244.13	244.13	244.13
1.1.3	现金	8.17	10.17	14.25	14.25	14.25
1.1.4	累计盈余资金	11.36	146.94	965.46	1 964.75	4 208.43
1.2	在建工程					
1.3	固定资产净值	1 399.82	1 276.78	1 153.75	1 030.72	907.68
1.4	无形及递延资产净值	305.25	255.75	206.25	156.75	107.25
2	负债及所有者权益	1 910.28	2 108.45	2 928.90	3 755.65	5 826.80
2.1	流动负债总额	80.02	186.71	266.72	266.72	266.72
2.1.1	应收账款	80.02	186.71	266.72	266.72	266.72
2.1.2	流动资金借款					
2.1.3	其他短期借款					
2.2	长期借款	998.55	412.95			
	负债小计	1 078.57	599.66	266.72	266.72	266.72
2.3	所有者权益	831.71	1 508.78	2 662.18	3 488.93	5 560.08
2.4	资本金	605.20	847.47	1 184.19	1 184.19	2 428.59
2.5	资本公积金					
2.6	累计盈余公积金	11.33	33.07	73.90	115.24	156.57
2.7	累计未分配利润	215.18	628.25	1 404.09	2 189.50	2 974.92
计算指标	资产负债（%）	9.11				
	流动比率（%）	5.88				
	速动比率（%）	4.97				

（5）财务外汇平衡表见表 9 - 13。该表用于涉及产品出口创汇及替代进口节汇项目的分析，反映各年外汇余缺程度，分析项目的外汇平衡能力。

表 9－13　　财务外汇平衡表　　单位：万美元

序号	项目 \ 年份	1	2	3	4	…	n
	生产负荷（%）						
1	外汇来源						
1.1	产品销售外汇收入						
1.2	外汇借款						
1.3	其他外汇收入						
2	外汇运用						
2.1	固定资产投资中外汇支出						
2.2	进口原材料						
2.3	进口零部件						
2.4	技术转让费						
2.5	偿付外汇借款本息						
2.6	其他外汇支出						
2.7	外汇余缺						

注：其他外汇收入包括自筹外汇等。

技术转让费是指生产期支付的技术转让费。

（二）财务评价指标体系

1. 财务盈利指标体系

反映项目财务盈利能力的主要指标是财务内部收益率、财务净现值、投资回收期、投资利润（税）率和资本利润率。

（1）财务内部收益率。该指标可根据财务现金流量表（见表 9－8）中“净现金流量”栏各年的数值用试算内插方法求得。

（2）财务净现值。该指标的计算以行业的基准收益率或设定的折现率，将项目计算期内各种净现金流量折现到建设期初并求现值之和。

（3）投资回收期。是指以项目的净收益抵偿全部投资所需的时间。计算时，表 9－8 中“累计净现金流量”为零的年份即为项目的投资回收期。

（4）投资利润率。是指项目达到设计生产能力后的一个正常生产年份的利润总额与项目总投资的比率，以损益表为计算依据。其计算式为：

投资利润率＝年利润总额或年平均利润总额/项目总投资×100%

其中：年利润总额＝年产品销售收入－年产品销售税金及附加－年总成本费用

项目总投资＝固定资产投资＋投资方向调节税＋建设期利息＋流动资金

（5）投资利税率。计算式为：

投资利税率 = 年利税总额或年平均利税总额/项目总投资 ×100%

其中：年利税总额 = 年利润总额 + 年销售税金及附加

（6）资本金利润率。指项目达产后一个正常生产年份的利润总额与资本金的比率。计算公式为：

资本金利润率 = 年利润总额/资本金 ×100%

2. 项目清偿能力分析

项目清偿能力分析主要考查计算期内各年的财务状况及偿债能力。用下列指标来反映。

（1）资产负债率。该指标反映项目各年所面临的财务风险及偿债能力。其计算公式为：

资产负债率 = 负债合计/资产合计 ×100%

（2）固定资产投资国内借款偿还期。指在国家财政规定及项目具体财务条件下，以项目投产后可用于还款的资金偿还固定资产投资国内借款本金和建设期利息所需要的时间，指标计算依据为资金来源与运用表和国内借款还本付息计算表，计算公式为：

借款偿还期 =（借款偿还后开始出现盈余年份数 - 开始借款年份）+
当年偿还借款额/当年可用于还款的资金

涉及外资的项目，其国外借款部分的还本利息，应按已经明确的或预计可能的借款偿还条件（包括还款方式和期限）计算。

（3）流动比率。反映项目各年偿付流动负债能力的指标。计算公式为：

资产负债率 = 负债合计/资产合计 ×100%

（4）速动比率。反映项目快速偿付流动负债能力。

资产负债率 =（流动资产总额 - 存货）/流动负债总额 ×100%

3. 外汇平衡分析

涉及外汇收支的项目，应进行外汇平衡，考查各年外汇余缺程度。对外汇不能平衡的项目，应提出具体解决办法。外汇平衡分析的依据是财务外汇平衡表。

三、国民经济评价

国民经济评价是按照资源合理配置的原则，从国家整体角度考查项目的效益和费用，用货物影子价格、影子工资、影子汇率和社会折现率等经济参数，分析计算项目对国民经济的净贡献，评价项目的经济合理性。

（一）国民经济评价的效益和费用

国民经济评价时项目的效益是指项目对国民经济所做的贡献，分为直接效益和间接效益。直接效益是指由项目产生并在项目范围内计算的经济效益，一般表现为增加该产出物数量满足国内需求的效益；替代其他相同或类似企业产出物，使被替代企业减产以减少国家有用资源耗费（或损失）的效益；增加出口所增收的国家外汇等。间接效益是指由项目引起而在直接效益中未得到反映的那部分效益。

项目的费用是指国民经济为项目所付出的代价，分为直接费用和间接费用。直接费用是指项目使用投入物所产生并在范围内计算的经济费用。一般表现为其他企业单位为供应本项目投入物而扩大生产规模所耗用的资源费用；减少对其他项目或最终消费投入物的供应而放弃的效益；增加进口（或减少出口）所耗用（或减收）的外汇等。间接费用是指由项目引起而项目的直接费用中未得到反映的那部分费用。

项目的间接效益和间接费用称为外部效果，对显著的外部效果能定量的要定量计算，并计入项目的效益和费用；不能定量的，应作定性分析。

（二）影子价格、影子工资和影子汇率

影子价格是指在一定经济结构中，以线性规划方法计算的，反映资源最优利用的价格。影子价格不是实际价格，而是一种虚拟价格，某种资源的影子价格不是一个固定数值，而是随着经济结构的变化而变化的。影子价格的确定原则，不仅取决于某一社会折现率下的国内生产价格体系，还取决于国际市场价格、影子汇率、货物稀缺程度及供求状况等诸多因素。

为了正确计算项目对国民经济所作的净贡献，在进行国民经济评价时，一般要采用影子价格。为了简化计算，在不影响评价结论的前提下，可只对其价值在效益或费用中占比重较大或者国内价格明显不合理的产出物与投入物时使用影子价格。

使用影子价格时，项目投入物和产出物分为外贸货物、非外贸货物和特殊投入物三种类型。

1. 外贸货物的影子价格

外贸货物影子价格是指其生产或使用将直接或间接影响国家进出口的货物。包括项目产出物中直接出口、间接出口（替代其他企业产品使其增加出口）或替代进口者，项目投入物中直接进口、间接进口（挤占其他企业的投入物使其增加进口）或挤占原可用于出口的国内产品（减少出口）者。外贸货物的影子价格计算方法如下：

（1）产出物。包括以下几种：

直接出口产品的影子价格 = 离岸价格 × 影子汇率 - 国内运输费用和贸易费用。

间接出口产品的影子价格 = 离岸价格 × 影子汇率 - 原供应厂到口岸运输费用及贸易费用 + 原供应厂到用户的运输费用和贸易费用 - 拟建项目到用户运输费用及贸易费用。

替代进口产品的影子价格 = 原进口货物的到岸价格 × 影子汇率 + 口岸到用户运输费用及贸易费用 - 拟建项目到用户的运输费用及贸易费用。

（2）投入物。包括以下几种：

直接进口产品的影子价格 = 到岸价格 × 影子汇率 + 国内运输费用和贸易费用。

间接进口产品（国内产品，如木材、钢材、铁矿等）的影子价格 = 到岸价格 × 影子汇率 + 口岸到原用户的运输费用及贸易费用 − 供应厂到用户的运输及贸易费用 + 上供应厂到拟建项目的运输及贸易费用。

减少出口产品的影子价格 = 离岸价格 × 影子汇率 − 供应厂到口岸的运输和贸易费用 + 供应厂到拟建项目的运输和贸易费用。

2. 非外贸货物的影子价格

非外贸货物是指其生产或使用将不影响国家进出口的货物。非外贸货物的影子价格按下述原则和方法确定。

（1）产出物。包括以下两种：

增加供应数量满足国内消费的产出物。供求均衡要按财务价格定价；供不应求的，参照国内市场价并考虑价格变化趋势定价，但不高于相同质量产品的进口价格；无法判断供求时，取上述价格中较低者。

不增加国内供应数量，只是替代其他企业的产出物，致被替代企业停产或减产的。质量相同者，应按被替代产品可变成本分解定价；提高产品质量的，原则上按被替代产品的可变成本加提高质量而带来的国民经济效益定价，其中提高质量带来的效益，可近似按国际市场价格与被替代品价格之差来确定。

（2）投入物。包括以下三种：

能通过原有企业挖潜增加供应的，按可变成本分解定价。

在拟建项目计算期内需通过增加投资扩大生产规模来满足拟建项目需要的，按全部成本分解定价。当难以获得成本的资料时，可参照国内市场价格定价。

项目计算期内无法通过扩大生产规模增加供应的，参照国内市场价格定价。

3. 特殊投入物的影子价格

特殊投入物是指劳动力和土地。劳动力的影子工资及土地的影子费用按下述原则确定。

（1）劳动力的影子工资。影子工资应能反映该劳动力用于拟建项目而使社会为此放弃的效益以及社会为此而增加的资源消耗。

影子工资可通过财务评价中所用的工资与福利费之和乘以影子工资系数求得。影子工资系数由国家统一测定发布。

（2）土地的影子费用。应能反映该土地用于拟建项目使社会为此放弃的效益，以及社会为此而增加的资源消耗（如居民搬迁费等）。

4. 影子汇率

影子汇率反映外汇的真实价值，用于国民经济评价中外汇与人民币之间的换算。同时也是评价经济换汇或节汇成本的依据。影子汇率可通过国家外汇牌价乘以影子汇率换算系数求得，这一系数由国家统一测定发布。

5. 社会折现率

社会折现率反映国家对资金时间价值的估量，是计算经济净现值等指标时采用的折现率，也是评价经济内部收益率的数据。社会折现率是一个重要参数，由国家统一测定发布。

（三）国民经济评价的指标体系与基本报表

1. 国民经济评价指标

为分析国民经济盈利能力，要计算以下两项指标：

（1）经济内部收益率

（2）经济净现值

为分析一个项目的经济外汇效果应计算以下三项指标：

（3）经济外汇净现值

（4）经济换汇成本

（5）经济节汇成本

2. 国民经济评价的基本报表

一般包括国民经济效益费用流量表（全部投资）（见表9－14）和国民经济效益费用流量表（国内投资）（见表9－15），涉及出口和替代进口的项目，还应编制经济外汇流量表（见表9－16）。

表9－14　　国民经济效益费用流量表（全部投资）　　单位：万元

序号	项目＼年份	1	2	3	4	…	n
	生产负荷（%）						
1	效益流量						
1.1	产品销售（营业）收入						
1.2	回收固定资产余值						
1.3	回收流动资金						
1.4	项目间接效益						
2	费用流量						
2.1	固定资产投资						
2.2	流动资金						
2.3	经营费用						
2.4	项目间接费用						
3	净效益流量（1－2）						

续上表

序号	年份 项目	1	2	3	4	…	n
计算指标	经济内部收益率：						
	经济净现值：（$i=\%$）						

注：生产期发生的更新改造投资作为费用流量单独列项或列入固定资产投资项中。

表 9-15　　国民经济效益费用流量表（国内投资）　　单位：万元

序号	年份 项目	1	2	3	4	…	n
	生产负荷（%）						
1	效益流量						
1.1	产品销售（营业）收入						
1.2	回收固定资产余值						
1.3	回收流动资金						
1.4	项目间接效益						
2	费用流量						
2.1	固定资产投资中国内资金						
2.2	流动资金中国内资金						
2.3	经营费用						
2.4	流至国外的资金						
2.4.1	国外借款本金偿还						
2.4.2	国外借款利息支付						
2.4.3	其他						
2.5	项目间接费用						
3	净效益流量（1-2）						
计算指标	经济内部收益率：						
	经济净现值：（$i=\%$）						

注：生产期发生的更新改造投资作为费用流量单独列项或列入固定资产投资项中。

表 9-16　　经济外汇流量表　　单位：万美元

序号	项目＼年份	1	2	3	4	…	*n*
	生产负荷（%）						
1	外汇流入						
1.1	产品销售外汇收入						
1.2	外汇借款						
1.3	其他外汇收入						
2	外汇流出						
2	费用流量						
2.1	固定资产投资中外汇支出						
2.2	进口原材料						
2.3	进口零部件						
2.4	技术转让费						
2.5	偿付外汇借款本息						
2.6	其他外汇支出						
3	净外汇流量（1-2）						
4	产品替代进口收入						
5	净外汇效果（3+4）						
计算指标	经济外汇净现值：（i=%）						
	经济换汇成本或经济节汇成本						

注：技术转让费是指生产期支付的技术转让费。

四、财务评价与国民经济评价的关系

经济评价中，要按两个层次评价项目经济上的合理性，即要进行财务评价和国民经济评价，两者的任务和作用是不同的，财务评价与国民经济评价的主要区别是：

（一）评价的角度不同

财务评价是站在微观经济角度考查项目财务上的盈利状况及借款偿还能力，

以确定投资行为的财务可行性。国民经济评价是从宏观经济角度考查项目对国民经济的贡献以及需要国民经济付出的代价，以确定投资行为的经济合理性。

（二）效益与费用的含义及划分范围不同

财务评价是根据项目的实际收支确定项目的收益和费用，补贴计为收益、税金和利息均计为费用。国民经济评价从项目对社会提供的有用产品和服务，以及所消耗的全社会有用资源的角度，考查项目的效益和费用，补贴不计为项目的收益、税金和国内借款利息均不计为费用。

财务评价只计算项目发生的直接效益和直接费用，国民经济评价要计算和分析项目的间接效益和费用，即要考查项目的外部效果。

（三）评价采用的主要参数不同

财务评价采用官方汇率和行业基准收益率，国民经济评价采用国家统一测定的影子汇率和社会折现率。

（四）评价采用的价格与结论不同

财务评价对投入物和产出物采用财务价格，国民经济评价采用影子价格。

财务评价与国民经济评价结论都可行的项目可以通过，反之应予否定。财务评价与国民经济评价有时可能得出相反的结论，国民经济评价结论不可行的项目，一般应予否定；对某些国计民生急需的项目，若国民经济评价结论好，但财务评价不可行，则应重新考虑方案，必要时可向国家提出采取经济优惠措施的建议，使项目具有财务生存能力。

五、不确定性分析

项目评价所采用的数据，大部分来自预测和估算，有一定的不确定性。为了分析不确定因素对经济评价指标的影响，需进行不确定性分析，以预测项目可能承担的风险，确定项目在财务、经济上的可靠性。

不确定性分析主要包括盈亏平衡分析、敏感性分析和概率分析等，其计算方法参加第五章相关内容。

本章小结

1. 可行性研究是20世纪40～80年代发展起来的一套相对完善的、用于建设项目评价的方法体系，是技术经济分析方法的应用。可行性研究是指在项目建设前，对拟建项目在技术上是否先进适用、经济上是否合理有利、工程建设是否可行所进行的全面、详细、周密的调查研究和综合论证。可行性研究是投资前时期的主要工作，包括投资机会研究、初步可行性研究和详细可行性研究三个阶段。

2. 可行性研究涉及包括不同项目的不同技术、市场营销、企业管理、地质勘测、土木工程与建筑设计、工艺学、设备、财务管理、预测与决策和运筹学等众多学科知识的运用，因此，可行性研究工作需要相关专业人员的合作才能完成。

3. 可行性研究经济评价在收集相关数据的基础上，通过编制各种辅助报表和基本报表，进行相关数据和评价指标的计算。但其过程比较复杂，部分先编制的报表数据经过后续报表的编制和计算过程才能获得；而且数据关系相对复杂。因此，一般采用相关软件进行，或有经济评价人员自行编制 Excel 程序报表来完成，以减少手工计算的工作量。

4. 国民经济评价比较复杂，影子价格、影子工资、影子率和社会折现率可依据当时国家计委公布的参考数据略作调整，计算过程比较复杂。

关 键 词

可行性研究　Feasibility Study
机会研究　Opportunity Study
市场与生产能力　Market and Plant Capacity
原材料投入物　Material Inputs
厂址选择　Location and Site
项目设计　Project Engineering
企业组织与管理费用　Plant Organization and Overhead Costs
项目实施进度　Project Implementation Scheduling
财务和经济评价　Financial and Economic Evaluation
财务报表　Financial Statements
人力资源　Manpower
财务指标　Financial Index
现金流量表　Cash-flow Table
销售收入　Sales Revenue
回收固定资产余值　Salvage Income
回收流动资金　Recoverable Working Capital
固定资产投资　Fixed Capital
流动资金增量　Working Capital Increase
经营成本　Operating Costs

销售税金　Sales Tax
所得税　Income Tax
职工奖励及福利基金　Staff and Worker's Bonus and Welfare Funds
自有资金　Equity Capital
借款本金偿还　Repayment of Principal
借款利息支付　Repayment of Interest
利润表　Net Income Statement
利润总额　Gross or Taxable Profit
净利润　Net Profit
资产负债表　Balance Sheet
资产　Assets
流动资产　Current Assets
固定资产净值　Fixed Assets Net Value
负债　Liabilities
流动负债　Current Liabilities
资产负债率　Asset-Liability Ratio
流动比率　Current Ratio
速动比率　Quick Ratio
汇率　Exchange Rate

思考与练习

1. 什么是可行性研究？
2. 可行性研究与基本建设程序的关系如何？
3. 可行性研究包括哪些内容？
4. 流动资金的估算方法有哪些？
5. 财务评价包括哪些主要指标和报表？
6. 什么是影子工资、影子汇率、社会折现率？
7. 财务评价与国民经济评价有何区别与联系？
8. 财务现金流量分析为什么要用经营成本？

案例分析

本章介绍的相关表格中使用数据来源于一个化工项目。该项目生产一种黏合剂，项目设计生产能力为900吨，项目计算期定位5年。相关数据根据项目实际情况和市场调研得到。第1、2、3年的销售价格分别为4.3万元/吨、4.2万元/吨和4.165万元/吨，单位产品原、辅材料消耗为1.341 5万元/吨，外购燃料消耗0.396万元/吨，外购动力和水消耗为0.040 7万元/吨，项目所需基本生产工人和技术人员为20人。以这些数据和项目设计获得的数据为基本，可进行项目财务评价。

案例思考题

1. 财务评价各报表中的数据之间的关系如何？
2. 如何依据数据关系确定财务评价各报表编制的先后顺序？
3. 如何利用Excel软件计算内部收益率和净现值等复杂指标？

第十章

项目后评价

第一节　概　　述

一、项目后评价的概念

广义项目后评价是对过去的活动和现在正在进行的活动进行回顾、审查，是对某项具体决策或一组决策的结果进行评价的活动。后评价包括宏观微观两个层面：宏观层面是对国民经济、某一部门或经济活动中某一方面进行的评价，微观层面是对某个项目或一组项目规划进行评价。

本书采纳微观层面的概念，认为项目后评价是指：在项目建成投产并达到设计生产能力后，通过对项目前期工作、项目实施、项目运营情况进行系统的客观的综合研究，衡量和分析项目的实际情况及其与预测情况的差距，确定有关项目预测和判断是否正确，并分析其成败的原因，总结经验教训，为今后项目准备、决策、管理、监督等工作积累经验，并为提高项目投资效益提出切实可行的对策措施的一种技术经济活动。

二、项目后评价的特点和作用

（一）特点

1. 现实性

项目后评价是以实际情况为基础，所依据的数据资料是实际发生的真实数据或根据实际情况重新预测的数据。它与投资前期的可行性研究不同，可行性研究是项目中带有预测性的评价。

2. 全面性

在进行项目后评价时，既包括基本项目，又包括技术改造项目；既要分析其投资过程，也要分析经营过程；既要分析项目投资经济效益，也要分析其经营管理状况和发掘项目可能性的潜力。

3. 反馈性

可行性研究阶段的评价既前评价用于投资项目的决策，而后评价的目的在于为有关部门反馈信息，为今后项目管理提供借鉴，以便不断提高未来的投资决策水平。

4. 合作性

项目后评价需要多方面的合作，有投资运行的监督管理机构或单独设立的后评价权威机构或上级决策机构，组织主管部门会同计划、财务、审计、银行、设计、质量和司法等有关部门进行。各方融洽合作，经磨合后评价工作才能顺利进行。

（二）作用

项目后评价对提高建设项目决策科学化水平，改进项目管理和提高投资效益等方面发挥着极其重要的作用。具体地说，项目后评价的作用主要表现在以下几个方面：

1. 总结项目管理的经验教训，提高项目管理的水平

通过对项目后评价，对已经建成项目的实际情况进行分析研究，有利于指导未来项目的管理活动，从而提高项目管理的水平。

2. 提高项目决策科学化的水平

项目前评价是项目投资决策的依据，但前评价中所做的预测是否准确，需要后评价来检验。通过建立完善的项目后评价制度和科学的方法体系，一方面可以增强前评价人员的责任感，提高项目预测的准确性；另一方面可以通过项目后评价的反馈信息，及时纠正项目决策中存在的问题，从而提高未来项目决策的科学化水平。

3. 为国家投资计划、政策的制定提供依据

项目后评价能够发现宏观投资管理中的不足，从而国家可以及时地修正某些不适合经济发展的技术经济政策，修订某些已经过时的指标参数。同时还可根据反馈的信息，合理确定投资规模和投资流向。此外，国家还可以充分地运用法律的、经济的、行政的手段，建立必要的法令、法规、各项制度和机构，促进投资管理的良性循环。

4. 可以对企业经营管理进行“诊断”，促使项目运营状况的正常化

项目后评价是在项目运营阶段进行，因而可以分析和研究项目投产初期和达产时期的实际情况，比较实际情况与预测情况的偏离程度，探索产生偏差的原因，提出切实可行的措施，从而促使项目运营状况正常化，提高项目的经济效益和社会效益。

三、项目后评价与项目前评价的主要区别

项目后评价与项目前期准备阶段的评估，在评价原则和方法上没有太大的区别，均是采用定量与定性相结合的方法。但是，由于两者的评价时点不同，目的也不完全相同，因此也就存在一些区别，主要表现在：

（一）在项目建设中所处的阶段不同

项目前评价属于项目前期工作，它决定项目是否可以立项。项目后评价是项目竣工投产并达到设计生产能力后对项目进行的再评价，是项目管理的延伸。

（二）比较的标准不同

项目前评价是依据国家、部门颁布的定额标准和国家参数来衡量建设项目的必要性、合理性和可行性的。项目后评价虽然也参照有关定额标准和国家参数，但它主要是直接与项目前评价的预测情况或国内外其他同类项目的有关情况进行比较，检测项目的实际情况与预测情况的差距，并分析其产生的原因、提出改进措施。

（三）在投资决策中的作用不同

项目前评价直接作用于项目决策，前评价的结论是项目取舍的依据。项目后评价则间接作用于项目投资决策，是投资决策的信息反馈通过后评价反映出项目建设过程和投产阶段（乃至正常生产时期）出现的一系列问题，将各类信息反馈到投资决策部门，从而提高未来项目决策科学化的水平。

（四）评价的内容不同

项目前评价所分析研究的主要内容是项目建设条件、工程设计方案、项目的实施计划以及项目的经济社会效果。项目后评价的主要内容是针对除项目前评价上述内容进行再评价外，还包括对项目决策、项目实施效率等进行评价以及对项目实际运营状况进行较深入的分析。

（五）组织实施上不同

项目前评价主要由投资主体（企业、部门或银行）或投资计划部门组织实施。项目后评价则由投资运行的监督管理机构或单独设立的后评价机构进行，以确保项目后评价的公正性和客观性。

四、项目后评价的一般原则

（一）独立性

指评价不受项目决策者、管理者、执行者和评估人员的干扰。它是评价的公正性和客观性的重要保障。为保证评价的独立性，必须从机构设置、人员组成、履行职责等方面综合考虑，使评价机构既保持相对的独立性又便于运作，独立性应自始至终贯穿于评价的全过程。只有这样，才能使评价的分析结论不带任何偏见，才能提高评价的可信度，才能发挥评价在项目管理工作中不可替代的作用。

（二）可信性

可信性的一个重要标志是应同时反映出项目成功的经验和失败的教训，这就要求评价者具有广泛的阅历和丰富的经验，所收集的资料应准确、可靠、真实、齐全，评价者要有高度的责任感，项目执行者和管理者应参与后评价，以利于收集资料和查明情况。

（三）科学性

项目后评价工作必须具有科学的评价方法、工作程序和组织管理及科学的评价结论，首先要求评价所依据的资料数据必须真实可靠，应以项目实施监测的实际资料为依据，建立全面系统的资料信息库，以保证资料的实时性；针对存在的问题所提出的改进意见要切实可行；评价的结论和总结的经验教训要经得起检验和推敲，并有益于指导今后的项目决策和建设工作。

（四）透明性

后评价要求评价的透明度越大越好。因为评价的透明度越大，了解和关注后评价的人也就越多。从评价成果的扩散和反馈的效果来看，也是透明度越大越好，这样便于更多的单位和个人能在自身的工作中借鉴过去的经验教训。

（五）实用性

实用性，要求报告的文字具有可读性，报告所总结的经验教训有可借鉴性。为了使评价成果对决策能产生作用，让尽可能多的单位和个人从项目评价信息中受到启发，项目后评价报告必须具有可操作性和针对性，文字简练明确，突出重点，避免引用过多的专业术语。

五、项目后评价在国内外的发展概况

（一）国外的项目后评价概况

从 20 世纪 30 年代美国政府第一次有目的地开始对项目进行后评价以来，项目的后评价已有 70 多年的历史。但直到 20 世纪 70 年代中期，项目后评价才广泛地被许多国家和世界银行等国际组织应用。各国由于政治体制不同，后评价机构的设置不同，其功能也有所不同。

1. 发达国家的项目后评价

发达国家的项目后评价以对国家的预算、计划和规划的评价为主，包括使用国家预算的国内公共部门的大中型投资项目，如能源、交通环保、文教卫生和其他社会福利项目，这些国家有明确的后评价法律依据，系统的管理机构和健全的评价程序和方法，美国是项目后评价工作做得比较好的国家之一。由于大部分发达国家在其国家预算中有一部分资金用于向第三世界投资，因此发达国家项目后评价的另外一个重要方面是其援外机构的项目后评价，一般发达国家的援外机构中都设有项目后评价机构，负责该国在海外开发投资项目的后评价工作，如美国的国际开发署、英国的海外开发署、加拿大的国际开发署等，负责项目后评价的政策、计划、执行、报告及反馈。

2. 发展中国家的项目后评价

发展中国家的项目后评价始于20世纪80年代，据联合国开发署1992年统计资料显示，已有85个发展中国家成立了项目后评价中央评价机构，这些机构大多属于政府的下属机构，相对独立的项目后评价机构和体系尚未真正形成，这些机构大多只是根据世界银行、亚洲开发银行等外部要求组织相关项目的后评价。部分发展中国家也开展了对本国投资项目的后评价，评价的任务和范围主要是国家预算内的项目、国家重点或重大项目等，但由于个汇总原因，后评价的反馈机制没有形成，反馈情况并不令人满意。

（二）我国项目后评价概况

我国的后评价工作起步于20世纪80年代，1988年国家计委正式委托中国国际工程咨询公司进行第一批国家重点建设项目的后评价，以后基本上是每两年进行一次。20多年的发展历程可划分为三个阶段（见表10－1）。

表10－1　　我国投资项目后评价发展历程简表

时　间	重　要　事　件
20世纪80年代初	随着国外对华援助资金和外资项目进入中国，以原国家计委为首开展项目评价理论方法的学习与研究。 20世纪80年代中期我国一些研究机构借鉴国外已有成果开始了项目后评价理论、方法的研究。
1988年	原国家计委选择部分项目作为试点，开展第一批国家重点投资建设项目的后评价，这标志着后评价在我国的正式开始。
1989年	交通部发布《港口建设项目后评价报告编制办法》。
1990年	原国家计委发布关于开展项目后评价工作的第54号文件，对后评价作用、目的、依据、程序、方法做出了规定，这是我国最早制定的有关后评价的法规性文件。 交通部发布《公路建设项目后评价实施办法》。 ……
1992年	建行发布《中国人民建设银行贷款项目后评价实施办法》开展国家大型建设项目经济效益调查。
1994年	国家开发银行成立后评价局并于年底提出《国家开发银行贷款项目后评价暂行办法》及其实施细则。 中国国际工程咨询公司成立后评价局。

续上表

时　间	重　要　事　件
1995 ~ 2003 年	原国家经贸委、国防科工委、国资委、铁道部、水利部、交通部、中石化、中国通信等国家有关部委和重点企业都开始编制后评价管理办法或实施规程等规章制度。 国家有关部委、学术研究机构、咨询服务机构分头组织开展后评价理论方法研究、业务实践及国际合作。
2004 年	国务院颁布实施《国务院关于投资体制改革的决定》[国发（2004）20 号]提出“建立政府投资项目后评价制度”。
2005 年	国资委发布《中央企业固定资产投资项目后评价工作指南》[国资发规划（2005）92 号]。 国资委组织“固定资产投资项目后评价工作指南宣讲和研讨会”，并在几个特大型企业中开展投资项目后评价示范。 国防科工委发布《国防科技工业固定资产投资项目后评价管理办法》。
2006 年	北京市发改委发布《政府投资建设项目后评价试行办法》[京发改（2006）419 号]。 江苏省发改委发布《江苏省政府投资项目后评价管理暂行办法》[苏发改法规发（2006）60 号]。 海南省发改厅发布《海南省政府投资项目后评价管理暂行办法》。
2008 年	国家发改委发布《中央政府投资项目后评价管理办法（试行）》[发改投资（2008）2959 号]。 湖北省武汉市建委发布《武汉市政府投资城市市政基础设施建设项目后评价工作管理办法（试行）》[武建（2008）43 号]。 贵州省仁怀市出台《仁怀市投资项目后评价制度》[仁府办发（2008）6 号]。 上海市长宁区发改委出台《长宁区政府投资项目后评估（绩效评价）管理办法（试行）》。
2009 年	国家发改委选择 5 个项目试点开展第一批中央政府投资项目后评价。 安徽省发改委发布《安徽省政府投资项目后评价管理实施办法（试行）》[发改稽查（2009）174 号]。 安徽省潞州市政府发布《滁州市政府投资项目后评价管理暂行办法》[滁政（2009）30 号]。 厦门市发改委、监察局联合发布《厦门市政府投资项目后评价管理办法（试行）》[厦发改稽查（2009）1 号]。 河北省发改委发布《河北省省本级政府投资项目后评价实施办法（试行）》[冀发改稽查（2009）777 号]。 甘肃省定西市政府发布《定西市政府投资项目后评价办法》[定政办发（2009）123 号]。

续上表

时　间	重　要　事　件
2010 年	国家发改委选择 9 个项目试点开展第二批中央政府投资项目后评价 水利部发布《水利建设项目后评价管理办法（试行）》[水规计（2010）51 号]。 江苏省水利厅发布《江苏省政府投资水利建设项目后评价办法（试行）》[苏水规（2010）4 号]。 重庆市发改委发布《重庆市政府投资项目后评价管理暂行办法》[渝发改投（2010）316 号]。 浙江省慈溪市政府发布《慈溪市政府投资项目后评价管理办法（试行）》[慈政办发（2010）6 号]。 安徽省马鞍山市发改委发布《马鞍山市政府投资项目后评价管理实施办法（试行）》[马发改函（2010）106 号]。
2011 年	国家发改委选择 15 个项目试点开展第三批中央政府投资项目后评价。 江苏省无锡市政府发布《无锡市政府投资项目后评价管理暂行办法》[锡政办发（2011）6 号]。

1. 起步阶段

这一阶段为 20 世纪 80 年代初到 1987 年，为后评价工作研究和起步阶段，我国政府部门通过与国外机构（世界银行、亚洲开发银行等）的合作，主要以出国考查、培训等方式学习研究国外项目后评价有关理论、方法和实践经验。这期间，原国家计委所属标准定额研究所（1988 年划归建设部）委托中国人民大学进行了后评价理论研究并组织了对几个国家重点项目的后评价。

2. 初步推广阶段

这个阶段从 1988 ~ 2004 年，为后评价试点和初步推广阶段，以原国家计委 1988 年下发“关于委托进行利用国外贷款项目后评价的通知”，开展第一批国家重点投资建设项目的后评价工作，标志着我国后评价工作的正式开始。随后，国家有关部委和重点企业如原国家经贸委、国防科工委、国资委、铁道部、水利部、交通部、中石化、中国通信等纷纷编制后评价管理办法或实施规程等规章制度，加强后评价理论方法研究，进行业务实践，开展国际合作。

3. 快速发展阶段

自 2004 年至今，为后评价快速发展阶段。以 2004 年《国务院关于投资体制改革的决定》精神为指引，以国资委《中央企业固定资产投资项目后评价工作指南》和国家发改委《中央政府投资项目后评价管理办法（试行）》两个文件的颁布为契机，我国投资项目后评价在政府投资和企业投资项目领域蓬勃开展起来，并且随着投资项目出现的新趋势和新特点，不断进行相应新课题的研究和实践。

第二节　项目后评价的主要内容和程序

一、项目后评价的内容

项目后评价的内容视项目的类型、规模、复杂程度以及后评价目的的不同，对每个项目进行后评价的内容也并不完全一致。

（一）内容视角

1. 项目建设必要性的后评价

根据国民经济发展规划和国家制定的产业政策以及区域经济优势，结合项目的实际情况，检验项目建议书、可行性研究报告和项目评估报告的编制是否坚持了实事求是的原则，如果项目实施结果偏离预测目标较远，要分析产生偏差的原因，并提出相应的补救措施。

2. 项目生产建设条件的后评价

着重分析项目实施过程的建设条件、建成投产后的生产条件，并与前评价的预测情况相比较，若两者存在较大的偏差，应分析其原因并提出对策建议。

3. 项目技术方案的后评价

主要对工程设计方案、项目实施方案的再评价，以确认技术方案的先进性和实用性。

4. 项目经济后评价

包括项目财务后评价和项目国民经济后评价两个组成部分。

5. 项目影响后评价

主要分析项目对其周围地区在经济、环境和社会所产生影响的实际结果。

（二）过程视角

1. 项目前期工作的后评价

主要包括项目立项条件再评价、项目决策程序和方法的再评价、项目勘测设计的再评价、项目前期工作管理的再评价等。

2. 项目实施的后评价

主要包括项目实施管理的再评价、项目施工准备工作的再评价、项目施工方式和施工项目管理的再评价、项目竣工验收和试生产的再评价、项目生产准备的再评价等。

3. 项目运营的后评价

主要包括生产经营管理的再评价、项目生产条件的再评价、项目达产情况的再评价、项目产出的再评价、项目经济后评价、项目社会环境影响后评价等。

4. 项目管理评价

项目管理评价是指对项目实施全过程中各阶段管理者的工作水平做出评价，主要分析和评价管理者是否能有效地管理项目的各项工作，是否与政策机构和其他组织建立了必要的联系，人才和资源是否使用得当，是否有较强的责任感等。从中总结出项目管理的经验教训，并对如何提高管理水平提出改进措施和建议。

二、项目后评价的程序

按照国家计委的要求，国家重点建设项目的后评价工作分三个层次进行。

（一）建设单位的自我评价

1. 提出问题，明确任务

提出需要进行项目后评价的单位可以是国家计划部门、投资中介机构、商业银行等金融机构、各主管部门及项目建设施工企业，明确后评价的具体对象、评价目的和要求。

2. 建立后评价小组，筹划准备

项目后评价工作可以委托设计与工程咨询公司等经过资格审查的单位承担，也可以由项目业主自己组织实施。承办单位接收任务后即可组织后评价小组进行筹备工作，制定出项目后评价的实施计划，包括项目后评价人员的配备、组织机构、时间进度、内容范围、预算安排和评价方法等内容。

3. 深入调查，收集资料

根据项目后评价规定的任务要求，深入实际，收集实际基础资料。项目后评价资料应包括项目的立项、决策和建设实施、项目建成后的效益资料及其其他有关资料。

4. 计算项目后评价结果

对实际资料数据的完整性和准确性进行核实、测算和审查，并依据核实后的资料数据进行对比分析研究和论证，采用定量和定性分析相结合的科学方法，合理评价项目的实际结果，找出存在的问题，总结经验教训，并提出今后的改进措施和建议。

5. 编制项目后评价报告

将分析研究的结果汇总，编制出项目后评价报告，提交委托单位和上级有关部门。

（二）行业后评价

项目后评价的第二层次是行业后评价，按项目隶属关系由行业相应的管理部门负责组织项目后评价，数量不少于每年建成项目的四分之一，主要由主管部门对项目后评价报告和项目建设实际情况进行深入考查，结合行业和地方将设项目反映出来的共性问题、特点及经验，从行业或地方的角度出发，提出对项目后评价报告的初步审查意见，写出后评价报告报国家发改委，并抄送有关部门和单位。

（三）国家后评价

由国家发改委和建设部选定后评价项目并下达年度计划，凡列入国家后评价计划的项目，均需在项目使用单位自我评价、行业初步评价的基础上，由国家组织有关方面人员或聘请专家对主管部门的项目后评价审查报告和项目建设单位自我评价的项目后评价报告进行复核审查。国家后评价是站在国家整体利益的立场上，从微观与宏观相结合的角度提出项目评价复审报告，报国家发改委和建设部，并抄送有关部门和单位。

第三节 项目后评价的常用方法

一、“前后对比”和“有无对比”法

一般情况下，“前后对比”（Before and After Comparison）是指将项目实施之前与完成之后的情况加以对比，以确定项目的作用与效益的一种对比方法。在项目后评价中，则是指将项目前期的可行性研究和评估的预测结论以及技术设计时的技术经济指标，与项目的实际运行结果及在评价时所做的新的预测相比较，用以发现变化和分析原因。这种对比用于揭示计划、决策和实施的质量，是项目评价应遵循的原则。

“有无对比”（With and Without Comparison）是指将项目实际发生的情况与若无项目可能发生的情况进行对比，以度量项目的真实效益、影响和作用。对比的重点是要分清项目作用和影响，与项目以外因素的作用和影响。这种对比用于项目的效益评价和影响评价，也是后评价方法的一个重要原则。这里说的“有”和“无”指的是评价的对象，即项目。评价是通过项目的实施所付出的资源代价与项目实施后产生的效果进行对比，以得出项目业绩是好还是坏的结论。比较的关键是要求投入的代价与产出的效果口径一致。也就是说，所度量的效果要真正归因于所评价的项目。但是，很多项目，特别是大型社会经济项目，实施后的效果不仅仅是项目的效果和作用，还有项目以外多种因素的影响，因此，简单的前后对比不能得出项目真正的效果。

二、逻辑框架法

逻辑框架法（Logical Framework Approach，简称 LFA）是由美国国际发展署于 1970 年开发并使用的一种设计、计划和评价的工具。目前已有三分之二的国际组织把逻辑框架法作为援助项目的计划、管理和评价的主要方法。

（一）逻辑框架法的含义

逻辑框架法是一种概念化论述项目的方法，即用一张简单的框架来清晰地分析一个复杂项目的内涵和关系，使之更易理解。

逻辑框架法是将几个内容相关、必须同步考虑的动态因素组合起来，通过分析其相互之间的关系，从设计策划到目的目标等方面来评价一项活动或工作。逻辑框架法为项目计划者和评价者提供了一种分析框架，用以确定工作的范围和任务。

（二）逻辑框架法的模式

逻辑框架模式由 4×4 的矩阵组成，横行代表项目目标的层次，包括达到这些目标所需要的方法（垂直逻辑）；竖行代表如何验证这些目标是否达到（水平逻辑）（见表 10－2）。

表 10－2　LFA 模式矩阵表

层次描述	客观验证目标	验证方法	重要外部条件
目标	目标指标	监测和监督手段及方法	实现目标的主要条件
目的	目的指标	监测和监督手段及方法	实现目的主要条件
产出	产出物定量指标	监测和监督手段及方法	实现产出的主要条件
投入	投入物定量指标	监测和监督手段及方法	落实投入的主要条件

（三）逻辑框架法的目标层次和逻辑关系

1. 目标层次

逻辑框架汇总了保证项目实施的全部要素，并从宏观目标、目的、产出成果和投入层次的角度，归纳投资项目的目标及其因果关系。

（1）宏观目标。宏观目标一般超越了项目的范畴，是指国家、地区、部门或投资组织的整体目标。这个层次目标的确定和指标的选择一般由国家或行业部门选定，与国家发展目标相联系，应符合国家产业政策、行业规划等要求。

（2）目的。也叫直接目标，是项目的直接效果。它主要体现在社会和经济方面的成果和作用。

（3）产出。这里的“产出”是指项目“干了些什么”，即项目的建设内容或投入物的产出物。一般要提供可计量的直接结果，要直截了当地指出项目所完成的实际工程（如港口、铁路、输变电设施、气井、城市设施等）。

（4）投入。该层次是指项目的实施过程及内容，主要包括资源和时间等的投入。

2. 垂直逻辑关系

以上四个层次由下而上形成了三个逻辑关系。第一级是直接资源投入与直接成果产出的关系，即如果保证一定的资源投入，并加以很好的管理，则预计有怎样的产出；第二级是项目产出与具体目标的关系，即项目的产出活动如果能够顺利进行，预计能够取得怎样的具体目标；第三级是项目目的与宏观目标的关系，即项目的具体目的对整个地区乃至整个国家更高层次宏观目标的贡献关联性。

3. 水平逻辑关系

（1）客观验证指标。客观验证指标是指在各目标层次上，用来客观地反映该层次目标的结果，并验证目标实现程度的可度量指标。在后评价时，一般每项指标应具有三个数据，即原来预测值、实际完成值、预测和实际间的差距值。

（2）验证方法。包括主要资料来源（监测和监督）和验证所采用的方法。

（3）重要的假定条件。首先，需要假定风险，这是最重要的假定条件；其次，需要假定政府在政策、计划、发展战略等方面的失误或变化会给项目带来什么严重影响；再次，需要假定由管理部门体制不合理而使项目的投入产出与其目的目标分离。项目的假定条件很多，一般应选定其中几个最主要的因素作为假定的前提条件。

总之，逻辑框架分析方法不仅仅是一个分析程序，更重要的是一种帮主思维的模式。通过明确的总体思维，把与项目运作相关的重要关系集中加以分析，以确定“谁”在为“谁”干“什么”、“什么时间”、“为什么”以及“怎么干”。

【例 10－1】利用逻辑框架思想对某油气田开发建设项目进行后评价（见表 10－3）。

表 10－3　　油气田开发建设项目后评价中的 LFA 指标对比表

层次	验证对比指标				验证方法	重要假设条件
	设计指标	实际实现指标	差别和变化	主要内外原因		
目标：增加行业收入、保证国家能源安全	预期对行业的贡献；对国家能源安全的影响	实际对国家油气安全、对行业和社会的影响	实际目标与预期目标的变化	国际原油价格波动、市场需求变化等	公司总部和行业调查、资料分析	较好的国际原油价格和运输储存能力；稳定的国际形势；良好的市场需求
目的：增产、获取项目收益等	预期的财务和经济效益	实际的财务和经济效益	实际目的和预期目的的变化	储量预测不准确；油气价格波动；工艺技术变动	调查投资者和项目的财务数据资料	可采储量预测准确；安全生产；良好原油价格；先进工艺技术

续上表

层次	验证对比指标				验证方法	重要假设条件
	设计指标	实际实现指标	差别和变化	主要内外原因		
产出：原油、天然气等	预期投产和达产时间；油气产量和品种	实际投产时间；油气品种和产量	实际投产时间、油气产出和预期差别	项目建设滞后，开发设计的变动等	调查分析项目记录和报告	开发项目所需资金设备等准时到位；开发设计合理；项目建设按时完成等
投入：油气资源、资金、设备、人力等	预期的各项投资；详细投资计划	实际的开发项目各项投资	实际投资和预期投资的差异	成本和费用变化等	开发项目评估报告、计划、协议文件等	国家、行业重视、公司总部投资等

三、因果分析法

在评价一个投资项目的工程质量或经济效益等技术经济指标时，实际指标与前评估阶段预期的指标总会产生一定的差距，为了分析造成这些差距的原因，往往要用到因果分析法。

因果分析法的思路：在分析问题前，首先要听取不同的意见，深入项目现场，进行细致的实地考查和调研。然后在分析原因时，要逐层剖析，直到找出问题的主要原因和次要原因。

进行因果分析时，主要采用因果分析图的方法，主要步骤为：

（一）作图

首先要明确分析对象，并画一条从左至右带箭头的粗线条作为主干，表示要分析的问题，在箭头的右侧写出所要分析的问题或者指标（见图 10－1）。

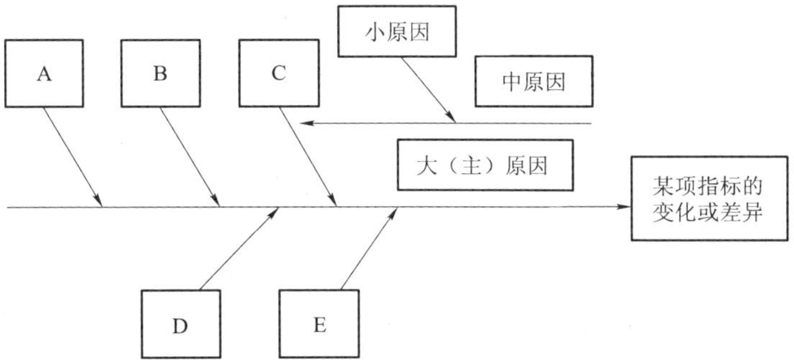

图 10－1　因果分析图示法

（二）原因分类

将项目实施情况调查中收集到的信息按照属性进行整理、分类

（三）标定重要原因

对于造成重大变化的，或对项目实施目标和效果产生重大影响的主要原因加上突出的标记，并对这些原因进行重点分析。

【例10－2】 在煤矿的开发项目后评价中，煤矿的实际年销售收入指标相比可行性研究时的预期值明显降低。在对年销售收入这一指标的变化进行因果关系分析时，首先收集并调查了可能影响该开发项目原煤产量的各种因素；然后对这些因素进行分类，比如地质认识、开发方式、煤矿价格等因素；并经过相关专家的分析和讨论后，将导致该开发项目年销售收入指标变化的主要因素列出，并绘制因果分析图（见图10－2）。

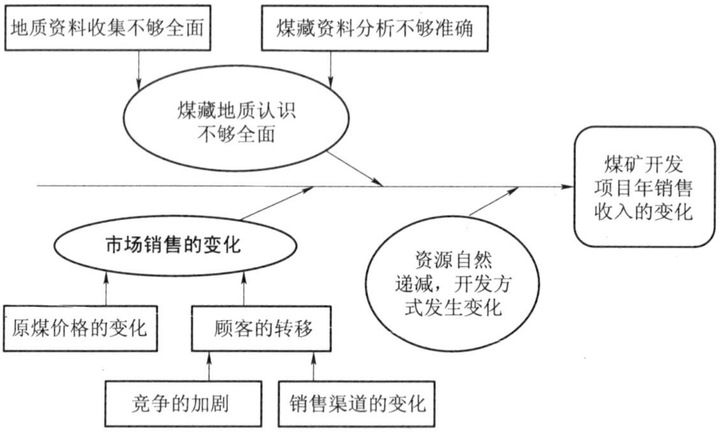

图10－2 因果分析法示意图（加黑部分为关键因素）

四、成功度评价法

项目的成功度评价以逻辑框架法的评价结论为基础，以项目的目标和效益为核心，依靠评价专家的经验，综合各项指标的评价结果，对项目的成功程度做出定性的结论。项目的成功度评价也就是通常所称的打分评价法。

（一）项目成功度的标准

一般情况下，项目的成功度分为完全成功、基本成功、部分成功、不成功和失败。

（1）完全成功（A）。项目的各项目标都已经全面实现或超越，相对于成本而言，项目取得巨大的效益和影响。

（2）基本成功（B）。项目的大部分目标已经实现，相对于成本而言，项目达到了预期的效益和影响。

（3）部分成功（C）。项目实现了原定的部分目标，相对于成本而言，项目只取得了一定的效益和影响。

（4）不成功（D）。项目实现的目标非常有限，相对于成本而言，项目几乎没有产生什么正效益和影响。

（5）失败（E）。项目的目标无法实现，相对于成本而言，项目不得不终止。

（二）项目成功度的测定步骤和方法

进行项目综合评价时，评价人员可以按照下述步骤和方法进行：

首先，根据具体项目的类型和特点，确定综合评价指标及其与项目的相关度，把它们分为“重要”、“次重要”和“不重要”三类。对“不重要”的指标不予测定，只需测定重要和次重要的项目内容。

其次，在测定各项指标时，采用权重制和打分制相结合的方法。先给每项指标确定权重，再根据实际执行情况逐项打分，即按上述评定标准的五个级别分别用 A、B、C、D、E 表示或打上具体分数。

最后，通过对指标重要性权重和单项成功度结论的综合，可得到整个项目的成功度指标，用 A、B、C、D、E 表示，将其填写在成功度评价表的项目总评栏中。

在具体操作时，项目评价组成员每人填好一张表后，对各项指标的取舍和等级进行内部讨论，或经过必要的数据处理，形成评价组的成功度表，再把结论写入评价报告。

（三）成功度评价表

项目成功度评价表格是由后评价任务的目的和性质决定的，包括评价项目指标、各指标相关重要性和评价结论。

【例 10－3】利用成功度评价法对某地区招商引资项目进行的后评价（见表 10－4）。

表 10－4　　项目成功度评价表

评定项目指标	相关重要性	评定等级
宏观目标和产业政策	重要	B
决策及其程序	次重要	C
布局与规模	次重要	C
项目目标及市场	重要	B
设计与技术装备水平	重要	B
资源和建设条件	次重要	C
资金来源和融资	重要	C
项目进度及其控制	次重要	C

续上表

评定项目指标	相关重要性	评定等级
项目质量及其控制	重要	C
项目投资及其控制	重要	D
项目经营	次重要	B
机构和管理	次重要	C
项目财务效益	重要	B
项目经济效益和影响	重要	B
社会和环境影响	重要	C
项目可持续性	重要	C
项目总评		C

本章小结

项目后评价是指在项目建成投产并达到设计生产能力后，通过对项目前期工作、项目实施、项目运营情况进行系统的客观的综合研究，衡量和分析项目的实际情况及其与预测情况的差距，确定有关项目预测和判断是否正确，并分析其成败的原因，总结经验教训，为今后项目准备、决策、管理、监督等工作积累经验，并为提高项目投资效益提出切实可行的对策措施的一种技术经济活动。

项目后评价与前评价具有明显的区别，项目后评价的一般原则：独立性、可信性、科学性、透明性和实用性。项目后评价的程序一般分为三步骤：建设单位自评价、行业后评价、国家后评价。

项目后评价方法较多，主要有："前后对比"和"有无对比"法、逻辑框架法、因果分析法和成功度分析法。

关键词

备选方案　Option

备选方案价值　Option Value

备选方案评估　Option Appraisal

环境估价　Environment Valuation

环境可持续性　Environment Sustainability
经济评估　Economic Appraisal
土地的机会成本　Opportunity Cost of Land
通货膨胀率　Inflation Rate

思考与练习

1. 什么是项目后评价？项目后评价与前评价有何区别？
2. 项目后评价的基本程序包括哪几个步骤？
3. 项目后评价的基本内容有哪些？
4. 项目后评价有哪些方法？

第十一章

技术进步与经济发展

第一节 技术与技术进步

一、技术与科学的关系

（一）技术的涵义

对技术的本质和意义进行考查始于古希腊。亚里士多德曾把技术看做制作的技术。18 世纪末，法国科学家狄德罗指出，“技术是为某一目的共同协作组成的各种工具和规则体系”。这些定义的要点是：（1）技术是“有目的的”；（2）技术实现是通过广泛“社会协作”完成的；（3）技术存在两种表现形式，即“工具”或硬件，“规则”或软件；（4）技术是成套的“知识体系”。

综合起来定义：技术是人类在认识自然和改造自然的实践中，按照科学原理及一定的经验需要和社会目的而发展起来的，用以改造自然的劳动手段、知识、经验和技巧。它包括实验技术、生产技术、服务技术、管理技术，具体表现为硬技术与软技术的统一所组成的多要素、多层次的复杂体系。

硬技术即物质形态的技术，或称物化的科学技术，泛指人们在劳动过程中用以改变或影响劳动对象的一切物质资料，其基础与核心是劳动工具。劳动工具标志着人类统治自然界的程度。它作为人的劳动器官的延长，使人的体力与智力神奇般地放大了，使生产效率几倍、几十倍、成千上万倍地增长。马克思指出，“各种经济时代的区别，不在于生产什么，而在于怎样生产，用什么劳动资料生产”。他精辟地论述了劳动工具在社会发展变革中的地位和作用。

软技术指知识形态的技术，包括工艺规程、制造技术、图纸资料、生产组织、管理技术等。没有先进的软技术，物质技术便不可能发挥应有的作用。软硬技术融为一体，相辅相成地配合发展，才可能推动技术进步和加速经济的发展。

（二）技术与科学的关系

技术与科学是相互区别而又相互联系的，技术既是人类有目的地改造自然的手段，又是改造自然的产物，在本质上反映着人对自然的能动关系，它与科学不属同一概念。科学是关于自然、社会和思维的知识体系，科学的任务是认识客观世界；技术的任务是改造客观世界。科学回答的是“是什么”和“为什么”，技术回答的是“做什么”和“怎样做”；科学提供物化的可能，技术提供物化的现实；科学是发现，技术是发明；科学是创造知识的研究，技术是综合应用知识与需要的研究，科学与技术的区别见表 11－1。

表 11－1　　科学和技术的区别

项　目		科　学	技　术
目的和任务		认识客观世界	改造客观世界
形态		纯知识形态	物质形态或知识形态
与生产的关系		间接，属于潜在生产力	直接，达到直接生产力
对经济的作用		不能完全确定，较长远	确定明确
研究特征	选题	自由探索	目标明确
研究特征	方法	归纳分析、逻辑推理、想象等，数学工具较为重要	实验、演绎推理与综合较为重要
研究特征	完成课题期限	较长或很长，无法严格规定	有明确规定
研究特征	社会监督	弱	强

二、技术进步

（一）技术进步的含义

1. 技术进步的涵义

技术是生产力诸要素中最活跃和最活泼的因素，它是不断变化的，也即处于不断发展和变革的过程中。技术进步，就是技术不断发展、完善和创新的过程。狭义的技术进步，一般指工程技术或生产劳动体系手段变革；广义的技术进步，是指科学研究、生产技术与管理技术不断变革及综合创新推动经济发展和社会进步的过程。它包括：

（1）科学、技术、生产紧密结合，科学、技术、生产协调发展。新的科学技术成果不断应用于各地区、各行业，应用于生产、生活的各部门，使整个社会的生产、生活和思维方式不断变革，科技水平、生产水平、生活水平有普遍的提高。

（2）采用新技术、新工艺、新设备、新材料，用先进技术改造和替代落后技术，改造企业和社会的物质技术基础。设计与制造高技术、高效能、高质量、高价值的新产品，建立与发展新兴产业，促进产业结构和产品结构的合理化与高级化，不断提高经济效益。

（3）用现代科学技术武装人，科学与教育结合，全面提高劳动者素质，不断开发人的智力，使智力劳动逐步成为劳动的主体。

（4）综合运用现代科技成就，提高管理现代化水平，改善企业素质，优化资源配置，不断提高技术进步对经济增长的贡献，使经济发展速度、结构、效益协同化，大大提高经济增长的质量。

以上是从综合性角度阐述技术进步的内涵。由于技术进步对经济增长有着重要作用，经济学家们还从经济增长的角度定义了技术进步的概念，认为经济增长主要取决于资金投入的增长，劳动投入的增长以及技术进步。广义技术进步是指在产出增长中扣除劳动力、资金投入数量增长以及政策和自然条件等因素作用后的余额，并借助生产函数定量测度了技术进步对经济增长的贡献。

2. 工业技术进步的涵义

工业技术进步是现代技术进步的主流。它是指技术在实现工业现代化及工业生产经营目标方面的变革与创新，是一个包括工业技术研究、技术开发、技术引进、技术扩散、技术改造、产品开发、工艺设计、中试生产、劳动者培训、信息处理、经营决策、市场营销等多方面、多环节组成的不断创新的有序运动过程。根据技术进步对要素投入结构的不同影响，工业技术进步又可分为节约劳动型技术进步，节约资本型技术进步和中性技术进步。

工业技术进步集中表现为：提高技术装备水平，改革工艺，提高劳动者素质，提高管理决策水平。对企业来说，通过技术进步要达到上水平、上质量、上品种，提高经济效益和市场竞争力的目的。其形式和方法包括以下方面：

（1）技术攻关。各工业领域的方向性、基础性、关键性应用技术的研究，或大型项目技术难题攻关。

（2）技术开发。以企业为主体开发应用新技术，形成新产品商品化生产的配套工业技术。

（3）技术引进及消化吸收。引进、吸收消化国外先进技术和智力，增强跟踪研究和开发创新能力。

（4）技术改造。以提高劳动生产率、提高产品质量、增加品种、节能、降耗、改善劳动条件、保护生态环境、提高经济效益为目的，应用先进技术，改造落后企业与老产品。

（5）标准和质量工作。建立标准和检测、监督管理体系，促进产品和生产的标准化，保证和提高产品质量。

（6）科学管理和决策。建立、健全科技法规和决策的科学化、民主化、程序化运行机制，不断应用现代化管理的理论和方法，推动生产方式和生产技术的发展，实现组织管理创新。

（7）人才培训和智力开发。组织人才培训和智力开发，不断提高管理人员、工程技术人员、技术工人的素质和技能。

（8）技术咨询和诊断。组织工业各项领域的工程技术专家开展技术咨询和企业诊断。

（9）合理化建议和技术改进。鼓励职工积极提合理化建议，努力进行技术革新。

（10）新技术的推广。建立和完善技术商品化法规，培育及发展技术市场，促进科技成果转化应用。

(11) 国际技术经济合作。深化国际分工，在世界范围内有效利用技术资源，发展大科技，推进世界科技经济一体化。

(二) 技术进步的效益

1. 经济效益

凡是能够导致社会劳动和时间的节约，并且节约的价值量大于投资额的技术进步，都具有经济效益。经济效益表现为直接效益和间接效益。直接效益是指企业通过技术进步使原材料、劳动、能源消耗下降，劳动生产率和产品质量提高，花色品种增加，产品更新换代等；使企业生产的产品（服务）成本下降、产量和利润增加等；特别是通过技术改造、技术革新、生产组织和管理现代化实现的技术进步的直接经济效益最为明显。间接效益是指企业的产品成本下降、质量提高、寿命延长等给用户带来的效益，特别是对稀有资源的节约，间接效益更大。

2. 生态效益

首先，是指由于资源的有限性，必须节约利用，否则，稀缺资源消耗殆尽，就会限制经济发展。技术进步使资源获得节约，提高资源利用效果，维持扩大再生产得以连续进行。其次，由于人类对资源消耗和工业生产带来的环境污染使人类生产和生活环境变差，生态平衡遭到破坏。要扭转这一趋势，不可能采取被动适应和减少生产的办法，而必须依靠技术进步使单位产品消耗资源量减少，采取一系列环保技术，减少有害物质的排放，防止环境（包括空气、水质、噪音等）污染，保护生态平衡。

3. 社会效益

主要指人类的生活质量的提高。通过技术进步可以用机器代替人的劳动，使人类从繁重的体力劳动和污染严重的工作环境中解脱出来。如火山口资源勘探属于危险工种，用机器人代替人就可解决这个问题。技术进步使更多的工作由机器代替人来做，即利用自然力代替人力，使劳动生产率提高，人均占有产品量增加，使人类获得更多的闲暇时间从事文化生活、娱乐、旅游等活动，使城乡差别、工农差别、脑力劳动与体力劳动差别缩小，使人类的文化素质、生活水平不断提高，寿命延长。

4. 信息效益

在当今世界，人类对信息的依赖程度越来越大。技术进步的过程是人类对自然界认识逐步深化的结果，每一个小的技术进步都为人类认识世界和改造世界提供了新的信息，这些信息的综合分析和利用就会导致新的技术进步，从而产生更新的信息。未来世界将是信息的世界，技术进步的信息将会加快未来世界的经济、社会、资源生态、科技发展的步伐。

(三) 技术进步的发展环境

技术进步的生长过程离不开具体的环境。发展环境一般由四类环境系统构成：组织环境、资源环境、文化环境、信息环境。每类环境内部机构的横向组合与各层次环境的纵向组合，构成对技术进步适合程度不同的大环境。

1. 组织环境

组织环境是与技术进步生长源关系最密切的一个环境系统，也是最重要的环境系统。该环境系统主要由企业、研究机构、大学、政府和非政府社团等组织机构构成。这些组织机构均有自身的行为准则、运行机制和特定行为。其运行及行为结果，与技术进步生长源构成一定关系，影响着技术变化。在诸多发展环境系统中，最重要、经常起作用的是组织环境系统。这一系统调控主体的存在，使其具有很大的能动性，可以调整或影响各环境系统。其他环境系统往往要借助组织系统或其反应来发挥环境效应。

2. 资源环境

资源主要包括人力资源、技术资源、资金资源、物质资源等。物质资源分为自然资源与再生资源。

3. 文化环境

一个国家或区域的历史传统、民情风俗、整体文化水平等，构成了技术进步的文化环境。它主要是以人们认同的生活方式及体现在每个人身上的文化素质的外在表现，所形成的价值判断构造出一个技术进步发展的文化环境。这种文化环境会通过认同或排斥为技术变化造就一个外在环境，刺激或限制某一技术的生成与发展。

4. 信息环境

主要由社会舆论、外来政治、军事、经济、科技压力与影响、随机突发事件的影响等构成。这个环境系统的主体是有关的信息，因而称之为信息环境。社会舆论是与技术变化关系密切的一个信息环境子系统，特别是在抵制某项技术发展方面具有很大影响和声势，但并非对每项事件都产生实际效果。外来的政治、军事、经济、科技压力与影响，是信息环境的重要组成部分。一个国家或地区可能会因之大力发展某一类技术，或难以发展某类技术。随机突发事件的影响所造成的环境效果对于某些技术的发展常常具有决定性作用，虽然总体为数不多，但可能成为技术发展史上的转折点。

（四）技术进步的机制

技术进步的机制，是指技术进步赖以实现的机构及其功能和相互作用的关系。在现阶段，它的主要内容是技术进步所依托的三种组织（政府、大学和研究机构、企业）的两个方面（需要和能力）。

1. 政府的需要和能力

为实现技术进步，政府的高额科技投入、正确的科技发展计划和政策，以及对采取积极态度从事发明的企业和个人予以适当的鼓励都是必不可少的。为了对内满足广大公民日益增长的物质生活需要，对外保护国家与民族的声誉，维护领土完整与国家主权，参与国际事务，政府将制定一系列的发展计划，以增强国家的实力。无论政府的这类发展计划是出于政治目的还是军事目的，都构成了技术进步的政府需要。政府要使自己在技术进步方面的需要得以满足，还必须具备下述能力：

（1）培养人才的能力。人才是技术进步的基础，没有人才的积累，就没有技术进步。一般来讲，人才是社会公共资源，除政府外，其他社会组织不可能在全社会范围内对人进行系统的培养，使之适应经济增长与技术进步的需要。因此，人才的培养能力是衡量政府能力的首要因素。

（2）资金筹措能力。政府对技术进步的贡献主要体现在财政预算中研究与开发费用的支出。一个国家的研究与开发费用支出越多，表明这个国家所从事的研究与开发工作越深越广，因此，政府能否为研究与开发筹措足够的资金，是衡量政府的技术进步能力的重要指标。

（3）调动企业、大学（研究机构）及社会其他机构技术进步积极性的能力。能否调动全社会的力量，能否构造一个于技术进步有利的社会环境，对社会各机构进行发明和创新，促成科学技术转化为现实的生产力关系极为重要。

（4）制定正确而适当的科技发展战略的能力。政府是否能够选择一个积极大胆的，同时也是符合国情的技术战略，并付诸实施，实现其战略目标的能力。

（5）制定正确的产业政策的能力。产业结构高度化是技术进步的直接反映，政府必须使产业政策与技术政策相结合，促使产业结构优化。

（6）制定正确的贸易政策，特别是技术贸易政策的能力。技术贸易现已成为贸易中的重要组成部分，政府应能够制定正确的技术引进政策，杜绝盲目引进，重复引进，鼓励消化吸收。

2. 大学（研究机构）的需要和能力

大学（研究机构）是专门从事科学研究和发现，进行科学知识的传播和教育的场所。作为特定的社会组织，他们同样存在着技术进步的需要，即培养人才和从事研究。大学一方面需要招募优秀学生，另一方面需要提高教学质量，使学生受到良好的技能训练并传播给学生最新的知识，这都要以研究成果为衡量标准。这就使大学产生了追求发明的需要，研究机构也是如此。

3. 企业的需要和能力

企业作为一种特定的社会组织形式，在经济系统中有其特定的追求目标，当通过技术进步才能实现其追求的目标时，技术进步的企业需求便产生了。企业技术进步的能力，具体表现在以下几个方面：

（1）技术开发能力。包括能否为满足顾客（或外来的）需要自行开发新产品，能否为提高产品品质而自行开发新工艺等，这主要表现为工程技术人员的业务能力。

（2）技术吸收能力。即使自己不能开发新产品、新工艺，还可以采取引进、吸收别人新技术的办法，企业在这方面的能力表现为能否及时捕捉、积极消化吸收新技术，并运用到自己的生产中去。

(3) 资金投入能力。任何技术的获得都离不开资金支持，无论是自行开发还是购买外来附着在设备或蕴含在知识中的技术，都取决于企业是否有足够的资金支付技术进步方面的开支。

(4) 市场开发能力。新产品、新技术并不总是易于被人们所接受，企业是否能够为自己的新产品打开市场，寻找销路，是企业能力的重要表现。

(5) 信息收集方面的能力。任何组织都是通过信息的收集、整理，并在此基础上作出决策。因此信息搜集的能力，即能否有畅通的信息渠道，能否及时掌握最新技术信息，也是影响企业技术进步能力的重要方面。

第二节　技术进步与经济发展的关系

一、经济发展

(一) 经济及大经济观

1. 经济的涵义

经济是一个多义词。其一，经世济民，治理国家；其二，指一个国家国民经济的总称，或指国民经济的各部门，如工业经济、农业经济等；其三，指社会生产关系的总和，是上层建筑赖以建立起来的经济基础；其四，指物质资料的生产、交换、分配、消费等经济活动；其五，节约或节省，含效益之意。依其活动范畴与运行机制，经济又可划分为宏观经济与微观经济，也可划为宏观经济、中观经济（准宏观经济）及微观经济三个层次。

2. 大经济观及其特点

随着科技进步及市场经济的发展，人们形成了大经济观。所谓“大经济”，是视经济为一个动态的、开放的大系统，系统内各生产力要素协调组合，人流、物流、信息流有序运行，形成经济与科技、社会协调发展的运行机制与体制。对外与世界经济联网接轨，进行能量、信息的交换互补，在市场机制的作用下，不断优化系统内的产业结构、产品结构与技术结构，保证经济持续稳定地发展。现代化的大经济具有下述特点：

(1) 科技化。科学技术进步渗透到整个经济活动中，科学技术研究成为生产、经济活动的先导，科学技术研究成果的应用与物化，成为提高经济效益的保证。科技与经济的紧密结合，推动着经济发展由粗放型向集约型转轨，产业结构由劳动密集型向技术密集型转换，技术结构由传统技术向高新技术发展。

(2) 信息化。信息成为战略性资源。高度发达的电子信息技术与现代通讯手段，推进了社会信息化与经济信息化，为系统内部和外部的联结，开辟了条条通道，促进了世界经济一体化与全球资源共享。并且，不仅由于灵敏而准确的信息传递与处理，加强了对经济运行过程的有效控制，而且使把握未来的“战略管理”成为经济管理的重心。可以说，没有信息，就没有现代经济。

（3）系统化。大经济作为一个系统，具有系统结构的复合性，系统平衡的动态性，系统目标的整合性等特征。系统内的各生产力要素，经济活动中生产、交换、分配、消费各个环节以及经济活动的宏观、中观、微观层次，均不是孤立存在、单独作用的，它们自始至终相互作用和制约，在市场经济发展过程中寻求运动中的动态平衡，协调配合，实现目标的整合性。

（4）效益化。大经济是效益化的经济，它以经济科技化、信息化、系统化为保证，促进资源的有效配置和节约使用，促进产业结构、产品结构、技术结构、市场结构和企业组织结构的合理化及高级化，进而实现经济的效益化和长足发展。

（二）经济增长与经济发展

1. 经济增长

指一个国家的产品和劳务数量的增加，或人口平均的实际产出的增加，通常以国民生产总值、国内生产总值或国民收入以及它们的人均数值来衡量。

2. 经济发展

指经济增长中伴随着经济结构、社会和政治体制的改革。即不仅是产出的增长，还意味着随着产出增加而出现的产出与收入结构上的变化以及经济条件、文化条件的变化，经济增长质量的提高，物质福利的增进等。例如国民经济中第一、二、三产业结构的变换，国民生产总值及就业中农业比重的下降，经济效益的提高，国民受教育程度的提高，职业类型的变化等。

经济发展以经济增长为前提，它不等于经济增长但包括经济增长，而经济增长并不一定带来经济发展。有的国家即使在经济增长速度很高的情况下，并没有取得社会经济的普遍进步、经济效益的提高或结构的改善。此种现象被称为“有增长而无发展”或“没有发展的经济增长”。

了解经济增长与经济发展的概念，有助于我们正确处理经济发展中速度与效益的关系。一方面，在经济建设事业中必须保持经济的适度增长，扩大生产规模，增加经济活动总量；另一方面，又必须努力实现结构的合理化、高级化，不断提高经济效益，走内涵扩大再生产与外延扩大再生产相结合的道路。所谓适度的经济增长实质上就是指经济发展速度、结构、效益的协调统一。在确定经济增长率时，要充分考虑：（1）与当时的资金、资源、市场、技术等客观条件适应；（2）带动结构优化和技术进步；（3）促进资源有效利用，获取良好的经济效益；（4）保持速度和效益增长的一致性，实现经济长期稳定增长。

二、技术进步与经济发展的关系

科技进步与经济发展是相互联系、相互促进而又相互制约的辩证关系，这种矛盾统一的辩证关系，是由科技及经济的本质属性与发展机制所决定的。

（一）科学技术对经济发展、社会进步的推动作用

早在100多年前，马克思和恩格斯就已明确说明科学技术是生产力，他们高度评价了科学技术的社会功能，指出科学是一种在历史上起推动作用的、最高意义上的革命力量，是历史前进的有力杠杆。

20世纪40年代以后，特别是近二三十年来新科技革命的蓬勃兴起，把人类社会推向了科学社会化、社会科学化的新时代。当代科学技术已渗入到人类物质生产和社会生活的各个方面，成为经济发展的决定力、社会进步的推动力、政治的影响力、军事的战斗力。在这一新的时代背景下，1988年邓小平同志提出了“科学技术是第一生产力”的论断，它丰富和发展了马克思主义关于科学技术的学说，是对科学技术地位及其巨大作用的最本质的概括和最高的评价。

下面从科学技术的指数效应、变革效应及渗透效应三个方面，归纳分析科学技术成为第一生产力的内涵以及它对于经济、社会发展的巨大作用。

1. 科学技术的指数效应

科学技术的指数效应，主要从科技对于生产、经济发展的巨大推动作用，亦即科学技术已成为现代经济发展的第一位的决定性因素，来说明科学技术的地位和作用。马克思早就论述过科技劳动作为智力劳动是简单劳动的“自乘”或“倍加”，也就是说等量劳动时间内，科学技术能创造比简单劳动大得多的价值。而现代科学技术作为最先进的生产力，对其他生产力要素更具有神奇般的放大作用，这种放大作用可用如下公式表示：

$$生产力=(劳动力+劳动工具+劳动对象)^{科学技术}$$

现代科学技术对放大生产力的指数效应，是通过科技与经济、与直接生产过程的结合而渗透到其他生产力要素中所形成的。主要表现在：（1）在现代科技知识武装下，劳动者素质显著提高，科技进步造就了科研和工程技术、管理方面的大量专门人才，促使生产方式由体力化向智力化作质的转变；（2）先进技术的替代与改造，使劳动工具的效能大大提高，生产不仅由手工劳动转向机械化、自动化，更进一步转向自控化、智能化，企业及整个社会的物质基础发生了根本性变革；（3）新兴技术的发明应用，同时扩大了劳动对象的范围，开拓了新资源，拓展了生产的深度与广度；（4）与科技进步伴生的经济结构、产业结构、工业布局的调整变化和管理方法的改革等，又进一步改善了生产要素的组合、配置，使生产要素的量态、质态与结构呈现系统优化。综上所述，科学技术一旦与其他生产力要素结合，必将促进劳动生产率的极大提高与国民经济的加速发展，而且这种提高与发展是以内涵为主的、集约经营型的，因而能保证经济持续、稳定地发展。

科学技术的这种指数效应，在第一二次技术革命中就已表现出来：18世纪70年代以蒸汽机采用为标志的第一次技术革命，由于实现了手工工具向机械的转化，改变了社会的生产面貌，在不到100年的时间里，社会创造的财富超过了以往历史上所创造的社会物质财富的总和。19世纪70年代以电力的广泛使用为标志的第二次技术革命，使人类社会实现了电气化，推动了工农业生产和交通运

输业的大发展，又在不到100年的时间里，使全世界工业生产总值增长了近20倍。20世纪40年代以后发生的以电子计算机、核能、宇航技术为标志的第三次技术革命，一系列高新技术得到广泛应用，更使物质生产领域进一步发生了根本性变化，生产力迅猛发展。

进入21世纪，受全球传统能源的总量限制，很多国家已经开始探索新能源技术，以系统生物科学与技术的迅速外延发展，带来了第四次科技革命。包括合成生物学与系统生物技术带来的生物信息技术、个性化医学技术、生物芯片技术、生物太阳能技术、生物计算机技术等。其中，生物能源技术，一类是采用转基因与合成生物学改造富油生物如藻类等生产生物柴油，一类采用合成生物学与仿生学筛选生物有机分子或模仿细胞内叶绿体光合作用或叶绿素光电转换效应，从而将导致传统硅电子太阳能技术的变革。现今世界许多国家也正积极响应着这一场新革命，比如说我国提出的智能电网、智能能源网便是萌发阶段。

2. 科学技术的变革效应

（1）推动经济结构和产业结构的深刻变革。以农业为主的第一产业和以制造业为主的第二产业在国民经济中的比重逐年下降，而包括公共服务业、交通运输业、商业、科教业、卫生业、通讯业等的第三产业，在国民经济中的比重则不断上升。目前美、日、英、法等发达国家第三产业在国民经济中的比重均超过50%。高新技术产业在国民经济中占有极其重要的地位。

（2）推动生产方式的变革。产业结构的高级化，相应地改变了体力劳动与脑力劳动的结构。如在机械化程度低的情况下，体力劳动与脑力劳动之比为9:1；在中等机械化的情况下变为6:4；而在全盘自动化情况下则为1:9，说明脑力劳动创造的价值越来越大。

（3）促进了经济的软化。经济软化率是经济结构高级化的重要特征，许多工业发达国家，软件在整个产品价格中的比重不断提高。20世纪50年代硬件与软件占产品价格比重为8:2，70年代为5:5，90年代为2:8，2000年后为0.5:9.5。经济的软化意味着现代产品对原材料、能源和一般性劳动力的依赖性减少。目前，半导体制造成本中70%为知识（即研究开发费用），而劳动力成本不到12%。半导体芯片的成本中，原材料仅占1%～3%。

（4）推动社会变革。科技的变革效应更深刻地表现在科技革命推动生产（产业）革命，而生产革命又导致社会革命。三者之间的内在必然联系见图11－1和表11－2。

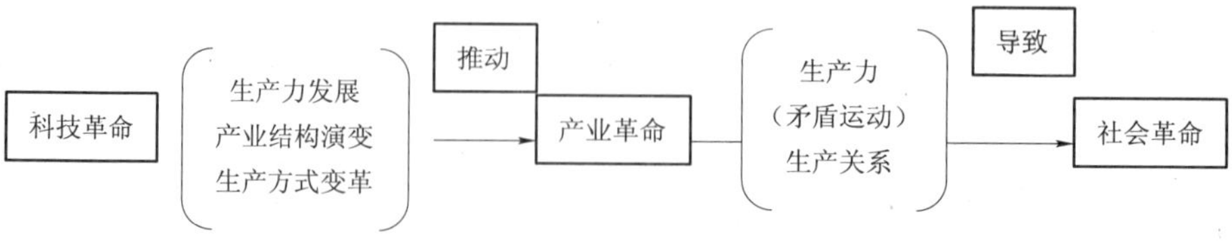

图11－1　科技革命推动产业革命和社会革命

表 11－2　　　　科技革命、产业革命和社会革命的关系

年代	科技革命	产业革命	社会革命
约公元前 1300 年 ~ 约公元前 4000 年	石器的应用 牲畜驯养技术 （石器时代）	畜牧业革命	从蒙昧期 进入 原始社会
约公元前 4000 年 ~ 约公元前 500 年	金属的应用 冶炼技术，手工制作技术 （青铜器时代）	手工业革命	从原始社会 进入 奴隶社会
约公元前 500 年 ~ 约公元 1600 年	铁器的应用 农耕技术 （铁器时代）	农业革命	从奴隶社会 进入 封建社会
约公元 1600 年 ~ 约公元 1900 年	蒸汽的应用 电力的应用，动力技术 （机械化时代）	工业革命	从封建社会 进入 资本主义社会
约公元 1900 年 ~	原子能的应用，电子 计算机的应用，电子技术 （电气化时代） ↓ （信息化时代）	工业革命 ↓ 知识产业革命	资本主义社会 过↓渡 共产主义社会

3. 科学技术的渗透效应

科学技术的渗透效应主要是从科学技术对社会各个领域的辐射、影响、制约作用，以及科学技术成为建设现代文明的基石这一社会功能，来说明科学技术的地位和作用。主要表现在以下几方面：

（1）科学技术的发展大大开拓了人与自然关系的领域，使人类进入“自由王国”，做大自然的主人而不再是大自然的奴仆，从而使人类能更加有效地利用资源、控制人口、改善和保护环境。

（2）科学技术改变着人类的衣、食、住、行的传统方式，改变着人们的审美观。科学美学和技术美学的发展，使人类的物质文化生活更加美好和丰富多彩。

（3）科学技术还具有强大的思想变革功能，它启迪人们的科学思想，培育人们的科学精神、科学态度、科学方法与科学管理。而探索创新的科学精神，实事求是的科学态度，唯物辩证的科学方法，严密有序的科学管理相辅相成，则具有改造人类主、客观世界的强大功能，是建设现代文明的强大武器。

综上可见，科学技术的渗透效应，不仅造就着现代人科学、正确的世界观、价值观，赋予人类能动地改善与保护自身生存环境的本领，而且深远地影响到人

类社会未来的发展和子孙后代的幸福。

（二）经济发展对科技进步的促进作用

加速经济发展，改善人民生活，增强综合国力，始终是每个国家的首要任务，也是科学技术进步的目的。科学技术如果脱离经济的需求，缺乏经济的支撑，根本不可能得到发展。

1. 经济发展是技术进步的动力

经济发展创造了市场需求，推动生产力向新的高度进军，因而在劳动手段、劳动工具的装备、劳动对象的供给、劳动者能力与素质提高，资源配置、产业组织等方面提出了许许多多的新问题和新需求，希望科技部门用新发明、新创造、新方法去解决，进而推动了技术进步，加速了科技成果转化为直接生产力。

2. 经济发展决定着技术发展的方向

经济发展的不同水平，对技术结构有不同的选择；国民经济各部门的地位、作用决定了产业发展优先顺序的排序；国内外市场需求及经济环境的动态变化，使各产业部门及其产品又有不同的收入需求弹性，在市场供求上出现“长线”、“短线”或过剩与短缺等。所有这些，促使科学技术工作必须面向经济建设，要根据经济发展的战略重点、薄弱环节和关键问题去抉择研究开发的重点，预测规划技术发展的方向，使科技进步与经济发展密切结合，形成技术推力与需求拉力的有效接轨。

3. 经济发展是技术发展的物质基础

科学技术发展，特别是高新技术的发展，需要有财政的支持和巨额的投入，殷实的经济是科技进步的物质基础。当今工业发达国家正是由于其经济基础的雄厚及生产发展的强力需求，才得以投入巨大的财力推进科技事业的发展，并基本形成了科技与经济相互促进的机制，在世界范围内保持着科技与经济的领先优势。目前80%的“研究与发展（R&D）”活动集中在工业化国家，它们每年用于研究与开发的经费占国内生产总值的比例较高。然而，2011年我国研究与试验发展（R&D）经费支出为8 610亿元，只占国内生产总值的1.83%，这与世界领先国家3%左右的水平相比仍有较大差距。我们必须清醒地认识到，科技投入的巨大差距无疑会使发展中国家科技相对落后，经济成长亦受到限制。

4. 经济发展改善着技术进步的条件与环境

经济发展深化了国际分工与交换，改善了资源的配置，加速了信息的交流，完善物质商品与生产要素市场体系，促进了文化教育事业的发展，提高了国民的物质文化生活水平，增进了社会的稳定。所有这些，为技术进步创造着良好的环境。

5. 拉动经济发展对技术的需求

企业经营的活力，生产发展的实力，市场竞争的压力，是吸纳先进技术成果的前提条件。

综上所述，科技进步与经济发展相互促进的关系见图11－2。

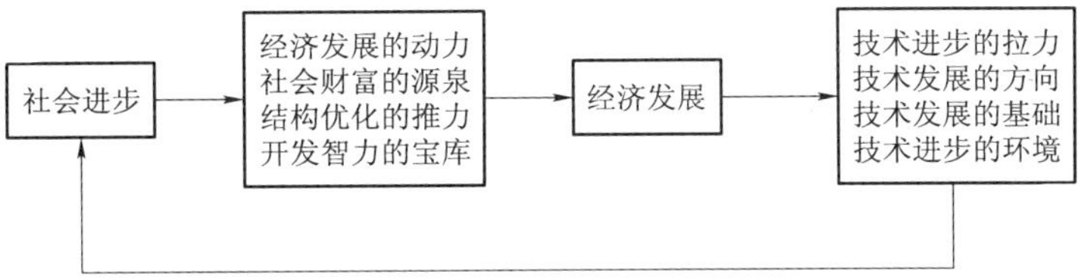

图 11－2　科技进步与经济发展的关系

（三）技术与经济的相互制约

科技与经济存在相互促进的关系，但二者有其自身的规律，现实生活中，往往存在着相互制约的关系。

科学技术活动的直接任务是产生知识或科技成果，其首要特征是探索性与创新性。新现象的发现，新规律的揭示，新概念的建立，新事物的发明，新产品、新工艺的研制及其商品化，不断提高着人们认识自然与改造自然的能力，并成为创造社会财富的武器与手段。但是科技活动既是科技成果的发明创造过程，又是生产要素组合的投入产出过程，必须投入相应的人力、物力和财力，才能保证科研的正常进行，而且其所需要的投入随技术研究、开发、应用的进程不断增大。据统计分析，从科学理论研究、技术开发到产品研制和发展其投资比值为1∶10∶100。高新技术的研究更需要投入巨额的资金。一方面，当国家经济落后、企业资金不足时，就缺乏财力支撑科技发展，企业也缺乏对技术的需求拉力；另一方面，从经济看，经济活动的基本任务是发展生产，保证供给，其首要特征是讲求经济效益，投入的可行性和产出的效益性，是筹划经济活动首要考虑的问题。为使经济持续稳定地发展，必须以经济效益为中心，以科技进步为动力，以不断增强综合国力和改善人民生活为目的，实行注重效益，优化结构，提高质量，稳定增长的经济发展战略。对企业来说，其基本任务是向市场提供适销对路的产品以满足社会不断增长的物质文化生活的需求，并以此获得利润。作为自主经营、自负盈亏，自我发展、自我约束的经济实体，在采纳新技术时，客观上必然要求技术先进性与经济合理性的统一。具备投资能力是企业应用科技成果的重要条件，提高经济效益是企业采用先进技术的动因和目的。

综上可见，科技与经济的发展具有相互促进的一面；但由于科技与经济的不同特性，使它们在一定的背景下，又具有相互制约和矛盾的一面。具体表现在：

1. 技术研究、开发、应用与经济可行性的矛盾

缺乏足够的资金，就不能进行重大领域的科学研究，或引进消化他人的先进技术为己所用。直接看来这是经济对技术的制约，从后果看，将使技术与经济陷入双重落后的困境。

2. 技术先进性与适用性的矛盾

技术的先进性反映技术的水平和创新，这是科研部门所追求的，技术的适用性则表示技术适应使用者的生产与市场需要的程度，这是企业所要求的。先进的

技术不一定适用，适用的技术不一定最先进。人们固然希望技术越先进越好，但它只有在对使用者适用、为使用者掌握、具有增值价值的使用价值时，才会受到青睐，否则就不可能发挥先进性的作用，并将在闲置中随科技进步与经济环境的变化而贬值。特别是在市场经济条件下，技术成为商品，如果技术研究开发脱离了市场需求，根本不可能实现其自身价值与使用价值。

3. 技术效益的滞后性及潜在性与应用者渴望现实盈利的矛盾

技术成果的应用会带来超额利润，但其应用有一个吸收、消化、创新的过程，不一定会立竿见影带来效益；而投资者期望尽快得到资金回报，从而可能将资金另辟蹊径，使技术得不到应用。投资者当然也可能由于舍弃先进技术的应用而造成机会成本损失。

4. 技术研究开发应用效益与风险的矛盾

技术研究开发应用的效益与风险是并存的，研究开发应用一旦成功，就会因掌握了技术与市场的领先优势而赢得超额利润。但研究开发应用过程也充满风险，包括技术选择失策、开发失败、时机滞后、技术供求关系变化、竞争失利、技术应用达不到预期效益等。有时人们因畏于风险而放弃新技术的开发应用，也可能正因此而失去发展的机遇。

5. 技术研究开发应用成本与新增效益的矛盾

技术愈先进，往往支付的代价愈高昂，从而出现支付成本与预期效益的矛盾，先进技术开发应用的成本一定要低于预期效益，否则再先进的技术也难以推广应用。技术先进性与经济性的对应关系，往往决定着技术方案的选择（见表 11－3）。

表 11－3　　技术项目的选择

方　案	技术先进	经济合算	决　策
Ⅰ	√	√	可行
Ⅱ	√	×	不可行
Ⅲ	≠	≠	一定背景下可行
Ⅳ	×	×	不可行

表中：“√”—是，“×”—否，“≠”—不够完善，有待改进。

第三节　技术进步对经济发展的作用评价

一、生产函数法

生产函数，是指在物质生产过程中，反映生产要素投入量的组合与实际产量之间的依存关系的数学表达式。如果有 X_1、X_2、…、X_n 共 n 个生产要素，并用 Y 代表产出，用 t 表示时间变量。则生产函数的一般形式为：

$$Y = F(X_1、X_2、\cdots、X_n, t) \tag{11-1}$$

对上述生产函数进行分析，需要收集产出和 n 个生产要素投入量的数据，工作量很大。因此有必要作出一些简化，即找出对产出 Y 影响最大的生产要素来。通常，把资金（K）和劳动（L）作为最主要的生产要素。那么，上式便可以写成：$Y=F$（K，L，A）具体来讲，有以下几种情况：

（一）柯布－道格拉斯生产函数（$C-D$ 函数）

1982 年，这种函数是以它的最初创立人美国数学家柯布（C. W. Cobb）和经济学家道格拉斯（P. H. Douglas）的名字命名的，他们研究了美国制造业 1899～1922 年的历史资料后指出，在生产投入中的主要因素是资本和劳动，其余的要素对于产出的贡献是微不足道的，因此得出生产函数的最早表达形式为：

$$Y = AK^{\alpha}L^{1-\alpha}(0<\alpha<1) \tag{11-2}$$

式中：Y——产出；K——资本投入量；L——老丁投入量；α——资金的产出弹性；A——常量，表示平均的技术水平；$1-\alpha$——劳动的产出弹性。

如令 $\beta=1-\alpha$，上式可写成：

$$Y = AK^{\alpha}L^{\beta} \tag{11-3}$$

$\alpha+\beta=1$ 的实际含义是规模收益不变，就是当资本和劳动的投入量同时增加 n 倍时，产出也增加 n 倍。在规模收益不变的情况下，不论生产规模怎样变化，生产出单位产品所需的成本，即所消耗的资本和劳动的量是始终不变的。换句话说，在这种理论假设下，上式中的 A 是恒定的技术水平，它仅能描述在某一恒定的技术水平下投入量与产出量之间的关系，它在分析技术进步作用方面则显得比较勉强。1942 年，首届诺贝尔经济学奖金获得者丁伯根对柯布－道格拉斯生产函数作了重大改进，将上式中的常数 A 换成一个随时间而变化的量 At，上式变为：

$$Y = A_tK^{\alpha}L^{\beta} \tag{11-4}$$

式中：A_t——某一时期的技术水平；K、L 和 Y——时间 t 的函数。

这样，只要用某种方法确定了弹性 α 和 β，技术水平 A_t 便可容易地求出。

利用柯布－道格拉斯生产函数测算技术进步速度时，应具备以下假设条件：（1）仅有资本和劳动两个生产要素，而且它们之间是可以互相替代的，并且能够以可变的比例相配合；（2）完全竞争的市场条件，资本和劳动都以其边际产品作为报酬；（3）任何时候，资本和劳动都可以得到充分利用；（4）技术进步是中性的，即当资本劳动比（K/L）不变时，技术进步在前后生产函数中的边际产品之比$\left(\frac{\partial Y}{\partial L}\Big/\frac{\partial Y}{\partial K}\right)$也保持不变；（5）规模收益不变；（6）生产函数是一次齐次式。

（二）线性函数

线性函数的基本形式是：

$$Y = A_t(\mu_1 K + \mu_2 L) \tag{11-5}$$

式中：μ_1、μ_2——对 K 和 L 进行统一计量的折算系数。

这个函数的意义，是把投入生产中的活劳动与物化劳动加以综合考虑，通过折算系数 μ 把资金转换为被这一技术所代替的简单劳动的投入量，也就是用劳动者人数与资金之加权和去分析投入与产出的关系，观察技术水平的变化情况。

（三）索洛的余值法

20 世纪 50 年代中期，美国经济学家索洛（Robert. M. Solow）提出以增长速度方程为模型，用“余值法”测算技术进步的新方法。

索洛余值法的基本假设是：（1）仅有资本和劳动两个生产要素，而且它们之间是可以互相替代的，并且能够以可变的比例相配合；（2）完全竞争的市场条件，资本和劳动都以其边际产品作为报酬；（3）任何时候，资本和劳动都可以得到充分利用；（4）技术进步是中性的，即当资本劳动比（K/L）不变时，技术进步在前后生产函数中的边际产品之比$\left(\frac{\partial Y}{\partial L}\Big/\frac{\partial Y}{\partial K}\right)$也保持不变。索洛的生产函数一般形式为：

$$Y = F(K, L, t) \tag{11-6}$$

在中性技术进步的情况下，技术进步并未实现在资本或劳动中，因此生产函数可以写为：

$$Y = A_t f(K, L) \tag{11-7}$$

其中：乘数因子 A_t 为 t 时期的技术水平，对上式求全微分，经变换得：

$$\frac{1}{Y}\frac{dY}{dt} = \frac{1}{A}\frac{dA}{dt} + \alpha\frac{1}{K}\frac{dK}{dt} + \beta\frac{1}{L}\frac{dL}{dt} \tag{11-8}$$

其中 $\alpha = \frac{\partial Y}{\partial K}\frac{K}{Y}$为资本的产出弹性，$\beta = \frac{\partial Y}{\partial L}\frac{L}{Y}$为劳动的产出弹性。

公式（11－8）通常被称为增长速度方程，它表明：产出的增长是由资本、劳动投入量的增加和技术水平的提高带来的。进一步变换公式（2－8），得到：

$$\frac{\Delta A}{A} = \frac{\Delta Y}{Y} - \alpha\frac{\Delta K}{K} - \beta\frac{\Delta L}{L} \tag{11-9}$$

索洛通过分析美国 1909～1949 年的历史数据，运用“余值法”估算了技术进步在经济增长中的作用。他根据美国国民收入账目算出：$\alpha = 1/3$，$\beta = 2/3$；又得知美国在此期间的产出增长了 216%，劳动投入量增加了 54%，资本投入量增长了 102%，将这些数据代入公式（2－9）可得：

$$\frac{\Delta A}{A} = 216\% - \frac{1}{3}\times 102\% - \frac{2}{3}\times 54\% = 146\%$$

即，技术进步速度为 146%。那么技术进步对产出增长的贡献为：

$$E_A = (146\% / 216\%)\% = 68\%$$

而资本和劳动对产出增长的贡献为32%（即，1-68%），技术进步对劳动生产率提高的贡献为90%，即

$$E_q = 146\% / (216\% - 54\%) = 90\%$$

劳动力的资金装备率（单位劳动力所使用的资本）对生产率提高的贡献为：

$$\frac{1}{3}(102\% - 54\%) / (216\% - 54\%) = 10\%$$

结论：（1）美国在1909～1949年的40年间，总产出增长了216%，其中技术进步的贡献为68%，资本和劳动的贡献为32%；（2）在此40年间，美国劳动生产率提高了162%，其中技术进步的作用为90%，而劳动力、资金、装备率的影响仅为10%。

对索洛“余值法”的评价：

（1）索洛将影响经济增长的因素归结为资本、劳动和技术进步，利用统计资料，从总产值的增长中减去劳动力和资本的贡献，余下的即为技术进步的贡献。这种方法的优点是简单，可操作性强。但缺点是技术进步包含的因素太多，其技术进步因素中包括了产业结构、劳动力素质、生产规模扩大、管理水平以及体制变革等诸多对于经济增长产生影响的方面，事实上是一个多因素混合体。因此，在进一步的研究中，应将技术进步因素进行细分，以确定不同因素对于经济增长的影响。

（2）索洛的研究建立在对发达国家资料分析的基础上，结论是技术进步比资本和劳动力更能促进一国的经济增长，因此其贡献率明显高于其他因素。而对于发展中国家，情况有所不同。这主要是因为，根据发展中国家的技术水平和劳动力等特点，资本的积累对于经济增长更为重要。再者，索洛“余值法”的假设前提并不完全适应发展中国家。因此，我们在应用“余值法”时应注意这些差异。

二、指标体系法

指标体系法是通过一系列相互联系、相互补充的经济指标来衡量技术进步经济效益的大小，反映技术进步状态及其发展变化趋势的方法。根据指标的层次不同，可以将其分为宏观指标和微观指标。

（一）技术进步经济效益的宏观评价指标

（1）年技术进步速度。基本公式为：

$$a = y - \alpha k - \beta l \tag{11-10}$$

式中：a——年技术进步速度；

y——产出增长率；

α——资本产出弹性；

k——资本投入增长率；

β——劳动产出弹性；

l——劳动投入增长率。

（2）技术进步对净产值（总产值）增长率的贡献。计算公式为：

$$E_A = a/y \qquad (11-11)$$

式中：E_A——技术进步对净产值贡献率

（3）技术进步对投资效果的贡献。计算公式为：

$$E_I = a/S\delta \qquad (11-12)$$

式中：E_I——技术进步对国民经济投资效果的贡献；

a——年技术进步速度；

S——国民经济投资效果系数（年度总产值增加额/年度固定资产投资总额）；

δ——投资率（年度固定资产投资总额/当年总产出）。

（4）技术水平。技术水平反映计算期相对基期技术水平的变化情况。计算公式为：

$$A_t = \frac{1}{n}\sum_{i=1}^{n}\frac{Y}{D_i X_i} \qquad (11-13)$$

式中：Y——产出；

X_i——第 i 种投入要素量；

D_i——单位投入的标准效率；

n——投入要素的个数。

（5）其他还有生产性固定资产节约额、原材料（包括燃料、动力）节约额、能耗降低额等。

（二）技术进步经济效益的微观评价指标（企业）

1. 技术水平评价指标

这类指标是从企业技术水平的影响因素角度反映企业的技术进步状况，包括以下：指标劳动的机械化自动化水平、设备的先进水平、生产工艺的先进水平、产品先进水平、劳动者素质水平、企业管理水平以及综合指标。

2. 经济效益评价指标

包括以下指标：利用新技术带来的利润增加额、生产过程中利用新技术带来的成本降低额、由于生产和使用新技术带来的综合经济效益、生产活动中依靠新技术带来的效果、在劳动方面由于采用新技术带来的效果。

三、因素分离模型与方法

（一）丹尼森的增长因素分析法

20 世纪 60 年代初，美国的丹尼森在西蒙·库兹涅茨的国民收入核算和分析的基础上，利用历史资料，在 1974 年出版的《1929～1969 年美国经济增长的核算》中提出了增长因素分析方法。

丹尼森也是用“余值”的方法测算技术进步的作用，称之为“知识进步”。与索洛相比，他的主要贡献是：一是扩大了投入量的种类，把生产要素中各种质的因素包括进去；二是扩大了“剩余”部分的种类，进一步分解“余值”部分，把知识进步作为剩余的剩余。

根据丹尼森的分析，在规模收益不变时，如果总投入增加1%，国民收入也应该增加1%。但实际上的国民收入增长速度要大于1%，超出的部分就是“单位投入的产出”。因此，影响国民收入增长的因素有两个：一是总投入；二是单位投入。总投入又包括三个因素，即劳动、资本和土地。而单位投入形成的产出则主要是资源配置的改善、规模节约以及知识进步三个因素的贡献。除了知识进步以外，其他因素对国民收入增长速度的贡献是可以直接计算出来的，这样知识进步就可以作为“剩余”计算出来。

（二）我国学者的因素分析法

我国经济工作者为了克服丹尼森增长因素分析法的非数量模型研究的不足，提出的一些因素分解的量化模型与方法，其中主要有投入要素的部门结构变化分析方法和数学分解的综合模型两种方法。

1. 投入要素的部门结构变化分析方法

这种方法的思路是，通过数学方法从总产出的变化中分解出投入要素（劳动和资金）的部门结构作用项，从而细化技术进步的作用。

其基本做法是将全员劳动生产率上升率分解为4个方面的作用：资金装备增长的作用、劳动力的部门结构变化的作用、资金的结构变化的作用、技术进步的作用。分析的步骤是，以部门的统计资料为基础，先估计出各部门的资金与劳动产出弹性，然后估算出全员劳动生产率上升率以及各要素的贡献率。

2. 数学分解的综合模型

这种方法是将引起经济增长的投入要素——资本和劳动的质的方面，用数学模型进行分解表达，得到数学分解的综合模型。通过将每个部门进行拟合生产函数的分解，将整个国民经济的产出最终分解为9个因素的作用：劳动力数量的变化、劳动力部门结构的变化、资金（固定资产）数量的变化、资金部门结构的变化、劳动者平均学历变化、劳动者平均工龄变化、固定资产质量变化、固定资产平均役龄的变化、技术进步项。

这种方法事实上还是不能直接计算技术进步项的量，但由于分离出的部分扩大到8项，就大大缩小了“剩余”部分，然后再通过“余值法”计算技术进步的作用，结果会更接近于实际。

本章小结

技术是人类在认识自然和改造自然的实践中，按照科学原理及一定的经验需要和社会目的而发展起来的、用以改造自然的劳动手段、知识、经验和技巧。它包括实验技术、生产技术、服务技术、管理技术，具体表现为硬技术与软技术的统一所组成的多要素、多层次的复杂体系。

技术进步是技术不断发展、完善和创新的过程，狭义的技术进步，一般指工程技术或生产劳动体系手段变革；广义的技术进步，是指科学研究，生产技术与管理技术不断变革及综合创新推动经济发展和社会进步的过程。

经济有多种涵义：(1) 经世济民，治理国家；(2) 指一个国家国民经济的总称，或指国民经济的各部门；(3) 指社会生产关系的总和，是上层建筑赖以建立起来的经济基础；(4) 指物质资料的生产、交换、分配、消费等经济活动；(5) 节约或节省，含效益之意。技术与经济发展是一种相互促进相互制约的关系。

生产函数法是利用一般生产函数或特定生产函数模型，定量测算技术进步对经济增长的作用。指标体系法则是通过一系列相互联系、相互补充的经济指标来衡量技术进步经济效益的大小，反映技术进步状态及其发展变化趋势的方法。因素分离法实质上是扩大投入量和剩余部分的项数，再通过“余值法”来计算技术进步的作用。

关 键 词

高技术　High-Technology
技术进步　Technology Progress
经济增长　Economic Growth
经济发展　Economic Development
国民生产总值　Gross National Product
国内生产总值　Gross Domestic Product
国民收入　National Income
生产函数　production Function
柯布—道格拉斯函数　C-D Function
索洛余值　Solow Residual Value
指标体系法　Index System

因素分离模型 Separation Factor Model

思考与练习

1. 什么是技术，什么是科学，两者有何关系？

2. 什么是技术进步，如何评价技术进步对经济增长的贡献？

3. 如何认识科学技术是第一生产力？

4. 什么是经济及大经济观？

5. 什么是经济增长，什么是经济发展，两者有何关系？

6. 如何理解技术进步与经济发展的辩证关系？

7. C-D 生产函数中，α 和 β 的经济意义是什么？如何利用该函数测算技术进步的作用？

8. 什么叫中性技术进步？索洛“余值法”的假设前提是什么？如何利用该函数测算技术进步的贡献率？

9. 简述 CES 函数的一般性。

10. 技术进步的评价指标有哪些？

11. 丹尼森的增长因素分析法有什么特点？取得了哪些进步？

12. 我国学者关于技术进步测算的贡献是什么？

第十二章

技术评价与预测

第一节 技术分类

技术以及各种技术之间总是作为一个有结构功能的整体存在于社会之中，这个整体即技术体系。为了认识技术体系中各种技术的特点及其在整体中的作用，从而了解和把握各种技术之间的联系和变化，就要研究技术的分类。

一、按技术的作用领域分类

根据技术的生产与非生产目的，可将技术分为生产技术和非生产技术两大类。

（一）生产性技术

生产性技术包括能源技术、材料技术、机械技术、运输技术、通讯技术和土木建筑技术等。

（二）非生产性技术

非生产性技术包括公用技术、日常生活技术以及科学研究技术、教育和文化技术、医疗技术和军事技术等。

生产性技术与非生产性技术是相对的。生产性技术是基本的，没有生产性技术的发展就不可能保证非生产性技术的发展。但是这种分类只是从技术的作用领域或功能区域进行的，并不表明技术本身的区别。

二、按人与自然的关系分类

（一）直接利用自然的技术

属于这类技术的有采集技术、储藏保存技术和饲养栽培技术等。

（二）广义的加工技术

此类技术有四种：加工物体的技术；重新组合物体结合状态的技术（混合、分离、蒸馏）；重新组合物质核外电子结合状态的技术（化学反应）；重新组合基本粒子间结合状态的技术（核裂变、核聚变）。

这种技术分类的特点是侧重于以人对自然的能动关系来作为技术分类的指标，是根据技术本身的特点进行的分类。

三、按劳动手段进行分类

（一）动力劳动手段技术

属于这类技术的有原动机。

（二）作用劳动手段技术

这类技术包括机械系统（工具、工作机等），反应系统（反应塔、冶炼炉）。

（三）控制劳动手段技术

这类技术包括测定系统（测试仪器、光学机械），通讯系统（通讯器械、电脑），运输系统（传送带、交通工具、仓储系统），调节系统（调节装置、照明、暖房）。

（四）支持劳动手段技术

如用地、房屋、容器等。

四、按劳动过程的特征分类

（一）采取技术

采取技术包括空气、水、太阳能、矿石的采取技术，以及狩猎、捕捞等技术，其特点是以自然物为对象。

（二）原材料生产技术

它是从天然物中分离或人工合成所需物质的各种技术的集合。

（三）广义机械生产技术

它包括所有重视尺寸的生产技术。它不仅指机器和装置等资本产品的生产，而且也包括消费资料产品的生产。其特点是使物体的几何形态发生变化。

（四）建设技术

建设技术是指在改变自然的地形地貌，以形成直接进行生产和生活的地点和空间的过程中，所采用的各种手段和方法。

（五）输送技术

输送的特征就是改变人和物的失控位置，在这一过程中所采用的各种劳动工具、手段和方法即为输送技术。

（六）信息处理技术

信息处理是联系各种直接改变自然界状态的劳动过程的纽带，是实现对劳动过程控制的必要环节。信息处理技术是信息收集、传递、分析、整理、储存的各种工具和方法手段的总称，在现代技术系统中，其地位日益重要。

（七）能源生产技术

能源生产技术既是能源生产过程中各种机械的、物理的、化学的和生物的方法和工具。

（八）农牧生产技术

农牧生产系统的技术特点是，人工过程作用于自然对象之后，基石停顿下来，自然对象仍然可按照人的需要的目的继续进行。农牧生产技术包括栽培、捕捞、饲养等技术。

五、按技术与社会产业的关系进行分类

世界各国把各种产业划分为三大类：第一产业（资源技术）、第二产业（再生产技术、能源交通技术）和第三产业（信息技术、物流服务技术等）。第一产业是指提供生产资料的产业，包括种植业、林业、畜牧业、水产养殖业等直接以自然物为对象的生产部门，有些虽然是工业，但是并不是加工产业，例如采矿业是直接提供矿产但是并不加工，所以采矿业是属于第一产业的。第二产业是指加工产业，利用基本的生产资料进行加工并出售。第三产业又称服务业，它是指第一、第二产业以外的其他行业。第三产业行业广泛。包括交通运输业、通讯业、商业、餐饮业、金融保险业、行政、家庭服务等非物质生产部门。各国划分不完全一致。

六、按技术的表现形态分类

（一）硬技术

硬技术即物质形态的技术，泛指人们在劳动过程中用以改变或影响劳动对象的一切物质资料，其核心是劳动工具。

（二）软技术

软技术是指意识形态的技术，是解决各种实际问题的来自社会科学、非自然科学的知识，以及非传统科学知识。

硬技术和软技术是辩证的统一体。软技术关注的是人的思维和行为而不是物，而且软技术是“思想、情感、价值观、世界观、个人和组织的行为以及人类社会”的范畴。如果说硬技术是以机器为中心，那么软技术则是以人为中心，硬技术与软技术相区别的重要特征是两者作用对象的差异，操作者的动作过程就是硬技术与操作者活动之间的结合过程，是操作者作为操作主体使用工具对操作对

象进行操作的过程，通过软技术来限定操作者与硬技术之间的协作关系（过程），来实现某种目的。

七、按资源集约度的技术分类

在产品生产过程中，必须消耗一定的物化劳动和活劳动。物化劳动消耗较少且活劳动消耗多的产品叫劳动密集型产品。反之称为资金密集型产品；而两种消耗同步增长的产品叫做资金适中型产品；此外，有些产品的复杂劳动所占比重很高，则称为知识密集型产品。与此相对应，技术也可以分为以下四类：劳动密集型技术；资金密集型技术、资金适中型技术、知识密集型技术。

第二节　技术评价

一、技术评价内涵及分类

对技术评价（或评估）的界定由来已久，形成诸多不同角度的认识，如日本科学技术厅认为技术评估就是综合检查、评价技术的直接效果、间接效果和潜在的可能性，将技术控制在整个社会希望的方向上。美国科学研究开发委员会主席 Daddario 认为，技术评估是一种政策研究形式，他为决策这提供公正的估价。它鉴别政策焦点，评估现有状况及各行动方向的影响，是一个系统评估一项技术进步的性质、意义、状态和功过的分析方法。中国学者陈劲从广义上认为技术评估包括三个组成部分：技术的观念、技术的评估和技术的管理。技术的观念，就是确立对技术的价值观；技术的评估，就是根据技术的价值观，对技术可能给自然和社会各方面带来的影响进行分析、评价；技术的管理，就是根据技术的价值观和技术评估的结论，制定政策、采取措施，使技术沿着有益于人类的方向发展。目前使用较多的界定是，技术评价是将技术开发、应用或推广过程中可能带来的经济、社会及环境等方面的各种有利和不利的影响进行系统的识别、分析和评定，以确定技术发展的可行性，为技术开发的管理提供决策依据的活动。

按照不同的依据，技术评价可划分为多种类型。从技术评价对象的角度来看，可将技术评价划分为技术项目评价、特定技术评价和技术问题评价三种类型。

（1）技术项目评价。一般意义上的项目评价，是指对地理、技术上都有明确限定的专门项目的评价。例如，对一条高速公路的建设、一条输油管道的铺设、一项水利电力工程的兴建等进行的评价。而技术项目评价则是针对某特定技术主体开展的技术开发、应用或推广的具体项目进行的技术先进性、经济可行性、环境友好性等诸多方面的评价。

（2）特定技术评价。特定技术评价，通常是针对某项创新技术进行评价，例如，对 DVD（Digital Versatile Disc）产业发展过程中的下一代技术蓝光 DVD

进行评价。与技术项目评价相比，特定技术评价不针对某一具体的技术使用者即使用条件，技术的应用不受地理位置的限制，所评价的技术既可以是已成熟的技术，也可以是新出现的尚未成熟的技术；可以是具体的单项技术（如太阳能光伏发电技术），也可以是一个技术群（如清洁能源技术）。特定技术评价比技术项目评价在评价的时间、空间跨度上和政策选择范围方面更为宽泛，面临的不确定性也较大。

（3）技术问题评价。技术问题评价，是指针对某一技术领域中一个待解决的技术问题及各种备选解决方案进行的评价。虽然在广义上技术项目评价也可以看做一种技术问题评价，但通常认为技术问题评价的对象有更强的综合性。例如，对可能面临的2025年能源短缺问题的技术性对策进行评价。

上述三种技术评价往往是互相补充、互相渗透的。例如，一种新技术在某类可再生能源技术研发项目中的应用，可能产生的后果既是这类可再生能源技术研发项目评价中的内容，也是针对这种新技术应用的特定技术评价，还可将其纳入能源体系发展问题技术性对策评价中，与其他可供选择的可再生能源形式加以比较。

二、技术评价流程

技术评价在不同国家都有其不同的具体实践程序。例如，经济合作与发展组织提出的技术评价程序，共分为九步：（1）明确问题；（2）弄清技术评估的实施范围及前提条件等；（3）列举相关技术的替代方案；（4）明确影响范围（影响的可能性、影响的种类、对象）；（5）影响评价（影响的重要程度）；（6）明确决策者（团体或个人）；（7）明确厉害关系者；（8）替代方案（选出可能的较优的方案）；（9）替代方案的综合评价和结论。日本通产省和日本科学技术厅的技术评估基本程序如下：（1）掌握评估对象技术概要；（2）技术的主、副效果分析；（3）影响的寻找、整理和分析（影响的规模、频度、相互关系、非容忍影响）；（4）研究对策、对策评价；（5）综合评价。美国MITRE公司是美国重要的智囊之一，从其评估项目的过程可以归纳出基本程序如下：（1）确定评估任务和范围；（2）对评估对象进行描述；（3）预测社会状况；（4）判定影响范围；（5）分析潜在影响；（6）明确对策方案；（7）综合效果分析。

我国学者陈劲在综合考虑已有技术评价程序的基础上，提出技术评价的基本程序分为评价目的、掌握技术概要、了解问题和社会环境、分析潜在影响、查明非容忍影响、指定改良方案以及综合评价七个步骤（见图12-1）。

（1）明确评价目的。根据委托人的要求，进一步确定评价报告最终使用者的需要，弄清用户所关心的问题；在明确目的基础上，限定评价范围。

（2）掌握技术概要。包括：① 技术性质，主要是技术形态、技术的相关领域涉及的基础学科领域；② 产品结构、工作原理、使用方法；③ 制造过程的设备、工艺、资源消耗、输入输出情况；④ 服务方式的基本原理、使用装置、操作方法；⑤ 厂房设施、建设方法、周围环境、结构和功能；⑥ 其他，如开发方

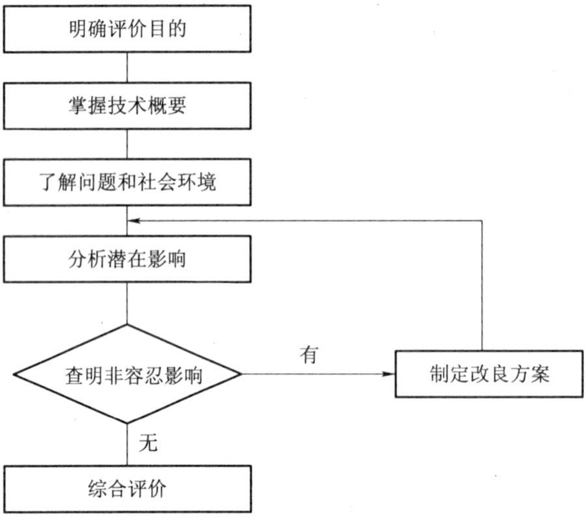

图 12－1　技术评价工作程序框图

法、开发人员、费用负担、实验方法等。

（3）了解问题和社会环境。描述技术存在的各种问题，弄清问题产生的原因以及与技术的相互关系、可能产生的后果及解决措施，即可能采用的技术方案。还要说明技术及存在的问题对更大的社会环境的影响。在了解社会影响时，特别要注意各种不同意见和技术应用的限制因素，了解由于认识价值上的冲突造成观点和看法的差异。要在仔细了解后进行客观分析。

（4）分析潜在影响。首先是寻找影响，技术评价的目的不仅要关心直接影响，而且要重视二次、三次等高次的影响，并采取对策。由于技术本身的发展引起的变态和接受该技术的社会状态演变，以及人们的价值观改变等，寻找影响的工作相当困难。因此，要求工作成员具有丰富的实践经验和对技术带来的影响具有预测能力（指逻辑推理与联想能力）。其次是影响的分析和整理，包括单个影响的分析与影响的相应关系分析。单个影响分析主要是为了确认寻找出来的影响的真实情况，掌握影响的性质和程度，并针对影响的原因、条件，明确该影响的好坏性质和所占的地位；从承受影响对象的种类、分布，推测影响的规模；根据影响的时间、空间等因素，推测其产生的频度。影响的相应关系分析目的在于从整体掌握该技术带来的影响全貌，了解各影响之间的相互作用，以确定判断对策的范围，具体工作是制作“因果关系回路图”，即按影响的来龙去脉把相关的两个影响用线连接起来，绘出回路图。

（5）查明非容忍影响。在影响分析的基础上，对各种影响作进一步分析和评价，并寻找有无非容忍的影响。一般分为三个步骤：① 选择评价指标，这是评价的基础，选择要全面。② 对指标进行分析，判断其所处的地位。评价指标应具备定量的尺度，即可用某种物理量的大小或参数来衡量，对能定量地表示某项指标的参数，规定基准点，把它作为定性评价的标准。③ 影响的综合分析，将各评价指标从整体上进行归纳、综合时，要判定各影响的性质是正还是负，是负的影响要作进一步分析，判断是否会带来危害。为了找出非容忍影响，要分两步进行，第一步，定性的判断是否有非容忍的性质，为此，必须设定非容忍事项的评价标准，据此判断影响是否为非容忍事项；第二步，定性地分析非容忍的影响程度，根据第一步找出的因素进行全面分析，判断非容忍影响的程度。

（6）制定改良方案。找出非容忍影响，即找出技术的致命问题，接着必须采取对策，予以解决。通常考虑的对策有改良该项技术（即修正开发方案）、补救技术的开发、限制使用、教育使用者、中断开发或停止使用等。

（7）综合评价。综合评价工作就是列举该项技术可能带来的一切影响，包括正影响和负影响，将有利方面和危害方面进行全面分析，权衡利弊，决定应采取的技术方案。

三、技术评价的内容及方法

在企业层次，技术评估是指企业从自身利益出发，对技术构思、技术方案的一种综合性评价。技术评估的具体内容一般包括技术的先进性、可行性、连续性，近期与长期的经济效果，就业、环境、资源利用、技术扩散等社会效果，风险性及风险与收益的关系等。目前，主流观点是技术评价应包括以下内容。

（一）技术因素评价

技术因素评价会涉及技术的先进性、可接受性、继承性与可延续性等方面。技术先进性评价可以通过对被评价技术与其他可比技术的主要技术指标进行比较来实现；可接受性主要从企业自身的技术自给能力、设备水平与数量、人员数值与数量等技术匹配能力方面来进行评价；技术的继承性与可延续性评价主要是考查拟采用技术对在用技术的继承程度与未来被替代时的可延续使用程度。

在具体的技术评价时，首先要确定技术性能指标，以便明确评估的具体标准。凡是表示产品的功能、制造和运行状况的一切性能都是技术性能指标。针对新产品的技术因素评估可以从以下几个方面进行：必要的功能、性能的实现程度（性能、质量、寿命）；产品的可靠性、可维修性、安全性、操作便利性；产品协调性（内部协调性与外部协调性）；产品外观；产品本身的加工性、装配性、搬运性；产品中采用某些技术现存问题的解决程度等。在确定了技术性能项目之后，还必须明确评估要求，把各种技术要求区分为固定要求、最低要求和尽可能考虑的愿望，以分清主次，有助于评估的开展。

（二）经济因素评价

经济因素方面，主要是评价技术的经济效益，技术的经济效益可能是近期可实现的，也可能是需要较长时间才能实体，可能表现为直接的财务效益，也可能不在短期财务效益上表现出来。所以，经济因素的评价要体现两方面的内容：一方面是直接的财务效益的评价，用成本、资金占用、收入、投资收益率、回收期、净现值、内部收益率等指标来评价；另一方面是间接的长期战略性效益的评价，这类效益不易被直接计量，而且对不同类型的技术来说，其表现也是不同的，一般从作用于市场应变能力的提高、企业信誉的提高、企业管理水平的提高、企业技术能力方面的提高等来衡量。

（三）环境和社会效益评价

随着人们对环境和社会问题的日益关注，对企业社会责任方面的要求愈来愈高，企业在评价某项技术是否先进或适用时，除了对技术和经济因素上的评价外，还需要对该技术所带来的环境和社会效益进行评价。通常，环境效益评价一般包括技术项目的污染控制、区域环境质量的影响、自然资源的利用和保护、生态平衡的影响和环境管理等内容；社会效益评价是指评价项目对国家或地方社会发展目标的贡献和影响，主要涉及推动劳动就业、促进环境改善、加快技术扩散与进步、促进社区和谐发展、改善企业员工工作条件及提高居民生活质量等方面。

（四）综合评估方法

为了对诸方面评价进行综合，获得总体评价印象和结果，需要将各方面的评价进行汇总分析。常用的方法有检查表法、图形法、加权评价法等。

综合评价检查表是将技术评价要考虑的因素按类别列出，其可以起到提示评价者和决策者的作用，防止评价时遗漏某些因素，但不能将诸因素进行汇总处理。由于该方法简便易行，因此应用颇为广泛。

技术项目可从企业目标与战略、市场、研究开发、财务、生产与生态环保六个方面进行综合评价。表 12 - 1 列出了技术评价的多种因素，这是我国技术管理领域著名学者吴贵生等综合了美国许多公司的经验后制成的。

表 12 - 1　　技术综合评价的构成因素

技术评价要素	技术评价内容
企业目标、战略、政策	（1）与企业现行战略和长期计划是否一致 （2）项目潜力是否大到值得改变现行战略 （3）与企业形象是否一致 （4）与企业对待风险的态度是否一致 （5）与企业对待创新的态度是否一致 （6）是否满足企业对时间（进度）的要求
市场	（1）是否满足市场需求 （2）预计的市场总体大小 （3）预计的市场份额 （4）预计的市场寿命 （5）商业成功可能性

续上表

技术评价要素	技术评价内容
市场	(6) 销量估计 (7) 销售期（时间跨度）及与销售计划的关系 (8) 对现有产品的影响 (9) 定价和顾客可接受性 (10) 竞争地位 (11) 与现有销售渠道的相容性 (12) 预计的市场开发成本 (13) 受竞争者攻击的难易程度 (14) 与现有支撑体系（基础设施）的相容性
研究开发	(1) 与企业研究与开发战略是否一致 (2) 项目潜力大到足以改变研究与开发战略吗 (3) 技术成功可能性 (4) 开发成本与时间 (5) (获得) 专利地位 (6) 研究与开发资源可得性 (7) 产品将来的发展及所产生的未来技术应用前景 (8) 对其他项目的影响 (9) 与全部运行体系的相容性 (10) 软件可得性
财务	(1) 研究与开发成本 (2) 生产性投资 (3) 营销投资 (4) 按进度获得资金可能性 (5) 对其他需要资金项目的影响 (6) 最大负现金流和盈亏平衡时间 (7) 潜在的年收益和获益时间（长度） (8) 期望利润 (9) 是否符合企业投资标准
生产	(1) 所需新工艺 (2) 生产人员（数量、技能）可得性 (3) 与现有生产能力相容性 (4) 原材料可得性及成本 (5) 生产成本 (6) 所需的附加设施 (7) 生产安全性 (8) 产品生产的附加价值

续上表

技术评价要素	技术评价内容
环境和生态	(1) 产品和生产过程可能产生的危害 (2) 公众的敏感性（对污染等） (3) 现行和预计的法律 (4) 对就业的影响 (5) 废物回收（循环利用）的潜力

第三节 技术选择

一、技术选择原理

（一）技术选择的含义

从一般意义上来讲，技术选择是决策者为了实现一定的经济技术和社会目标，以技术评价的结论为依据，对多种技术路线、技术方针、技术措施和技术方案进行比较选优的过程。技术评价是技术选择的前提。

从历史的角度看，技术进步是一个无穷的序列，而由于社会、经济和技术发展不平衡性以及社会需要的多层次性，这一序列在空间上体现为在一定时期内多重层次的技术并存。这些不同层次的技术适用于不同的经济、技术及自然条件，服务于不同的社会需求层次，在资源利用、劳动效率及经济效益方面往往有着明显的差异，故许多国家普遍关心的一个共同问题就是选择什么样的技术才能推动本国的经济发展。

因此，技术选择是一个多层次、多因素的动态决策过程。其涵义包括：技术选择不仅是生产装备、生产手段和工艺的选择，而且是技术方针、原则和政策的选择；技术选择不仅是技术的经济效益的比较，而且包括社会效益、环境效益的比较；技术选择不是寻求某种具体问题的权宜性措施，而是为达到一定目标，选择和发展适合于一定社会、经济、自然资源、生态环境的技术类型和技术结构及技术体系。技术选择的动态性，是指它具有较强的时间性和地域性，随时间、地点的改变而不同。

二、技术选择的原则

技术选择是一个社会经济过程，受一国的经济技术发展状况、趋势及社会和环境因素的影响和制约。根据我国国情，可以确定我国选择技术的原则，其基本内容包括如下几个方面：

(一）技术的先进性与适用性相统一

先进技术是一个相对概念，是指一定时间和一定空间范围内居于领先水平的技术，这种领先既可能是国际的，又可能是国内的或者区域的。先进技术强调技术本身的新颖性、创造性和深奥性。

适用技术是指适合于本国资源情况和采用条件的，能够对经济、社会和环境目标作出最大贡献的技术。适用技术强调本国生产要素的现有条件、市场容量、社会文化环境、技术水平现状等因素。对引进技术则考虑是否具备引进的环境与条件，是否有吸收消化直至创新的能力。适用技术不强调技术的先进性，而强调其应用的经济效果和社会效果。它既可以是先进技术，也可以不是先进技术，但一定是有较好效益的技术。

技术的发展没有止境，先进技术取代落后技术是技术发展的客观规律。先进技术对经济发展具有强大推动作用，在技术选择中应充分估计到技术发展的速度和方向，注重技术的先进性，特别是对作用时间长、影响范围大的技术项目和一些大型引进项目，更应把技术的先进性放到重要位置。另一方面，并非任何先进技术对任何系统都是运用的、能带来最佳经济效果的，某一系统的先进技术对另一系统可能并不具有适用性。要实现技术的效能，还取决于系统对技术的消化吸收能力，包括投资能力、使用能力（科研水平、职工素质）、生产条件、配套能力等。因此，选择技术时，应对技术的先进性与适用性进行统一论证，既注意采用先进技术，又注意结合本国、本地和本企业的实际情况，采用适用技术，使技术的先进性与适用性达到最大限度的一致。

(二）技术的效益与代价相统一

技术活动的目的之一是以较小的劳动耗费获得更多的劳动成果，即取得一定的经济效益，技术的经济性应成为技术选择活动的重要原则。

技术进步能带来经济效益，而这种效益的取得必须付出一定的代价。技术的效益体现了技术发展对经济发展的推动作用，技术的代价则体现了经济状况对技术发展的制约作用，技术的效益与代价之间构成了矛盾的统一体。在进行技术选择时，应正确处理这一对矛盾，进行综合平衡，按照有限目标、突出重点的原则取舍项目，并要采取各种措施保证所选择的技术发挥最大的经济效能。

(三）技术的特定目标与社会效益相统一

选择技术首先要考虑实现其特定的目标，但是任何技术的使用都会产生连锁效果，对社会、环境带来一定的影响。技术的连锁效果是指一项技术的研究开发和使用，一方面可能促进其他相关技术的发展，对整个技术体系的完善起到正向作用，带来良好的社会效益；另一方面可能为社会带来负效果，如公害、环境污染等。为了趋利避害，使技术真正造福于人类，对技术的选择不仅要考虑微观的技术经济效益，而且要注重客观的社会效果；不能只顾眼前利益和局部利益，而要服从长远利益和整体利益；不仅看到技术的直接效果，还要注意研究分析技术的负效果。

（四）技术结构合理化

技术结果是指各类型的技术（如劳动密集、资金密集、知识密集型技术）和各种水平的技术（如手工操作、半机械化、机械化、半自动化、自动化技术，或传统技术、中间技术、先进技术、尖端技术）之间，在一定时空内的构成比例和结合方式。根据经济发展和产业结构优化的不同需要，技术体系呈现出层次性，因此，选择技术时，要从实际需要和可能出发，综合分析影响技术选择的政治、经济、社会文化及资源因素，选择适于经济发展、产业结构合理化和优化的技术和技术系统，形成合理的技术结构。

三、宏观技术选择

宏观技术选择是一个行业、一个地区、一个国家为实现其社会经济发展战略目标，制定技术方针政策，确定技术路线，优化自身的技术体系和技术结构，研究分析和比较技术种类、技术组合、技术发展方向，并选择优化方案的活动。

宏观技术选择是一个涉及面很宽、涉及因素也很多的决策活动，有些因素难以定量反映，因而必须进行全面综合的分析，才能作出正确的判断和抉择，宏观技术选择的主要分析内容包括以下几个方面。

（一）技术分析

宏观技术选择所做的技术分析是一种事前分析和评估。它是依据技术评价中的主要技术结论，对备选技术系统、技术方针政策等，在现在和将来的使用范围、发展趋势下进行详细的估计与评价，同时要对替代技术产生的可能性及其前景作准确预测和判断，还要分析备选技术对优化宏观技术结构的作用。

（二）经济分析

宏观技术选择中的经济分析包括两大内容：一是分析和估计发展备选技术的宏观投资和成本，包括直接投资和连带的相关投资，估计备选技术可能带来的经济效果，包括直接经济效果和间接经济效果；估计发展某项备选技术可能带来的丧失其他技术投资机会的机会损失。二是研究发展某项技术可能对整个经济发展的影响。比如，由于该项技术的研究开发和应用，会使某些产品的产量、劳动力需求、经济结构等发生变化。宏观技术选择就是要从整个国民经济的角度进行分析和选择。

（三）环境分析

技术的环境分析已成为当今技术选择中的主要指标，因而宏观技术选择中对环境的分析甚至比分析技术对经济的影响更为重要。技术对环境的影响有些是可测量的，有些是目前无法测量的。对可测的影响，要估算和分析一系列指标，用量化数据反映其影响程度，说明对环境影响的性质；对不可测的影响，要定性分析对环境影响的性质、范围。环境分析还应分析、评估某些技术给环境带来的危害，考虑消除这些危害的办法及其所需要的直接投资和间接投资。

宏观技术选择应注意选择环境危害小或没有危害、易于消除危害的技术及技术组合。把技术的环境效果放在重要地位加以考虑。

（四）社会分析

备选技术往往给社会带来多方面的影响，有正效果也有负效果，在选择时要就其对社会各方面发生的影响作深入了解和分析。宏观技术选择中的社会分析的主要内容包括：技术对教育的影响和要求，技术对就业的影响，技术对政治、立法等的影响，技术对人类价值观念的影响等。

例如，有的技术应用的前提是较高的教育文化水平；有的技术由于提高劳动生产效率可能导致大量的待业问题；也有的技术不能带来任何直接经济效益，但却是政治上所需要的。

定量分析技术的社会效果是非常困难的，因此一般采用间接评价法（如评分法、专家咨询法）进行分析和评估。

四、微观技术选择

微观技术选择是指对影响范围较小的技术方案、技术措施的选择，如产品技术、制造技术、工艺及设备、检测技术的选择。微观技术选择相对于宏观技术选择而言，其范围主要是企业。

（一）产品技术选择

在市场经济中，技术往往以产品为载体，凝聚在产品之中，因此产品技术选择实质上是产品选择的问题。

产品选择直接关系到企业的生存和发展。选择产量的出发点是市场需求量大、适销对路，这就必须以满足人们的需要为前提，在产品的性能、质量、价格、花色品种上使用户满意，只有这样才能增加市场销售量，提高企业经济效益。因此，企业在选择产品时，要对产品方案的市场需求、生产成本、销售收入以及企业的技术经济实力和能力进行全面分析，以保证产品开发和生产营销的最佳经济效益。

（二）制造技术及工艺、设备选择

制造技术和工艺、设备是企业生产活动的基本物质手段，它的选择直接影响生产效率、产品的质量性能和功用，也影响产品成本和企业的各种消耗，因此，制造技术及工艺、设备的选择是企业技术选择的主要内容。在选择过程中应遵循技术选择的基本原则，此外，应满足以下要求：

(1) 功能性要求。它是在产品选定后，要选择能充分满足产品质量、性能和规格要求的工艺及设备，保证产品方案的实现。

（2）经济性要求。由于技术结构的层次性，实现同一功能要求的工艺方案和设备种类是多种多样的，因而工艺设备的选择还必须考虑其经济性，以取得最佳经济效益为选择的主要标准，使所选工艺设备在保证产品功能性要求的前提下，实现最低的单位产品工艺成本。

（3）相关性要求。选择工艺和设备时，要注意其对技术体系、国民经济系统、本行业其他企业的关联性和制约性，应与外部环境和内部条件相适应。首先，要与原来的生产技术系统相适应，与国民经济中的后向关联产业的生产技术系统相适应。例如，引进产量很高的轧机，其轧制板材的宽度应与所有国产剪板机宽度一致，否则将不能适用国产剪板机，造成经济上的浪费和损失。其次，选择的工艺、设备应与企业现有技术开发能力、吸收消化能力相适应。第三，选择的工艺、设备应与我国的资源条件相适应，有利于充分发挥企业和国内的资源优势，有利于节能降耗，提高经济效益。

在选择产品技术和制造技术及工艺、设备时，要采用适当的技术经济分析方法，包括投资收益率法、净现值法、费用效益分析法等，有关这些方法的详细讨论，请参见本书有关章节。

第四节　技术预测

一、技术预测的概念、种类及作用

（一）技术预测的概念

技术预测是根据尽可能全面收集的现在和历史资料，通过科学的方法、技术和手段，对某项技术未来的发展方向、水平和商业化程度等所作的推测和估计。

技术预测是预测的一个分支，是对技术发展趋势及应用，以及可能导致的社会、经济、环境等方面产生的影响所作的尽可能最有根据、最符合客观发展规律的推测和估计。主要是针对新技术、新设备、新工艺、新材料、新产品的发展动态的预测，包括：产品生命周期及其更新换代的预测；新产品所占比重的预测；先进的工艺方法及其带来的技术经济效益的预测；专业化与协作水平的预测；产品标准化程度的预测；机械化、自动化水平的预测等。随着科技的蓬勃发展和技术贸易的日益频繁，技术预测越来越成为技术开发、产品开发和合理投资的重要依据。

（二）技术预测的种类

技术预测按其对象和内容的不同，可以分为：基础研究预测（预测基础理论和新的科学原理的未来发展情况）、应用研究预测（预测工业技术基础的发展情况）、开发研究预测（直接对新产品、新技术发展进行预测）。

技术预测按预测的期限不同可以分为：长期预测，一般为15~30年，主要用于基础研究预测；中期预测，一般为5~15年，与一项新技术的研究、开发到生产中应用的期限相一致，用于应用研究和基础研究预测；短期预测，一般为1~5年，与某些产品的寿命周期一直，主要用于开发研究预测。

按照预测方法的不同，技术预测可分为：定性预测、定量预测、定时预测、概率预测；也可以分为专家评估法、趋势外推法、模型法；还可以分为直观性预测、探索性预测、目标预测、反馈预测等。

按照预测的范围不同，可以分为：国际范围预测、全国范围预测、部门范围预测、企业范围预测。

（三）技术预测的作用

在科学技术飞速发展的今天，经济的发展越来越取决于技术进步。做好技术预测，对于认识和掌握科学技术发展变化的趋势和规律性，提高工作的主动性和有效性，发挥技术进步对经济增长的促进作用都有着重要意义，其作用具体表现在：

（1）做好技术预测，对进行技术选择，开展技术创新和技术评价具有重要作用，是加速实现科技成果使用价值的重要前提。

（2）技术预测可以提高工作的预见性、主动性和有效性。科学的预测，展示了未来发展的客观趋势及规律，给人们工作方向和目标指明了前进的道路，能大大消除由于盲目决策所造成的损失和不良影响。在许多发达国家，政府运用技术预测方法对航空航天技术开展大量的探索性工作，企业的预测费用占科研费用的3%~10%，通过预测发展新产品所获得的利润却成倍增长，甚至最高达到50倍。

（3）技术预测能为技术经济问题提供一定的参考依据，使技术经济项目的实施具有可靠性。

二、技术预测的程序

技术预测是由确定目标与收集资料、选定预测模型进行处理、预测结果及修正预测数据三个部分所组成的，其程序见图12-2。

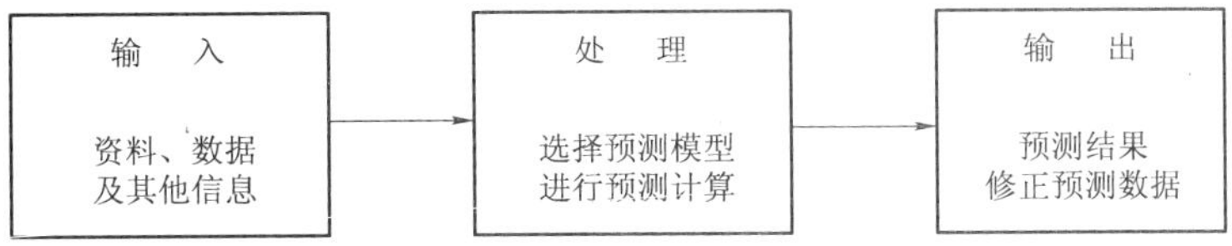

图12-2　技术预测程序

其具体工作程序为：

第一，确定预测目标。目标是技术预测的前提。技术经济问题需要预测的项目很多，但在实际工作中只能按照决策需要选定某一个或某几个对象进行研究。

预测目标选择的好坏与否，对做好技术预测关系很大。例如在进行某一技术发展趋势的预测时，选定的项目和指标能否真实反映其动态和水平，直接决定预测结论的有效性。目标选择不当，就会造成一些无用工作，浪费人力、物力、财力和时间。

第二，搜集资料。预测要有一定的资料和数据作依据，资料的充分和准确是决定预测结果准确与否的重要条件。预测资料主要有以下几个方面：

(1) 历史统计资料。

(2) 调查统计资料。这是为达到预测要求，采用一定科学方法进行实地调查（观察）所得到的系统数据。

(3) 情报资料。这是按一定专题搜集、整理、储存的情报资料，用以向预测者揭示环境、条件的变化以及方针、政策和法令等情况。有些情况已由专家做过分析和判断，参考价值很高。

第三，选择预测方法。按照不同预测对象和不同要求选择适用的预测方法，是搞好预测的重要环节。选择的方法是否恰当，对预测的准确性影响很大。

第四，进行分析计算。运用选定的预测方法对已收集到的各种资料，通过建立数学模型进行计算和推测，使之得到所需要的预测结论。

第五，分析修正预测值。仅仅依靠计算结果得到的预测值往往是不全面的，还必须综合分析研究事物的内在规律、条件与环境变化，对计算结果进行调整和修正，从而才能得出比较切实有效的预测值。

第六，写出预测报告。上述过程有时根据需要可反复进行，直至确定出最终预测值。其具体程序见图 12－3。

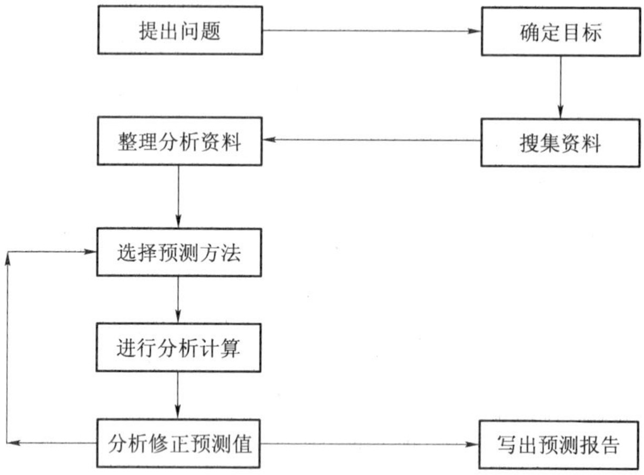

图 12－3　技术预测程序

三、技术预测的基本方法

技术预测是近三十多年发展起来的，早期以直观预测为主，近年来已广泛采用定量预测和综合预测等方法。技术预测的方法体系见图 12－4。

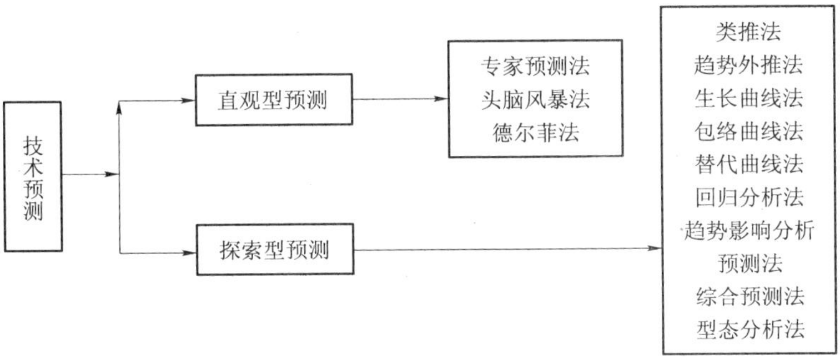

图 12－4　技术预测方法体系

(一) 德尔菲法

德尔菲法也叫专家集合意见法。这是由美国兰德公司的奥拉夫·海默与诺曼·达尔曼两人于1964年提出的，其特点是能克服专家集体讨论的弊病。其工作重点如下：

1. 拟定预测题目

内容包括预测的问题、期限及希望达到的要求。拟定题目是德尔菲法中很重要的一个环节，题目拟定不好，可能导致得不出预测结论。为了正确表达专家们的意见，最好运用程度给分或给予主观概率估计，以便于整理和综合。程度给分，是指根据专家回答问题的确信程度给予评分，如完全肯定的为100%，肯定的为80%，基本肯定的为70%等。主观概率估计，是指专家对新技术项目应用的可能性给予概率估计，比如 x_1、x_2、x_3 三个新技术项目，其应用的可能性分别给予概率为 $P(x_1)=0.8$、$P(x_2)=0.7$、$P(x_3)=0.9$ 等。

2. 选择参加预测的专家

这是关系预测质量的重要环节。参加预测的专家应既具有一定的理论水平，又有丰富的实践经验，并且平时能掌握一定的动态信息。由于现代科学技术的发展具有多学科互相联系、互相渗透的特点，因此在选择参加预测的专家时，除了本领域的专家外，还应选择相邻学科和相关学科的专家共同参加预测。如某些产品需求预测要邀请心理学家、环保专家、法律专家等参加，有时还应邀请有关部门的领导干部参加。参加预测的专家人数视预测题目的范围而定，按照统计样本要求，应不少于20人。

3. 专家预测意见的初步处理与综合

其方法取决于预定的回答方式。一般方法有：

(1) 打分法。应按照平均得分进行综合，公式为：

$$\overline{x_j}=\frac{\sum_{i=1}^{m_j}x_{ij}}{m_j}\quad(i,j=1,2,\cdots,n)$$

式中：$\overline{x_j}$——方案 j 的评价得分；

m_j——专家人数；

x_{ij}——专家 i 给专家 j 的打分值；

i——第 i 个专家。

（2）等级法。可按平均等级进行综合。如 1 级最大，2 级次之，3 级最小，如此类推。综合结果平均等级数值越小的方案为最优，公式为：

$$\overline{b_j} = \frac{\sum_{i=1}^{m_j} b_{ij}}{m_j} \quad (i,j = 1,2,\cdots,n)$$

式中：$\overline{b_j}$——方案 j 的评价得分；

b_{ij}——专家 i 给专家 j 的打分值；

m_j——专家人数。

（3）倾向性意见回答法。可按照倾向性意见的人数来汇总。例如关于发展某一新产品的时间预测，请专家分别用 2 年、3 年、4 年、5 年、6 年、7 年几个倾向性意见来回答，对此，可按图 12－5 的方式进行汇总。

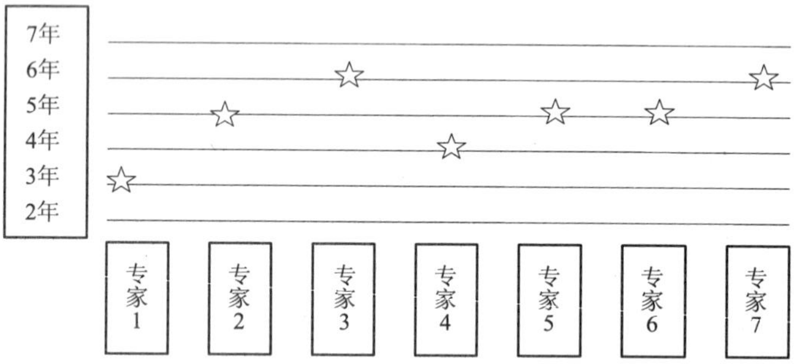

图 12－5　汇总倾向性意见

从图 12－5 中可以看出，专家的意见集中在 5 年，最后可用点数较多的区域即 5 年作为倾向性意见汇总。同时还注意对个别水平较高的专家的意见进行认真分析，以做参考。

（4）反复征询法。按初次调查所汇总的专家意见，继而缩小范围拟定题目，再分发给各专家征询意见，然后再进行汇总，经过多次（一般不超过四轮）的循环往复，最终取得满意的预测意见。

（二）戈柏兹曲线法

戈柏兹曲线法又称生长曲线法，是数学家戈柏兹针对预测对象的发展有极限所提出的一种模型。这种预测对象的变化过程类似于生物生长过程，经历发生、发展、成熟三个阶段，每个阶段的发展速度是不相同的，故名生长曲线，几何学上这条曲线形如 S，又称 S 曲线。

技术预测者发现，科学技术的发展过程同戈柏兹曲线有类似的规律性。即在技术发展的初始阶段，由于人们认识和掌握的程度较低，技术的发展是缓慢的，

S 曲线的上升是缓慢的。经过一定时间，随着人们认识和掌握程度的提高，技术发展很快，曲线呈接近直线的斜率上升。发展到一定阶段后，由于事物发展达极限或饱和，技术发展变得缓慢甚至停滞，曲线也表现出上升缓慢并接近于平坦的特征。因此，可以用生长曲线法进行技术预测，也可以用来表现产品的生命周期。

戈柏兹曲线的函数表达式为：

$$y = Ka^{b^x}$$

式中：K——渐进线值，意味着接近极限或达到饱和；

x——年次。

为了便于计算，上式可以改为如下对数形式：

$$\log y = \log K + (\log a)b^x$$

计算中要求：年序中，设第一年 $x=0$，第二年 $x=1$，第三年 $x=2$，其余依此类推；计算通常所取统计数值的次数，都是可以被 3 整除的数，并把统计数字分为 3 组，每组 n 个统计数；式中的 y 值用来代表预测对象所对应的各周期的数值，并将各 y 值变换为对数。

将每一组统计数的 n 个数据点的各 log 值进行汇总，得到 $\sum_1 \log y$、$\sum_2 \log y$、$\sum_3 \log y$，把上述数据代入以下公式，即可得 K、a 和 b 值：

$$b^n = \frac{\sum_3 \log y - \sum_2 \log y}{\sum_2 \log y - \sum_1 \log y}$$

$$\log a = \left(\sum_2 \log y - \sum_1 \log y\right)\frac{b-1}{(b^n-1)^2}$$

$$\log K = \frac{1}{n}\left[\sum_1 \log y - \frac{b^n-1}{b-1}\log a\right]$$

（三）包络曲线法

包络曲线法又称趋势曲线法，这是用以预测某些技术特性发展趋势的方法，它的原理同戈柏兹曲线法类似。某一项特定的技术性能不可能无限制地发展，终究会出现极限。如目前火车的最高时速为 350 公里，汽车为 300 公里，喷气飞机为 4 000 公里。但在整个技术系统中，技术的发展是无限制的。由于人们的认识与实践的不断深化，必然又出现新的技术突破点。当一项技术性能（参数）趋向极限时，通常会出现另一项新技术，它的技术性能参数会突破老技术的极限参数，继续向前发展，直到达到新的极限。这样，永无止境地发展下去，较低功能的技术被高功能的技术所代替。包络曲线就是把同一用途的不同技术参数的变化曲线绘于同一坐标系中，然后作与各曲线相切所得到的形似“S”的曲线。

包络曲线可以用来预测专业技术的发展趋势，对制定长远科技发展规划起到一定的参考作用。应用包络曲线预测的精度比较高，可靠性好，并可以在广泛的范围内预测新的技术突破。但其计算比较复杂，且要求掌握许多情报和数据。

本章小结

技术按照不同划分标准可分为许多类型。从技术评价对象的角度来看，可将技术评价划分为技术项目评价、特定技术评价和技术问题评价三种类型。

技术评价的基本程序分为评价目的、掌握技术概要、了解问题和社会环境、分析潜在影响、查明非容忍影响、指定改良方案以及综合评价七个步骤。

技术选择是一个社会经济过程，要受一国的经济技术发展状况、趋势及社会和环境因素的影响和制约。根据我国国情，可以确定我国选择技术的原则为：技术的先进性与适用性相统一；技术的效益与代价相统一；技术的特定目标与社会效益相统一；技术结构合理化。

技术预测可以提高工作的预见性、主动性和有效性，能为技术经济问题提供参考。其方法有许多，主要分为直观型预测和探索型预测。

关 键 词

技术 Technology

技术评价 Technology Assessment

技术选择 Technology Choice

技术预测 Technology Forecast

德尔菲法 Delphi Method

戈柏兹曲线法 Gompetz Curve

思考与练习

1. 什么是硬技术？什么是软技术？软硬技术的关系如何？
2. 技术评价的程序是什么？有哪些方法？
3. 技术选择的原则有哪些？
4. 技术预测是如何展开的？
5. 技术预测的方法有哪些？

第十三章

技术创新

第一节 技术创新理论的形成与发展

一、技术变革与技术创新

人类运用科学技术改造世界的过程，就是技术进步和技术变革的过程。技术变革大体上要经过发明、创新、扩散三个阶段。其中，发明是基础研究和应用研究的结果，创新是试验发展的结果，扩散则带动整个社会技术水平的提高。随着科学技术的发展，技术变革对人类社会和经济发展产生了巨大的影响，而技术创新作为企业生存的条件、发展的基础和提高竞争力的源泉和手段，成为经济增长的根本动力。

（一）技术变革

新技术代替旧技术，新产品代替老产品，新工艺代替过时工艺，这是不以人的意志为转移的客观规律。无论是何种类型的工业企业，都必须通过对技术生命周期的正确分析，合理选择技术变革项目，有效地发挥资源投入效率，才能取得理想的经济效益。据报道，国外许多公司常常因为对技术变革缺乏预见而遭受巨大损失。如晶体管在美国兴起并在电子行业中占据优势后，使很多技术力量很强且资金雄厚的生产电子管的公司遭到失败和破产。因此在技术变革上不应处于一种消极被动状态，相反，需要积极地发挥人们的主观能动性，很好地利用与发挥技术变革的积极方面，使之成为不断发展生产和提高经济效益的有力手段。在技术变革的过程中，发明是指有史以来第一次提出技术的新概念、新思想、新原理，是人类认识世界的过程。而“技术创新”则是继发明之后的一个改造世界的实用阶段，是科学技术转化为直接生产力的阶段。发明、专利与技术创新的关系见图 13－1。

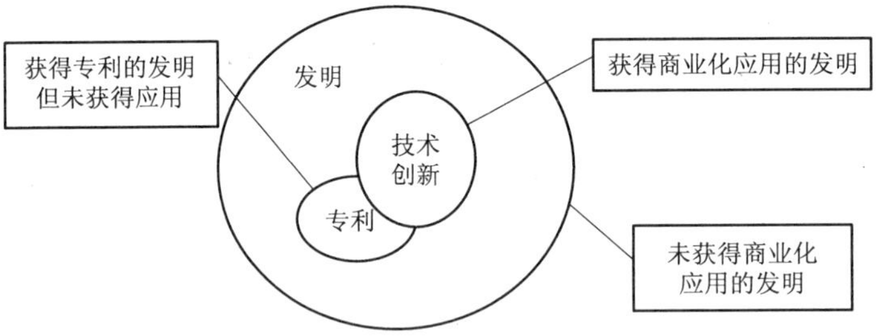

图 13-1　发明、专利和技术创新的关系

（二）技术创新的概念

从论证技术变革对经济非均衡增长以及社会发展非稳定性的影响出发，美籍奥地利经济学家约瑟夫·阿罗斯·熊彼特于 1912 年在其著作《经济发展理论》中首次提出了技术创新理论。他将“创新”定义为建立一种新的生产函数，即将生产要素和生产条件进行新组合并引入生产体系。他认为技术创新包括五种情况：

（1）引进新产品，即产品创新；

（2）引进新的生产方法，即工艺创新；

（3）开辟新市场；

（4）调控原材料的新供应来源，即利用和开发新的资源；

（5）实现企业的新组织，即组织体制和管理的创新。

熊彼特指出，创新首先且主要是经济上的概念，创新不同于发明，只有用于经济之中并带来利润的发明，才算是创新。熊彼特的继承者们，从纳尔逊—温特的进化学派，到英国苏赛克斯大学的 SPRU（Science and Technology Policy Research：University of Sussex）群体，都继承了创新研究的这一经济学传统。他们研究技术创新是为了研究经济成长，是为了帮助企业、政府发展经济。技术创新属经济学范畴，其基本含义是指与新技术（新产品、新工艺）的研究开发、生产、市场营销等有关的技术经济活动。

技术创新的定义有许多种，不同的学者根据研究工作的需要对技术创新进行了不同的定义。如国外学者曼斯菲尔德、森谷正规、弗里曼、德鲁克，国内学者许庆端、傅家骥等人都对技术创新的理论进行了深入研究。较典型的观点认为，技术创新是指与新产品的制造、新工艺过程或设备的首次商业应用有关的技术、设计、制造及商业的活动，它包括产品创新、过程创新和扩散。

根据我们对技术创新的认识，我们采用了如下的定义：技术创新是在经济活动中引入新产品或新工艺，从而实现生产要素的重新组合，并在市场上获得成功的过程。这样的定义明确了创新的界定，表明了创新与发明、扩散等相关概念的区别。总之，我们现在所说的技术创新不是传统理解意义上的技术改造、科技开发，它涉及科技成果的开发、产品的设计、试制、生产、营销和市场化的一系列环节，是包括科技、组织、商业、金融等一系列活动的综合过程。技术创新归根到底是社会经济行为，是科技成果市场化、产业化的全过程。

（三）技术创新的特征

由于技术创新对于企业成长与发展具有特殊重要性，因而在经济学与管理学研究中占有十分重要的地位。一般认为，技术创新具有以下几个基本特征：

1. 创造性

是指技术上的新发现与发明应用于企业生产活动之中，这里有两层创造活动：一是技术上的新发现；二是将技术上的新发现和发明在企业生产活动中应用。技术上的新发现和发明并不是技术创新，但它是技术创新的前提条件，二者结合起来才构成技术创新活动。就创新者而言，其创新活动属探索性领域，其取得的成果是不确定的新成果。

2. 先进性

是指此项技术创新要比目前的技术水平先进，有其独到之处。先进性是反映技术成果的价值大小和技术水平高低的标志，它主要体现在三个方面：技术原理的进步、技术结构的进步与技术效果的进步。

3. 主动性

是指创新活动的主体——创新者的主观能动性，创新者具有献身精神，富有想象力并敢于承担风险去争取难以取得的成功。熊彼特认为，企业家的职能就是实现创新，企业家通过创新活动，使其创造力、敢于承担风险的能力得到体现。

4. 实用性

是指技术创新能够在生产中得到应用。它包括三个条件：符合科学规律、具备实施条件和满足社会需要。在企业面向市场进行生产的今天，实用性尤其值得重视，如果一项技术创新尽管具备了先进性和新颖性，但脱离了市场需求，那么这种技术创新仍不能认为是成功的。

5. 经济性

是指技术创新能够为公司的生产经营与社会带来经济效益，它包括生产的经济性和使用的经济性。

6. 高风险性

是指创新活动的各个过程都具有探索的性质，包含着许多不确定性因素，从而使技术创新呈现出高风险，高风险性带来的是技术创新的高额利润或巨大损失。成功的技术创新会使企业在技术上处于领先优势，具有较强的竞争力；反之，失败的技术创新会使企业的投资一无所获。

（四）技术创新的类型

技术创新的分类可以从两个方面进行考虑：一是根据技术创新过程中技术变化强度的不同，技术创新可分为渐进性创新和根本性创新；二是根据技术创新中创新对象的不同，技术创新可分为产品创新和过程（工艺）创新。

1. 渐进性创新和根本性创新

渐进性创新（Incremental Innovation）是指通过对现有技术的改进而引起的

渐进的、连续的创新。如洗衣机产品从半自动到全自动的创新。

根本性创新（Radical Innovation）是指技术上有重大突破的技术创新。它常常伴随着一系列渐进性的产品创新和工艺创新，并在一段时间内引起产业结构的变化。

2. 产品创新和过程（工艺）创新

产品创新（Product Innovation）是指技术上有变化的产品的商业化。按照技术变化量的大小，产品创新可分成重大（全新）的产品创新和渐近（改进）的产品创新。广义的产品包括服务（无形产品），因此，产品创新也包括服务创新，如网上银行业务的推出。产品用途及其应用原理有显著变化者可称为重大产品创新。如美国贝尔公司发明的电话和晶体管、美国得克萨斯仪器公司首先推出的集成电路等，对人类的生产和生活产生了重大影响。重大的产品创新往往与技术上的重大突破相联系。如杜邦公司和法本公司首创的人造橡胶、杜邦公司推出的尼龙和帝国化学公司生产出的聚乙烯这三项创新奠定了三大合成材料的基础。

渐进（改进）的产品创新是指在技术原理没有重大变化的情况下，基于市场需要对现有产品所作的功能上的扩展和技术上的改进。如索尼公司取得巨大成功的“随身听”就是对原有录音机产品的功能作了某些微小的变动或者对不同产品的功能进行重新组合开发出来的。我们不能轻视渐进或改进式的创新，正是这类创新，不断地吸引大量的顾客，为产品开辟了广阔的市场前景。

过程创新（Process Innovation），是指产品的生产技术的变革，它包括新工艺、新设备和新的组织管理方式。过程（工艺）创新同样也有重大和渐进之分。如炼钢用的氧气顶吹转炉、钢铁生产中的连铸系统、早期福特公司采用的流水作业生产方式以及现代的计算机集成制造系统等，都是重大的过程创新。另外，也有很多渐进式的过程（工艺）创新，如对产品生产工艺的某些改进，提高生产效率的一些措施，或导致生产成本降低的一些方法等。过程（工艺）创新与提高产品质量、降低原材料和能源的消耗、提高生产效率有着密切的关系，是技术创新中不可忽视的内容。

除了以上两种主要分类方法以外，还可根据技术创新的规模进行分类，分为元件层次上的创新和系统层次上的创新；从与环境友善技术的角度，分为不产生污染物的绿色产品创新、减少生产过程中污染排放的清洁工艺创新等。

二、技术创新的理论发展

近70多年来，技术创新的理论一直处于不断发展的过程中。其中主要包括以下基本内容：

（一）技术创新的要素

影响技术创新的要素有：机会、环境、支持系统、创新者。四种要素相互作用、相互影响（见图13－2）。创新者是指能够使创新结果商业化的企业家、科研单位负责人、政府计划管理人员等，这些创新者根据市场需求信息与技术进步信息，捕捉创新机会，通过把市场需求与技术上的可能性结合起来，产生新的思想。新的思想在合适的经营环境与创新政策的鼓励下（包括有吸引力的价格、公平的竞争、对技术创新的鼓励政策等），利用可得到的资源（包括资金、科技人员、信息等）和内部的组织功能（研究开发、试制、生产、营销），从而发展成技术创新。四种因素缺一不可，而其中创新者是最主要的。

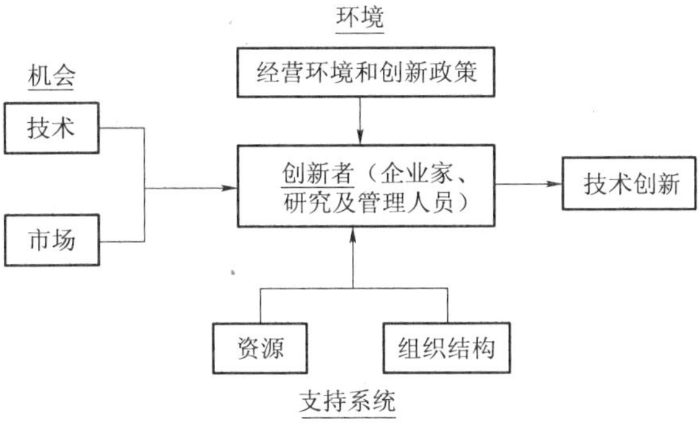

图 13－2　技术创新要素图

（二）技术创新过程

技术创新总体而言是一个在市场需求和技术发展推动下，将发明的新设想通过研究开发和生产，演变为具有商品价值的新产品、新技术的过程。

1. 技术创新的链式过程

链状过程（见图 13－3）适用于以技术推动为主、创新目标明确、市场需求和技术变化都不快的环境。主要包括：首先由科学研究开始，特别是基础研究与应用研究获得新的设想或思想；其次，经过研究开发出模型、样品及相关实验数据，并为小批试制提供参数；再次，经过小批试制为设计生产线提供依据；最后，将新产品投入市场或将新工艺投入使用，并将成果扩散。

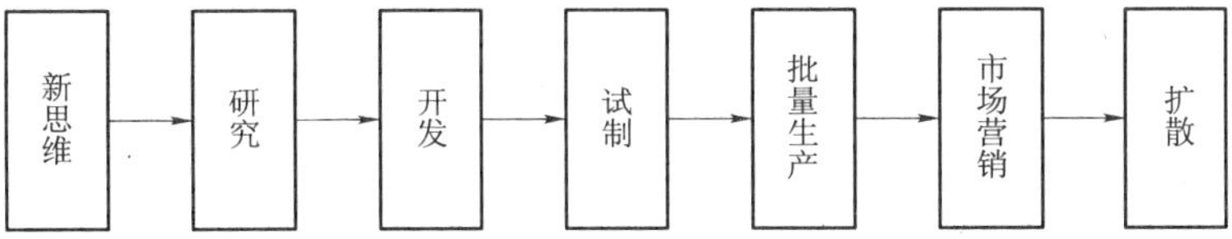

图 13－3　技术创新的链式过程

2. 技术创新的复合环状过程

技术创新的复合环状过程（见图 13－4）主要适用于技术发展速度、综合程度和复杂性日益提高，市场需求变化很快的环境。要求创新者在创新的每一个阶段都密切注意环境的变化，尤其是科技的进展和市场需求的变化，据此确定和修改工作目标，并与其他阶段相协调。组织结构和运行机制对该模式的效果具有重要的影响作用，该模式要求企业在具有较强的研究开发能力的基础上，管理、营销、生产的能力和财力也要具备一定的条件。

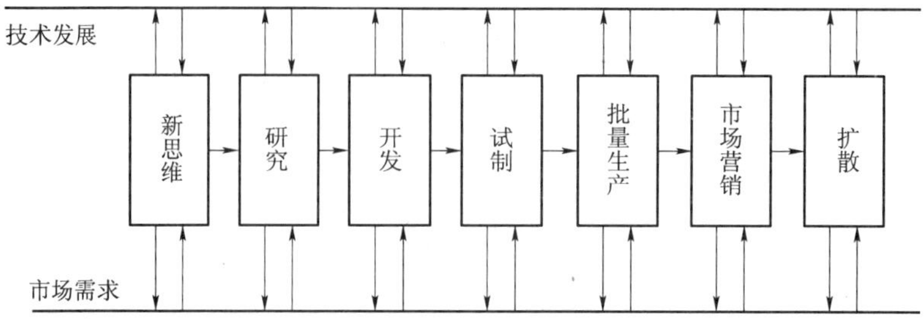

图 13－4　技术创新的复合环状过程

另外，从管理决策的角度看，技术创新又可以被认为是一个多阶段的决策过程。美国学者 E·罗伯茨把这一过程分为：确认机会、思想形成、问题求解、问题得以解决、批量生产的开发、技术的应用与扩散六个阶段，其中每一个阶段都是根据不同的管理决策问题设计的。

（三）技术创新的动力

1. 技术推动模式

技术推动模式是最早的创新动力模式（见图 13－5）。该模式认为技术创新是由科学发现和技术发明推动的，研究开发是创新的主要来源，市场是创新成果的被动接受者，研究开发产生的成果在寻求应用过程中推动创新的完成。无线电、晶体管、计算机的发明导致的大量创新均为此类创新。有效利用技术发展的成果及相应规律可以促进技术创新的成功。

图 13－5　技术推动模式

2. 需求拉动模式

20 世纪 60 年代中期，人们通过对大量技术创新的实际考查发现：大多数技术创新不是由技术推动引发的，需求拉动起了更重要的作用。需求拉动模式（见图 13－6）认为，技术创新是市场需求和生产需要激发产生的。研究表明，60% ~ 80% 的创新是由市场需求引发的。因此，对企业而言，通过需求拉动技术创新更为重要。

图 13－6　需求拉动模式

3. 技术推动与需求拉动相结合的交互式模式

交互式模式是 20 世纪 70 年代末到 80 年代初在综合前两种模式的基础上提出的。该模式认为技术创新是由技术和市场共同作用引发的，同时强调研究开发与市场营销组织间的意见交流、反馈具有重要的意义。各种研究与事实证明，加强技术的推动和市场的拉动在创新决策中的结合作用更有利于创新的成功。近年来，技术创新的发展主要以“并行开发”、“注重与客户、供应商的密切联系”，和“横向合作创新”为特点，技术创新的管理和组织更具有柔性，这些都为使产品更具有个性化创造了条件。

（四）动态的技术创新过程

一项重大的技术创新往往会带动一系列后续创新的产生，这些创新可能对老产业产生重大的变革，甚至引发新产业的出现与成长。美国哈佛大学的阿伯纳西（N. Abernathy）和麻省理工学院的厄特巴克（J. M. Utterback）将产品创新过程分为三个阶段：不稳定阶段、过渡阶段、稳定阶段（见图 13－7）。

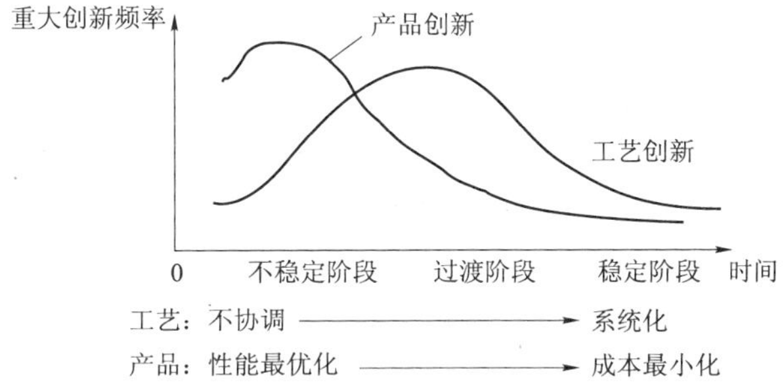

图 13－7 技术创新动态模型

不稳定阶段产品创新的频率较高、工艺创新较少，企业往往以潜在需求为市场目标，通过产品原理、结构等方式的改变使产品相应的功能不断完善。该阶段进入市场的产品类型、功能差异性大，制造工艺和生产组织不稳定，企业的研究和开发费用支出较高，但经济效益往往不显著。过渡阶段产品的功能和基本结构经过市场和生产实践后已趋于成熟，产品的主导设计和标准已经确定，产品的创新频率大大下降。企业为了降低生产成本、提高经济效益，把创新的重点放在工艺创新上，工艺创新的频率迅速上升。

稳定阶段产品和工艺技术均已成熟，创新频率都较低，市场需求稳定，企业创新的目标在于进一步降低成本，提高质量，满足各类用户的差异性需求。稳定阶段的创新大多为产品和工艺的渐进性创新。

尽管 A—U 模式为我们理解企业个体技术创新之间的关系、创新与组织之间的关系提供了线索，但该模式未能回答企业在成熟阶段后如何进一步创新的问题。要使企业在激烈的市场竞争中长期生存，就必须实现持续的技术创新，国内外众多成功企业的实践表明，完整的持续技术创新过程就是从产品创新到战略技术创新，经战略技术创新再到新的产品创新的多次循环过程。其中产品创新就是企业基于既定的技术范式，沿着特定的技术轨道进行的渐进的量变过程；而战略技术创新就是改变企业战略，寻找新的技术范式和主导设计的质变过程。

第二节 企业技术创新战略

企业技术创新战略是指企业对技术创新活动的总的谋划。企业技术创新战略主要解决企业技术创新的基本原则、根本目标和主要规划等企业技术创新经济活动中一些带有全局性、长远性和方向性的问题。企业所选择和实施的技术创新战略将对企业竞争力、发展前途产生重大而深远的影响。

一、技术创新的战略框架

（一）企业技术创新战略内容框架

企业技术创新战略主要是从宏观上解决三类问题：技术创新面向市场竞争采取何种态势，是进攻型还是防卫型；研究开发何种技术；采用何种方式进行技术的研究和开发。由于技术创新战略是按照企业实际情况制定的，各企业情况千差万别，技术创新战略也各不相同。因此，不存在普遍适用的企业技术创新战略。下面仅对一般企业技术创新战略给出一个参考规范，各企业要根据自身情况进行取舍、补充。

1. 企业外部环境和内部环境分析

企业内外部环境分析是制定技术创新战略的前提。在制定技术创新战略之前要预测和分析技术、经济和社会发展趋势及机遇、挑战；竞争者的情况和竞争压力；企业总体战略对技术创新战略提出的要求；企业技术能力等。

2. 战略目标

企业技术创新战略目标可分为长期战略目标和阶段战略目标两类。

（1）长期战略目标。长期战略目标具有长期性、稳定性和超越性等特点。长期性是指所制定的目标须经过长期努力才能实现；稳定性是指所制定的目标保持相对稳定，不轻易改变；超越性是指所制定的目标往往超过当前企业能力所能达到的水平。长期战略的作用，一是指导企业长期奋斗的方向，引导企业一步步达到较高的境界；二是使企业明确差距，激励企业不断努力，以逐步接近目标。为了实现长期战略目标，企业需要将其分解为具体的阶段战略目标。

（2）阶段战略目标。阶段战略目标是企业在中、近期内要达到的目标。与仅起指导、激励作用的长期战略目标不同，阶段战略目标必须在限期内实现，因此具有较强的可操作性。阶段战略目标通常包括：在预定期限内要达到的技术能力和技术水平、要进入的产业、要占领的市场和取得的市场份额等。

3. 战略指导思想

战略指导思想是实现战略目标的基本思路，包括拟采取的基本技术路线、获取技术能力的基本方式、实施战略的基本策略等。例如，联想集团在分析了企业内外环境，衡量了自身能力以后，制定了“贸—工—技”的基本发展思路，即：

第一步，通过做国外大计算机厂商的代理商等方式了解IT（Information Technology）行业市场，学习市场营销知识，积累开拓市场的经验，建立市场营销网络；第二步，引进、消化国外技术，进行局部创新，开始自主生产计算机等产品并推向市场；第三步，开发拥有自主知识产权的产品，创立自己的品牌。联想集团所确定的指导思想，成功地引导企业一步步走向成熟，成长为中国最大的计算机集团公司。

4. 战略方案

战略方案是在战略目标和战略思想指导下的行动方案。其基本内容有：

（1）战略模式选择：对可能选择的战略模式进行分析比较，选择可行的模式。

（2）战略性技术选择：对企业主导性、基础性技术做出定位和选择。

（3）技术能力建设方案：从技术能力获取、培养、运用等方面进行方案设计。

（4）技术支撑体系建设方案：对实现战略目标所需要的技术支撑体系做出设计。

5. 战略实施要点

战略实施要点是实施战略要抓住的关键和重点。企业技术创新战略的实施通常要重视以下要点：

（1）战略时机把握：对出现的技术机会、产业机会、市场机会等重大机会进行分析，做出对策。

（2）资源配置：对实施战略所需要的资金、设备仪器、人力等做出规划，确定基本来源和供给方式。

（3）人力资源开发：对人才引进、培养、使用等做出基本安排。

（4）运行机制设计：对研究开发机构内部、相关部门之间和技术活动环节间的基本运行模式、激励方式等进行设计。

（5）技术创新活动的组织：对研究开发部门内部、技术部门与相关部门关联的组织方式做出设计。

（二）企业技术创新战略的分类

由于标准的选定和分析角度的不同，企业技术创新战略有不同的分类标准。按照创新经济学的内容而言，企业技术创新战略主要有两种不同的分类：

1. 从面向市场的表现分类

就企业面向市场的表现而言，企业创新战略包括进攻型战略、防卫型战略和跟随模仿型战略。

（1）进攻型战略。企业之所以采取进攻型战略，主要目的是力图在引入创新产品方面领先于其他竞争对手，从而获得市场领导者的地位。

（2）防卫型战略。防卫型企业与进攻型企业的主要区别在于创新的性质和时间。防卫型企业既不愿意成为行业或某领域率先创新者，也不愿意成为落后者。其创新经济活动主要表现为从早期创新者的经验中学习，并期望从创新者成功开辟的市场中获利。

（3）跟随模仿型战略。模仿者愿意与创新者保持一段距离，并投入适量经济资源用于技术服务和培训等，期望创新者成功后，模仿创新者的商品进入市场并获取市场收益。

2. 从技术开发的角度分类

从技术开发的角度而言，企业技术创新可分为自主创新、模仿创新和合作创新三种基本战略类型（见表 13－1）。

表 13－1　　技术创新战略的特点

战略类型	有利性	不利性	适用范围
自主创新	有利于建立自己的核心能力和优势	开发投资大，周期长，风险大	技术开发能力强，经济实力强，或掌握了独特技术的垄断权
模仿创新	风险小，周期短，投资少	技术尚处于被动地位，竞争力弱	与先进技术有差距，技术、经济实力较弱，但有一定开发能力
合作创新	减少开发投资，缩短开发周期，分散风险	不能独占技术，合作方有时形成竞争对手	开发难度大，投资大，风险大的技术领域，合作条件好的企业
进攻型	处于竞争主动地位，可能争取新的领地	往往要付出很大代价，风险大	往往掌握了某项技术优势，具备向已占领的技术和市场阵地进攻的能力
防卫型	风险小，代价小	往往处于竞争的被动地位	技术、市场地位较高，且稳固的企业
跟随模仿型	风险较小，投资较少，若实施得当也可超过领先者	处于竞争劣势地位，市场份额一般较领先者少	有较强的消化吸收能力，有一定的开发能力

所谓自主创新，是指企业主要依靠自身的人力资源和技术资源进行研究开发，实现创新科技成果的商品化，并最终获得市场的收益。

所谓模仿创新，是指在率先创新者的示范影响和利益机制驱动之下，企业通过合法手段（如通过购买专有技术或专利许可等方式）引进技术，并在率先创新者技术的基础上进行改进的创新模式。

所谓合作创新，是指以企业为主体，企业、高等院校、科研院所、政府相互合作实现经济活动的创新方式。

二、技术创新战略模式选择的基本步骤

（一）机会、目标及竞争态势识别

在调查和充分掌握信息的基础上，对技术机会、产业机会和市场机会进行鉴别；预测技术发展前景、市场规模大小、竞争者可能采取的行动；从而估计本企业的可能活动空间；明确本企业的发展目标和总体规划及对技术发展的要求。

（二）能力评价

对本企业的技术能力及资源调动、运用能力进行评价，并与潜在竞争者进行比较，鉴别本企业的优势与劣势。

（三）机会、目标与能力的匹配分析

技术、市场、产业机会是否能被企业利用，企业总体目标对技术的要求能否达到，取决于企业技术能力与将机会和要求变为现实的需求之间的匹配。例如，企业的技术能力能否解决关键技术问题等。企业要对这些匹配关系进行恰当的分析与判断。

（四）基本战略的选择

在对机会、目标和能力深入分析的基础上，对企业拟采取的基本技术战略做出选择。这是关键步骤，也是一个复杂而重大的决策。决策者要在错综复杂的因素中进行权衡。战略选择的一般规律见图 13－8。

企业熟悉市场能力 \ 企业技术实力	弱	较雄厚	雄厚
强	引进型技术创新战略	联合型技术创新战略	进攻型技术创新战略
较强	引进型技术创新战略、渐进型技术创新战略	联合型技术创新战略、模仿型技术创新战略	进攻型技术创新战略、防守型技术创新战略
差	渐进型技术创新战略	渐进型技术创新战略、模仿型技术创新战略	防守型技术创新战略

图 13－8　企业技术创新战略模式的选择

（五）主要战略部署的决策

在基本战略选定后，还要就实施战略的一些关键问题做出决策，主要有：

（1）技术定位，即对主要技术发展方向做出选择；市场定位，即对拟占领的市场做出选择；产业定位，即对拟进入的产业做出选择。

（2）技术创新与技术进步的跨度做出选择。

（3）时机选择，即对技术开发、生产、推向市场的时机做出选择。

（4）配套的组织与制度安排。

第三节 技术创新管理

一、企业组织结构与技术创新

企业是由一系列职能部门构成的经济组织，企业的组织结构必然影响到技术创新的效率，因此，技术创新如何与企业组织结构相协调，成为技术创新管理的一个重要议题。企业要成功地实现技术创新，企业组织结构必须具备下述功能：企业组织结构中各单元能有效地进行信息传递；组织结构能协调各个职能部门的创新活动；组织结构必须能有效激发员工的创新积极性。

（一）直线职能式企业组织结构与技术创新

目前我国企业盛行的直线职能式组织结构是依职能而构建的，强调职能分工的专业化和信息的纵向联系，这种组织结构使企业上层易于实施创新战略，而且研究与开发部门独立于其他部门之外，有利于研究与开发管理。但是，该种组织结构对于技术创新特别是产品创新有较为不利的一面，首先，产品创新涉及多个部门，直线职能式组织结构难以使各部门有效配合；其次，各部门专业化程度高，刚性大，不利于对创新产生快速反应，或造成产品创新成果运用产生时滞。因此，要根据技术创新的要求及时调整企业组织结构。

（二）事业部型企业组织结构与技术创新

事业部型组织结构可按不同管理目标划分为产品型、地区型和顾客型。在该类组织中，信息在事业部内流动加快，对创新的反应能力增强，运营灵活性大大提高；多个部门创新、管理、生产的报酬独立核算，既保证了总部的重大创新战略和各事业部创新之间的协调；又保证了各事业部的灵活创新能力和创新优势。但事业部型组织结构的弊端在于：它将创新过多地分散于各事业部，不利于创新经验的积累，同时加大了单个事业部的创新风险。

（三）矩阵型组织结构与技术创新

随着市场竞争日益激烈，产品更新速度加快，对企业的应变能力和技术创新能力提出了更高的要求，矩阵型组织结构应运而生。该结构是以项目或产品为中心的横向直线型组织与传统的以职能为中心的纵向直线型组织交汇组成的双元权责结构，从而为一些复杂和具有较大不确定性的任务的完成提供了更大的灵活性，有助于提高企业的创新能力。

它可以通过组成研究与开发项目小组达到事业部的效果，项目小组内信息传递畅通，有利于协调合作；而且能够充分利用已有的创新进行交汇，激发出创新意念，如在现代并行工程中广泛应用的集成产品开发团队（Integrated Product

Development Team，IPT）。所谓 IPT 是指根据产品开发过程的复杂程度，将来自不同部门和不同学科领域的专业人员或与产品生命周期相关的技术人员组织起来，组成一个产品开发团队，团队成员之间协同工作，使产品开发过程顺利进行。最后，前面介绍的动态联盟是矩阵式企业中项目小组的外部化，是跨企业形成的一种项目组，它的虚拟性、灵活性使它比矩阵式结构更具优势，有利于缩短产品创新的时滞，减少创新成本。

（四）组织结构与企业文化的匹配

为了更有效地促进技术创新活动，企业需要进行适度的组织创新，而进行组织创新的同时，还要考虑到组织结构与企业文化的相互匹配。只有当组织结构与企业文化相协调，彼此适应时，组织结构才会稳定，才能有效发挥企业内部资源的功能，建立起高效的企业技术创新运行机制。因此，企业需要建立更高层次、更富于创新精神，与组织模式相匹配的企业文化。在企业文化没有任何变化的情况下，不能盲目调整组织结构，尤其不能不切实际地赶时髦，企业应该致力于组织创新与企业文化相融合的组合创新活动。

二、基于核心能力的企业技术创新能力

（一）企业技术创新能力构成

技术创新能力是企业从事技术创新活动的基础，对技术创新的成效起着决定性的作用。从技术创新的过程来看，技术创新能力包括投入能力、研究开发能力、制造（生产）能力、营销能力和管理能力。

1. 投入能力

技术创新是一种资源重新组合的经济行为，因此，创新的投入是启动创新和维持创新的基础条件，创新的投入能力主要包括以下方面：

（1）资金投入：研究开发、新产品生产准备、新产品营销等所需资金的筹集能力、运用能力。

（2）人员投入：研究开发、新产品试制、新产品生产、新产品营销所需要的设计、工艺和售后服务人员的招募、培训、调配能力。

（3）项目建设：研究、试验、生产设施等项目的谈判、采购，项目建设过程的组织与管理能力。

2. 研究开发能力

（1）技术选择能力：跟踪和预测技术发展动态、确定研究开发方向、选择开发项目、识别技术问题的能力。

（2）解决技术问题的能力：应用现有技术和知识解决技术问题、通过研究开发新知识突破技术难题的能力。

（3）模仿能力：通过“反求工程”等方法模仿已有产品并加以改进的能力。

（4）创造能力：产生新发明、进行创造性新设计的能力。

（5）研究开发组织能力：分解技术问题、物色合作伙伴、监督检查合作项

目的能力。

3. 制造能力

（1）新产品试制能力：新产品试制所需设备、仪器、工具、材料准备与使用能力，新产品试制工艺制定与实施能力。

（2）新产品生产能力：厂房、设备的生产能力，工艺制定与实施能力，质量保证能力，对产品设计变更的应变能力。

4. 营销能力

（1）市场研究能力：市场调查与预测能力，对潜在市场的鉴别能力。

（2）市场开发能力：全新市场的开拓能力，扩大现有市场的能力，建立细分市场的能力。

（3）销售能力：营销体系建设和运作能力，售后服务能力。

5. 创新管理能力

（1）技术创新战略管理能力：创新战略制定、实施能力，企业家的决策能力。

（2）技术创新过程管理能力：创新计划制定与执行能力，创新过程各环节内的管理能力，部门和环节之间的协调能力。

（3）创新机制建立与运作能力：激励机制的设计与实施能力，人员考核、奖励和积极性调动能力。

（二）核心能力的概念和构成

1. 核心能力的概念

企业建立技术创新能力的本质意义在于创造竞争优势。技术创新能力是多方面能力的集成，其中有些能力较易通过引入外部资源或模仿获得，例如，制造能力中的设备生产能力可通过购置先进设备和对工人进行培训获得；而有些能力是不能通过简单引入外部资源或模仿获得的。应该看到，那些可以通过市场从外部引入或可以模仿的能力，并不能为企业提供长久的竞争优势，因为竞争者既可以通过市场购买先进设备和先进技术，也可以通过“反求工程”仿造已有的产品。因此，在技术创新能力中真正能提供长久竞争优势的能力才是最为关键的。基于这种认识，普拉哈拉德（Prahalad）和海默（Hamel）于 1990 年提出了核心能力的概念。

核心能力是指使企业能在特定行业保持竞争优势的基础性能力。核心能力具有以下特点：第一，富有企业特色，是企业独特的能力；第二，是其他企业难以模仿的能力；第三，是基础性的能力，它包含在企业内部技术、产品、理念、人员、组织和企业文化等层面中。基于这种能力，企业可以在一系列产品上获得竞争优势，并实现持续发展。

2. 核心能力的构成

关于核心能力的构成有多种观点，这里选择其中较实用的一种予以介绍。核心能力由以下四个部分构成：

（1）职工的知识和技能。职工的知识和技能体现在各类职工的数量、文化水平、专业知识水平、知识面、技能积累水平等方面。

（2）技术体系。技术体系包括企业对某类技术的研究、开发、设计、工艺等子系统。

（3）管理体系。管理体系包括以下几方面：系统的规章制度、活动规则、工作程序、组织结构、权力结构、组织控制、交流机制、分配制度、激励方式与强度等。

（4）价值观念与行为规范。价值观念和行为规范涉及以下各方面：职工的理想、信念和追求、观念和意识、精神、情感、道德观、习惯与传统、团结与协作等。

3. 核心能力各构成部分之间的关系

职工的知识和技能是基础；技术体系依赖于职工的知识和技能，又影响知识和技能的获取、变化、组织和发挥；知识、技能和技术体系决定和影响管理体系的效能，管理体系又决定知识技能和技术体系的组织状态、发挥程度；价值观念和行为规范则决定上述三个方面的形成、发展及发挥。这四个方面构成了一个互相关联、互相影响、互相促进的有机整体。

（三）提高技术创新能力的途径

提高企业技术创新能力的关键在于培育、形成企业的核心能力。核心能力的建设首先要从整体上进行规划和设计，通过从外部引入与整合、自己培养等途径积累基础，建设起完整的体系。

1. 核心能力规划

核心能力是支撑企业长久竞争力的基础性能力，因而也是战略性能力，它必须与企业长期战略相一致。因此必须从战略的高度对核心能力的建设进行规划。核心能力规划要明确以下几个问题：

（1）目标：要进入（守住）什么领域，占领什么市场；

（2）方向：掌握什么样的关键技术；

（3）途径：通过什么方式形成核心能力。

2. 技术创新能力的外部引入

（1）引进—创新。从外部引进技术仅是为技术入门提供前提，其本身还不是企业的核心能力。要形成企业核心能力，则必须通过引进、消化、积累知识和技能，在此基础上进行创新，从而逐步形成特有的能力。

（2）合作—学习。技术合作包括合作研究开发、合作进行新产品生产或新工艺应用，比单纯的技术引进更能培养本企业技术人员的知识、技能，因为技术人员可以介入技术活动过程。通过技术合作提高技术能力的关键是善于在合作中学习，通过学习，掌握知识、技能和方法，并进而结合本企业实际开发出新的技术。

（3）购并—整合。通过收购、兼并的方式，企业不仅可以获得被购并企业（或研究机构）的技术，而且连同掌握技术的人才也进入了本企业，是一种快速获得新能力、进入新领域的途径。通过购并获得核心能力的关键在于做好并购后新旧企业能力的整合工作。并入本企业的机构虽然在组织上归属本企业，但在行为方式、文化等方面要真正融入本企业则需要一定的时间和要做一定的努力。因此，不仅要在组织上，而且要在技术、管理、文化诸方面使其并入机构与本企业相融合，真正成为本企业的有机组成部分。

3. 培养

（1）培训。企业员工的知识、技能固然可以通过招募新员工得到补充和调整，但招募新员工只能影响知识和技能的增量，原有员工的提高则仍要靠培训等方式解决，而且新招募的员工也要通过培训，使他们的知识和技能与企业的实际工作结合起来。企业的培训工作要在核心能力规划指导下，有目的、有步骤的进行，通过培训，使员工能适应企业发展的要求。员工的培训还要分层次进行，对技术工人、技术人员、管理人员、高层决策者分别根据战略和计划需要进行技能、专业知识、管理知识的单项或多项培训，要重视复合知识和技能的教育和训练，以适应技术创新的需要。

（2）在实践中学习。在技术创新理论中，“干中学”（Learning by Doing）被认为是最重要的学习方式。“干中学”不仅包括企业员工在技术创新活动中积累知识、技能和经验，增强处理实际问题的能力，而且包括企业内各级各类组织及整个企业在技术创新实践中的学习，即组织的学习。通过技术创新实践，组织可以学会如何提高本组织的效率，如何管理好本组织的人员和活动，如何协调与其他组织的关系等，从而提高组织的能力。

4. 体系建设

企业要在职工知识技能体系、技术体系、管理体系和文化体系诸方面进行全面建设，从而建立和提高企业的技术创新能力。

三、企业技术创新系统的建设与管理

企业技术创新活动是一项复杂的系统工程，它不仅依赖于研究与发展部门、生产制造部门与营销部门的协同运作、有效整合，而且要求企业建立完善的企业创新内部支撑系统。企业创新的内部支撑系统包含以下关键要素。

（一）企业领导与企业家精神

企业家作为企业的经营者和企业的灵魂是技术创新的推动者，只有他们有能力通过技术创新，推出适应市场的新产品，从而提高企业的持续竞争力。企业家或高层领导参与技术创新的主要责任在于：热情参与技术创新项目的选择及投资决策；为技术创新安排合适的人选，保证技术创新所需的资源；在技术创新项目的“继续与终止”决策和创新支出决策中发挥重要作用。

由此可以看出，企业家精神应体现在以下几个方面：

（1）创新意识。企业家要有灵活的经营思想，要有推动创新的魄力，要成为创新的倡导者和实干家。

（2）成就意识。创新过程中，企业家的回报来自于成就感，为取得创新的成功，不怕挫折困难，成就一番大事业。

（3）机会意识。成功的企业家必须重视寻找和利用技术机会和市场机会，具有把握机会、快速反应的能力，这往往是创新成功的关键。

领导和参与技术创新活动的高层领导，主要包括公司总裁，公司总裁在制定技术战略、选择项目优先级和分配相应资源方面发挥十分重要的作用；其次是技术副总裁，技术副总裁在技术创新中的作用已越来越受到重视。技术副总裁在企业中的具体职能是参与企业全局战略的制定、指导企业技术战略的制定、控制研究与发展资源的分配、领导研究与发展活动、致力于企业与外部技术组织之间的联系、监测和评估外部技术、决策企业在外部技术方面的投资等。企业若想在技术密集的现代社会中参与竞争，首要的任务就是将技术主管的地位提到一个相当的高度，以使他能够与其他高层领导就企业总体战略的制定和实施问题进行交流和协商，从而将企业的技术与总体战略密切结合起来。

（二）研究与发展体系

研究与发展是技术创新的前提，一个企业要进行有效的创新，就必须具有合理的研究、试验发展的布局，以及与企业外部（研究所、高校）研究与发展力量的协同。研究与发展人员要接受加强市场意识的培训，并且与事业部的技术人员经常交流，这样，研究与发展人员在保持技术领先性的同时，与基层的创新保持着必要的联系。为了保证公司与各分厂、事业部的技术和知识交流，还必须改变公司研究与发展费用的负担方式。例如3M公司研究中心的费用原来有2/3来自公司的拨款，其余来自公司各事业部或外部客户的合同，而现在75%的资金来自于这些合同。这样就既保证了公司与各事业部的技术和知识关联，又加强了基层创新机构对公司一级创新机构的费用监督。

（三）教育培训与人力资源

教育培训的目的是为了提高和普及人们的知识水平，而知识是技术创新的前提，没有高素质的研究与发展人员，企业的技术创新就很难进行下去。在企业创新中，除了企业本身进行技术培训外，还应重视技术培训的外在化，即充分利用高等学校的优势来培训人才，并引进外部人才。

许多创新型企业普遍认识到，技术创新的关键成功因素在于在创新的各个环节安排合适的人员。有效的人力资源管理有助于管理者成功地实施创新战略。人力资源部门的职能包括吸引、发展和奖励有合适技能的管理者和员工，在获取对技术创新极为重要的人力资源方面发挥重要作用。为创造和激励一支成功的研究与发展人员队伍，人力资源部门需要设计一套合理的政策，来确认、发展、评价和奖励与企业的创新目标一致的活动。企业通过良好的声誉或优厚的待遇吸引优秀的科技人员加盟，将其安排到合适的岗位，鼓励他们尽快提高自己，以达到较高水平。激励他们融入企业的组织群体中，并与他人分享企业成功所必需的信息、知识、技能和工作态度，引导他们走向明晰、激动人心的未来。

（四）资金供应与管理

资金供应是保证技术创新成功的另一个重要因素，包括对研究与发展、工艺创新和技术改造以及技术引进的财力支持。在许多企业中，资金都是一个瓶颈问题，许多企业制定了明确的战略目标和详尽的执行计划，但却不能提供足够的资金，这是许多技术创新项目业绩不好的原因之一。因此保证足够的技术创新资金是非常重要的。

对美国企业的调查分析表明，不论哪个行业，凡是技术创新的投资率（研究与发展费用占销售收入的百分比）不低于4%的企业，都有明显的高增长率，投资率在3%～4%之间的企业，其长期增长率在80%的时间里不低于美国国民生产总值增长率的一半，而投资率低于2%的大企业的增长率则明显低于同期美国国民生产总值的增长率。最终的结果表明，那些在技术创新上投资率低于3%的企业只能维持现状。因而，企业要发展必须以一定的技术创新投资作保证。

尽管如此，与其他投资不同，技术创新的投资具有更多的不确定性和特殊性，它的投资收益不与投资量成正比，多花了一倍的投资就一定得到多一倍的产出（如利润、新产品）是不现实的。但是不进行技术创新也是不现实的。因此，既要能保证技术创新的顺利进行，又要能保证企业的年收入（或利润）不受影响，这就要求有一个合理的投资预算标准。通过对技术创新投资预算进行高标准定位，不仅投资预算易于制订，更重要的是使投资更具经济性。因此，要根据行业的不同特性保证充足的创新资金。

（五）完善的创新管理工具

创新管理工具指支持创新过程的有关方法、软件系统和工具。系统和工具范围很广泛。一个组织究竟需要何种系统和工具要视该组织的情况而定，但任何一个组织都有一套专门服务于核心过程的系统和工具，包括：

（1）产品开发过程的支持系统和不同职能部门间的通讯系统。

（2）有利于进行更快更有效的产品开发的工具。

（3）设计质量的管理方法，用于创新过程自我分析和自我提高的方法。

软件系统包括计算机辅助策划系统、计算机辅助设计系统、产品数据管理系统等。

（六）创新文化

与信息、资金与组织结构相比，创新文化对技术创新同样具有重要作用，创新文化包括四个方面：价值观、制度体系、行为规范、实物载体。

1. 价值观是文化的根本特征

当代创新文化应以企业家精神为核心，追求超前、开拓、变革、卓越的文化。创新文化决定着企业技术创新的价值导向。企业技术创新的规模、水平、重点以及方式往往由其价值导向决定。如日本索尼公司一直以“技术领先”为其创新文化的根本导向，其技术创新活动十分活跃，在电视机、数字音响等方面取得了世界领先的成果。

2. 创新文化得以运行，必须以一定的制度体系为基础

与技术创新相关的制度包括研究与发展制度、人力资源开发制度等。3M 公司为了激励创新的热情，推出了“15% 规则”的制度创新。“15% 规则”允许所有的技术人员将其工作时间的 15% 用于自选课题，而不需要经过批准，管理者甚至无权过问。技术人员将这部分时间用于访问其他实验室或客户。通常，人们将这部分时间用于帮助其他部门的同事解决问题。

3. 行为规范是文化的基本特征与具体表现

创新文化在行为规范方面表现为企业家和企业员工理解创新、参与创新与重视创新，鼓励与容忍失败，对员工的背景（国籍、所在地区和家庭等）的尊重。3M 公司共有多达 45 个业务部门，但是管理者努力建立员工对整个公司而不是特定部门的强烈归属感。公司力图使跨部门界限的技术人员互相帮助、共享项目和技术信息。这使得许多业务部门的技术能够很好地应用到其他部门。各部门的技术主管负责将他们的客户的需求传达给公司内所有的技术专家。公司有一句格言——产品属于业务部门，但是技术属于整个公司。

4. 实物载体是创新文化的客观标志

实物具有明显的指导与示范效果。如许多创新型公司鼓励建立个性化办公室的、设立明显的最佳创新员工标志、建设企业创新产品的展示场地，以建立企业员工对本企业创新产品的荣誉感。

（七）企业制度

技术创新要最大限度地发挥出经济效益，还必须同时进行相应的一整套制度创新。我国企业的技术创新实践表明，包括产权体制、法人治理结构、科研体制、劳动人事体制、营销体制、生产体制在内的企业制度建设是技术创新成功的重要保证。

本章小结

技术变革要经过发明、创新、扩散三个阶段。技术创新是在经济活动中引入新产品或新工艺，从而实现生产要素的重新组合，并在市场上获得成功的过程。根据技术创新中创新对象的不同，技术创新可分为产品创新和过程（工艺）创新。

企业技术创新战略主要解决企业技术创新的基本原则、根本目标和主要规划

等企业技术创新经济活动中带有全局性、长远性和方向性的问题。企业技术创新分为自主创新、模仿创新和合作创新三种基本模式。

企业技术创新管理包括适应技术创新要求的组织结构调整；以提高核心能力为中心的技术创新能力的形成和培养；建立包含企业家、研究与发展体系、人力资源、资金、技术工具、创新文化和企业制度诸因素的完善的技术创新系统。

关 键 词

技术创新 Technology Innovation

过程 Process

动力 Motivity

战略 Strategy

自主创新 Independence Innovation

模仿创新 Imitate Innovation

合作创新 Collaborate Innovation

核心能力 Core Competence

创新能力 Innovation Capability

系统 System

思考与练习

1. 什么是技术创新？技术创新与发明之间的关系是什么？
2. 技术创新有哪些类型？试分别举例说明。
3. 影响技术创新成功的主要因素有哪些？
4. 联系某产业发展，论述该产业内技术创新的动力模式。
5. 企业技术创新战略主要包括哪些内容？
6. 试比较自主、模仿、合作三种技术创新模式的优缺点，谈谈我国企业技术创新战略模式的选择。
7. 简述企业核心能力的概念及构成。
8. 如何评价企业的技术创新能力？
9. 为什么要重视技术创新的集成化管理，建立完善的企业创新系统？

案例分析[①]

1. 企业概况

中国南方机车车辆工业集团公司（简称南车集团）是经国务院批准，原中国铁路机车车辆工业总公司与铁道部脱钩，于2000年9月组建的国有独资大型企业（集团）。南车集团主要从事轨道交通装备产品的研发、制造和修理等业务。近年来，南车集团先后成产出时速200公里的“和谐号”动车组等世界先进水平的产品，同时，完全依靠自己的力量，自主创新研制开发出在世界最高海拔青藏高原铁路线上运行的高原客车“雪域神州”和拥有自主知识产权的时速300公里动车组等产品。南车集团成功实现了由制造型向创新型企业的转变。

2. 轨道交通装备市场

（1）国内市场。2004年1月公布的《中长期铁路网规划》明确规定了我国铁路网中长期的建设目标，即到2010年全国铁路营业里程达到95 000公里，5年间将建设新铁路现19 800公里，将产生世界上数量最大的高速动车组、大功率机动车和重载货车需求。同时，我国城市轨道交通建设也处于规模空前的发展期。目前已有13个城市上报城市轨道交通建设规划，至2010年规划建设线路45条，规划里程1 200公里左右，需要不同类型的城市轨道交通车约6 000辆。

（2）国际市场。由于新技术发展和国际能力矛盾及环保概念的不断深化，轨道交通运输方式越来越多地受到各国政府的青睐，加之目前北美、中亚、东欧、东南亚等地区的许多国家，进入新一轮轨道交通装备的更新期，国际市场轨道交通装备采购正进入一个高潮期。至2010年全世界需新增各种类型铁路机车车辆和城市轨道车辆约17.7万辆（台）。国内市场的巨大需求也吸引了包括庞巴迪、西门子、阿尔斯通等国际著名轨道交通装备制造企业的目光。在国家对轨道交通装备总体发展思路的指导下，它们都希望通过与国内企业开展技术合作，以输出技术的形式进入中国市场，占据一定的市场份额。

（3）国家轨道交通装备产业战略布局。在国家《中长期铁路网规划》正式公布后，面对国内巨大的市场机遇和国内轨道交通装备产品的现实状况，2004年4月，国务院召开会议专题研究了中国铁路客运快速发展和国内轨道交通装备如何实现现代化的问题。会议决定要在更高的起点上实现中国铁路创新。为了顺利实现这一目标，党中央、国务院提出了“引进先进技术、联合设计生产、打造中国品牌”的轨道交通装备产业发展总体思路。

① 国家级企业管理创新成果（第十五届）. 全国企业管理现代化创新成果审定委员会. 北京：企业管理出版社，2009.

3. 南车集团的竞争力

南车集团是我国轨道交通装备产业的骨干企业，我国第一台电力机车、第一台280系列大功率内燃机和第一辆双层客车等产品均诞生于南车集团。多年来，南车集团的轨道交通装备产量规模不断提高，2003年电力机车产量已位居世界第一；2004年内燃机车产量也排到世界第二，仅次于美国的通用电气公司。但是在产量规模进入世界一流的同时，企业产品技术水平和技术创新的能力却没有得到相应的突破，与国际先进的水平还有很大的差距。

经过多年的发展，我国轨道交通装备水平不断提高，但与发达国家相比还有明显的差距，产品的整体技术水平只相当于发达国家20世纪80年代的水平。时速200公里机动车组还处于研制开发阶段，在系统集成、交流传动等关键技术上还不够成熟，材料和工艺水平有提高，产品安全性、可靠性难以满足用户的要求。在一些关键零部件和产品核心技术方面，外方仍处于垄断地位。

企业在研发投入、研发人员的素质、研发基础理论研究等环节，与发达国家企业相比都存在一定的差距。一是企业内部的科技资源没有得到有效利用，缺乏应有的技术转移平台和机制，研发力量过于分散，重复开发的现象大量存在，导致科技投入不够。二是优秀拔尖人才和学术带头人仍然比较匮乏，研发人员的设计观念、设计方法、实验验证手段均需要进一步加强，部分已批量生产的产品由于设计、制造等方面原因造成的质量问题仍然比较多。三是对知识产权保护工作重视不够，企业拥有的技术专利数量远远低于国外同类型企业。至2005年，国外企业在国内登记的机车车辆专利超过了20 000项，而南车集团仅有专利500余项。

4. 南车集团的实践

在系统分析企业所面临的市场环境及自身状况基础上，南车集团领导层认识到，为了实现快速赶超世界先进水平的目标，必须紧紧抓住国内轨道交通装备市场的良好机遇，以开放的心态，学习、消化和吸收国外先进技术成果，同时在以我为主的技术基础上实现自主创新工作，以提高企业的整体技术水平和创新能力。

从引进国外先进技术到研制具有国际先进水平的产品，从引进、消化、吸收到再创新，南车集团仅用短短三四年时间，走完了国外企业二三十年才走过的历程，推出了一批轨道交通装备新型高端产品，达到了国际先进水平。

南车集团的营业收入也从2004年引进技术之初的184亿元攀升至2007年的324亿元，提前三年实现了“十一五”期末300亿元的战略目标，2007年销售收入名列中国企业500强第143位、中国制造企业500强第68位，实现利润总额从2004年的1.6亿元跃升至2007年的12.7亿元。

案例讨论题：

（1）南车集团选择了什么样的技术创新战略？

（2）南车集团选择这一技术创新战略的依据可能有哪些？

（3）南车集团有其他的选择吗？

附录一

复利系数表

i = 1%

年限 n/年	一次支付终值系数 (F/P,i,n)	一次支付现值系数 (P/F,i,n)	等额系列终值系数 (F/A,i,n)	偿债基金系数 (A/F,i,n)	资金回收系数 (A/P,i,n)	等额系列现值系数 (P/A,i,n)
1	1.010 0	0.990 1	1.000 0	1.000 0	1.010 0	0.990 1
2	1.020 1	0.980 3	2.010 0	0.497 5	0.507 5	1.970 4
3	1.030 3	0.970 6	3.030 1	0.330 0	0.340 0	2.941 0
4	1.040 6	0.961 0	4.060 4	0.246 3	0.256 3	3.902 0
5	1.051 0	0.951 5	5.101 0	0.196 0	0.206 0	4.853 4
6	1.061 5	0.942 0	6.152 0	0.162 5	0.172 5	5.795 5
7	1.071 2	0.932 7	7.213 5	0.138 6	0.148 6	6.728 2
8	1.082 9	0.923 5	8.285 7	0.120 7	0.130 7	7.651 7
9	1.093 7	0.914 3	9.368 5	0.106 7	0.116 7	8.566 0
10	1.104 6	0.905 3	10.462 2	0.095 6	0.105 6	9.471 3
11	1.115 7	0.896 3	11.566 8	0.086 5	0.096 5	10.367 6
12	1.126 8	0.887 4	12.682 5	0.078 8	0.088 8	11.255 1
13	1.138 1	0.878 7	13.809 3	0.072 4	0.082 4	12.133 7
14	1.149 5	0.870 0	14.947 4	0.066 9	0.076 9	13.003 7
15	1.161 0	0.861 3	16.096 9	0.062 1	0.072 1	13.865 1
16	1.172 6	0.852 8	17.257 9	0.057 9	0.067 9	14.717 9
17	1.184 3	0.844 4	18.430 4	0.054 3	0.064 3	15.562 3
18	1.196 1	0.836 0	19.614 7	0.051 0	0.061 0	16.398 3
19	1.208 1	0.827 7	20.810 9	0.048 1	0.058 1	17.226 0
20	1.220 2	0.819 5	22.019 0	0.045 4	0.055 4	18.045 6
21	1.232 4	0.811 4	23.239 2	0.043 0	0.053 0	18.857 0
22	1.244 7	0.803 4	24.471 6	0.040 9	0.050 9	19.660 4
23	1.257 2	0.795 4	25.716 3	0.038 9	0.048 9	20.455 8
24	1.269 7	0.787 6	26.973 5	0.037 1	0.047 1	21.243 4
25	1.282 4	0.779 8	28.243 2	0.035 4	0.045 4	22.023 2
26	1.295 3	0.772 0	29.525 6	0.033 9	0.043 9	22.795 2
27	1.308 2	0.764 4	30.820 9	0.032 4	0.042 4	23.559 6
28	1.321 3	0.756 8	32.129 1	0.031 1	0.041 1	24.316 4
29	1.334 5	0.749 3	33.450 4	0.029 9	0.039 9	25.065 8
30	1.347 8	0.741 9	34.784 9	0.028 7	0.038 7	25.807 7

$i=2\%$

年限 n/年	一次支付终值系数 $(F/P,i,n)$	一次支付现值系数 $(P/F,i,n)$	等额系列终值系数 $(F/A,i,n)$	偿债基金系数 $(A/F,i,n)$	资金回收系数 $(A/P,i,n)$	等额系列现值系数 $(P/A,i,n)$
1	1.020 0	0.980 4	1.000 0	1.000 0	1.020 0	0.980 4
2	1.040 4	0.961 2	2.020 0	0.495 0	0.515 0	1.941 6
3	1.061 2	0.942 3	3.060 4	0.326 8	0.346 8	2.883 9
4	1.082 4	0.923 8	4.121 6	0.242 6	0.262 6	3.807 7
5	1.104 1	0.905 7	5.204 0	0.192 2	0.212 2	4.713 5
6	1.126 2	0.888 0	6.308 1	0.158 5	0.178 5	5.601 4
7	1.148 7	0.870 6	7.434 3	0.134 5	0.154 5	6.472 0
8	1.171 7	0.853 5	8.583 0	0.116 5	0.136 5	7.325 5
9	1.195 1	0.836 8	9.754 6	0.102 5	0.122 5	8.162 2
10	1.219 0	0.820 3	10.949 7	0.091 3	0.111 3	8.982 6
11	1.243 4	0.804 3	12.168 7	0.082 2	0.102 2	9.786 8
12	1.268 2	0.788 5	13.412 1	0.074 6	0.094 6	10.575 3
13	1.293 6	0.773 0	14.680 3	0.068 1	0.088 1	11.348 4
14	1.319 5	0.757 9	15.973 9	0.062 6	0.082 6	12.106 2
15	1.345 9	0.743 0	17.293 4	0.058 7	0.077 8	12.849 3
16	1.372 8	0.728 4	18.639 3	0.053 7	0.073 7	13.577 7
17	1.400 2	0.714 2	20.012 1	0.050 0	0.070 0	14.291 9
18	1.428 2	0.700 2	21.412 3	0.046 7	0.066 7	14.992 0
19	1.456 8	0.686 4	22.840 6	0.043 8	0.063 8	15.678 5
20	1.485 9	0.673 0	24.297 4	0.041 2	0.061 2	16.351 4
21	1.515 7	0.659 8	25.783 3	0.038 8	0.058 8	17.011 2
22	1.546 0	0.646 8	27.299 0	0.036 6	0.056 6	17.658 0
23	1.576 9	0.634 2	28.845 0	0.034 7	0.054 7	18.292 2
24	1.608 4	0.621 7	30.421 9	0.032 9	0.052 9	18.913 9
25	1.640 6	0.609 5	32.030 3	0.031 2	0.051 2	19.523 5
26	1.673 4	0.597 6	33.670 9	0.029 7	0.049 7	20.121 0
27	1.706 9	0.585 9	35.344 3	0.028 3	0.048 3	20.706 9
28	1.741 0	0.574 4	37.051 2	0.027 0	0.047 0	21.281 3
29	1.775 8	0.563 1	38.792 2	0.025 8	0.045 8	21.844 4
30	1.811 4	0.552 1	40.568 1	0.024 6	0.044 6	22.396 5

$i=3\%$

年限 n/年	一次支付终值系数 (F/P,i,n)	一次支付现值系数 (P/F,i,n)	等额系列终值系数 (F/A,i,n)	偿债基金系数 (A/F,i,n)	资金回收系数 (A/P,i,n)	等额系列现值系数 (P/A,i,n)
1	1.030 0	0.970 9	1.000 0	1.000 0	1.030 0	0.970 9
2	1.060 9	0.942 6	2.030 0	0.492 6	0.522 6	1.913 5
3	1.092 7	0.915 1	3.090 9	0.323 5	0.353 5	2.828 6
4	1.125 5	0.888 5	4.183 6	0.239 0	0.269 0	3.717 1
5	1.159 3	0.862 6	5.309 1	0.188 4	0.218 4	4.579 7
6	1.194 1	0.837 5	6.468 4	0.154 6	0.184 6	5.417 2
7	1.229 9	0.813 1	7.662 5	0.130 5	0.160 5	6.230 3
8	1.266 8	0.789 4	8.892 3	0.112 5	0.142 5	7.019 7
9	1.304 8	0.766 4	10.159 1	0.098 4	0.128 4	7.786 1
10	1.343 9	0.744 1	11.463 9	0.087 2	0.117 2	8.530 2
11	1.384 2	0.722 4	12.807 8	0.078 1	0.108 1	9.252 6
12	1.425 8	0.701 4	14.192 0	0.070 5	0.100 5	9.954 0
13	1.468 5	0.681 0	15.617 8	0.064 0	0.094 0	10.635 0
14	1.512 6	0.661 1	17.086 3	0.058 5	0.088 5	11.296 1
15	1.558 0	0.641 9	18.598 9	0.053 8	0.083 8	11.937 9
16	1.604 7	0.623 2	20.156 9	0.049 6	0.079 6	12.561 1
17	1.652 8	0.605 0	21.761 6	0.046 0	0.076 0	13.166 1
18	1.702 4	0.587 4	23.414 4	0.042 7	0.072 7	13.753 5
19	1.753 5	0.570 3	25.116 9	0.039 8	0.069 8	14.323 8
20	1.806 1	0.553 7	26.870 4	0.037 2	0.067 2	14.877 5
21	1.860 3	0.537 5	28.676 5	0.034 9	0.064 9	15.415 0
22	1.916 1	0.521 9	30.536 8	0.032 7	0.062 7	15.936 9
23	1.973 6	0.506 7	32.452 9	0.030 8	0.060 8	16.443 6
24	2.032 8	0.491 9	34.426 5	0.029 0	0.059 0	16.935 5
25	2.093 8	0.477 6	36.459 3	0.027 4	0.057 4	17.413 1
26	2.156 6	0.463 7	38.553 0	0.025 9	0.055 9	17.876 8
27	2.221 3	0.450 2	40.709 6	0.024 6	0.054 6	18.327 0
28	2.287 9	0.437 1	42.930 9	0.023 3	0.053 3	18.764 1
29	2.356 6	0.424 3	45.218 9	0.022 1	0.052 1	19.188 5
30	2.427 3	0.412 0	47.575 4	0.021 0	0.051 0	19.600 4

$i=4\%$

年限 n/年	一次支付终值系数 $(F/P,i,n)$	一次支付现值系数 $(P/F,i,n)$	等额系列终值系数 $(F/A,i,n)$	偿债基金系数 $(A/F,i,n)$	资金回收系数 $(A/P,i,n)$	等额系列现值系数 $(P/A,i,n)$
1	1.040 0	0.961 5	1.000 0	1.000 0	1.040 0	0.961 5
2	1.081 6	0.924 6	2.040 0	0.490 2	0.530 2	1.886 1
3	1.124 9	0.889 0	3.121 6	0.320 3	0.360 3	2.775 1
4	1.169 9	0.854 8	4.246 5	0.235 5	0.275 5	3.629 9
5	1.216 7	0.821 9	5.416 3	0.184 6	0.224 6	4.451 8
6	1.265 3	0.790 3	6.633 0	0.150 8	0.190 8	5.242 1
7	1.315 9	0.759 9	7.898 3	0.126 6	0.166 6	6.002 1
8	1.368 6	0.730 7	9.214 2	0.108 5	0.148 5	6.732 7
9	1.423 3	0.702 6	10.582 8	0.094 5	0.134 5	7.435 3
10	1.480 2	0.675 6	12.006 1	0.083 3	0.123 3	8.110 9
11	1.539 5	0.649 6	13.486 4	0.074 1	0.114 1	8.760 5
12	1.601 0	0.624 6	15.025 8	0.066 6	0.106 6	9.385 1
13	1.665 1	0.600 6	16.626 8	0.060 1	0.100 1	9.985 6
14	1.731 7	0.577 5	18.291 9	0.054 7	0.094 7	10.563 1
15	1.800 9	0.555 3	20.023 6	0.049 9	0.089 9	11.118 4
16	1.873 0	0.533 9	21.824 5	0.045 8	0.085 8	11.652 3
17	1.947 9	0.513 4	23.697 5	0.042 2	0.082 2	12.165 7
18	2.025 8	0.493 6	25.645 4	0.039 0	0.079 0	12.659 3
19	2.106 8	0.474 6	27.671 2	0.036 1	0.076 1	13.133 9
20	2.191 1	0.456 4	29.778 1	0.033 6	0.073 6	13.590 3
21	2.278 8	0.438 8	31.969 2	0.031 3	0.071 3	14.029 2
22	2.369 9	0.422 0	34.248 0	0.029 2	0.069 2	14.451 1
23	2.464 7	0.405 7	36.617 9	0.027 3	0.067 3	14.856 8
24	2.563 3	0.390 1	39.082 6	0.025 6	0.065 6	15.247 0
25	2.665 8	0.375 1	41.645 9	0.024 0	0.064 0	15.622 1
26	2.772 5	0.360 7	44.311 7	0.022 6	0.062 6	15.982 8
27	2.883 4	0.346 8	47.084 2	0.021 2	0.061 2	16.329 6
28	2.998 7	0.333 5	49.967 6	0.020 0	0.060 0	16.663 1
29	3.118 7	0.320 7	52.966 3	0.018 9	0.058 9	16.983 7
30	3.243 4	0.308 3	56.084 9	0.017 8	0.057 8	17.292 0

$i=5\%$

年限 n/年	一次支付终值系数 (F/P,i,n)	一次支付现值系数 (P/F,i,n)	等额系列终值系数 (F/A,i,n)	偿债基金系数 (A/F,i,n)	资金回收系数 (A/P,i,n)	等额系列现值系数 (P/A,i,n)
1	1.050 0	0.952 4	1.000 0	1.000 0	1.050 0	0.952 4
2	1.102 5	0.907 0	2.050 0	0.487 8	0.537 8	1.859 4
3	1.157 6	0.863 8	3.152 5	0.317 2	0.367 2	2.723 2
4	1.215 5	0.822 7	4.310 1	0.232 0	0.282 0	3.546 0
5	1.276 3	0.783 5	5.525 6	0.181 0	0.231 0	4.329 5
6	1.340 1	0.746 2	6.801 9	0.147 0	0.197 0	5.075 7
7	1.407 1	0.710 7	8.142 0	0.122 8	0.172 8	5.786 4
8	1.477 5	0.676 8	9.549 1	0.104 7	0.154 7	6.463 2
9	1.551 3	0.644 6	11.026 6	0.090 7	0.140 7	7.107 8
10	1.628 9	0.613 9	12.577 9	0.079 5	0.129 5	7.721 7
11	1.710 3	0.584 7	14.206 8	0.070 4	0.120 4	8.306 4
12	1.795 9	0.556 8	15.917 1	0.062 8	0.112 8	8.863 3
13	1.885 6	0.530 3	17.713 0	0.056 5	0.106 5	9.393 6
14	1.979 9	0.505 1	19.598 6	0.051 0	0.101 0	9.898 6
15	2.078 9	0.481 0	21.578 6	0.046 3	0.096 3	10.379 7
16	2.182 9	0.458 1	23.657 5	0.042 3	0.092 3	10.837 8
17	2.292 0	0.436 3	25.840 4	0.038 7	0.088 7	11.274 1
18	2.406 6	0.415 5	28.132 4	0.035 5	0.085 5	11.689 6
19	2.527 0	0.395 7	30.539 0	0.032 7	0.082 7	12.085 3
20	2.653 3	0.376 9	33.066 0	0.030 2	0.080 2	12.462 2
21	2.786 0	0.358 9	35.719 3	0.028 0	0.078 0	12.821 2
22	2.925 3	0.341 8	38.505 2	0.026 0	0.076 0	13.163 0
23	3.071 5	0.325 6	41.430 5	0.024 1	0.074 1	13.488 6
24	3.225 1	0.310 1	44.502 0	0.022 5	0.072 5	13.798 6
25	3.386 4	0.295 3	47.727 1	0.021 0	0.071 0	14.093 9
26	3.555 7	0.281 2	51.113 5	0.019 6	0.069 6	14.375 2
27	3.733 5	0.267 8	54.669 1	0.018 3	0.068 3	14.643 0
28	3.920 1	0.255 1	58.402 6	0.017 1	0.067 1	14.898 1
29	4.116 1	0.242 9	62.322 7	0.016 0	0.066 0	15.141 1
30	4.321 9	0.231 4	66.438 8	0.015 1	0.065 1	15.372 5

i = 6%

年限 n/年	一次支付终值系数 $(F/P,i,n)$	一次支付现值系数 $(P/F,i,n)$	等额系列终值系数 $(F/A,i,n)$	偿债基金系数 $(A/F,i,n)$	资金回收系数 $(A/P,i,n)$	等额系列现值系数 $(P/A,i,n)$
1	1.060 0	0.943 4	1.000 0	1.000 0	1.060 0	0.943 4
2	1.123 6	0.890 0	2.060 0	0.485 4	0.545 4	1.833 4
3	1.191 0	0.839 6	3.183 6	0.314 1	0.374 1	2.673 0
4	1.262 5	0.792 1	4.374 6	0.228 6	0.288 6	3.465 1
5	1.338 2	0.747 3	5.637 1	0.177 4	0.237 4	4.212 4
6	1.418 5	0.705 0	6.975 3	0.143 4	0.203 4	4.917 3
7	1.503 6	0.665 1	8.393 8	0.119 1	0.179 1	5.582 4
8	1.593 8	0.627 4	9.897 5	0.101 0	0.161 0	6.209 8
9	1.689 5	0.591 9	11.491 3	0.087 0	0.147 0	6.801 7
10	1.790 8	0.558 4	13.180 8	0.075 9	0.135 9	7.360 1
11	1.898 3	0.526 8	14.971 6	0.066 8	0.126 8	7.886 9
12	2.012 2	0.497 0	16.869 9	0.059 3	0.119 3	8.383 8
13	2.132 9	0.468 8	18.882 1	0.053 0	0.113 0	8.852 7
14	2.260 9	0.442 3	21.015 1	0.047 6	0.107 6	9.295 0
15	2.396 6	0.417 3	23.276 0	0.043 0	0.103 0	9.712 2
16	2.540 4	0.393 6	25.672 5	0.039 0	0.099 0	10.105 9
17	2.692 8	0.371 4	28.212 9	0.035 4	0.095 4	10.477 3
18	2.854 3	0.350 3	30.905 7	0.032 4	0.092 4	10.827 6
19	3.025 6	0.330 5	33.760 0	0.029 6	0.089 6	11.158 1
20	3.207 1	0.311 8	36.785 6	0.027 2	0.087 2	11.469 9
21	3.399 6	0.294 2	39.992 7	0.025 0	0.085 0	11.764 1
22	3.603 5	0.277 5	43.392 3	0.023 0	0.083 0	12.041 6
23	3.819 7	0.261 8	46.995 8	0.021 3	0.081 3	12.303 4
24	4.048 9	0.247 0	50.815 6	0.019 7	0.079 7	12.550 4
25	4.291 9	0.233 0	54.864 5	0.018 2	0.078 2	12.783 4
26	4.549 4	0.219 8	59.156 4	0.016 9	0.076 9	13.003 2
27	4.822 3	0.207 4	63.705 8	0.015 7	0.075 7	13.210 5
28	5.111 7	0.195 6	68.528 1	0.014 6	0.074 6	13.406 2
29	5.418 4	0.184 6	73.639 8	0.013 6	0.073 6	13.590 7
30	5.743 5	0.174 1	79.058 2	0.012 6	0.072 6	13.764 8

$i=7\%$

年限 n/年	一次支付终值系数 (F/P,i,n)	一次支付现值系数 (P/F,i,n)	等额系列终值系数 (F/A,i,n)	偿债基金系数 (A/F,i,n)	资金回收系数 (A/P,i,n)	等额系列现值系数 (P/A,i,n)
1	1.070 0	0.934 6	1.000 0	1.000 0	1.070 0	0.934 6
2	1.144 9	0.873 4	2.070 0	0.483 1	0.553 1	1.808 0
3	1.225 0	0.816 3	3.214 9	0.311 1	0.381 1	2.624 3
4	1.310 8	0.762 9	4.439 9	0.225 2	0.295 2	3.387 2
5	1.402 6	0.713 0	5.750 7	0.173 9	0.243 9	4.100 2
6	1.500 7	0.666 3	7.153 3	0.139 8	0.209 8	4.766 5
7	1.605 8	0.622 7	8.654 0	0.115 6	0.185 6	5.389 3
8	1.718 2	0.582 0	10.259 8	0.097 5	0.167 5	5.971 3
9	1.838 5	0.543 9	11.978 0	0.083 5	0.153 5	6.515 2
10	1.967 2	0.508 3	13.816 4	0.072 4	0.142 4	7.023 6
11	2.104 9	0.475 1	15.783 6	0.063 4	0.133 4	7.498 7
12	2.252 2	0.444 0	17.888 5	0.055 9	0.125 9	7.942 7
13	2.409 8	0.415 0	20.140 6	0.049 7	0.119 7	8.357 7
14	2.578 5	0.387 8	22.550 5	0.044 3	0.114 3	8.745 5
15	2.759 0	0.362 4	25.129 0	0.039 8	0.109 8	9.107 9
16	2.952 2	0.338 7	27.888 1	0.035 9	0.105 9	9.446 6
17	3.158 8	0.316 6	30.840 2	0.032 4	0.102 4	9.763 2
18	3.379 9	0.295 9	33.999 0	0.029 4	0.099 4	10.059 1
19	3.616 5	0.276 5	37.379 0	0.026 8	0.096 8	10.335 6
20	3.869 7	0.258 4	40.995 5	0.024 4	0.094 4	10.594 0
21	4.140 6	0.241 5	44.865 2	0.022 3	0.092 3	10.835 5
22	4.430 4	0.225 7	49.005 7	0.020 4	0.090 4	11.061 2
23	4.740 5	0.210 9	53.436 1	0.018 7	0.088 7	11.272 2
24	5.072 4	0.197 1	58.176 7	0.017 2	0.087 2	11.469 3
25	5.427 4	0.184 2	63.249 0	0.015 8	0.085 8	11.653 6
26	5.807 4	0.172 2	68.676 5	0.014 6	0.084 6	11.825 8
27	6.213 9	0.160 9	74.483 8	0.013 4	0.083 4	11.986 7
28	6.648 8	0.150 4	80.697 7	0.012 4	0.082 4	12.137 1
29	7.114 3	0.140 6	87.346 5	0.011 4	0.081 4	12.277 7
30	7.612 3	0.131 4	94.460 8	0.010 6	0.080 6	12.409 0

$i=8\%$

年限 n/年	一次支付终值系数 (F/P,i,n)	一次支付现值系数 (P/F,i,n)	等额系列终值系数 (F/A,i,n)	偿债基金系数 (A/F,i,n)	资金回收系数 (A/P,i,n)	等额系列现值系数 (P/A,i,n)
1	1.080 0	0.925 9	1.000 0	1.000 0	1.080 0	0.925 9
2	1.166 4	0.857 3	2.080 0	0.480 8	0.560 8	1.783 3
3	1.259 7	0.793 8	3.246 4	0.308 0	0.388 0	2.577 1
4	1.360 5	0.735 0	4.506 1	0.221 9	0.301 9	3.312 1
5	1.469 3	0.680 6	5.866 6	0.170 5	0.250 5	3.992 7
6	1.586 9	0.630 2	7.335 9	0.136 3	0.216 3	4.622 9
7	1.713 8	0.583 5	8.922 8	0.112 1	0.192 1	5.206 4
8	1.850 9	0.540 3	10.636 6	0.094 0	0.174 0	5.746 6
9	1.999 0	0.500 2	12.487 6	0.080 1	0.160 1	6.246 9
10	2.158 9	0.463 2	14.486 6	0.069 0	0.149 0	6.710 1
11	2.331 6	0.428 9	16.645 5	0.060 1	0.140 1	7.139 0
12	2.518 2	0.397 1	18.977 1	0.052 7	0.132 7	7.536 1
13	2.719 6	0.367 7	21.495 3	0.046 5	0.126 5	7.903 8
14	2.937 2	0.340 5	24.214 9	0.041 3	0.121 3	8.244 2
15	3.172 2	0.315 2	27.152 1	0.036 8	0.116 8	8.559 5
16	3.425 9	0.291 9	30.324 3	0.033 0	0.113 0	8.851 4
17	3.700 0	0.270 3	33.750 2	0.029 6	0.109 6	9.121 6
18	3.996 0	0.250 2	37.450 2	0.026 7	0.106 7	9.371 9
19	4.315 7	0.231 7	41.446 3	0.024 1	0.104 1	9.603 6
20	4.661 0	0.214 5	45.762 0	0.021 9	0.101 9	9.818 1
21	5.033 8	0.198 7	50.422 9	0.019 8	0.099 8	10.016 8
22	5.436 5	0.183 9	55.456 8	0.018 0	0.098 0	10.200 7
23	5.871 5	0.170 3	60.893 3	0.016 4	0.096 4	10.371 1
24	6.341 2	0.157 7	66.764 8	0.015 0	0.095 0	10.528 8
25	6.848 5	0.146 0	73.105 9	0.013 7	0.093 7	10.674 8
26	7.396 4	0.135 2	79.954 4	0.012 5	0.092 5	10.810 0
27	7.988 1	0.125 2	87.350 8	0.011 4	0.091 4	10.935 2
28	8.627 1	0.115 9	95.338 8	0.010 5	0.090 5	11.051 1
29	9.317 3	0.107 3	103.965 9	0.009 6	0.089 6	11.158 4
30	10.062 7	0.099 4	113.283 2	0.008 8	0.088 8	11.257 8

$i = 9\%$

年限 n/年	一次支付终值系数 $(F/P,i,n)$	一次支付现值系数 $(P/F,i,n)$	等额系列终值系数 $(F/A,i,n)$	偿债基金系数 $(A/F,i,n)$	资金回收系数 $(A/P,i,n)$	等额系列现值系数 $(P/A,i,n)$
1	1.090 0	0.917 4	1.000 0	1.000 0	1.090 0	0.917 4
2	1.188 1	0.841 7	2.090 0	0.478 5	0.568 5	1.759 1
3	1.295 0	0.772 2	3.278 1	0.305 1	0.395 1	2.531 3
4	1.411 6	0.708 4	4.573 1	0.218 7	0.308 7	3.239 7
5	1.538 6	0.649 9	5.984 7	0.167 1	0.257 1	3.889 7
6	1.677 1	0.596 3	7.523 3	0.132 9	0.222 9	4.485 9
7	1.828 0	0.547 0	9.200 4	0.108 7	0.198 7	5.033 0
8	1.992 6	0.501 9	11.028 5	0.090 7	0.180 7	5.534 8
9	2.171 9	0.460 4	13.021 0	0.076 8	0.166 8	5.995 2
10	2.367 4	0.422 4	15.192 9	0.065 8	0.155 8	6.417 7
11	2.580 4	0.387 5	17.560 3	0.056 9	0.146 9	6.805 2
12	2.812 7	0.355 5	20.140 7	0.049 7	0.139 7	7.160 7
13	3.065 8	0.326 2	22.953 4	0.043 6	0.133 6	7.486 9
14	3.341 7	0.299 2	26.019 2	0.038 4	0.128 4	7.786 2
15	3.642 5	0.274 5	29.360 9	0.034 1	0.124 1	8.060 7
16	3.970 3	0.251 9	33.003 4	0.030 3	0.120 3	8.312 6
17	4.327 6	0.231 1	36.973 7	0.027 0	0.117 0	8.543 6
18	4.717 1	0.212 0	41.301 3	0.024 2	0.114 2	8.755 6
19	5.141 7	0.194 5	46.018 5	0.021 7	0.111 7	8.950 1
20	5.604 4	0.178 4	51.161 0	0.019 5	0.109 5	9.128 5
21	6.108 8	0.163 7	56.764 5	0.017 6	0.107 6	9.292 2
22	6.658 6	0.150 2	62.873 3	0.015 9	0.105 9	9.442 4
23	7.257 9	0.137 8	69.531 9	0.014 4	0.104 4	9.580 2
24	7.911 1	0.126 4	76.789 8	0.013 0	0.103 0	9.706 6
25	8.623 1	0.116 0	84.700 9	0.011 8	0.101 8	9.822 6
26	9.399 2	0.106 4	93.324 0	0.010 7	0.100 7	9.929 0
27	10.245 1	0.097 6	102.723 1	0.009 7	0.099 7	10.026 6
28	11.167 1	0.089 5	112.968 2	0.008 9	0.098 9	10.116 1
29	12.172 2	0.082 2	124.135 4	0.008 1	0.098 1	10.198 3
30	13.267 7	0.075 4	136.307 5	0.007 3	0.097 3	10.273 7

***i* = 10%**

年限 n/年	一次支付终值系数 (F/P,i,n)	一次支付现值系数 (P/F,i,n)	等额系列终值系数 (F/A,i,n)	偿债基金系数 (A/F,i,n)	资金回收系数 (A/P,i,n)	等额系列现值系数 (P/A,i,n)
1	1.100 0	0.909 1	1.000 0	1.000 0	1.100 0	0.909 1
2	1.210 0	0.826 4	2.100 0	0.476 2	0.576 2	1.735 5
3	1.331 0	0.751 3	3.310 0	0.302 1	0.402 1	2.486 9
4	1.464 1	0.683 0	4.641 0	0.215 5	0.315 5	3.169 9
5	1.610 5	0.620 9	6.105 1	0.163 8	0.263 8	3.790 8
6	1.771 6	0.564 5	7.715 6	0.129 6	0.229 6	4.355 3
7	1.948 7	0.513 2	9.487 2	0.105 4	0.205 4	4.868 4
8	2.143 6	0.466 5	11.435 9	0.087 4	0.187 4	5.334 9
9	2.357 9	0.424 1	13.579 5	0.073 6	0.173 6	5.759 0
10	2.593 7	0.385 5	15.937 4	0.062 7	0.162 7	6.144 6
11	2.853 1	0.350 5	18.531 2	0.054 0	0.154 0	6.495 1
12	3.138 4	0.318 6	21.384 3	0.046 8	0.146 8	6.813 7
13	3.452 3	0.289 7	24.522 7	0.040 8	0.140 8	7.103 4
14	3.797 5	0.263 3	27.975 0	0.035 7	0.135 7	7.366 7
15	4.177 2	0.239 4	31.772 5	0.031 5	0.131 5	7.606 1
16	4.595 0	0.217 6	35.949 7	0.027 8	0.127 8	7.823 7
17	5.054 5	0.197 8	40.544 7	0.024 7	0.124 7	8.021 6
18	5.559 9	0.179 9	45.599 2	0.021 9	0.121 9	8.201 4
19	6.115 9	0.163 5	51.159 1	0.019 5	0.119 5	8.364 9
20	6.727 5	0.148 6	57.275 0	0.017 5	0.117 5	8.513 6
21	7.400 2	0.135 1	64.002 5	0.015 6	0.115 6	8.648 7
22	8.140 3	0.122 8	71.402 7	0.014 0	0.114 0	8.771 5
23	8.954 3	0.111 7	79.543 0	0.012 6	0.112 6	8.883 2
24	9.849 7	0.101 5	88.497 3	0.011 3	0.111 3	8.984 7
25	10.834 7	0.092 3	98.347 1	0.010 2	0.110 2	9.077 0
26	11.918 2	0.083 9	109.181 8	0.009 2	0.109 2	9.160 9
27	13.110 0	0.076 3	121.099 9	0.008 3	0.108 3	9.237 2
28	14.421 0	0.069 3	134.209 9	0.007 5	0.107 5	9.306 6
29	15.863 1	0.063 0	148.630 9	0.006 7	0.106 7	9.369 6
30	17.449 4	0.057 3	164.494 0	0.006 1	0.106 1	9.426 9

$i = 12\%$

年限 n/年	一次支付终值系数 (F/P,i,n)	一次支付现值系数 (P/F,i,n)	等额系列终值系数 (F/A,i,n)	偿债基金系数 (A/F,i,n)	资金回收系数 (A/P,i,n)	等额系列现值系数 (P/A,i,n)
1	1.120 0	0.892 9	1.000 0	1.000 0	1.120 0	0.892 9
2	1.254 4	0.797 2	2.120 0	0.471 7	0.591 7	1.690 1
3	1.404 9	0.711 8	3.374 4	0.296 3	0.416 3	2.401 8
4	1.573 5	0.635 5	4.779 3	0.209 2	0.329 2	3.037 3
5	1.762 3	0.567 4	6.352 8	0.157 4	0.277 4	3.604 8
6	1.973 8	0.506 6	8.115 2	0.123 2	0.243 2	4.111 4
7	2.210 7	0.452 3	10.089 0	0.099 1	0.219 1	4.563 8
8	2.476 0	0.403 9	12.299 7	0.081 3	0.201 3	4.967 6
9	2.773 1	0.360 6	14.775 7	0.067 7	0.187 7	5.328 2
10	3.105 8	0.322 0	17.548 7	0.057 0	0.177 0	5.650 2
11	3.478 5	0.287 5	20.654 6	0.048 4	0.168 4	5.937 7
12	3.896 0	0.256 7	24.133 1	0.041 4	0.161 4	6.194 4
13	4.363 5	0.229 2	28.029 1	0.035 7	0.155 7	6.423 5
14	4.887 1	0.204 6	32.392 6	0.030 9	0.150 9	6.628 2
15	5.473 6	0.182 7	37.279 7	0.026 8	0.146 8	6.810 9
16	6.130 4	0.163 1	42.753 3	0.023 4	0.143 4	6.974 0
17	6.866 0	0.145 6	48.883 7	0.020 5	0.140 5	7.119 6
18	7.690 0	0.130 0	55.749 7	0.017 9	0.137 9	7.249 7
19	8.612 8	0.116 1	63.439 7	0.015 8	0.135 8	7.365 8
20	9.646 3	0.103 7	72.052 4	0.013 9	0.133 9	7.469 4
21	10.803 8	0.092 6	81.698 7	0.012 2	0.132 2	7.562 0
22	12.100 3	0.082 6	92.502 6	0.010 8	0.130 8	7.644 6
23	13.552 3	0.073 8	104.602 9	0.009 6	0.129 6	7.718 4
24	15.178 6	0.065 9	118.155 2	0.008 5	0.128 5	7.784 3
25	17.000 1	0.058 8	133.333 9	0.007 5	0.127 5	7.843 1
26	19.040 1	0.052 5	150.333 9	0.006 7	0.126 7	7.895 7
27	21.324 9	0.046 9	169.374 0	0.005 9	0.125 9	7.942 6
28	23.883 9	0.041 9	190.698 9	0.005 2	0.125 2	7.984 4
29	26.749 9	0.037 4	214.582 8	0.004 7	0.124 7	8.021 8
30	29.959 9	0.033 4	241.332 7	0.004 1	0.124 1	8.055 2

$i=15\%$

年限 n/年	一次支付终值系数 (F/P,i,n)	一次支付现值系数 (P/F,i,n)	等额系列终值系数 (F/A,i,n)	偿债基金系数 (A/F,i,n)	资金回收系数 (A/P,i,n)	等额系列现值系数 (P/A,i,n)
1	1.150 0	0.869 6	1.000 0	1.000 0	1.150 0	0.869 6
2	1.322 5	0.756 1	2.150 0	0.465 1	0.615 1	1.625 7
3	1.520 9	0.657 5	3.472 5	0.288 0	0.438 0	2.283 2
4	1.749 0	0.571 8	4.993 4	0.200 3	0.350 3	2.855 0
5	2.011 4	0.497 2	6.742 4	0.148 3	0.298 3	3.352 2
6	2.313 1	0.432 3	8.753 7	0.114 2	0.264 2	3.784 5
7	2.660 0	0.375 9	11.066 8	0.090 4	0.240 4	4.160 4
8	3.059 0	0.326 9	13.726 8	0.072 9	0.222 9	4.487 3
9	3.517 9	0.284 3	16.785 8	0.059 6	0.209 6	4.771 6
10	4.045 6	0.247 2	20.303 7	0.049 3	0.199 3	5.018 8
11	4.652 4	0.214 9	24.349 3	0.041 1	0.191 1	5.233 7
12	5.350 3	0.186 9	29.001 7	0.034 5	0.184 5	5.420 6
13	6.152 8	0.162 5	34.351 9	0.029 1	0.179 1	5.583 1
14	7.075 7	0.141 3	40.504 7	0.024 7	0.174 7	5.724 5
15	8.137 1	0.122 9	47.580 4	0.021 0	0.171 0	5.847 4
16	9.357 6	0.106 9	55.717 5	0.017 9	0.167 9	5.954 2
17	10.761 3	0.092 9	65.075 1	0.015 4	0.165 4	6.047 2
18	12.375 5	0.080 8	75.836 4	0.013 2	0.163 2	6.128 0
19	14.231 8	0.070 3	88.211 8	0.011 3	0.161 3	6.198 2
20	16.366 5	0.061 1	102.443 6	0.009 8	0.159 8	6.259 3
21	18.821 5	0.053 1	118.810 1	0.008 4	0.158 4	6.312 5
22	21.644 7	0.046 2	137.631 6	0.007 3	0.157 3	6.358 7
23	24.891 5	0.040 2	159.276 4	0.006 3	0.156 3	6.398 8
24	28.625 2	0.034 9	184.167 8	0.005 4	0.155 4	6.433 8
25	32.919 0	0.030 4	212.793 0	0.004 7	0.154 7	6.464 1
26	37.856 8	0.026 4	245.712 0	0.004 1	0.154 1	6.490 6
27	43.535 3	0.023 0	283.568 8	00035	0.153 5	6.513 5
28	50.065 6	0.020 0	327.104 1	0.003 1	0.153 1	6.533 5
29	57.575 5	0.017 4	377.169 7	0.002 7	0.152 7	6.550 9
30	66.211 8	0.015 1	434.745 1	0.002 3	0.152 3	6.566 0

$i = 18\%$

年限 n/年	一次支付终值系数 (F/P,i,n)	一次支付现值系数 (P/F,i,n)	等额系列终值系数 (F/A,i,n)	偿债基金系数 (A/F,i,n)	资金回收系数 (A/P,i,n)	等额系列现值系数 (P/A,i,n)
1	1. 180 0	0. 847 5	1. 000 0	1. 000 0	1. 180 0	0. 847 5
2	1. 392 4	0. 718 2	2. 180 0	0. 458 7	0. 638 7	1. 565 6
3	1. 643 0	0. 608 6	3. 572 4	0. 279 9	0. 459 9	2. 174 3
4	1. 938 8	0. 515 8	5. 215 4	0. 191 7	0. 371 7	2. 690 1
5	2. 287 8	0. 437 1	7. 154 2	0. 139 8	0. 319 8	3. 127 2
6	2. 699 6	0. 370 4	9. 442 0	0. 105 9	0. 285 9	3. 497 6
7	3. 185 5	0. 313 9	12. 141 5	0. 082 4	0. 262 4	3. 811 5
8	3. 758 9	0. 266 0	15. 327 0	0. 065 2	0. 245 2	4. 077 6
9	4. 435 5	0. 225 5	19. 085 9	0. 052 4	0. 232 4	4. 303 0
10	5. 233 8	0. 191 1	23. 521 3	0. 042 5	0. 222 5	4. 494 1
11	6. 175 9	0. 161 9	28. 755 1	0. 034 8	0. 214 8	4. 656 0
12	7. 287 6	0. 137 2	34. 931 1	0. 028 6	0. 208 6	4. 793 2
13	8. 599 4	0. 116 3	42. 218 7	0. 023 7	0. 203 7	4. 909 5
14	10. 147 2	0. 098 5	50. 818 0	0. 019 7	0. 199 7	5. 008 1
15	11. 973 7	0. 083 5	60. 965 3	0. 016 4	0. 196 4	5. 091 6
16	14. 129 0	0. 070 8	72. 939 0	0. 013 7	0. 193 7	5. 162 4
17	16. 672 2	0. 060 0	87. 068 0	0. 011 5	0. 191 5	5. 222 3
18	19. 673 3	0. 050 8	103. 740 3	0. 009 6	0. 189 6	5. 273 2
19	23. 214 4	0. 043 1	123. 413 5	0. 008 1	0. 188 1	5. 316 2
20	27. 393 0	0. 036 5	146. 628 0	0. 006 8	0. 186 8	5. 352 7
21	32. 323 8	0. 030 9	174. 021 0	0. 005 7	0. 185 7	5. 383 7
22	38. 142 1	0. 026 2	206. 344 8	0. 004 8	0. 184 8	5. 409 9
23	45. 007 6	0. 022 2	244. 486 8	0. 004 1	0. 184 1	5. 432 1
24	53. 109 0	0. 018 8	289. 494 5	0. 003 5	0. 183 5	5. 450 9
25	62. 668 6	0. 016 0	342. 603 5	0. 002 9	0. 182 9	5. 466 9
26	73. 949 0	0. 013 5	405. 272 1	0. 002 5	0. 182 5	5. 480 4
27	87. 259 8	0. 011 5	479. 221 1	0. 002 1	0. 182 1	5. 491 9
28	102. 966 6	0. 009 7	566. 480 9	0. 001 8	0. 181 8	5. 501 6
29	121. 500 5	0. 008 2	669. 447 5	0. 001 5	0. 181 5	5. 509 8
30	143. 370 6	0. 007 0	790. 948 0	0. 001 3	0. 181 3	5. 516 8

$i=20\%$

年限 n/年	一次支付终值系数 (F/P,i,n)	一次支付现值系数 (P/F,i,n)	等额系列终值系数 (F/A,i,n)	偿债基金系数 (A/F,i,n)	资金回收系数 (A/P,i,n)	等额系列现值系数 (P/A,i,n)
1	1.200 0	0.833 3	1.000 0	1.000 0	1.200 0	0.833 3
2	1.440 0	0.694 4	2.200 0	0.454 5	0.654 5	1.527 8
3	1.728 0	0.578 7	3.640 0	0.274 7	0.474 7	2.106 5
4	2.073 6	0.482 3	5.368 0	0.186 3	0.386 3	2.588 7
5	2.488 3	0.401 9	7.441 6	0.134 4	0.334 4	2.990 6
6	2.986 0	0.334 9	9.929 9	0.100 7	0.300 7	3.325 5
7	3.583 2	0.279 1	12.915 9	0.077 4	0.277 4	3.604 6
8	4.299 8	0.232 6	16.499 1	0.060 6	0.260 6	3.837 2
9	5.159 8	0.193 8	20.798 9	0.048 1	0.248 1	4.031 0
10	6.191 7	0.161 5	25.958 7	0.038 5	0.238 5	4.192 5
11	7.430 1	0.134 6	32.150 4	0.031 1	0.231 1	4.327 1
12	8.916 1	0.112 2	39.580 5	0.025 3	0.225 3	4.439 2
13	10.699 3	0.093 5	48.496 6	0.020 6	0.220 6	4.532 7
14	12.839 2	0.077 9	59.195 9	0.016 9	0.216 9	4.610 6
15	15.407 0	0.064 9	72.035 1	0.013 9	0.213 9	4.675 5
16	18.488 4	0.054 1	87.442 1	0.011 4	0.211 4	4.729 6
17	22.186 1	0.045 1	105.930 6	0.009 4	0.209 4	4.774 6
18	26.623 3	0.037 6	128.116 7	0.007 8	0.207 8	4.812 2
19	31.948 0	0.031 3	154.740 0	0.006 5	0.206 5	4.843 5
20	38.337 6	0.026 1	186.688 0	0.005 4	0.205 4	4.869 6
21	46.005 1	0.021 7	225.025 6	0.004 4	0.204 4	4.891 3
22	55.206 1	0.018 1	271.030 7	0.003 7	0.203 7	4.909 4
23	66.247 4	0.015 1	326.236 9	0.003 1	0.203 1	4.924 5
24	79.496 8	0.012 6	392.484 2	0.002 5	0.202 5	4.937 1
25	95.396 2	0.010 5	471.981 1	0.002 1	0.202 1	4.947 6
26	114.475 5	0.008 7	567.377 3	0.001 8	0.201 8	4.956 3
27	137.370 6	0.007 3	681.852 8	0.001 5	0.201 5	4.963 6
28	164.844 7	0.006 1	819.223 3	0.001 2	0.201 2	4.969 7
29	197.813 6	0.005 1	984.068 0	0.001 0	0.201 0	4.974 7
30	237.376 3	0.004 2	1 181.881 6	0.000 8	0.200 8	4.978 9

$i=25\%$

年限 n/年	一次支付终值系数 $(F/P,i,n)$	一次支付现值系数 $(P/F,i,n)$	等额系列终值系数 $(F/A,i,n)$	偿债基金系数 $(A/F,i,n)$	资金回收系数 $(A/P,i,n)$	等额系列现值系数 $(P/A,i,n)$
1	1.250 0	0.800 0	1.000 0	1.000 0	1.250 0	0.800 0
2	1.562 5	0.640 0	2.250 0	0.444 4	0.694 4	1.440 0
3	1.953 1	0.512 0	3.812 5	0.262 3	0.512 3	1.952 0
4	2.441 4	0.409 6	5.765 6	0.173 4	0.423 4	2.361 6
5	3.051 8	0.327 7	8.207 0	0.121 8	0.371 8	2.689 3
6	3.814 7	0.262 1	11.258 8	0.088 8	0.338 8	2.951 4
7	4.768 4	0.209 7	15.073 5	0.066 3	0.316 3	3.161 1
8	5.960 5	0.167 8	19.841 9	0.050 4	0.300 4	3.328 9
9	7.450 6	0.134 2	25.802 3	0.038 8	0.288 8	3.463 1
10	9.313 2	0.107 4	33.252 9	0.030 1	0.280 1	3.570 5
11	11.641 5	0.085 9	42.566 1	0.023 5	0.273 5	3.656 4
12	14.551 9	0.068 7	54.207 7	0.018 4	0.268 4	3.725 1
13	18.189 9	0.055 0	68.759 6	0.014 5	0.264 5	3.780 1
14	22.737 4	0.044 0	86.949 5	0.011 5	0.261 5	3.824 1
15	28.421 7	0.035 2	109.686 8	0.009 1	0.259 1	3.859 3
16	35.527 1	0.028 1	138.108 5	0.007 2	0.257 2	3.887 4
17	44.408 9	0.022 5	173.635 7	0.005 8	0.255 8	3.909 9
18	55.511 2	0.018 0	218.044 6	0.004 6	0.254 6	3.927 9
19	69.388 9	0.014 4	273.555 8	0.003 7	0.253 7	3.942 4
20	86.736 2	0.011 5	342.944 7	0.002 9	0.252 9	3.953 9
21	108.420 2	0.009 2	429.680 9	0.002 3	0.252 3	3.963 1
22	135.525 3	0.007 4	538.101 1	0.001 9	0.251 9	3.970 5
23	169.406 6	0.005 9	673.626 4	0.001 5	0.251 5	3.976 4
24	211.758 2	0.004 7	843.032 9	0.001 2	0.251 2	3.981 1
25	264.697 8	0.003 8	1 054.791 2	0.000 9	0.250 9	3.984 9
26	330.872 2	0.003 0	1 319.489 0	0.000 8	0.250 8	3.987 9
27	413.590 3	0.002 4	1 650.361 2	0.000 6	0.250 6	3.990 3
28	516.987 9	0.001 9	2 063.951 5	0.000 5	0.250 5	3.992 3
29	646.234 9	0.001 5	2 580.939 4	0.000 4	0.250 4	3.993 8
30	807.793 6	0.001 2	3 227.174 3	0.000 3	0.250 3	3.995 0

$i=30\%$

年限 n/年	一次支付终值系数 $(F/P,i,n)$	一次支付现值系数 $(P/F,i,n)$	等额系列终值系数 $(F/A,i,n)$	偿债基金系数 $(A/F,i,n)$	资金回收系数 $(A/P,i,n)$	等额系列现值系数 $(P/A,i,n)$
1	1.300 0	0.769 2	1.000 0	1.000 0	1.300 0	0.769 2
2	1.690 0	0.591 8	2.300 0	0.434 8	0.734 8	1.360 9
3	2.197 0	0.455 2	3.990 0	0.250 6	0.550 6	1.816 1
4	2.856 1	0.350 1	6.187 0	0.161 6	0.461 6	2.166 2
5	3.712 9	0.269 3	9.043 1	0.110 6	0.410 6	2.435 6
6	4.826 8	0.207 2	12.756 0	0.078 4	0.378 4	2.642 7
7	6.274 9	0.159 4	17.582 8	0.056 9	0.356 9	2.802 1
8	8.157 3	0.122 6	23.857 7	0.041 9	0.341 9	2.924 7
9	10.604 5	0.094 3	32.015 0	0.031 2	0.331 2	3.019 0
10	13.785 8	0.072 5	42.619 5	0.023 5	0.323 5	3.091 5
11	17.921 6	0.055 8	56.405 3	0.017 7	0.317 7	3.147 3
12	23.298 1	0.042 9	74.327 0	0.013 5	0.313 5	3.190 3
13	30.287 5	0.033 0	97.625 0	0.010 2	0.310 2	3.223 3
14	39.373 8	0.025 4	127.912 5	0.007 8	0.307 8	3.248 7
15	51.185 9	0.019 5	167.286 3	0.006 0	0.306 0	3.268 2
16	66.541 7	0.015 0	218.472 2	0.004 6	0.304 6	3.283 2
17	86.504 2	0.011 6	285.013 9	0.003 5	0.303 5	3.294 8
18	112.455 4	0.008 9	371.518 0	0.002 7	0.302 7	3.303 7
19	146.192 0	0.006 8	483.973 4	0.002 1	0.302 1	3.310 5
20	190.049 6	0.005 3	630.165 5	0.001 6	0.301 6	3.315 8
21	247.064 5	0.004 0	820.215 1	0.001 2	0.301 2	3.319 8
22	321.183 9	0.003 1	1 067.279 6	0.000 9	0.300 9	3.323 0
23	417.539 1	0.002 4	1 388.463 5	0.000 7	0.300 7	3.325 4
24	542.800 8	0.001 8	1 806.002 6	0.000 6	0.300 6	3.327 2
25	705.641 0	0.001 4	2 348.803 3	0.000 4	0.300 4	3.328 6
26	917.333 3	0.001 1	3 054.444 3	0.000 3	0.300 3	3.329 7
27	1 192.533 3	0.000 8	3 971.777 6	0.000 3	0.300 3	3.330 5
28	1 550.293 3	0.000 6	5 164.310 9	0.000 2	0.300 2	3.331 2
29	2 015.381 3	0.000 5	6 714.604 2	0.000 1	0.300 1	3.331 7
30	2 619.995 6	0.000 4	8 729.985 5	0.000 1	0.300 1	3.332 1

$i=40\%$

年限 n/年	一次支付终值系数 (F/P,i,n)	一次支付现值系数 (P/F,i,n)	等额系列终值系数 (F/A,i,n)	偿债基金系数 (A/F,i,n)	资金回收系数 (A/P,i,n)	等额系列现值系数 (P/A,i,n)
1	1.400 0	0.714 3	1.000 0	1.000 0	1.400 0	0.714 3
2	1.960 0	0.510 2	2.400 0	0.416 7	0.816 7	1.224 5
3	2.744 0	0.364 4	4.360 0	0.229 4	0.629 4	1.588 9
4	3.841 6	0.260 3	7.104 0	0.140 8	0.540 8	1.849 2
5	5.378 2	0.185 9	10.945 6	0.091 4	0.491 4	2.035 2
6	7.529 5	0.132 8	16.323 8	0.061 3	0.461 3	2.168 0
7	10.541 4	0.094 9	23.853 4	0.041 9	0.441 9	2.262 8
8	14.757 9	0.067 8	34.394 7	0.029 1	0.429 1	2.330 6
9	20.661 0	0.048 4	49.152 6	0.020 3	0.420 3	2.379 0
10	28.925 5	0.034 6	69.813 7	0.014 3	0.414 3	2.413 6
11	40.495 7	0.024 7	98.739 1	0.010 1	0.410 1	2.438 3
12	56.693 9	0.017 6	139.234 8	0.007 2	0.407 2	2.455 9
13	79.371 5	0.012 6	195.928 7	0.005 1	0.405 1	2.468 5
14	111.120 1	0.009 0	275.300 2	0.003 6	0.403 6	2.477 5
15	155.568 1	0.006 4	386.420 2	0.002 6	0.402 6	2.483 9
16	217.795 3	0.004 6	541.988 3	0.001 8	0.401 8	2.488 5
17	304.913 5	0.003 3	759.783 7	0.001 3	0.401 3	2.491 8
18	426.878 9	0.002 3	1 064.697 1	0.000 9	0.400 9	2.494 1
19	597.630 4	0.001 7	1 491.576 0	0.000 7	0.400 7	2.495 8
20	836.682 6	0.001 2	2 089.206 4	0.000 5	0.400 5	2.497 0
21	1 171.355 6	0.000 9	2 925.888 9	0.000 3	0.400 3	2.497 9
22	1 639.897 8	0.000 6	4 097.244 5	0.000 2	0.400 2	2.498 5
23	2 295.856 9	0.000 4	5 737.142 3	0.000 2	0.400 2	2.498 9
24	3 214.199 7	0.000 3	8 032.999 3	0.000 1	0.400 1	2.499 2
25	4 499.879 6	0.000 2	11 247.199 0	0.000 1	0.400 1	2.499 4
26	6 299.831 4	0.000 2	15 747.078 5	0.000 1	0.400 1	2.499 6
27	8 819.764 0	0.000 1	22 046.909 9	0.000 0	0.400 0	2.499 7
28	12 347.669 6	0.000 1	30 866.673 9	0.000 0	0.400 0	2.499 8
29	17 286.737 4	0.000 1	43 214.343 5	0.000 0	0.400 0	2.499 9
30	24 201.432 4	0.000 0	60 501.080 9	0.000 0	0.400 0	2.499 9

附录二

部分行业建设项目财务基准收益率测算与协调

序号	行业名称	财务基准收益率（融资前税前指标）			财务基准收益率（项目资本金税后指标）		
		专家调查结果	行业测算结果	协调结果	专家调查结果	行业测算结果	协调结果
01	农业						
011	种植业	8 ~ 12	6	6	8 ~ 12	—	6
012	畜牧业	10 ~ 12	7	7	12 ~ 15	—	9
013	渔业	10 ~ 12	7	7	12 ~ 14	—	8
014	农副食品加工	10 ~ 12	8	8	12 ~ 15	—	8
02	林业						
021	林产加工	12	11	11	11	—	－1
022	森林工业	12	12.5	12	15	12.4	13
023	林纸林化	13	12	12	15	12	12
024	营造林	10	6 ~ 8	8	12	7 ~ 9	9
03	建材						
031	水泥制造业	12	11	11	13	12	12
032	玻璃制造业	12	13	13	13	14	14
04	石油						
041	陆上油田开采	13	13	13	15	—	15
042	陆上气田开采	13	12	12	15	—	15
043	国家原油存储设施	8	—		8	—	
044	长距离输油管道	12	12	12	13		13
045	长距离输气管道	12	12	12	13		13

续上表

序号	行业名称	财务基准收益率（融资前税前指标）			财务基准收益率（项目资本金税后指标）		
		专家调查结果	行业测算结果	协调结果	专家调查结果	行业测算结果	协调结果
046	海上原油开采	13	—		15	—	
05	石化						
051	原油加工及石油制品制造	12	12	12	13	16	13
052	初级形态的塑料及合成树脂制造	12	13	13	13	18	15
053	合成纤维单（聚合）体制造	12	14	14	13	20	16
054	乙烯联合装置	12	12	12	13	16	15
055	纤维素纤维原料及纤维制造	—	15	14	—	22	16
06	化工						
061	氯碱及氯化物制造	13	11	11	15	12	13
062	无机化学原料制造	12	10	10	13	10	11
063	有机化学原料及中间体制造	13	11	11	15	11	12
064	化肥	10	9	9	12	8	9
065	农药	13	12	12	15	14	14
066	橡胶制品制造	12	12	12	13	12	12
067	化工新型材料	13	12	12	15	12	13
068	专用化学品制造（含精细化工）	15	13	13	15	15	15
07	信息产业						
071	固定通信	6	5	5	6	5	5
072	移动通信	12	9	10	13	12	12
073	邮政通信	3	2.5	3	3	—	3
074	数据与因特网通信	12	—		13	—	
075	卫星通信	12	—		13	—	

续上表

序号	行业名称	财务基准收益率（融资前税前指标）			财务基准收益率（项目资本金税后指标）		
		专家调查结果	行业测算结果	协调结果	专家调查结果	行业测算结果	协调结果
076	电子计算机制造	12	—		13	—	
077	电子器件、元件制造	15	—		18	—	
08	电力						
081	电源工程						
0811	火力发电	8	8	8	10	10	10
0812	天然气发电	10	9	9	12	12	12
0813	核能发电	7	7	7	7	9	9
0814	风力发电	6	9	5	6	12	8
0815	垃圾发电	7	8	5	8	10	8
0816	其他能源发电（潮汐、地热等）	8	8	5	10	—	
0817	热电站	8	8	8	10	10	10
0818	抽水蓄能电站	7	8	8	7	10	10
082	电网工程						
0821	送电工程	7	8	7	7	9	9
0822	联网工程	7	7	7	7	13	10
0823	城网工程	7	7	7	7	10	10
0824	农网工程	7	6	6	7	9	9
0825	区内或省内电网工程	7	8	7	7	9	9
09	水剁						
091	水库发电工程	8	6～8	7	10	—	
092	调水、供水工程	6	2～4	4	6	—	
10	铁路						
101	铁路网既有线改造	—	—	—	—	6	6
102	铁路网新线建设	—	—	—	—	2.5	3
11	民航						

续上表

序号	行业名称	财务基准收益率（融资前税前指标）			财务基准收益率（项目资本金税后指标）		
		专家调查结果	行业测算结果	协调结果	专家调查结果	行业测算结果	协调结果
111	大中型（干线）机场建设	7	5	5	8	4	4
112	小型（支线）机场建设	—	1	1	—	—	—
12	煤炭						
121	煤炭采选	13	—		15	—	
122	煤气生产	12	—		13	—	
13	黑色金属						
131	铁矿采选	13	—		15	—	
132	钢铁冶炼	12	—		13	—	
133	钢压延加工	12	—		13	—	
134	炼焦	12	—		13	—	
14	有色金属						
141	有色金属矿采选	13	—		15	—	
142	有色金属冶炼	12	—		13	—	
143	有色金属压延加工	12	—		13	—	
15	轻工						
151	卷烟制造	16	—		18	—	
152	纸浆及纸制品制造	13	—		15	—	
153	变性燃料乙醇	13	—		15	—	
154	制盐	10	—		12	—	
155	家电制造	12	—		13	—	
156	家具制造	13	—		15	—	
157	塑料制品制造	13	—		15	—	
158	日用化学品制造	13	—		15	—	
16	纺织业						
161	棉、化纤纺织	12	—		13	—	
162	毛、麻纺织	13	—		15	—	

续上表

序号	行业名称	财务基准收益率（融资前税前指标）			财务基准收益率（项目资本金税后指标）		
		专家调查结果	行业测算结果	协调结果	专家调查结果	行业测算结果	协调结果
163	丝、绢纺织	13	—		15	—	
17	医药						
171	化学药品、原药制剂制造	15	—		16	—	
172	中成药制造	18			20	—	
173	兽用药品制造	18			20	—	
174	生物、生化制品制造	18	—		20	—	
175	卫生材料及医药用品制造	15	—		18	—	
18	机械设备						
181	金属制品	12	—		13	—	
182	通用设备制造	12	—		13	—	
183	专用设备制造	12	—		13	—	
184	汽车制造	12	—		13	—	
19	市政						
191	城市快速轨道	5	—		6	—	
192	供水	8	—		8	—	
193	排水	4	—		4	—	
194	燃气	8	—		10	—	
195	集中供热	8	—		10	—	
196	垃圾处理	8	—		10	—	
20	公路与水运交通						
201	公路建设	6	—		7	—	
202	独立公路桥梁、隧道	6	—		7	—	
203	泊位	8	—		8	—	
204	航道	4	—		6	—	

续上表

序号	行业名称	财务基准收益率（融资前税前指标）			财务基准收益率（项目资本金税后指标）		
		专家调查结果	行业测算结果	协调结果	专家调查结果	行业测算结果	协调结果
205	内河港口	8	—		8	—	
206	通航枢纽	4	—		6	—	
21	房地产开发项目	12	—		13	—	
22	商业性卫生项目	10	—		12	—	
23	商业性教育项目	10	—		12	—	
24	商业性文化娱乐设施	12	—		13	—	

附录三

标准正态分布表

$$\Phi(x) = \int_{-\infty}^{x} \frac{1}{\sqrt{2\pi}} e^{\frac{t^2}{2}} dt = P(X \leqslant x)$$

x	0.00	0.01	0.02	0.03	0.04	0.05	0.06	0.07	0.08	0.09
0.0	0.500 0	0.504 0	0.508 0	0.512 0	0.516 0	0.519 9	0.523 9	0.527 9	0.531 9	0.555 9
0.1	0.559 8	0.543 8	0.547 8	0.551 7	0.555 7	0.559 6	0.563 6	0.557 5	0.571 4	0.575 3
0.2	0.579 3	0.583 2	0.587 1	0.591 0	0.594 8	0.598 7	0.602 6	0.606 4	0.610 3	0.614 1
0.3	0.617 9	0.621 7	0.625 5	0.629 3	0.633 1	0.636 8	0.840 4	0.644 3	0.648 0	0.651 7
0.4	0.655 4	0.659 1	0.662 8	0.666 4	0.670 0	0.673 6	0.677 2	0.680 8	0.684 4	0.687 9
0.5	0.691 5	0.695 0	0.698 5	0.701 9	0.705 4	0.708 8	0.712 3	0.715 7	0.719 0	0.722 4
0.6	0.725 7	0.729 1	0.732 4	0.735 7	0.738 9	0.742 2	0.745 4	0.748 6	0.751 7	0.754 9
0.7	0.758 0	0.761 1	0.764 2	0.767 3	0.770 3	0.775 4	0.776 4	0.779 4	0.782 5	0.785 2
0.8	0.788 1	0.791 0	0.793 9	0.796 7	0.799 5	0.802 3	0.805 1	0.807 8	0.610 6	0.813 3
0.9	0.815 9	0.818 6	0.821 2	0.823 8	0.826 4	0.828 9	0.835 5	0.834 0	0.835 5	0.838 9
1.0	0.841 3	0.843 8	0.846 1	0.848 5	0.800 6	0.853 1	0.855 4	0.857 7	0.859 9	0.862 1
1.1	0.864 3	0.866 5	0.868 6	0.870 8	0.872 9	0.874 9	0.877 0	0.879 0	0.881 0	0.883 0
1.2	0.884 9	0.886 9	0.888 8	0.890 7	0.892 5	0.894 4	0.896 2	0.898 0	0.899 7	0.901 5
1.3	0.903 2	0.904 9	0.906 5	0.908 2	0.909 9	0.911 5	0.913 1	0.914 7	0.916 2	0.917 7
1.4	0.919 2	0.920 7	0.922 2	0.923 5	0.925 1	0.926 5	0.927 9	0.929 2	0.930 6	0.931 9
1.5	0.933 2	0.934 5	0.935 7	0.937 0	0.938 2	0.939 4	0.940 6	0.941 8	0.943 0	0.944 1
1.5	0.945 2	0.946 3	0.947 4	0.948 4	0.949 5	0.950 5	0.951 5	0.952 5	0.955 5	0.953 5
1.7	0.955 4	0.956 4	0.957 3	0.958 2	0.959 1	0.959 9	0.960 8	0.961 6	0.952 5	0.963 3
1.8	0.954 1	0.964 8	0.965 6	0.965 4	0.967 2	0.967 8	0.968 6	0.969 3	0.970 0	0.970 6
1.9	0.971 3	0.971 9	0.972 5	0.975 2	0.975 8	0.974 4	0.975 0	0.975 6	0.976 2	0.976 7
2.0	0.977 2	0.977 8	0.978 3	0.976 8	0.979 3	0.979 8	0.980 3	0.980 8	0.981 2	0.981 7
2.1	0.982 1	0.982 6	0.983 0	0.983 4	0.983 8	0.984 2	0.984 6	0.985 0	0.985 4	0.985 7
2.2	0.986 1	0.986 4	0.986 8	0.987 1	0.987 4	0.987 8	0.988 1	0.988 4	0.988 7	0.989 0
2.3	0.999 3	0.989 6	0.989 8	0.990 1	0.990 4	0.990 6	0.990 9	0.991 1	0.991 3	0.991 6
2.4	0.991 8	0.992 0	0.992 2	0.992 5	0.992 7	0.992 9	0.993 1	0.993 2	0.993 4	0.993 6
2.5	0.993 8	0.994 0	0.994 1	0.994 3	0.994 5	0.994 6	0.994 8	0.994 9	0.995 1	0.995 2
2.5	0.995 3	0.995 5	0.995 6	0.995 7	0.995 9	0.996 0	0.996 1	0.996 2	0.996 3	0.996 4
2.7	0.996 5	0.996 6	0.996 7	0.996 8	0.996 9	0.997 0	0.997 1	0.997 2	0.997 3	0.997 4
2.8	0.997 4	0.997 5	0.997 6	0.997 7	0.997 7	0.997 8	0.997 9	0.997 9	0.998 0	0.998 1
2.9	0.998 1	0.998 2	0.998 2	0.998 3	0.998 4	0.998 4	0.998 5	0.998 5	0.988 6	0.998 6
x	0.0	0.1	0.2	0.3	0.4	0.5	0.6	0.7	0.8	0.9
3	0.998 7	0.999 0	0.999 3	0.999 5	0.999 7	0.999 88	0.999 8	0.999 9	0.999 9	1.000 0

参考文献

[1] 毕梦林. 技术经济学. 沈阳：东北大学出版社，1999.

[2] 陈立文，陈敬武. 技术经济学概论. 北京：机械工业出版社，2006.

[3] 傅家骥，仝允桓. 工业技术经济学. 北京：清华大学出版社，1996.

[4] 巩艳芬，李丽萍，许冯军. 技术经济学. 长春：吉林大学出版社，2011.

[5] 国家发改委、建设部. 建设项目经济评价方法与参数. 北京：中国计划出版社，2006.

[6] 胡珑瑛. 技术经济学. 哈尔滨：哈尔滨工业大学出版社，2004.

[7] 贾春霖，李晨. 技术经济学. 长沙：中南大学出版社，2004.

[8] 林晓言. 技术经济学. 北京：经济管理出版社，2005.

[9] 刘秋华. 技术经济学. 北京：机械工业出版社，2010.

[10] 刘晓君. 技术经济学. 北京：科学出版社，2008.

[11] 刘颖春，刘立群. 技术经济学. 北京：化学工业出版社，2010.

[12] 吕靖，梁晶. 技术经济学. 北京：化学工业出版社，2008.

[13] 罗党，郭洁. 技术经济学. 上海：立信会计出版社，2008.

[14] 宁云才，李永清. 技术经济学. 北京：中国矿业大学出版社，2007.

[15] 彭建刚，龙海明. 技术经济学. 成都：西南财经大学出版社，2003.

[16] 任玉珑，陈迅. 技术经济学. 重庆：重庆大学出版社，2003.

[17] 苏敬勤，徐雨森. 技术经济学. 北京：科学出版社，2011.

[18] 万君康，蔡希贤. 技术经济学. 武汉：华中科技大学出版社. 2003.

[19] 王柏轩. 技术经济学. 上海：复旦大学出版社，2007.

[20] 王璞等. 技术经济学. 北京：机械工业出版社，2012.

[21] 吴添祖，冯勤，欧阳仲健. 技术经济学. 北京：清华大学出版社，2004.

[22] 徐莉. 技术经济学. 武汉：武汉大学出版社，2007.

[23] 许庆瑞. 研究、发展与技术创新管理. 北京：高等教育出版社，2000.

[24] 杨青，胡艳，喻金田. 技术经济学. 湖北：武汉理工大学出版社，2003.

[25] 杨青. 技术经济学. 武汉：武汉理工大学出版社，2007.

[26] 杨晓春，苑红，张映强. 我国投资项目后评价发展历程简介及趋势分析. 中国工程咨询，2011.

[27] 张国旺. 技术经济学教程. 北京：首都经济贸易大学出版社，2007.

[28] 赵国杰. 技术经济学. 天津：天津大学出版社，2006.